중국의 경제지리를 읽는다

CHINA PROJECT

중국의 경제지리를 읽는다

CHINA PROJECT

후자오량 지음
윤영도 · 최은영 옮김

한국어판 머리말

한국은 '아시아 네 마리 용' 가운데 면적이 가장 크고, 인구가 가장 많으며, 경제력 또한 가장 크다. 그리고 한국은 대중국 자본 투자 및 기술 이전 등에서 중국 개혁 개방을 추동하는 중요한 역량으로 작용하고 있다. 이 점은 산둥 반도와 동북 지역 일대에서 더욱 두드러진다. 아시아 네 마리 용 가운데, 한국만이 유일하게 중공업이 발달한 나라이다. 중국의 동북, 화북 지역 일대의 제조업 구조 역시 중공업 위주이다. 이러한 제조업 구조의 유사성으로 인해 한국의 경험은 중국에게 특별한 의미를 던지고 있고, 아울러 중국 경제의 고속 성장은 한국에게 광활한 시장 개척의 가능성을 열어주고 있다. 한편, 경제 교류의 확대와 함께 문화 교류 또한 활발해지고 있어, 한국의 유명 배우, 가수들이 중국 청소년들의 우상이 되고 있다. 학술계의 교류 역시 날로 빈번해지고 있다.

나는 1995년 8월 한국을 탐방할 기회가 있었는데, 그 때 한국의 경제 건설과 국토 개발 계획에 대해 깊은 인상을 받았다. 이 책의 출판에 즈음하여, 그 당시 도움을 주었던 박삼옥 교수, 이기석 교수, 문돈철 박사에게 심심한 감사의 뜻을 전한다. 동시에 이 책의 한국어판 번역을 맡아준 최은영 선생과 윤영도 선생에게도 감사드린다. 이 책이, 중국에 대해 공부하는 학생과 중국에 대해 관심을 가지고 있는 모든 사람들이 중국을 한층 더 깊이 이해하는 데 도움이 되기를 바라며, 또한 양국 문화 교류의 심화에도 도움이 되기를 바란다.

후자오량

2003년 2월, 베이징 대학에서

머리말

I

이 책은 베이징 대학을 비롯한 중국 각 대학에서 공부하는 중국의 차세대 지도자를 위해 만든 교재이다. 중국의 오늘을 기반으로 하여 중국의 미래를 어떻게 준비해야 할 것인지를 밝히는 것이 이 책의 기본 목적이다. 대학의 학부생들에게는 중국이 어떠한지를 인식할 수 있도록 하고 석·박사 과정의 대학원생들에게는 더 나아가 어떻게 개조할 것인지 그 방법과 비전을 도출할 수 있도록 도와주는 것이 우리의 과제인 것이다.

1990년대 중엽 이래로 학부생, 교내 교류 학생, 지방 교류 학생, 학위 수여생, 비학위 수여생 등 많은 대학원생이 들어오면서, 베이징 대학이 맡게 된 박사 대학원생과 석사 대학원생에 대한 교학 임무가 갑자기 늘어났다. 이는 지식 경제 시대로 나아가면서 생겨나는 사람들의 가치 관념의 변화를 반영하는 것이자, 현대 청년들의 학구열을 반영하는 것이다.

1952년 교육에 종사한 이래로, 나는 주로 학부생 수업을 해왔던 터라, 학부생의 특징과 요구에 대하여 비교적 익숙하다. 학부생은 나이가 좀 많고 어느 정도 사회 경력이 있는 재직 대학원생과는 차이가 있다. 대학원생을 위한 강의는 내용과 방법을 적절하게 조정해야 한다. 일정 기간 동안 모색을 통해서, 초보적이나마 대학원생 강의 때 특히 염두에 두어야 할 세 가지 원칙을 깨닫게 되었다. 세 가지 원칙은 아래와 같다.

이론과 실천의 통일의 원칙

학습 이론의 목적은 그 실용성과 실천에 있다. 대학원생 강의는 더욱 실용성을 부각시켜야 하며, 이론과 실천의 통일이라는 원칙을 강조해야 한다. 마오쩌둥(毛澤東)은 「우리의 학습을 개조하자」라는 글에서 '이론과 실천의 통일'이라는 원칙을 강조하였으며, 경제학을 가르치는 이들에게 '학생들로 하여금 중국 경제의 특징을 연구하도록 이끌 것'을 요구하고, '경제학 교수가 보조 화폐와 법정 화폐의 교환 비율을 설명해 내지 못하니', '당연히 학생 역시 이를 설명해 낼 수 없는' 현실에 대하여 비판하였다. 따라서 이 책은 가능한 한 중점과 현안을 드러내 보여주어야 할 것이다. 중국의 지속 발전 가능성, 동아시아 금융 위기와 중국과의 관계, 중국 대륙과 홍콩·마카오 경제의 협조 발전 등에 관한 문제는 모두 당면 현안이자, 교과 과정에서 답을 찾아야만 하는 중점 문제이다. 실용성의 원칙을 부각시키기 위해서는 반드시 학과 기존의 체계를 타파하고, 강의를 정련시켜야만 한다.

방법론의 원칙

학부생 강의에서의 중점은 중국이 '어떠한지' 인식하는 것이다. 중국에 대한 인식에서 시작해서 중국을 '어떻게 개조할 것인가'로까지 나아가야 할 것이다. 대학원생 강의에서 중점은 중국을 '어떻게 개조할 것인가'에 대한 답을 구하는 것이다. 인식은 개조를 위한 밑바탕 역할을 한다. 간단히 말해서, 하나는 사유의 순방향에 따라 감성에서 이성으로 나아가는 것이며, 하나는 사유의 역방향에 따라 이성에서 감성으로 나아가는 것이다. 천푸캉(陳傳康)은 이에 대해 정밀한 개괄을 하고 있다. 학부생 강의의 중점은 '연구의 결과가 무엇인가'이고, 대학원생 강의의 중점은 '어떻게 연구의 결과를 얻을 것인가'이다. 대학원생 수업에서는 방법론의 비중이 강화되어야 한다.

형상성의 원칙

형상성의 원칙은 교실에서 가르칠 때 보편적으로 적용되는 원칙이다. 대학원생 수업에서도 마찬가지로 강조되어야 한다. 적지 않은 대학원생들이 나이가 비교적 많은 편이라서, 시간을 아껴야 한다. 수업할 때 가능한 한 시청각 자료를 동원하고 이용한다면, 이해도를 더욱 높일 수 있을 것이다. 지도, 그림, 도표, 전형 사례 등은 모두 교육 효과를 높이는 데 도움이 된다.

이 책은 모두 10장으로 구성되어 있다. 제1장에서 제3장까지는 경제 발전 속도를 논하였고, 제4장에서 제6장까지는 사회·경제의 지역적 차이를 논하였다. 제7장에서 제9장까지는 도시 문제를 논하였다. 도시는 지역의 핵심이다. 지역 연구는 도시 연구와 불가분의 관계를 맺고 있다. 도시의 연구는 지역에 대한 거시적 시각에서 시작해야 한다. 제10장은 지속 발전 가능성을 논하였으며, 전체의 총결이기도 하다.

2

학문의 핵심은 법칙과 개념이다. 법칙과 개념을 장악하게 되면, 다른 것들을 미루어 유추할 수 있으며, 새로운 사물을 알고, 새로운 세계를 창조할 수 있다.

법칙이란 사물의 발전 과정 속에 내재된 본질적 관계와 필연적 추세이다. 지역과 도시를 포함해서 모든 사물은 모두 자신의 법칙을 가지고 있다. 법칙은 사물 자신에 고유한 것이며, 인간의 의지에 따라 바뀌는 것이 아니다. 인간은 법칙을 만들 수도, 바꿀 수도, 더욱이 소멸시킬 수도 없다. 인간은 법칙을 인식하고 이용할 수 있으며, 일부 법칙의 파괴적 작용을 제한할 수 있다. 인류 사회의 발전 과정은 바로 객관 법칙의 인식과 이용의 과정이다. 과학 연구는 법칙을 탐색하는 것이고, 학습은 법칙을 파악하는 것이며, 노동은 법칙을 운용하는 것이다. 진리를 견지하고 진리를 수호하는 것은, 본질상 법칙에 따라 처리하는 것을 견지하는 것이며 객관 법칙을 견지하는 것이다.

개념은 객관 사물의 본질을 반영하는 이성적 인식이다. 인간은 실천을 통해서, 감성적 인식의 기초 위에서, 대상의 많은 속성들 가운데 본질적 속성을 뽑아서 개괄함으로써 개념을 형성한다. 개념은 법칙의 기초를 드러내 보여준다.

지역과 도시의 개발은 본질상 경제 현상이다. 따라서 적지 않은 법칙과 개념이 경제학의 구성 성분이다. 예를 들어, 콘드라티예프-슘페터 법칙, 엥겔 계수, 해러드-도마 법칙, 튀넨 농업 입지론, 베버 공업 입지론 등은 모두 경제학 이론이다.

법칙과 개념의 난점은 현지의 구체적 상황과 결합하여, 적절한 수준을 파악하는 것이다.

법칙과 개념에는 공통성이 있다. 각 지역, 각 도시의 구체적 상황에는 개별성이 있다. 철학에서 이야기하듯 완전히 똑같은 나뭇잎은 없다. 이 말은 모든 사물은 공통성과 함께 개별성도 갖고 있다는 뜻이다. 세계에는 마찬가지로 완전히 같은 도시는 없다. 지역 계획과 도시 계획 가운데 구조 동형화의 현상이 종종 나타나는데, 한 가지 업종이 성행하게 될 때, 각 지역은 모두 그것을 주도 산업으로 해서, 결과적으로 중복 투자를 조장하게 된다. 원인 가운데 하나는 보편 법칙과 현지의 구체적 조건, 현지의 개별성을 결합시키지 못하였기 때문이다.

실천에 참여하였던 경험을 돌이켜 보면, 공통성과 개별성의 결합의 중요성을 깊이 느끼게 된다. 예를 들어, 대약진 기간에 전국의 적지 않은 지역이 맹목적으로 '고수확 작물'을 보급하였던 탓에, 커다란 손실을 낳고 말았다. 많은 지역의 자료를 분석한 후에야 이 사실을 발견하게 되었는데, 작물의 분포는 그 시기 현지의 자연 환경, 사회 환경에 대체로 적응하게 되어 있다. 일정한 구체적 환경에 적응한 고수확 작물이 있을 뿐이지 추상적인 고수확 작물은 없다. 해당 시기 해당 지역의 환경을 떠나서 고수확 작물을 보급하는 것은 실패를 초래하게 된다. 따라서 1960년대 초 화북 평원이 조·수수의 상대적 고수확 지역이라는 개념을 내놓게 되었다. 또 다른 예를 들자면, 1989년 8월 후베이(湖北)성 스옌(十堰)의 도시 전체 계획 평의회에서 '시 구역 건설에서 산지 개발이 필요한지'에 대해 논쟁이 벌어지게 되었다. 중국은 산이 많고, 인구가 조밀하며, 경작지가 부족하다는 특징을 고려하여, 시 구역 건설에서의 산지 개발을 지지하는 관점에서 다음과 같은 견해가 제출되었다.

"개발 당시의 건축 비용은 좀 높아지지만, 경작지 절약의 관점에서 고려할 때, 산지 개발은 잃는 것보다는 얻는 것이 많다. 도시에서 산지 개발을 하지 않는다면, 전국 80% 인구의 도시화가 이루어질 경우, 10억 인구가 평원, 평지로 집중되어 대량의 경작지를 차지하게 되므로, 민족적 재난이 될 것이다. 산지 개발은 도시 집약을 가능케 해서, 지세의 기복에 따른 산악 도시의 경관을 이루게 될 것이다."

이러한 관점은 다수 대표의 찬성을 얻어, 회의 요록에 남게 되었다.

일부 다른 국가에서는 시행될 수 있는 정책이나 지표가 중국에서는 구체적 조건의 국한을 받아서 시행될 수 없는 경우가 있다. 미국의 어느 엔지니어는 하천 범람으로 인한 수재를 극복할 수 있는 새로운 구상을 제출했다. 인공 제방을 쌓아 물을 막는 방법을 바꿔서, 강물이 자연 상태에 따라 넘치도록 해서, 수몰 지구의 거주민을 다른 곳으로 옮기고, 수몰 지구를 공원이나 운동장 등의 장소로 조성하는 것이다. 이런 구상은 경작지가 넓고, 농촌 인구가 희박한 미국에서는 아마도 시행 가능할 것이다. 그러나 인구가 조밀하고 경작지가 부족한 중국은 근본적으로 생각할 수 없는 방법이다. 수백만 헥타르의 경작지가 수몰된다면 어떻게 보상할 것인가? 수천만 명에 이르는 수몰 지역 인구는 어디로 옮길 것인가? 독일 학자가 루르 지방의 인구밀도에 대해 서술하면서 '1km²당 2500명의 인구밀도에 달하게 되면, 인류는 견딜 수 없을 것'이라고 밝혔다. 이러한 표준에 따르자면, 중국의 대다수 공업 지역은 더욱 희망이 없다. 저장(浙江)성 창난현(蒼南縣)의 강남 평원과 같은 일부 인구가 조밀한 농촌은 1km²당 2500명에 달한다. 이런 지방에서 서방의 표준에 따라 도시를 건설하게 되면, 경작지 전부를 차지하게 되고 말 것이다.

3

이 학문 분야의 목적 가운데 하나는 체계적인 사유 방법을 세우고, 문제 분석 능력을 배양하는 것이다.

우선, 사회에 대한 체계적 관념을 수립한다. 과거에 경제지리학은 공업과 농업, 즉 1차 산업과 2차 산업에 주력했다. 사회와 경제의 발전에 따라, 3차 산업이 1차 산업과 2차 산업을 앞지르기 시작했으며, 3차 산업을 떠나서는 지역 경제 변화의 법칙성을 파악할 수 없다. 동시에, 정치 제도, 정책, 문화, 교육 등의 상부 구조의 경제에 대한 영향을 갈수록 커지고 있다. 상부 구조와 하부 구조의 상호 관계 속에서만, 비로소 지역 발전의 궤적을 파악할 수 있다. 따라서 3차 산업의 지위를 강화하고, 상부 구조와 지역 관계에 대한 분석을 강화할 필요가 있다.

다음으로, 지역의 체계적 관념을 수립한다. 세계화되어 가는 오늘날, 각국 각 지역의 발전은 상호 영향을 준다. 러시아의 정국이 동요되면, 독일 프랑크푸르트 주식 시장이 급락하고, 나아가서 전세계에까지 그 영향력이 파급된다. 한 도시의 성질을 확정지으려면, 반드시 지역 배경에서 시작해야 하며, 때로는 전국, 심지어는 전세계적 배경에서 분석해 들어가야 한다. 지역과 도시의 특징이나 우세는 우물 속에 앉아서 인정한다고 해서 되는 것이 아니라, 반드시 지역 간, 도시 간의 비교를 통해서 확인하고, 전국, 전세계적 비교를 통해서 확인해야만 하는 것이다. 수많은 우물 안 개구리식의 우세는, 만약 지역의 거시 체계로 시야를 넓혀 수평적 비교를 진행해 보면, 흔히 열세가 되고 만다. 체계적 관념이 부족한 상태에서 세워진 일부 도시 계획, 지역 계획은, 열세를 우세로 착각하여, 항상 경제 건설에 커다란 손실을 가져다주곤 한다.

셋째, 인과 분석의 체계적 관념을 수립한다. 지역 발전 문제는 매우 복잡하며, 그 인과 관계는 다층적이다. 개개 층차의 원인은 모두 부분적인 일면만을 대표할 뿐이지, 전체의 면모를 대표하지는 않는다. 과학적 체계의 분석은 서로 다른 층차의 원인 및 그 상호 관계를 분명히 하고, 명확하고 전면적인 해답을 도출해야만 한다.

예를 들어, 베이징의 도시 인구 팽창의 원인이 바로 다층적이다.

제1층차 : 자연적 증가, 기계적 증가, 유동 인구 증가 등의 세 부분

제2층차 : 상술한 세 가지 증가를 유발시킨 직접 원인으로는 산아 계획 초과, 혼인 이동, 양육 이동, 학습 이동, 취업 이동, 업무 활동, 여 · 의료 목적에 의한 이동 등이 있다.

제3층차 : 이러한 증가는 베이징이 가지고 있는 8대 중심 기능을 기

반으로 하는데, 정치 중심, 문화 중심, 경영 관리 중심, 교통 중심, 정보 중심, 여행 중심, 공업 중심, 국제 교유 중심 등이 그것이다.

제4층차 : 베이징이 전국의 8대 중심 기능의 기초가 될 수 있는 것은 베이징이 전국적으로 우세하기 때문인데, 위치상의 우세, 문화적 우세, 정책적 우세, 재정적 우세, 기초 시설의 우세, 명승지의 우세 등이 그것이다.

제5층차 : 베이징이 그렇게 많은 우세성을 지닐 수 있는 것은 중국의 사회 · 정치 · 경제 체제, 역사 · 문화 전통과 불가분의 관계이며, 중국의 방대한 인구 규모 및 국토 자원과도 밀접하다.

베이징 인구 팽창에 영향을 미치는 인과 층차 관계를 정리해야만, 비로소 연구의 초보적 결과를 얻을 수 있다.

인과 분석의 체계적 관념 수립의 내용 가운데 하나는 지역 요소의 연쇄 반응, 특히 순환 연쇄 반응을 파악하는 것이다. 황투(黃土) 고원에서 하천에 의한 심각한 토사 유출은 두 가지 요인에 기인하며, 이는 순환 연쇄 반응을 이룬다. 객관적 전제는 황토의 물리적 성질과 현지의 기후 상황으로, 취약한 자연 생태 시스템을 이룬다는 점이다. 주관적 요인은 인구의 압력이다. 만약 황투 고원의 인구가 희박해서 삼림 · 초원이 훼손되지 않았다면, 토사 유출은 현재와 같이 그렇게 심각하지는 않았을 것이다. 비교적 낮은 생산력 수준에서, 인구의 증가, 경작지의 확대, 삼림 · 초원의 훼손은 자연 환경의 악화를 가중시켰다. 악화된 자연 환경은 또한 경제 생활과 문화 생활의 향상을 제한하며, 자연 환경에 대하여 새로운 압력을 조성하게 된다. 이러한 순환 속에서 볼 수 있듯이, 객관 전제를 바꾸기란 쉽지 않다. 현상을 전환시키려면, 반드시 주관적 요인으로부터 시작해서, 생활 수준을 높이고, 현지 대중의 활력을 증가시키고, 인구 압력을 낮추어야 한다.

중국과학기술협회(中國科協)의 전 주석인 천쉐선(錢學森)은 이 책의 편찬에 대해 다음과 같은 간곡한 부탁의 말을 하였다.

"시선을 더 높이, 더 멀리 해야 한다!"

"앞으로는 지역을 넘어서는 수량 조절, 해수의 담수화 등이 이루어지게 될 것이다. 정보 고속 도로의 건설 역시 21세기의 대사업이다. 그리고 철도, 고속 철도, 도로, 고속 도로, 하운·해운 시설 및 선박 건조, 항운과 파이프 운송 등은 더 말할 것도 없을 것이다. 그리고 조림 녹화, 사막의 개조 등도 있다."

"현재 중국의 서부는 낙후되어 있지만, 21세기를 위해서, 중국의 서부는 지리 건설을 대대적으로 시행해야만 비로소 발전할 수 있을 것이다."

"결국, 우리는 사회주의 중국을 인간 낙원으로 만들어 나가야 할 것이다!"(첸쉐선이 1994년 11월 6일 후자오량에게 보낸 편지에서)

이러한 간절한 바람은 항상 교학 연구와 교재 편찬 작업에 많은 힘이 되어왔다.

이전에 출판했던 다섯 권의 교재는 이 책의 중요한 기초가 되었다.

1. 『經濟地理學導論』, 商務印書館, 1987년 10월
2. 『地理環境概述』, 科學出版社, 1994년 10월
3. 『開放後的中國』, 中國環境科學出版社, 1996년 6월
4. 『新世紀的中國城市』, 臺灣臺北市唐山出版社, 1996년 12월
5. 『中國經濟區域差異及其對策』, 淸華大學出版社, 1997년 9월

상술한 다섯 권의 교재에는 모두 각각 공동 작업자가 있다. 순서대

로 구오전화이(郭振淮), 리무전(李慕貞), 쾅훙장(況鴻章), 양자오춘
(楊兆椿), 천충싱(陳宗興), 장러위(張樂育), 한마오리(韓茂莉), 황딩
화(黃定華)(대만), Peter Foggin(캐나다), 셰정관(謝正觀)(啓瀾), 왕은
통(王恩涌) 등 모두 11명이다.

이 책의 편찬에 참여한 사람으로 아래의 7명이 있다.

1. 제6장 제5절의 시짱 자치구 빈곤 지역의 특징과 탈빈곤 대책,
치옹다(瓊達), 짱족(藏族), 시짱(西藏) 대학

2. 제6장 제5절의 구이저우성 야오족 빈곤 부양 조사, 덩원비(鄧文
碧), 수이족(水族)

3. 제6장 제5절의 베이징 핑구현의 이주식 빈곤 부양 조사, 왕쉰페
이(王勳非)

4. 제7장 제4절 산수 도시: 중국 문화 전통을 살리는 도시관, 좡링
(庄鈴)

5. 제9장 제3절 베이징 신장촌, 아얼쓰랑 · 마이무티(阿爾斯朗 · 買
木提)(위구르족), 류얼샹(劉二湘), 자오옌시아(趙燕霞)

수업 때, 왕은통(王恩涌)과 한마오리(韓茂莉)는 고정적 협력자로
서, 항상 순환 방식으로 돌아가며 강단에 섰다. 이 책의 그림 작업은
한마오리가, 이 책의 교열은 루안쉐진(阮學金)이 해주었다.

이 책의 출판을 빌어, 수십 년 간 각 방면에서 도움을 주셨던 분들
께 충심으로 감사를 전한다.

이 책의 오류나 부족한 부분에 대하여, 각계의 질정을 부탁드리며,
재출판할 때 보완 수정할 수 있었으면 한다.

후자오량

1998년 12월 3일, 베이징 대학에서

차례

　‘약대국’에서 ‘강대국’으로 치닫는 13억 중국의 속살을 본다

1장. 13억의 중국, 변화의 속도

one

13억의 중국, 변화의 속도

발전 속도는 한 국가, 한 지역 경제 역량의 가장 중요한 지표이다. 비교적 빠른 발전 속도만이 낙후된 국가가 선진국을 따라잡을 수 있는 길이다.

---

1. 개혁 개방 후의 고속 성장 ✾

개혁 개방 이후 중국의 경제는 고속 성장의 궤도에 들어섰다. 1978년에서 1999년 사이 중국의 국민총생산(GNP)은 매년 평균 9.6% 성장하였다. 이러한 속도는 선진 국가 평균 속도의 4배에 해당하며, 전세계 평균 속도의 3배에 해당한다.[1]

실물 경제를 반영하면, 1978년에서 1997년 사이 과일, 돼지·양·쇠고기와 수산물의 1인당 생산량은 각각 6배, 5.3배, 6배 성장하였다.[2] 전력량, 철강과 시멘트의 1인당 생산량은 각각 3.3배, 2.6배, 5.8배 성장하였다. 세계 인구의 1/5을 차지하는 대국인 중국 경제의 고속 성장은 국내외의 주목을 끌고 있다.

경제 성장의 주요 견인차는 개혁 개방이다. 개혁 개방은 객관 경제법칙에 근거를 두고 있다. 세계의 공업화 이후, 과학, 기술, 자금, 정보 등의 생산 요소의 국제성은 날로 강화되고 있으며, 전 지구 범위에서

---

(1)   『中國統計年鑑』, 中國統計出版社, 1998년 9월.

(2)   위의 책.

의 수평적 분업과 수직적 분업이 종횡으로 진행되고 있다. 개방된 국가의 경우, 원료가 없어도 세계 각지의 원료를 이용할 수 있고, 기술이 없어도 세계 일류 기술을 들여올 수 있으며, 자금이 없어도 국제 자금을 빌려올 수 있고, 시장이 없어도 국제 시장에 들어갈 수 있다.

제2차 세계 대전 이후, 국제 시장에서 벗어나 폐쇄 경제를 실행한 국가는 모두 낙후, 쇠멸하고 말았다. 제2차 세계 대전 이전의 체코는 세계 10대 공업국 가운데 하나였고, 프랑스와 경제 수준이 비슷했다. 그러나 제2차 세계 대전 이후 40여 년 간의 폐쇄 경제를 거치면서, 국제 시장을 이끌었던 피혁, 오토바이, 유리 식기 등의 제품은 잇따라 국제 시장을 빼앗기고, 1인당 평균 국민총생산은 프랑스의 1/6 이하로 떨어졌다. 1990년 체코가 다시 국제 시장에 복귀하였을 때, 1인당 평균 국민총생산은 3140달러였고, 당시 프랑스의 1인당 평균 국민총생산은 1만 9490달러였다.[3]

경제 고속 성장과 함께, 중국과 국제 시장의 관계는 갈수록 긴밀해지고 있으며, 수출이 국민총생산에서 차지하는 비중도 급격히 상승하고 있다. 1978년 수출이 국민총생산에서 차지한 비율은 4.67%였고,

= 중국의 부문별 1인당 생산량 성장률(%)

생산품	1978년	1997년	1997/1978년
과일(kg)	6.87	41.17	5.99
육류(kg)	8.96	47.86	5.34
수산물(kg)	4.87	29.20	5.98
전력량(kW/시)	268.36	893.42	3.33
철강(kg)	33.24	87.01	2.62
시멘트(kg)	68.23	398.45	5.84

자료 출처 : 『中國統計年鑑, 1998』, 中國統計出版社, 1998.

---

(3)　　　世界銀行, 『1992年 世界發展報告』, 中國財政經濟出版社, 1993.

= 중국 국민총생산에서 수출이 차지하는 비중(%)

연도	비중
1978	4.67
1980	6.07
1985	9.45
1990	16.88
1995	21.65
1999	19.97

자료 출처 : 『中國統計年鑑』, 1981~2000.

1990년에는 16.88%로 상승하였으며, 1997년에는 더 나아가 20.15%로 상승하여, 서구 선진 국가의 수준에 접근하였다. 중국 경제와 세계 경제의 일체화 정도는 확실히 강화되었다. 중국은 이미 국제 경제 무대의 중요 성원이 되었다.

개혁 개방은 어째서 경제 발전 속도를 가속화할 수 있는가? 같은 개방 조건에서 왜 다른 국가들은 다른 발전 속도를 보여주는가? 여기에는 두 가지 원인이 있다. 하나는 보편성을 띠는 원인으로, 경제의 보편 법칙성에 속하는데, 예를 들어 추월시의 후발 효과이다. 다른 하나는 각국 각 지역이 가지고 있는 특수한 원인으로, 예를 들어 자연 환경과 자연 자원, 위치, 역사·문화 배경 등이 그것이다. 같은 개방이라도, 각국 각 지역의 구체적 상황의 차이에 의해 경제 발전 속도는 복잡한 양상을 보여준다.

2. 경제 발전 속도에 관한 이론

개혁 개방과 경제 발전 속도의 보편적 원인에 대한 연구는 다음의 네 가지 부문에 포함될 수 있다.

(1) 공업화와 경제 발전 속도 상관 이론

(2) 기술 발전의 단계성과 경제 발전 속도 상관 이론

(3) 경제 구조 변형과 경제 발전 속도 상관 이론

(4) 추월 효과 이론

공업화와 경제 발전 속도

공업화에 미처 진입하지 못한 지역의 경제 발전 속도는 매우 완만하다. 중국의 농업을 예로 들면, 2000년 전의 한나라 시대에는 한 농부 1인당 1년 노동 수확량이 대체로 1000kg의 식량이었다. 1인당 평균 경작지가 줄어들고 생태 환경이 악화됨에 따라, 20세기 초 중국의 많은 지역에서의 농업 노동 생산성은 이 정도 수준에 머물렀다. 기나긴 역사 시기 동안 농업 기술은 약간 향상되었다. 그러나 생산 요소의 퇴보는 이러한 미약한 진보마저도 일정 정도 상쇄시켰다.

19세기 중엽에서 20세기 중엽 사이에, 세계 경제 속에서의 중국의 비중은 급격히 떨어졌다. 그 중 한 가지 중요한 원인은 중국 대부분의 지역이 공업화 이전 단계에 머물러, 소수 몇 개 도시에서만 미약한 공업 발전이 있었기 때문이다. 현재 중국의 적지 않은 빈곤 지역은 발전 속도가 완만한데, 그 원인 가운데 하나가 공업화의 길로 진입하면서 발생하는 어려움이다.

어떤 한 지역이 일단 공업화의 궤도에 들어서면, 생산성은 바로 대폭 향상될 수 있다. 자본주의 사회의 공업화에 대하여, 마르크스와 엥겔스는 다음과 같이 생생하게 묘사하고 있다.

"자산 계급이 채 100년이 못 되는 계급 통치 기간 동안 창조한 생산력은 과거 모든 세대가 창조한 생산력보다도 많고 크다. 자연력의 정복, 기계의 도용, 공업·농업에서의 화학의 응용, 증기선의 운행, 철도

의 통행, 전보의 사용, 대륙 전체의 개간, 하천의 통항, 마치 마술을 써서 땅 속에서 불러내기라도 한 듯한 대량의 인구……. 과거 어느 세기에 사회 노동 속에 이 같은 생산력이 잠재해 있으리라 생각할 수 있었으랴?"[4]

각 지역이 공업화로 진입한 시기는 분명히 각기 다르다. 어떤 지역은 공업화로 진입하였는데 다른 어떤 지역은 여전히 수공업 노동 단계에 머물러 있다면, 지역 간의 경제적 격차는 확연히 커질 것이다. 지역 간의 경제적 격차의 확대 현상은 중국뿐만 아니라 세계 여러 지역에도 널리 존재하고 있다.

기술 발전의 단계성과 경제 발전 속도

공업화는 하나의 기나긴 역사적 과정이며, 공업화의 과정에는 일정한 단계 구분이 존재한다. 이 각기 다른 단계는 경제 발전 속도에 대하여 서로 다른 영향을 미친다.

공업화는 산업 부문에 따라 주로 네 단계로 나뉜다.

(1) **수공업 단계**:발전 속도가 완만함

(2) **채굴 공업과 경공업 단계**:발전 속도가 가속화됨

(3) **기초 원재료 공업과 일반 제조업 단계**:발전 속도가 가장 빠름

(4) **전자 공업을 위주로 하는 신흥 산업 단계**:일반적으로 후공업화 단계로 일컬어지며, 발전 속도는 다시 완만해진다. 그러나 경제 규모의 기초가 거대하기 때문에, 발전의 절대량은 대단하다.

---

(4)　　　마르크스·엥겔스, 「공산당 선언」, 『마르크스·엥겔스 전집』, 제1권, 人民出版社, 1972, 256쪽.

= 공업 분야의 가공 단계 심화 추세

원료	공업 분야	경가공	고도 가공
식품	제분, 제당	통조림, 빵	고급 식품
목재	목재, 펄프, 종이	가구, 도서, 공책	공예품
섬유	면사, 면, 천, 화학 섬유	속옷	고급 의류
토석	석재, 하천	건축물	
화공	플라스틱, 화학 섬유	공업 약품, 여러 제품	의약품
금속	철재, 유색 금속	철근, 금속 제품, 기계, 전선	설비 세트, 비행기, 전자 계산기

가공의 심도에 따라 나누자면, 각 공업 부문은 재료 공업 단계, 경(輕)가공 단계, 고도 가공 단계로 나눌 수 있다. 각 공업 부문은 모두 고도 가공 단계를 향한 과도 과정이다.

공업 기술 발전 역시 주기성을 가지고 있다. 새로운 주기마다 신기술이 출현하고, 설비 쇄신을 추동하고, 자본을 자극하고, 노동 생산성을 제고시키며, 경제 성장을 촉진시키게 된다. 기술 진보가 비교적 완만한 시기에는 경제가 정체하거나 쇠퇴하는 현상이 나타나게 된다. 하지만, 다음 기술 진보의 고조기에 이르게 되면, 경제는 2차 회복과 번영을 맞이하게 된다.

1920년대 소련 경제학자 콘드라티예프는 공업 혁명 이래의 기술 진보와 경제 발전 속도의 관계를 분석하여, 경제 발전의 주기성이 기술 진보의 단계성과 관련 있음을 발견했다. 미국 경제학자 슘페터는 이 이론을 한층 더 심화시켜, 콘드라티예프–슘페터 학설을 공동으로 주창하였다.

콘드라티예프와 슘페터는 공업 혁명 이래의 기술 진보와 경제 발전을 네 가지 주요 주기로 나누었다.

현재 상황을 분석했을 때, 기술 발전 단계는 제5주기로 진입하였으며, 마이크로 전자 기술과 정보 산업을 중심으로 하는 시기이다.

경제 구조 변형과 경제 발전 속도

기본 산업 구조를 연구할 때, 대체로 산업을 세 부문으로 나눈다. 1차 산업 부문은 자연계에 존재하는 노동 대상에 대하여 수집과 초보적인 가공을 진행하는 부문으로, 농업, 목축업, 수렵업, 어업, 임업 등이 여기에 속한다. 때로는 광업을 1차 산업 부문으로 넣기도 한다. 2차 산업 부문은 1차 산업 부문의 생산품을 가공하는 부문으로, 제조업이 핵심이고, 그 밖에 건축업, 수도, 전력 등의 부문이 있다. 3차 산업 부문의 내용은 비교적 복잡한데, 서비스업으로 통칭하며, 교통 운수, 금융보험, 도·소매, 우편 통신, 과학 연구·교육, 예술·체육, 여행·체육, 정부·군대 등을 포괄한다. 이 세 부문 간의 관계는 기본 경제 구조 관계를 반영하며, 대체로 세 단계로 나눈다.

= 4개 국가 취업 구조 비교(%)

국가	1차 산업	2차 산업 (제조업)		3차 산업	실업
미국(1995)	2.9	24.2	(16.4)	72.9	5.6
일본(1995)	5.7	33.6	(22.5)	60.7	
인도네시아(1992)	54.9	14.0	(10.0)	30.1	
중국(1995)	52.9	22.9	(15.7)	24.1	

자료 출처 : 『中國統計年鑑, 1997』, 833쪽.

개발 도상국은 대부분 제1단계에 속하고 선진국은 제3단계에 속한다. 1929년 미국의 서비스업 고용 인원수는 이미 노동력 전체의 55%를 차지하였다. 경제 발전이 빠른 지역의 경제 구조는 모두 그에 상응하는 변화와 향상이 있다. 낙후된 경제 구조에서는 고속 경제 성장이 불가능하다.

중국 대부분의 지역은 경제 구조가 후진적인데, 경제적으로 낙후되어 있기 때문이라는 이유 이외에 근본적 원인은, 계획 경제 체제에서 3차 산업이 구속을 받아 적지 않은 3차 산업이 2차 산업에 의존하고 있다는 것에 있다.

위의 표에서 볼 수 있듯이, 공업이 발달된 미국과 일본은 3차 산업 취업 인구가 이미 72.9%와 60.7%를 점하고 있다. 중국의 1차 산업의 취업 비중은 인도네시아와 대체로 비슷하지만, 3차 산업의 취업 비중은 인도네시아에 비하여 매우 낮다.

기술 진보는 경제 구조 변화의 중요 원인이다.

▶ (1) 농업 기술의 발전, 농업 노동 생산성의 제고는 농민 1인당 생산 농산물이 더 많은 비농업 인구의 소비를 만족시킬 수 있게끔 하였다. 미국의 1명의 농업 노동력이 1880년에는 5.6명에게 농산물을 공급해 줄 수 있었고, 1972년에는 52.4명에게 공급해 줄 수 있었다. 이렇게 해

서, 대량의 노동력이 농업으로부터 해방되어 나오게 되었다.

▶ (2) 농업 기술의 진보는 농업 생산의 업종 분업과 사회적 분업을 가속화해, 농업과 관련된 수많은 노동 업종이 형성되었다. 농산품의 초보적 가공, 종자 공급, 사료 가공, 비료 배합, 농약 살포 등과 같은 전문직을 포괄하게 되어, 농민의 노동량이 상대적으로 감소하였다. 미국의 농민들은 제2선과 제3선의 노동력과 결합되어 있다. 어떤 이는 미국의 농업을 최대의 공업 부문인 석유 농업이라고 일컫기도 한다.

▶ (3) 기술 진보는 공업의 원료 구조를 변화시켰다. 공업 원료 가운데 농산품의 비중은 하락하고, 공산품과 광산품의 비중은 상승하였으며, 화학 섬유가 천연 섬유를 대체하고, 인조 고무가 천연 고무를 대체하고, 플라스틱·금속재가 목재를 대체하였다.

▶ (4) 기술 진보에 따라, 생활 수준이 높아지고 노동 시간이 단축되어 소비 구조가 변화되었다. 식비가 소비 총액에서 차지하는 비중이 하락하고, 교육·예술·여행 등의 정신 생활과 문화 생활 방면에 대한 수요가 증가하였다. 독일 경제학자 엥겔이 발견한 바에 의하면, 생활 수준이 높아지면 지출에서 식비가 차지하는 비중이 갈수록 낮아진다. 후에 식비 지출의 비중을 엥겔 계수라고 칭하게 되었다. 국제연합(UN)이 구분한 엥겔 계수의 등급은 다음과 같다.

최상류(가장 부유) : 20% 이하	하류(빈곤) : 50~59%
상류(부유) : 20~40%	최하류(절대 빈곤) : 59% 이상
중류 : 40~50%	

후공업화 단계에는 공예 미술, 골동품, 우표 수집, 악기, 화장품, 체육 용품, 고급 의류 등의 비일상적 수요의 선택성 소비가 매우 급속히

증가하여, 기본 경제 구조의 변형을 촉진시킨다.

근래 들어 체험 경제(Experience Economy) 개념이 등장하면서, 소비의 발전과 경제의 발전을 4단계로 나누고 있다.

<table>
<tr><td>제1단계 : 농업 경제 단계</td><td>제3단계 : 서비스업 경제 단계</td></tr>
<tr><td>제2단계 : 공업 경제 단계</td><td>제4단계 : 체험 경제 단계</td></tr>
</table>

생일 케이크를 예로 들자면, 4단계의 소비 형태는 근본적인 차이가 있다. 농업 경제 시대에는 어머니가 자기 집의 밀가루와 계란 등의 재료를 가지고, 직접 케이크를 만드느라 처음부터 끝까지 분주히 일하게 되는데, 원가는 1달러가 채 못 된다. 공업 경제 시대에는 어머니가 상점에 가서 몇 달러를 들여 적당한 포장 케이크를 사 가지고, 집에 돌아가서 직접 데워준다. 서비스업 경제 시대에는, 어머니가 빵집이나 슈퍼마켓에 케이크를 주문하고 10여 달러 정도를 지불하면 된다. 체험 경제 시대에는 100달러를 써서, 생일 잔치를 전문 회사에 의뢰하여 그들이 아이를 위해 기억에 남는 생일 잔치를 열어주도록 하면 된다. 소비 단계 향상으로부터 경제 구조 변형의 객관 근거를 찾아볼 수 있다. 체험 경제 시대가 되면, 한 번의 생일 비용 가운데 90% 이상이 3차 산업에서 나오고, 1차 산업에서 나오는 것은 단지 1%에 불과하다.

공업화 후기, 공업이 경제 구조 가운데서 차지하는 비중의 하락은 공업의 자동화, 노동 생산성의 신속한 향상과 관련이 있으며, 또한 공업의 과학 연구 개발, 광고 판매, 금융 서비스 등의 3차 산업에 대한 수요가 커지는 것과 관련이 있다. 이는 마르크스가 다음과 같이 했던 말 그대로이다.

"생산량이 동일한 조건에서, 한 국가의 생산 인구가 비생산 인구에

= 중국의 산업별 생산량 구조 변화(%)

국가	1978년	1999년	증감
1차 산업	28.1	17.3	−10.8
2차 산업	48.2	49.7	1.5
3차 산업	23.7	32.9	9.2
합계	100	100	

= 중국의 산업 취업 구조 변화(%)

국가	1978년	1999년	증감
1차 산업	70.5	50.1	−20.4
2차 산업	23.	23	5.6
3차 산업	12.1	26.9	14.8
합계	100	100	

비해서 갈수록 감소하게 되면, 국가는 갈수록 부유해지는 것이다. 생산 인구의 상대적 감소는 단지 노동 생산성의 상대적 제고의 또 다른 표현일 따름이기 때문이다."[5]

중국의 현 산업 구조는 2차 산업 위주의 제2단계에 처해 있다. 개혁 개방 이래, 총체적으로 보았을 때 1차 산업의 비중은 하락하였고, 3차 산업의 비중은 상승하였으며, 2차 산업의 비중 역시 약간 상승하였다. 중국의 농업 노동 생산성은 비교적 낮아, 1997년 절반 가량의 노동력이 농업에 종사하고 있다. 노동력 통계에 따른다면, 1차 산업이 절대 우위를 점하고 있다.

중국의 3차 산업은 선진 국가에 비해서 낙후된 수준일 뿐 아니라,

---

(5) 『마르크스·엥겔스 전집』 제26권, 人民出版社, 1972, 229쪽.

동등한 수준의 개발 도상국보다도 낙후되어 있는데, 그것은 주로 체제에 기인한다.

▶ (1) 서비스업은 정부의 상당한 통제를 받아, 시장 진입 정도가 낮다. 상당한 양의 농·공업 생산품이 국가의 일괄 구매·판매 조절에 의하여, 시장 유통을 거치지 않는다. 공공 서비스, 전신 운수, 금융 보험, 부동산 등의 영역 역시 정부의 엄격한 통제를 받는다.

▶ (2) 서비스업의 사회화 정도가 낮아, 적지 않은 서비스업 활동이 1차 산업과 2차 산업으로부터 분리되어 나오지 못하였다. 농업 생산 과정에서의 서비스가 빈약하다. 공업 체제 역시 큰 것부터 자잘한 것까지 모두 포괄하고 있어서, 생산품 개발, 물자 공급, 공예 가공, 생산품 판매 등의 고리가 2차 산업으로부터 분리되어 독립된 부문으로 형성되지 않았다. 적지 않은 공업 기업에서 직공 생활을 스스로 해결하도록 되어 있어서, 서비스 인원이 너무 많다.

경제 구조의 발전 법칙에 따르면, 중국은 3차 산업의 가속 발전 단계로 진입하기 시작했다. 근래의 중국 3차 산업의 주요 성장 부문은 다음과 같다.

> (1) 문화 지식 산업, 과학 연구 교육, 정보 제공, 출판, 신문 매체 등
>
> (2) 주택을 위주로 하는 부동산업과 지역 사회 서비스업
>
> (3) 여행, 레저, 보건, 요양 사업
>
> (4) 금융 보험업

산업 구조가 바뀌어감과 동시에, 일부 지역, 일부 직업에서는 '구조 역류' 현상이 나타나게 된다. 1990년대에 들어서면서 헤이룽장(黑

龍江)성 국영 기업 직공들이 대량 실직하였는데, 정부는 헤이룽장성의 토지와 자연 자원이 풍부한 점을 이용하여, 실직 위기에 있는 직업의 직원들에 대하여 '3·3제'의 대책을 시행한 바 있다. 3·3제란 1/3은 본업을 하도록 하고, 1/3은 농업으로 흡수시키고, 1/3은 각종 부업에 종사토록 하는 제도이다. 이러한 구조 역류는 헤이룽장성의 현실 조건에 기반을 두어 당시의 곤경을 해결하였던 좋은 대책이었다.

추월 효과

공업화 진입이 비교적 늦은 국가가 추월할 경우, 종종 공업화가 이른 국가보다 더욱 빠른 발전 속도를 이룰 수 있다. 영국은 최초의 공업화 국가이며, 독일, 미국, 일본이 각각 영국을 따라잡았다. 공업화 진

= 영국 경제 고속 성장기 상황

연도	1880~1890
국민소득(100만 파운드)	1073~1399
국민소득 연평균 증가율(%)	2.7
인구 연평균 증가율(%)	1.0
1인당 국민소득 연평균 증가율(%)	1.7

자료 출처 : 世界經濟資料編輯委員會, 『영·프·미·독·일 100년 통계 개요』, 中國統計出版社, 1958.

= 미국 경제 고속 성장기 상황

연도	1900~1910
국민소득(1억 달러)	162~202
국민소득 연평균 증가율(%)	5.7
인구 연평균 증가율(%)	2.0
1인당 국민소득 연평균 증가율(%)	3.7

자료 출처 : 『영·프·미·독·일 100년 통계 개요』.

입 이후, 독일의 공업화 속도는 영국을 추월하였고, 미국의 속도는 독일을 추월하였으며, 일본의 속도는 다시 미국을 추월하였다. 이런 현상을 일컬어 추월 효과라고 한다.

영국의 최고 발전 속도는 1880~1890년에 나타나는데, 국민소득이 매해 평균 2.7% 증가하였고, 인구 증가 요인을 감안하면, 1인당 매해 평균 1.7% 성장하였다. 미국의 최고 발전 속도는 1900~1910년의 10년간에 나타나는데, 국민소득이 매해 평균 5.7% 성장하였고, 인구 증가 요인을 감안하면, 1인당 매해 평균 3.7% 성장하였다.

1978년에서 1997년까지 19년간, 중국의 국민총생산은 매해 평균 9.7% 성장하였는데, 인구 증가 요인을 감안하면 1인당 매해 평균 8.6% 성장한 것이다. 이러한 속도는 구미 선진 국가가 이전에 도달했던 최고 속도를 앞지르는 것이다. 중국 경제의 고속 성장 역시 추월 효과의 덕을 보았다.

세계은행(IBRD)의 통계에 따르면, 공업화 초기에, 1인당 평균 소득이 두 배가 되는 데 걸리는 햇수는 다음과 같다.

> **영국** : 1780~1838년, 58년이 걸림
>
> **미국** : 1839~1886년, 47년이 걸림
>
> **일국** : 1885~1919년, 34년이 걸림
>
> **한국** : 1966~1977년, 11년이 걸림
>
> **중국** : 1978~1987년, 9년이 걸림

추월 효과의 형성 메커니즘은 주로 아래의 네 가지가 있다.

▶ (1) 후발 국가는 공업화가 빠른 국가로부터 '지식'을 들여오고, 신기술과 과학적 경영 관리 수단을 채용하여, 시행 착오의 시간을 절약할 수 있고, 자금과 인재를 들여올 수 있다. 공업화가 빠른 국가는 단계마

다 시행착오를 겪을 수밖에 없고, 누적된 대량의 자금과 배양된 대량의 인재는 더 높은 효율을 발휘할 수 있는 곳을 찾아야만 한다.

▶ (2) 후발 국가는 경제에서 부족한 것을 보충해야만 한다. 일부 공업화가 빠른 국가에서 사양 산업이 되어버린 공업 부문이 후발 국가에서는 아직 활발히 발전하고 있다. 어떤 개발 도상 국가에서는, 콘드라티예프 주기 가운데 4개 단계의 대표적 공업들이 동시에 발전하여, 각종 산업이 모두 성행하는 국면을 이루어, 성장 속도를 가속화하는 경우도 있다.

▶ (3) 후발 국가는 낡은 설비 부담이 없기 때문에, 홀가분하게 전진할 수 있다. 공업화가 빠른 국가에서는 대량의 낡은 설비와 기한이 지난 기술 시설이 종종 선진 기술의 채용을 저해하기도 한다.

▶ (4) 후발 국가는 노동력, 토지 등의 자원이 상대적으로 풍부하고 저렴하여, 비교적 우세한 위치에 있다.

이러한 점들을 통해서 보았을 때, 한 국가, 한 지역의 낙후는 크게 우려할 바가 아니다. 다만 현실을 직시하고, 역량을 모으고, 정확한 발전 노선을 정하여, 추월의 궤도에 오르기만 한다면, 결국 우수한 경제 업적을 이룰 수 있을 것이다.

대국으로서 중국이 갖는 어려운 점과 이로운 점

중국은 960만 km²의 토지와 12억 이상의 인구를 가진 대국이다. 이는 중국 국가 건설에 극복하기 힘든 장애를 가져다주었지만, 동시에 고유한 이점을 만들기도 한다. 위기와 기회는 항상 동시에 존재하고 있다. 이는 중국의 국가 건설에서 매우 중요한 특징이다.

개혁 개방 이후의 중국 경제 발전 속도는 일본과 아시아의 '네 마리 용'이 일찍이 실현했던 최고 속도와 비교했을 때, 아직은 어느 정도 거리가 있다. 일본 경제 발전의 최고 속도는 1960년대에 나타났다.

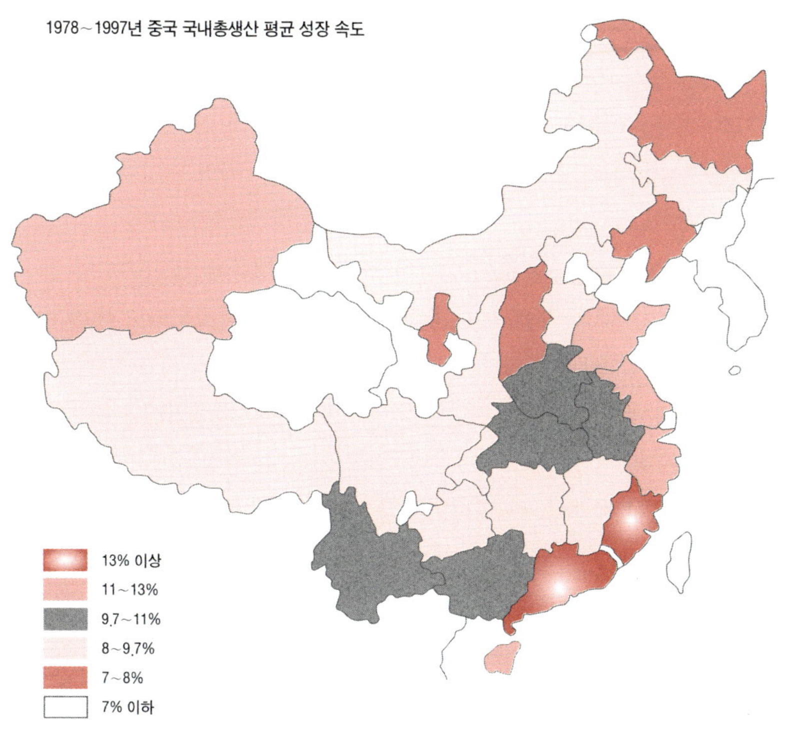

1960년에서 1970년까지 일본은 국내총생산(GDP)이 매해 평균 10.5%
성장하였다. 타이완 지역은 1964년에서 1973년까지 국민총생산이 매
해 평균 11% 성장하였다. 중국 경제는 비교적 시작이 늦었고, 실현된
발전 속도도 상대적으로 낮았다. 그 원인은 지역이 광활하고, 지형이
복잡하고, 교통이 불편하며, 기술과 정보의 확산이 비교적 느리기 때
문이다. 중국의 각 지역이 동일한 수준에서 발전은 시작한 것이 아니
다. 일부는 달리고 있다면, 일부는 걷고 있어서, 평균해 본다면 그 속
도는 더욱 떨어진다.

경제 고속 성장의 시기에, 일본과 한국 역시 지역 발전 불균형의 문
제와 직면했으며, 이후 모두 지역 균형 발전 전략을 취하였다. 그러나

그들이 직면한 지역 차이는 중국 대륙과 비교하면 그다지 크지 않다. 1979년 일본에서 경제 수준이 최고였던 도쿄에서의 한 해 1인당 평균 국민소득은 243만 엔으로, 최저였던 오키나와의 한 해 1인당 평균 국민소득 108만 엔의 2.25배였다. 중국에서의 동급 지역 간의 차이보다도 훨씬 적다.

중국 개혁 개방 후 경제 발전이 가장 빠른 성들의 성장 속도의 경우, 일본과 아시아의 네 마리 용이 실현했던 최고 속도보다도 빠르다. 1978년에서 1999년까지 푸젠(福建)성, 광둥(廣東)성, 저장(浙江)성, 3개 성에서 국내총생산의 연평균 성장 속도는 각각 13.7%, 12.7%, 12.4%이다.

어려움이 큰 만큼, 큰 이점도 있다.

우선, 광활한 국토에서 동서남북 지역의 경제 도약이 동시에 이루어지지는 않는다. 상당히 오랫동안, 중국에서는 일부 고속 성장 지역이 전국을 이끌어왔다.

둘째, 거대한 내수 시장이 국제 시장에 대한 의존도를 줄일 수 있다. 국제 시장에 이상이 나타날 경우도, 경제의 안정적 발전을 보장해 줄 수 있다. 지역이 협소하고 내수 시장이 제한되어 있으면 국제 시장에 대한 의존도가 증대될 수밖에 없고, 국제 시장에 이상이 생길 경우에는 쉽게 충격을 받을 수 있다. 예를 들어 1973년 세계 석유 위기 때, 연료 가격이 급상승하여, 국제 경제가 침체되었다. 1974년 타이완의 국민총생산 증가폭이 1.1%로 떨어져, 그 해 인구 증가율 1.8% 수준을 밑돌았다. 같은 해 일본의 국민총생산은 마이너스 성장을 하여, 그 전해보다 1% 감소하였다. 1976년에 이르러서야 일본의 경제 형세는 호전되기 시작하였다. 개혁 개방 이후, 중국 경제 성장 속도 역시 기복이 있다. 그러나 상승세는 중단되지 않았다. 증가폭이 최저였던 1981년, 1989년, 1990년에도 국내총생산이 여전히 4.5%, 4.3%, 4%의 성장 속도를 보였으며, 세계 경제 평균 속도보다 한결 높다. 1997년 나타났던 동아시아 금융 위기 때, 내수의 확대는 중국 위기 충격 완화의 중요 수단이었다.

지역 간 발전 수준 차이가 크고 우세 정도가 다른 것은 서로 보완할 수 있다. 인재, 기술, 자금, 노동력, 자원 등의 요소는 지역 간 장애 없이 대규모 유동이 가능하다. 경제 고속 성장 지역은 노동력, 자금, 인재 등의 지원을 받을 수 있다. 광둥성 개방 이후의 고속 성장은 바로 전국적 지원에 힘입은 것이며, 고급 관리 인원과 과학 기술 핵심 인원의 80%는 외지의 성과 시에서 왔다. 제8차 경제 개발 5개년 계획 기간 동안 외지 성·시에서 상하이(上海)에 600억 위안을 투자하였으며, 절반이 중서부 지역에서 왔다. 1995년 상하이 재정 수입의 30%가 내자 기업에서 나왔고, 25만 명의 상하이 노동력이 내자 기업에서 일하고 있다.[6] 생산 요소가 거대한 공간 범위 내에서 대규모로 자유롭게 유동할 수 있는 상황은 협소한 국가와 지역에서는 도저히 불가능하다.

❀　　❀　　❀

3. 세계 3위, 아직 제3세계

1990년대 초기부터, 국제 사회에서는 중국의 경제적 지위에 관한 두 가지 관점이 있었다. 하나는 중국이 낙후된 제3세계 국가라는 것이며, 다른 하나의 관점은 중국이 세계 경제 3위의 대국이라는 것이다. 이렇게 상이한 평가가 나오게 된 원인은 평가 지표의 차이 때문이다.

국민총생산(GNP)을 산정하는 전통적인 방법은 각국 화폐를 공식 환율에 따라 미국 달러(이하 이 책에서 특별한 표시 없이 사용한 달러는

---

(6)　　　陸大道·薛鳳旋, 『1997 中國地域發展報告』, 商務印書館, 1997, 209쪽.

미국 달러를 뜻함 : 역주)로 환산하는 것이다. 중국 국가통계국이 공포한 1999년 중국 1인당 평균 국민총생산은 6517위안(元)이었다. 그 해 공식 환율은 1달러당 8.3위안이었다. 환율 파동의 영향을 제외하기 위해, 세계은행은 당해 연도 환율과 지난 2년간 환율의 평균치를 가지고 환산해서 계산하였는데 중국의 1997년도 1인당 평균 국민총생산은 860달러였다. 중국 국가통계국의 수치든지 세계은행의 계산이든지 간에, 전통적인 환율 방법에 따르자면, 중국은 저소득 국가에 속하는 전형적인 제3세계 국가이다.

어떤 경제 지표라도 한계성은 있다. 전통적인 환율에 따른 환산 방식의 국민총생산 역시 예외는 아니다. 우선, 국제 시장의 생산품과 노동력에서 차지하는 비중이 낮은 저개발 국가에서는 환율이 국내 생산품과 노동력에 미치는 영향 역시 크지 않다. 국내 생산품과 노동력의 가격은 국제 수준보다 낮다. 환율에 따라 환산하고 나면, 저개발 국가와 선진국의 생활 수준의 격차는 더욱 커진다. 다음으로, 환율은 정부의 통제를 받기 때문에, 양국 통화의 수요 공급 관계를 정확히 반영할 수 없다. 셋째로, 환율은 국제 수지, 국내 이윤율, 통화 팽창, 정치 상황의 영향을 받는다.

따라서 국제연합이 채용한 구매력 평가 개념(Purchasing Power Parity, PPP)은 두 가지 화폐가 구매력이 동등할 때의 비율을 모색한다. 151개 분야 1500종의 상품과 노동을 가지고 국제 비교 항목으로 삼아 구매력 평가를 계산해 낸다. 예를 들어, 1997년 국제 비교 항목에 따르면, 위안화와 달러화의 구매력은 대략 2:1 정도로, 중국의 2위안은 1달러의 종합 구매력에 해당한다.

구매력 평가는 일정 정도 물가 차이가 조성하는 오차를 없애고 비교적 실질적으로 각국의 실제 생활 수준을 반영하기는 하지만, 한계성 역시 매우 분명하다. 우선, 원시 수치 자료 수집이 어려운데, 국민 경제의 추산 비교가 빈약한 저개발 국가에서는 더욱 어렵다. 다음으로, 각국 소비 구조 차이가 매우 커서, 동일한 국제 비교 항목에 따른다면 소비 구조의 차이를 반영하기 힘들다. 셋째, 일부 국가의 가격 관리 제도와 가격 왜곡 현상을 제거할 방법이 없다. 넷째, 가장 관건이 되는 것은 한 나라의 화폐가 국제 무역과 국제 금융 활동 속에서의 실제 구매력을 반영할 길이 없다는 것이다. 저개발 국가는 외환이 필요할 경우, 구매력 평가에 따라서 외환을 바꿀 수 있는 것이 아니라, 시장 환율에 따라 외환을 구입할 수밖에 없다. 국제 금융 활동에 종사하는 국제통화기금(IMF)은 분명히 중국이 구매력 평가인 2:1의 비율로 달러를 구입하거나 달러 차관을 갚도록 하지는 않을 것이다.

전통적인 환율을 가지고 국가 경제 규모를 계산하는 방식과 구매력 평가를 가지고 국가 경제 규모를 계산하는 방식 사이의 차이는 매우 크다.

전통적 방법에 따르면, 세계은행은 중국의 1997년 국민총생산이 1만 554억 달러라고 추산하였다. 이 수치는 세계 국민총생산의 3.5%이며, 미국, 일본, 독일, 프랑스, 이탈리아, 영국에 이어 7위에 해당한다. 구매력 평가에 따르면, 세계은행은 중국의 1997년 국내총생산이 4만 3825억 달러라고 산정하여, 미국에 이어 세계 2위를 차지하였다.

세계은행이 공포한 전통적인 환율에 의한 환산에 따르면, 중국의 1997년 1인당 평균 국민총생산은 860달러로, 중하위 소득 국가에 속한다. 세계은행이 공포한 구매력 평가에 따라 계산해 보면, 중국의 1997년 1인당 평균 국민총생산은 3570달러로 중하위 소득 국가의 대열에 속하며, 고소득 국가의 수준과 크게 차이가 날 뿐만 아니라, 중상위 소득 수준과도 상당한 거리가 있다.

주지하다시피, 경제 수준은 1인당 평균치를 가지고 평가한다. 유명한 고소득 국가인 스위스는 1인당 평균 국민총생산이 높아서 1997년

4만 4320달러에 달하였다. 총생산량을 가지고 계산하자면, 스위스 인구가 700만 명이니, 적지 않은 선진국에 못 미칠 것이 분명하다. 중국의 경제 규모는 세계 2위 또는 3위 정도가 되는데, 논쟁의 여지가 있는 구매력 평가를 제외하더라도, 관건은 12억 명이나 되는 인구이다. 독일과 비교했을 때, 중국의 총생산량이 독일 정도의 규모에 달할 뿐이며, 1인당 총생산량 역시 겨우 독일의 1/15 정도이다.[7]

따라서 경제 발전의 실제 수준에 따르자면, 중국은 아직 전형적인 제3세계 국가이다. 하지만 20년의 고속 성장을 거치면서, 중국은 이미 최저 개발 국가로부터, 중위권 수준의 개발 도상 국가로, 중위권 수준의 제3세계 국가로 격상되었다.

---

[7]   世界銀行, 『1998/99年 世界發展報告』, 中國財政經濟出版社, 1999.

2장. 5천년의 중국, 문화의 힘

two 5천년의 중국, 문화의 힘

이제 사람들은 문화 자원이 지역 발전에서 중요한 위치를 차지한다는 사실을 발견하게 되었다. 문화가 경제 발전에 끼치는 영향은 이제 도처에서 증명되고 있다.

---

1. 문화 자원의 중요성 ✽

제2차 세계 대전 이후에 경제 발전이 빨랐던 지역을 보면, 꼭 자연 자원이 풍부했던 곳만도 아니고, 입지 조건 자원만으로도 쉽게 설명되지 않는 부분이 있다. 사람들은 문화 자원이 지역 발전에서 중요한 위치를 차지한다는 사실을 발견하게 되었다. 이는 "빈곤한 국가가 만약 풍부한 자연 자원이 없더라도, 인력 자원에 기꺼이 많은 투자를 하기만 한다면, 발전해 나갈 수 있을 것이다."라고 나이스비트가 말했던 바와 같다.[1]

1990년대 출현한 '종족 경제학'의 관점은 인류의 문화적 배경으로부터 출발해서 분석을 진행함으로써 결론을 도출하고 예견하고 있는데, 이는 문화가 경제 발전에 끼치는 영향을 보여주기에 충분하다. 라틴 아메리카의 민족 지리 가운데, 문화적 배경의 커다란 영향을 증명해 주는 허다한 실례들이 있다.

---

(1) 나이스비트(John Naisbitt) 저, 師曉霞 역, 『90年代世界10大趨勢』, 中國經濟出版社, 1991.

[44]

예를 들어 제2차 세계 대전 후, 일본의 가난한 농민들이 대거 브라질과 페루로 이주해 가서, 수십 년 간 노력한 끝에 중산층 이상의 계층으로 진입하여, 빈민굴에서는 일본 사람을 찾아볼 수 없게끔 되었다. 또한 라틴 아메리카로 이주해 간 레바논 사람들과 시리아 사람들은 모두 각고의 노력과 창조 정신으로 대거 정치 지도층으로 진출했다. 라틴 아메리카의 20명의 대통령 가운데 세 명이 이 민족들 출신이었다. 아르헨티나의 메넴, 에콰도르의 마호아드와 온두라스의 플로레스 등이 그들이다. 이 민족들이 라틴 아메리카 인구 가운데 차지하는 비중은 그리 크지 않은데도 세 명의 대통령을 배출한 것은 상당히 놀라운 일이다.

문화의 내용은 광범위하다. 의식주·교통·음악·오락·서화 등이 모두 문화이다. 광범위한 문화 영역에는 대체로 세 가지 층차가 있다.

(1) 기물·기술을 위주로 하는 표층

(2) 제도·조직을 위주로 하는 중층

(3) 의식 형태를 위주로 하는 심층

문화의 세 가지 층차 가운데, 의식 형태를 위주로 하는 심층이 핵심이며, 미치는 영향도 가장 크다.

문화 자원을 지표화하기는 매우 힘들다.

"루산(盧山)의 진면모를 알지 못하는 이유는 그 자신이 산중에 있기 때문이다(不識盧山眞面目, 只緣身在此山中)."

동일한 문화권 내에서 생활하지만, 그 특징에 대해서는 종종 깊이 느끼지 못한다. 국가와 지역을 비교하는 것은 문화 자원을 인식하는 중요한 방법이다.

중국은 1인당 평균 자연 자원이 풍부하지 못한 국가이기 때문에,

문화 자원의 우위를 잘 활용하는 것이 중요하다. 제2차 세계 대전 후의 타이완과 필리핀의 경제 발전을 대비해 보면 중국 문화의 위력을 충분히 확인할 수 있다. 1950년대 필리핀의 1인당 평균 국민총생산은 타이완보다 많았다. 그러나 40년의 기간을 거치면서, 1996년 타이완의 1인당 평균 국민총생산은 필리핀의 10배 이상에 달하게 되었다. 이러한 커다란 대비를 초래한 다양한 원인 중에서 문화의 차이가 가장 중요한 근본 원인이다.

2. 중국과 미국의 문화 비교

중국과 미국의 문화는 많은 차이를 보인다. 그 중 가장 중요한 차이점은, 미국이 개인 지상주의를 강조하고 중국은 집단 지상주의를 강조한다는 점이다. 미국은 독립 선언문에서 "인간은 평등하며, 조물주에 의해 박탈될 수 없는 권리를 부여받았는데, 이는 생명의 권리, 자유의 권리, 그리고 행복 추구의 권리를 포괄한다."라고 제시하고 있다. 이 선언은 미국 문화의 정신을 대표하며, 또한 개인 지상주의 선언이라 할 수 있다. 중국의 고전 『대학』에서는 "자신을 수양하고 집안을 추스르고 나라를 다스리고 천하를 태평케 한다(修身齊家治國平天下)."라고 하였는데, 이는 뿌리 깊은 집단 지상주의 사상을 내포하고 있으며, 중국 문화의 정수이다. 미국인은 자신을 위하여 사고, 판단, 결정하며, 자신이 옳다고 생각하는 방식에 따라 생활한다. 영어에서 '나'는 언제나 대문자로 쓴다. 중국에서는 사회의 최소 단위가 개인이 아니라 가족이다. 고대 중국어에서 '나'는 언제나 낮은 등급으로, '비인(卑人), 불재(不才), 만비(晚輩)'라고 칭하였으며, 설사 황제라 하더라도 스스로를 '과인(寡人)'이라고 불렀다.

[46]

중국과 미국에서 나타나는 의식 형태 차이의 근원은 철학 사상에 있다. 3000년 전 중국 전국 시기에 이르러 형성된『주역』의 핵심 사상은 "음과 양의 갈마듦이 곧 도이다(一陰一陽之謂道)", "역이라 함은, 궁하면 변하고, 변하면 통하고, 통하면 오래감을 말한다(易, 窮則變, 變則通, 通則久)."는 것으로, 변증법적 사유 방식을 반영하며, 사물 간의 횡적 연계, 정성(定性) 파악, 집단 공존을 중시한다. 이러한 방식은 서방의 기계적·미시적 관점, 종적 사유 방식과 중대한 차이가 있다.

중국과 미국 양국의 관념의 차이는 사회 생활 풍속의 수많은 영역에서 반영되고 있다. 가극(歌劇), 화극(話劇), 무극(舞劇)은 서방에서는 엄격하게 구분되는 영역이지만, 경극은 이 세 가지를 하나로 결합하여, '노래, 대사, 연기, 무술' 등의 요소를 모두 포함하고 있고, 또한 문학, 회화 등의 예술 성과를 흡수하였다. 경극의 검보(얼굴 분장)는 원시 사회의 가면을 쓴 용사의 토템 무용에서 기원한 것이다. 경극의 두 가지 중요한 곡조[曲拍] 가운데 하나인 '서피(西皮)'는 간쑤(甘肅)성 민가인 서진강(西秦腔)에서 비롯되었고, 다른 하나인 '이황(二黃)'은 후베이(湖北)성의 황포(黃陂), 황강(黃崗) 일대에서 나왔다. 시간, 공간, 예술 분류 면에서 이처럼 고도로 종합되어 있는 경극은 확실히 세계적으로 드문 예술 분야이다. 시와 글과 서체와 그림이 상통하는 중국화는 종이 위에 4계절을 담아놓아, 서방의 회화와는 분명하게 구분된다. 중국 의술은 "병의 치료는 반드시 근본을 알아야 한다(治病必求于本)."고 하여, 총체적·종합적 사상의 전형을 반영한다. 중국과 미국의 풍속을 비교해 본다면, 중국에서 '東'이 '西' 앞에, '紅'이 '白'의 앞에, '姓'이 '名'의 앞에, '男'이 '女'의 앞에, '官'이 '民' 앞에, '飯'이 '湯'의 앞에, '藏'이 '露'의 앞에, '年'이 '月'의 앞에 놓이는 것은, 전체에서 부분으로 나아가는 변증법적 사유와 직접 관련되어 있다.

건축 방면에서는 내향성 관념의 영향을 받아서, 중국은 담이 특히 발달되어 있다. 성에 성벽이 있고, 정원에 울타리가 있고, 묘당에는 묘를 둘러싸는 담이 있고, 일반 집에도 담이 있다. 담은 중국 건축에서 중요한 경관을 이룬다. 길거리를 걷다보면 보이는 것이라고는 온통 담뿐이다. 다만 "은행잎만이 담장 밖으로 나와 있구나(一只紅杏出墙來)."와 같은 경우에만, 행인들도 비로소 담 안의 봄 풍경을 함께할 수 있다. 미국은 외향성 관념의 영향을 받아서, 건축물에 담이 거의 없다. 어떤 도시는 특수한 건축물을 제외하고는 담을 만들지 못하도록 규정하고 있다. 미국의 거리를 걷다보면 한 채 한 채 늘어선 민가와 공공 건물들이 대부분이다. 중국의 저택은 다양한 변화를 함축하는 것을 추구하여, 가까운 곳에 시적 정서와 회화적 분위기를 조화시키고자 한다.『홍루몽(紅樓夢)』제17회에 이러한 대저택에 대한 묘사가 있다.

　"문을 열고 들어서면, 비취산(翠嶂) 하나가 눈앞을 막아선다. 여러 손님들이 모두 '멋진 산이로군, 멋진 산이야!'라고 칭찬하자, 가정이 말하기를, '이 산이 없다면, 정원에 들어서자마자 모든 경관이 눈 안에 들어올 터이니 어찌 흥취가 나겠는가?'"

　이는 '보일 듯 보이지 않고 터질 듯 터지지 않고 단도직입적인 것을 피하고 완곡한 것을 추구하고 넓은 것보다는 좁은 것을 구하는(顯而不露, 引而不發, 忌直求曲, 忌寬求窄)' 중국 정원이 가지고 있는 함축 정신을 보여주는 것이다. 이러한 의식 형태는 서양 정원의 정연함, 균형 대칭, 정직·개방성, 있는 그대로 다 보여주는 것과는 강렬한 대조를 이룬다.

　미국의 개인 지상주의 관념에 대하여서는, 미국을 여행한 학생이 깊이 체험한 바 있다. 허샤오항(何曉航)은 다음과 같이 생생하게 묘사하고 있다.

　"미국에 있었을 때 내 집 뒤에 커다란 들판이 있었다. 뜰에는 담장이 없고, 풀꽃이 무성하여 멀리 이웃집까지 뻗쳐 있었다. 하루는 눈폭풍이 불어, 이웃집 후원의 화분이 바람에 날려 땅위를 굴러다녔다. 여주인이 뒤에서 쫓고 있었다. 화분이 우리 집 풀밭에까지 날려왔는데, 그녀는 한 발만 더 내디디면 잡을 수 있었다. 그러나 그녀는 멈춰서서 우리 집에 전화를 걸어 나에게 우리 집 풀밭에 들어가도 될지를 물었다. 그녀는 전화에서 '제니는 집에 없고, 우리 물건은 바람에 날려 그녀 집 뜰로 들어가버리고, 그녀가 집에 돌아오길 기다렸다가 다시 전화하는 수밖에 없겠네요.'라고 했다. 정말 살기 피곤한 곳이야."[2)]

이와 같은 개인 소유지에 대한 신성 불가침의 상황은, 동양인은 매우 이해하기 힘든 것이다.

중국과 미국이 가지는 문화 충격은 모두 개인 지상주의와 집단 지상주의의 차이에서 기인한다. 중국은 산아 제한 정책을 채용하여 인구 팽창을 억제하고 있는데, 적지 않은 미국인이 이것이 개인의 생육의 자유를 박탈한 것이라고 여긴다. 미국에는 2억 자루의 개인 총기가 있으며, 사람들이 총을 살 수 있고, 총격 사건은 청소년의 가장 중요한 사망 원인이다. 1981년 미국 대통령 레이건이 암살 기도로 총상을 입자, 개인 총기 제한을 요구하는 여론이 일기도 했다. 정작 레이건 자신은 반대하였는데, 개인 총기 제한이 '권리 법안'을 위반하는 것이며, 개인의 자유를 침해하는 것이라고 여겼던 것이다. 이에 대해, 중국 사람들은 더욱 이해하기 힘들다.

문화의 무대인 대지 역시 두 나라의 관념 차이에 영향을 주었다. 황투 고원 위에 서서 멀리 바라다보면, 온통 황색 천지로, 하늘도, 땅도, 사람도 모두가 황색이다. 황색은 하늘과 땅과 사람의 통일을 체현하고 있다. 당 고조를 필두로 황족이 황색을 전유하여, 민간에서 황색을 사용하는 것을 금지했다. 송조의 조광윤이 황포를 걸치고 황제라 칭한 것

---

(2)   何曉航, 「寂寞芳領」, 《海外文庫》, 1996년 10기, 28쪽.

을 일컬어 '황포가신(黃袍加身)'이라 한다. 청조에는 다만 공신만이 황색 마고자(黃馬褂)를 하사받을 수 있었다. 민간에서는 일력을 가리켜 황력이라 부르고, 좋은 날을 황도길일이라 하며, 복식에서 황색을 좋아하는 심리를 황색에 가까운 따뜻한 색인 홍색으로 옮아가게 만들었다.

대지가 문화에 대하여 미치는 간접적 영향은 직접적 영향에 비하여 더욱 크다. 중국 전통 문화의 폐쇄성, 연속성, 유구성은 2000여 년 간 지속된 봉건 사회와 관련이 깊다. 그 배경은 소농 경제에 적합한 기후와 지형이다. 고온 다습한 여름 계절풍은 경작에 유리하다. 화북(華北) 지방은 황토가 침적되어 이루어진 평원 분지여서, 토질이 부드럽고 비옥하여, 간단한 농기구로도 개간하기에 편하고, 물을 끌어들여 관개하기에 유리하다. 동시에, 자연 환경에는 지역 안쪽을 통일시키는 작용과 지역 바깥을 차단하는 장벽 작용이 있다. 황허강과 양쯔강은 농서를 관통한다. 대형 하천의 개발과 치수는 통일된 정부의 지도를 필요로 하여, 내부 문화 교류와 정치 통일을 촉진시킨다. 고원과 사막의 서북 지역, 세계의 지붕이라 불리는 서남 지역은 교통이 매우 불편해서 중국 문화를 보호하는 작용을 한다. 이 밖에도 계절풍의 변화가 크고 자연 재해가 많은 것에 덧붙여 왕조의 교체, 빈번한 전쟁, 인구와 경제의 주기적 성쇠 등은 경제적 부의 누적과 과학 기술의 진보를 늦추는 역할을 하였다.

3. 중국과 일본의 문화 비교

중국과 일본은 지리적 위치가 가깝고, 같은 유교 문화권에 속해 있어, 문화 관념에서 유사한 점이 적지 않다. 그러나 다른 점 또한 있다. 나카지마 미네오(中島峰雄)는 다음과 같이 설명한다.

"비록 같은 '젓가락 문화'에 속한다고는 하지만, 국가 간에 다른 점이 있다. 예를 들면 중국인은 긴 젓가락을 쓰고, 일본인은 일회용 젓가락을 쓰며, 한국인은 금속 젓가락을 쓴다. 각국의 유교에 대한 이해와 수용한 내용 역시 같지 않다."[3]

두 나라의 문화 관념의 차이점은 매우 많지만, 가장 주요한 차이를 보이는 분야는 국가 관념, 집단, 연고 관념, 문무 관념, 도(道)와 이(理)에 대한 관념 등의 네 가지이다.

국가 관념

일본인의 의식 형태의 특징은 국가 관념이 강하다는 점인데, 이는 내향성, 배타성, 보수성 등으로 나타난다. 일본인은 스스로 이를 '섬나라 근성'이라고 부른다. 나카지마 미네오는 "일본과 한국의 '충'에 대한 의식은 전통적으로 중국보다 강하다."고 말한다. 다케우치 요시오(武內義雄)는 "중국의 오륜은 가족을 중심으로 하며 효를 중시하는데, 일본의 오륜은 국가를 근본으로 삼고, 충효가 일치되어, 충이 효보다 중시된다."고 말하였다.

섬나라 일본이 역사상 주변 국가와 벌인 전쟁은 많지 않다. 메이지 유신 전, 일본은 세 차례 조선을 침공한 기록이 있는데, 이는 다음과 같다.

> (1) 진고(神功) 황후의 신라 침공
>
> (2) 663년 덴지(天智) 천황의 조선 출병, 신라와 당나라 연합군에게 패배
>
> (3) 1592년과 1596년, 도요토미 히데요시의 조선 출병

---

(3)　　　中島嶺雄,「亞州的繁榮與儒教資本主義」,《經理》(日本), 1993년 3월호.

= 중국과 일본의 의식 비교

차이	일본	중국
국가 관념과 가족 관념	섬나라 근성, 배타성, 고립적 발전 과정, 풍속 보존, 천황제의 지속, 옛 것을 고수한 복식과 민속	융합성, 대국성, 민족의 끊임없는 교류와 융합, 교체성, 잦은 왕조의 변화
집단 관념과 고향 관념	개인이 집단보다 우선한다. 잔업, 연장 근무. 언어와 예의, 집단 결집력	동향, 종친, 동문, 지역 관념 노동 영웅과 모범이 드러남 근면, 제2의 직업 중시
상무와 상문	"꽃 중에는 벚꽃이 으뜸이요, 사람 중에는 무사가 으뜸이다."	"무기는 흉기며 다툼은 덕을 거스르는 것이다. 장수는 죽음의 관리이다. 따라서 이들은 부득이한 경우에만 써야 한다." "좋은 쇠는 망치가 되지 않으며, 훌륭한 남자는 병사가 되지 않는다."
도(道)와 이(理)	다도, 바둑, 검도, 유도 효율을 추구, 방법을 중시	철학적 이치와 개념 탐구 체계의 연구

제2차 세계 대전 이전까지 일본은 이민족에게 점령되었던 기록이 없어, 배타적인 의식 형태를 형성하였다. 외국 군대가 일본에 들어온 것으로는, 1274년과 1281년 원나라의 두 차례 원정이 있을 뿐인데, 모두 실패하였다.

중국은 역사상 다민족이 섞여 있고 대국적 성격을 형성하여, 민족 편견이 거의 없다. 당나라 때의 수도 장안에는 온갖 민족이 모여들었고, 서역의 음악, 춤, 종교가 잇따라 전래되어, 오늘날의 미국과 흡사하였다. 일본의 아베노 나카마로(阿倍仲麻呂)는 당나라에서 비서감(황실 도서관 관장)이라는 관직에까지 오르기도 했다. 이처럼 중국의 전통 문화는 끊임없는 외래 문화와의 교류와 융합의 산물이다.

일본에서 천황은 126대를 이어왔다. 일본 역사상 1368년 쇼군(將軍)을 맡았던 아사카가 요시미쯔(足利義滿)가 천황 직위를 찬탈하려 했던 시도 이외에는, 누구도 천황 자리를 차지하려 했던 적이 없다. 아사카가 요시미쯔도 결국은 천황에 오르지 못했는데, 제위에 오르기 전날 돌연 병사했기 때문이다. 일본인의 국가 관념은 천황에 대한 태도에서 잘 나타나고 있다고 볼 수 있다.

중국에서는 "30년은 하남 땅에서, 30년은 하서 땅에서(三十年河東, 三十年河西)."라는 말처럼, 왕조의 변화는 늘 있는 일이었다. 황제는 하늘을 대신하여 통치하는 사람으로, 법도에 맞으면 황제가 되고, 무도하면 쫓아낼 수 있었다. 중국에서 대대로 전해지는 것은 만세의 사표인 공자뿐이다.

일본인의 국가 관념과 관련 있는 것은 조상의 풍속을 공경하고 보존한다는 것이다. 일본의 전통 의상인 와후쿠(和服)는 1000여 년 간 거의 변화 없이 존속되었다. 중국 한대에 성행했던 다다미는 중국에서는 당대에 이르러 점차 도태되었으나 일본에서는 여전히 귀빈을 접대하는 장소이다. 일본 가정에는 대부분 신감(神龕)이 있어, 선조와 가족의 혼령에 제사를 지낸다. 일본 전역에는 30여 개의 비교적 영향력이 큰 민간 제사 활동이 있다. 제사를 지낼 때는 옛 옷을 입고, 옛 노래를 부르고, 옛 음악을 연주한다. 과학 기술의 현대화와 풍속에 대한 수구적 성격이 결합되어 있는 것이 일본 문화의 특색이다.

집단 관념과 고향 관념

일본인의 관점에서 자아는 미미한 것으로, 반드시 집단 속에 융합되어야만 하며, 집단에 반하는 일을 해서는 안 된다. 중국인은 노동 모범, 영웅적 인물을 선전하기를 좋아한다. 일본인은 집단 정신을 선전하기 좋아한다. 일본의 이민 역시 대부분 집단 이민이다. 예를 들어 일본 국내의 홋카이도(北海島) 개척이나 브라질 이민 등은 집단적 이주 형식을 띠고 있다. 홋카이도에는 신토츠가와마치(新十津川町)가 있는데, 주민들은 나라현의 토츠가와마치(十津川町)에서 왔다. 중국과 일본 모두 근면의 전통이 있지만, 일본인은 대체로 '잔업', 즉 연장 근무에 힘쓰는 반면, 중국인은 상당수가 제2의 직업에 열심이다.

중국의 지역은 광활하여 지방 특색이 뚜렷하고, 언어·풍속의 지역 차이가 크며, 고향 관념이 비교적 강하다. 중국에서는 집과 국가가 불가분의 관계이다. 동향, 종친, 동문은 감정적으로 연결시켜 주는 중요한 유대 관계이다. 거대한 지역적 차이는 협소한 섬나라에는 있을 수 없다는 것이다.

마찬가지로 자식에 대한 기대 역시 양국 사이에 차이가 있다. 졸업 후, 일본의 가장은 대부분 자녀가 믿을 만한 직장에 들어가길 바라며, 자식에 대한 기대는 기본적으로 이것으로 끝난다. 그러나 중국에서는 자식에 대한 기대가 상당히 오랜 시간 동안 지속되며, 자녀가 외국에 나가 공부하고, 사업이 성공하길 바란다.

집단 관념은 일본의 기업 문화 속에 충분히 잘 반영되어 있다. 일본 전통 공업의 노동 생산성과 생산 품질은 세계적으로 최고 수준에 달하고 있으며, 그 기업 문화가 공헌한 바는 무시할 수 없다. 경제 협력과 조직 발전에서 일본 기업 문화에는 세 가지 커다란 장점이 있는데, 종신 고용 제도, 경력 급여 제도, 기업 노조 제도가 그것이다. 사실상 기업 발전에 대하여 더욱 큰 영향을 준 것은 전원 훈련 제도이다. 종신 고용 제도와 경력 급여 제도의 성격은 비슷하며, 모두 인사 배분의 범위에 들어가며, 게다가 시간의 추이에 따라 경력 급여 제도는 점차 희석화되었다. 기업 노조 제도는 일본 직원과 기업의 긴밀한 관계를 설명해 주는데, 일본의 노조는 기업을 단위로 해서 세워지며 기업의 이익과 공생 관계를 이룬다. 그 결과, 일본은 선진 국가 중 파업 손실이 가장 적은 나라 가운데 하나이다. 일본의 노동자와 기업의 관계를 반영하는 더욱 중요한 제도는 자주 관리 제도이다. 엄격히 말해, 일본 기업 문화의 3대 특색은 전원 훈련 제도, 종신 고용 제도, 자주 관리 제도라 할 수 있다.

일본 마쓰시타(松下) 전기주식회사를 통해서, 일본 기업이 전원 훈련 제도를 중요시하는 정도와 전원 훈련 내용의 문화적 특색을 볼 수 있다.

마쓰시타 전기주식회사의 창업주 마쓰시타 고노스케(松下幸之助)는 "금전적인 손실을 입을지언정, 직원들의 회사에 대한 믿음에 손상을 줄 수는 없다."고 말했다. 회사의 직원 훈련의 원칙은 '엄격한 감독을 조금 줄이고', 직원을 존중하며, 직원의 창조력과 주동성을 고무시키는 것이다. 회사를 대외적으로 소개할 때, "우리 회사는 인재를 만들어내는 회사이며, 덧붙여 전기 제품을 만드는 회사입니다."라고 설명한다.

일본의 모든 대기업에는 직원 훈련 기관이 있다. 마쓰시타 전기주식회사 경영 대학 훈련의 목표는 '명덕(明德), 친민(親民), 지선(至善)'이다. '명덕'이란 최선을 다해 몸소 상도덕을 실천하는 것이다. '친민'이란 거짓 없이 성실하게 좋은 인간 관계를 유지하는 것이다. '지선'이란 완벽한 최선의 목표를 실현하기 위하여 노력하는 것이다. 하루의 일정은 다음과 같이 계획된다. 아침 6시, 북소리로 모두를 깨운다. 6시 10분, 집합하여 점호하고, 고향을 향해 부모님께 인사를 드리고, 마음속으로 묵념한다.

"효는 덕의 근본이다. 신체의 털끝 하나도 부모로부터 받은 것이니 감히 손상시키지 않는 것이 효의 시작이다. 입신하여 도를 실천하고 이름을 후세에 날림으로써 부모의 이름을 세우는 것이 효의 마지막이다.(孝, 德之本也. 身體髮膚, 受之父母, 不敢毁傷, 孝之始也. 立身行道, 揚名後世, 而顯父母, 孝之終也.)"

7시 10분 아침 식사. 식사 전에 모두 단정히 앉아서 합장을 하고 5계를 소리내어 외운다.

"첫째, 이 식사에 얼마나 쓰여지는가? 둘째, 자신이 이 식사를 받을 만큼의 공덕이 있는가? 셋째, 깨끗한 마음과 욕심 없는 마음을 근본으로 삼는다. 넷째, 심신을 보전케 하는 좋은 약으로서 이 식사를 한다. 다섯째, 인간으로서의 정도를 실행하기 위해 이 식사를 한다."

7시 50분에 상도덕 과목을 진행하며 『대학』, 『논어』, 『맹자』, 『효경』을 배우고, 상업 경영의 도는 덕에 있다는 관념을 확립한다. 그 후 업무 과목에 들어간다. 저녁 6시 50분, 다도를 배우는데, 옷을 갈아입고 자리에 앉아, 차를 끓이고 마시면서 형식의 완미함, 분위기의 조화로움, 정신의 향유를 추구한다. 10시 17분, 점호를 하고, 전체 훈련생이 면벽하고 부모님을 생각하며, 길러주신 부모님의 은혜에 감사한다. 10시 30분 불을 끄고 하루의 학습을 마친다.

마쓰시타의 부사장 스즈키 요시히로(鈴木祥弘)는, "서구는 개인주의를 숭상하고 개인의 자유 발전을 격려하지만, 일본은 '화합을 보배처럼' 숭상하며 집체주의를 제장하어 모두가 힘께 일한다."라고 말한다. 미국의 사업 방식은 'A 아니면 B'의 방식으로, A나 B 가운데 하나를 선택하는 식이다. 일본의 사업 방식은 'A와 B'의 방식으로, A와 B 두 개를 선택하는 식이다.

상무와 상문

런던 대학의 모리지마 미치오(森島通夫)는 중국이 학문과 법령으로 나라를 다스리는 유교 국가라면, 일본은 군사력을 키우는 유교 국가라고 이야기하고 있다.

중국의 민요 가운데 "좋은 쇠는 망치 따위가 되지 않으며, 훌륭한 남자는 병사가 되지 않는다(好鐵不打釘, 好男不當兵)."라는 가사가 있다. 일본의 어떤 동요에는 "훈장을 달고 칼을 차고, 말을 타고서 이랴, 이랴, 이랴!"라는 구절이 있는데, 이는 중국과 일본이 각기 가지고 있는 문무 관념상의 차이를 반영하고 있다.

[56]

중국인은 공자의 학문을 중시하는 관념을 직접 계승하였다. 공자는 『논어』에서 '천지미상사문야, 광인기여여하(天之未喪斯文也, 匡人其如予何)'라고 했으니, 이는 공자가 보건대, 하늘이 이 학문의 도리를 펴고자 한다면 학문의 도리를 지닌 성인 공자를 보호할 테니, 광(匡) 지역 사람들이 어찌 할 수 없을 것이라는 이야기이다. 중국의 병서 또한 반전론을 펼친다. 『위료자』, 「무의」에서 "군인은 흉기이며, 다투는 자는 덕을 거스르는 자이다(兵者, 凶器也. 爭者, 逆德也. 將者, 死官也. 故不得已而用之)."라 하였다.

일본인의 상무 정신은 역사적 연원이 깊다. 기원전 8세기에서 기원전 4세기까지의 조몬(繩紋) 시대, 일본은 수렵과 어로를 주업으로 삼고 있었으며, 용맹한 신체를 필요로 했다. 일본어는 알타이 어족의 한 계열이며, 기마 민족의 영향을 받았다. "꽃 중에는 벚꽃이 으뜸이요, 사람 중에는 무사가 으뜸이다(花數櫻花, 人數武士)."라는 표현처럼 일본인들은 벚꽃이 하룻밤 사이에 깨끗이 떨어져 땅 위에 꽃잎이 가득히 깔려 있는 모습이, 마치 성을 사수하던 무사들이 모두 장렬히 전사한 것과 같다고 보았다. 일본인은 벚꽃과 무를 숭상하는 정신이 상통하는 것이라 여긴다.

도와 이

중국인은 철학적 이치와 개념을 탐구하기 좋아하며, 체계의 완정성을 추구한다.

일본인은 효율을 추구하고, 방법을 중시한다. 다도, 바둑, 검도, 유도 등은 모두 방법을 연구하는 분야이다. 일본인은 대체로 방법과 관련된 규칙을 상세하게 규정한다.

예를 들자면 일본의 한 기업에는 직원의 인사 자세에 대한 다섯 가지 명확한 규범이 있다. 각 규범은 허리 굽히는 각도를 모두 그림으로 그래서 제시하고 있다. 일례로, 일반적인 만남에서 인사할 경우에는 허리를 15도 정도 굽히고, 두 손을 무릎 위 15cm 되는 곳에 두고, 시선은 몸의 2m 전방에 둔다. 30도의 허리 각도는 보통 예절에 적용하는데, 손님이 상품 구역으로 들어올 경우 주동적으로 나서서 인사하며, 두 손을 무릎 위 10cm에 두고, 시선은 몸의 1.5m 전방에 둔다.

허리 인사를 할 경우, 세 가지 주의할 점이 있다.

(1) 등이 일직선이 되어야 한다.

(2) 머리만 숙이는 것이 아니라 허리부터 굽힌다.

(3) 머릿속으로 고객을 생각하며, 고객에 대한 보살핌을 잊지 않는다.

1998년 월드컵 축구 대회에서 일본이 처음으로 본선에 진출하였다. 프랑스인들을 놀라게 했던 것은, 시합이 끝나고 퇴장한 뒤에 전체 운동장 어디나 쓰레기 천지였는데, 1000여 명 일본 축구 팬들이 앉았던 곳에만 쓰레기가 거의 없었다는 사실이었다. 그들은 쓰레기를 비닐 봉지에 담아 가지고 갔던 것이다. 시합 내내 일본 축구 팬들은 뛰기도 하고 함성 지르고 소리 높여 노래도 부르며 열광적이긴 했지만 혼란스럽지 않았으며, 한 번도 말썽을 일으키지 않았다. 일본 축구 팬들의 응원은 영국의 훌리건과 선명한 대조를 보여주었다. 그래서 프랑스 기자들은 '존경스러운 일본 축구 팬들'이라는 제목으로 특집 보도를 쓰기도 했다.

다른 문화와 마찬가지로, 일본 문화 역시 단점은 있다. 1990년대에 이르러, 일본 문화의 단점이 점차 드러나면서, 더 나은 발전을 가로막는 걸림돌이 되고 있다. 일본 문화의 단점은 크게 두 가지이다.

하나는 섬나라의 협소한 배타성으로서, 세계의 우수한 인재를 받아들이지 못한다는 점이다. 미국이 광범위하게 세계의 인재를 받아들인 것과 선명한 대비를 이루고 있다. 게다가 일본은 기초 이론 연구에 약

해서, 지식 경제 시대를 맞이하여 필연적으로 고도의 신기술 발전의
영향이 클 수밖에 없다. 사실 일본의 신기술 국제 경쟁력이 전통 공업
에 미치지 못하는 것은 분명하다.

다른 하나는 정치와 경제의 지나친 밀착 관계이다. 특히 정부와 금
융업의 밀착은 '선단 경영 방식'을 이루어, 시장 경제 속에서 금융업의
활력을 약화시켰고, 금융업의 경영 잘못을 덮어주었다. 이번 아시아
금융 위기를 겪으면서 일본 금융 체제가 가진 결함이 차츰 드러나게
되었다.

4. 일본 기업 문화 참관기

일본 기업의 경영 관리 체험을 위하여, 1980년 4월 필자는 야금공
업부 대표단을 따라 신일본(新日本) 제철주식회사(이하 '신일철')를
시찰한 적이 있다. 한 달 동안, 본부와 산하의 기미쓰(君津), 히로하타
(廣烟), 오이타(大分), 야하타(八幡) 등의 제철소 네 곳을 방문하였
다. '신일철'은 세계 최대의 철강 회사로, 철강 생산량이 연 3300만 톤
이다. 이렇게 커다란 규모의 회사에 겨우 7만 4000명의 직원이 있을
뿐으로, 이는 중국의 안산(鞍山) 철강회사 총 직원 수의 1/3에 불과한
숫자이다.

참관과 좌담을 통해서, 일본의 기업 문화에 대하여 비교적 구체적
인 느낌을 얻었는데, 일본 기업 문화에서 관리의 3대 장점인 전원 훈
련, 종신 고용, 자주 관리가 '신일철'에도 충분히 반영되어 있다.

조직 기구와 직원 교육

'신일철'의 규모는 크지만, 지도 방식이 잘 집중되어 있어, 상명 하

달과 하부 상황의 상부 보고가 매우 빠르다. 조직 기구는 주로 지사, 제철소, 공장의 세 부분으로 나뉘어 있고 직무 구분이 분명하다.

본사는 인사, 재정, 물자, 생산, 공급, 판매의 권한을 장악하고 있다. 본사의 주된 책무는 생산과 경영 방침의 제정, 중장기 계획·연간 계획·분기 계획의 결정, 회사의 설비 예산과 경영 예산 계획 결정, 과 단위 이상의 기구 배치, 인사 이동, 임금 대우, 신입 직원의 임금, 일괄 인수 주문, 각 제철소의 조건과 경제 합리성 원칙에 근거한 주문 임무의 각 제철소로의 분배, 원자재·연료의 일괄 구매 등이다. 본사의 일괄 관리 계획과 기본 계획은 전체적 상황에 기초하므로, 돈을 가장 경쟁력 있는 곳에 쓸 수 있고, 일괄 판매·일괄 구매는 상업상의 손실을 피하고 효율을 높일 수 있다.

최고 결정 기구인 이사회는 48인으로 구성되며, 각자가 회사와 제철소의 주요 직무를 분담한다. 이사는 모두 풍부한 기술 분야, 경제 분야의 경험과 행정 지도 능력을 갖춘 전문가이다. 그들은 기업의 이윤에 관심을 기울이지만, 회사의 장기적 발전 전망에 더욱 관심을 기울인다.

본사는 117개 부와 실로 구성된다. 조사 연구를 상당히 중시하여, 3개의 부서 기구가 조사 연구 작업을 맡고 있다.

(1) 조사부, 정보부, 자원 조사실

(2) 국외 9개 사무소, 국내 7개 영업소의 주요 임무는 현지의 경제와 시장 상황을 연구하는 것이다.

(3) 9개 판매 부서, 2개의 원료·연료 구매 부서의 주된 임무는 고객이 요구하는 자원의 상황을 연구한다.

'신일철'의 판매 부서, 사무소, 영업소는 구체적인 판매 계약을 처리하지 않는다. '신일철'을 위해 일하는 40개의 상사는 세계 각국, 전국 각지에 판매망을 가지고 있어서 정보가 빠르다. '신일철'의 지도층은 대량의 정보 연구에 근거하여 전략 방침을 결정할 수 있다.

본사에는 수직적·수평적 협조가 필요한 많은 일들이 있으며, 회의도 적지 않다. 그러나 각종 회의는 이미 모두 제도화되어 있어, 언제 무슨 회의를 열지, 어디서 열지, 누가 사회를 볼지, 누가 준비할지, 어떤 문제를 토론할지, 얼마 동안이나 할지, 토론 결과는 어떻게 처리할지 등에 대하여 모두 명확한 규정이 있다. 대체로 토론 전에 우선 예비 토의를 하고, 관련 자료를 준비해 놓는다.

지도층은 주로 이사회, 경영 방침 회의, 상임 이사회 같은 세 가지 회의를 하게 된다.

(1) **이사회** : 이사들 전체가 참가하며, 매월 한 차례 개최하는데, 입법과 기타 중요 사항을 토론한다.

(2) **경영 방침 회의** : 회장, 사장, 부사장 및 사장이 지정한 관련 인원이 참가하며, 두 달에 한 차례 개회하는데, 장기 경영 방침, 새로운 사업 방침 등을 연구한다.

(3) **상임 이사회** : 상시적 사업 지도의 최고 정책 결정 회의로, 회장, 사장, 도쿄에 있는 이사들이 참가하며, 매주 금요일 오전에 본사에서 개최하며, 일주일의 중요 업무 방침·정책 결정을 토론한다. 그 다음 주 월요일 오전, 총무 부장이 상임 이사회의 결정을 각 유관 부서와 제철소에 통지하여 시행토록 한다.

제철소에는 소장 한 사람, 부소장 두 사람이 있으며, 부소장들은 각각 한 사람은 생산 기술과 사무를 나누어 주관한다. 제철소의 주요 임무는 회사가 배정한 생산 임무에 근거한 기한 내 물품 인도, 소비 절약, 원가 절감, 품질 제고 등이다. 소장은 회사가 하달한 분기 계획에 근거한 월별 계획의 결정, 과 이하의 간부에 대한 임면과 훈련, 1억 엔

이하의 설비에 대한 처리, 지방과의 협조 등의 권한을 갖는다.

제철소의 조직 기구에는 세 가지 특징이 있다.

▶ (1) 소장과 각과 사이에 기구를 설치하여, 관련된 과 사이의 모순을 조정한다. 생산 업무부는 생산과 관련된 과를 통괄하여, 생산 내부의 모순을 부서 내에서 조정, 해결한다. 노동부는 노동·복리·안전·위생·의료 등을 통괄한다. 소장은 10여 개 정도의 부서를 직접 지도하여, 잡다하고 번거로운 사무들을 줄인다.

▶ (2) 생산 부문과 관리 부분을 나눈다. '신일철'은 이를 제2차 세계 대전 이후 미국의 기업 관리에서 배운 가장 큰 수확이라고 여기고 있다. 생산 부문을 라인이라고 하는데, 제1선의 작전 부대라는 뜻이다. 관리 부분을 스태프라고 하는데, 참모 후방 지원 부문이라는 뜻이다. 관리 후방 지원 기능을 집중시킴으로씨, 생신 부문으로 히여금 조작 기술을 제고하고, 생산 품질을 개선시키고, 소비 원가를 절감하는 데 역량을 집중할 수 있도록 한다. 1950년대부터 이런 제도가 도입되기 시작하였지만, 10년의 기간이 지난 후에야 차츰 확산되기 시작하였다. 이 제도를 보급할 때 실시한 중요한 시책은 기술 인원을 관리 부문에 집중시켜, 기술 개발 작업을 하도록 한 것이다. 경험 있는 노련한 직원 가운데서 일군의 작업 반장을 선발하여 생산 제1선의 지도 사업을 담당하도록 하였다. 이렇게 해서 기술 인원의 능력을 발휘하도록 하고, 또한 생산 제1선을 강화시켰다.

▶ (3) 광범위하게 협력 업체 제도를 수용하여, 중소 기업을 충분히 이용한다. 제철소 협력 업체의 인원수는 본사 공장 직원수에 거의 육박한다. '신일철'은 4만 5000명의 협력 업체 직원이 있으며, 주로 다음과 같이 구분된다.

⑴ 생산 과정 중의 보조 노동으로 원료의 하적, 광석 분쇄 처리, 코크스 제조,
코크스화 ; 제철 단계의 용광로 앞 기자재 준비, 용광로 찌꺼기 가공, 주철 ;
제강 단계의 유황 제거 처리, 폐강 가공, 찌꺼기 가공, 주형틀 수리 ; 압연 절
단, 강재 포장, 차량 적재, 선적 등 ; 파이프 제조 2차 가공, 검사, 관벽(管壁)
도료
⑵ 설비 수리 유지
⑶ 원재료, 반제품 운송
⑷ 생활 복리, 식당, 기숙사 관리
⑸ 물자 구매
⑹ 기본 건설

협력 업체가 대량의 간단한 노동을 맡음으로써 제철소는 관건이 되
는 공정의 생산을 제대로 해내는 데 역량을 집중할 수 있으며, 기술 수
준을 제고시킬 수 있다. 협력 업체의 임금은 일반적으로 본사의 수준
보다 낮아, 철강 회사의 원가를 절감시키고 이윤을 증가시키는 데 도
움이 된다.

제철소는 협력 업체와 고정적으로 경제 계약을 맺고 있으며, 상호
협조와 상호 의존을 강조하며, 신용과 명예를 강조한다. '신일철'은 기
술과 관리 면에서 협력 업체에 도움을 주며, 때로는 간부를 파견하여
협력 업체의 지도를 맡기도 하며, 계약에 따라 매월 협력 업체의 임무
완성 상황을 점검하고, 대금을 지불한다. 일본에서는 계약 분규나 계
약 위반과 같은 일이 매우 적다. 그들은 계약 위반을 신용·명예를 훼
손시키는 치욕으로 생각하며 임무를 완벽하게 수행한 협력 업체에 대
해서는 소정의 상여금을 지급한다.

제철소는 조직 부문에 광범위하게 협력 업체 제도를 도입하고, 생
산 부문과 관리 부문을 나누어, 공장의 조직 기구를 더욱 축소했다. 야

하타의 제3제강 공장은 두 개의 300톤급 산소 상취전로, 대형 연주와 주괴 설비, 철강 생산 능력이 연 400만 톤인 대형 공장 등을 보유하고 있는데, 직공은 346명밖에 없다. 이 밖에 공장에서 일하는 제철소 유관 부서의 106명은 주로 설비의 유지 보수, 분석 등의 작업을 담당한다. 제3제강 공장의 협력 단위는 모두 8곳, 518명이다.

'신일철'은, 선진적 제품 생산은 최종적으로 인간의 노동력에 의해서만 비로소 실현될 수 있으며, 자유 경쟁이란 결국 기술 능력과 관리 수준의 경쟁이고, 생산 설비의 대형화·자동화 발전 추세에 따라 인적 요소가 갈수록 중요해지며, 우수한 노동자, 기술 인력, 관리 인력이 없다면 더 나은 설비가 있어도 그 기능을 발휘할 수 없다고 여긴다. 따라서 그들은 간부와 노동자의 선발에 매우 엄격하며, 기본적으로 우수한 인재를 뽑아 채용한다. 간부는 전부 대졸자 가운데서 선발하고, 회사에서 일괄적으로 모집한나. 일본 대학생은 3월 말에 졸업하는데, 매년 3월은 인사 부장이 가장 바쁜 시기로, 직접 몇몇 유명 대학에 가서 우수한 인재를 고른다. 노동자는 고졸자 중에서 선발하며, 회사가 정한 채용 정원에 따라 제철소가 모집한다. 채용시 일률적으로 모집 조례에 따라 처리하며, 면접 시험, 필기 시험을 거치도록 하며, 친척 관계는 작용하지 않는다.

'신일철'은 직원에 대하여 전원 훈련 방침을 시행한다. 직위의 신구·고하를 막론하고 어떤 직책에 있든 간에, 모두가 학습 계획을 정하여 지도층의 비준을 거쳐, 교육 센터가 발간한 교재를 가지고 지도 교육을 조직한다. 그들은 교육과 능력 개발의 구별을 강조하는데, 교육은 선생님이 학생에게 지식을 주입시키는 것이고, 능력 개발은 각종 방법을 이용하여 직공의 능력을 충분히 발굴해 내는 것이라고 생각한다. 생산되는 철강 1톤마다 평균 90엔을 떼어서 직공의 훈련 경비로 충당하며, 각 제철소마다 모두 훈련 센터를 갖추고 있다. 야하타 제철소에는 제관 분야에 1만 8000명이 있는데, 1년에 연인원 3만 명이 교육 센터에서 교육을 받는다. 이 곳에는 나카오(中尾) 교육 센터와 다카미(高見) 연수원이 있다. 나카오 교육 센터에는 32개의 일반 교실, 4개의 전자화 교실, 2개의 시청각 교실, 그리고 어학실, 제도실, 도서실, 휴게실, 교재 인쇄실, 대강당 및 3개의 실습 작업장 등이 있으며, 모두 해서 건평 1만 2000m²의 면적에, 한꺼번에 2028명을 수용할 수 있다. 다카미 연수원은 17개의 연수실, 47칸의 기숙사가 있고, 건평 2835m²에 한꺼번에 338명을 수용할 수 있으며, 그 가운데 141명을 숙박시킬 수 있다.

'신일철'에 들어온 노동자와 간부는 필요한 훈련을 거치고 필요한 기능을 익혀 시험에 합격해야만 비로소 직책에 오르게 된다. 신입 노동자는 현장에서 선임 노동자에게 계속해서 1년 동안 훈련을 받아야 한다. 대학 졸업생이 입사하기 위해서는 3개월 동안 공장 교육을 받고, 생산 제1선에서 함께 노동을 하고, 관련 전문 지식과 관리 기술을 학습해야 한다. 1년 동안 보고서 형식의 논문을 작성해야 하며, 논문은 정식 회의에서 발표하고 성적을 평가받는다. 이들은 3년 후에야 일을 배당받게 되며, 이후에도 호봉의 증가와 직무의 승급에 따라 끊임없이 교육을 받아야만 한다.

직원에 대한 훈련은 전문 기술을 전수할 뿐만 아니라, 기본적 지식과 도덕 품성을 더욱 강화시키기도 한다. 노동자의 기술 훈련은 전문 지식, 기초 실습, 응용 실습 등의 세 방면을 포함한다. 기계 조립공은 망치질, 줄칼 사용부터 배우기 시작한다. 기중기공은 강철 밧줄을 연결하는 것부터 배우기 시작한다. 신입 사원은 입사하게 되면 회사와 제철소의 역사를 듣고, 예절과 위생을 학습하고, 어떻게 사람들을 단결시키는지, 어떻게 사회 조사를 진행하는지를 배우며, 등산·야간 장거리 훈련 등의 체육 단련을 해야 한다. 신입 사원은 시청에 가서 조사를 하고,

시청의 평가를 받아야 한다. 그들은 단체 관념의 강조에 주의를 기울이며, 각 부서 간에 분업뿐만 아니라 협력과 협의도 필요하다고 생각하며, 옥신각신하는 일은 매우 드물다. 각 부서는 주체적으로 책임을 맡으며, 바쁠수록 더욱 자랑스럽게 생각한다. 작업 임무가 실제로 너무 바쁠 경우, 관련 부서는 자발적으로 인원을 파견하여 지원한다.

작업 반장은 제1선의 지도 간부이다. 작업 반장에 대한 요구와 훈련은 특히 엄격하다. 작업 반장은 일정 정도의 관리 능력과 일상적으로 발생하는 문제를 독립적으로 해결할 능력이 있어야 하며, 노동자의 생각과 희망을 파악하고, 구체적 상황과 결합하여 창조적으로 상급에서 배정한 임무를 완성하고, 작업 부문 각 노동자의 적극성을 끌어내는 데 뛰어나야만 한다. 따라서 작업 반장은 창조 정신을 가지고 있어야 하며, 현재 상황이나 얻은 성과에 대하여 만족해서는 안 되며, 맹아 상태에 있는 문제를 발견하고, 각 노동자의 장점에 따라 작업을 배치하는 능력을 갖추어야 한다. 작업 반장은 공장 직무를 맡고 있는 우수하고 노련한 노동자 가운데서 선발하여, 작업 반장 후보로서의 연수를 거쳐야 한다. 연수 기간은 6개월인데, 그 중 1개월은 관리를 배우고, 4개월은 작업 반장 기초 지식을 배우며, 1개월은 선임 작업 반장을 따라 실습을 하게 된다. 심사 합격을 거쳐, 기본적 요구 조건에 도달한 다음에야 비로소 공장으로 돌아가 실무를 담당하게 된다.

국제 철강 공업과 철강재 시장의 동향을 파악하기 위해서, '신일철'은 적극적으로 해외 기술 교류와 무역 활동을 전개하여, 매년 15~20명의 과장급 이상의 간부를 미국, 유럽으로 파견하여 유학시키고 있다.

임금 제도와 승진 제도

'신일철'은 종신 고용제를 시행하고 있다. 직원의 이익과 기업의 이익을 결합시키는 데 최선을 다하고, '상호 의존'과 '운명 공동체'를 선전하며, "일단 입사하면, 회사에서 평생을 다한다."고 제창한다. 임금, 상여금, 직무, 복리 등을 재직 기간과 연관짓는 연공서열 제도는 종신 고용의 물질적 기초이다. 특별한 이유가 없다면 직원은 직장을 옮기지 않는다. 직원이 도중에 직장을 옮기면 다른 기업에 가서 업무 호봉을 처음부터 다시 시작하게 되며, 사회 여론도 직장을 옮긴 사람에 대하여 일종의 압력으로 작용하게 되어, 직장을 옮기는 것을 배반 행위라고 여긴다.

급여는 크게 세 부분으로 나뉜다.

(1) 임금 : 55%

(2) 상여금 : 24%

(3) 퇴직금·복리 비용 등 : 21%

노동자의 기본 임금은 다음과 같이 구성된다.

(1) 호봉 임금 : 49.1%,

(2) 직무 임금 : 29.2%,

(3) 능력 임금 : 8%,

(4) 임무(생산량, 작업 시간, 효율)의 실제적 완성시 : 10%,

(5) 기타 3교대·고공·고온 작업 등의 경우 : 3.7%.

기본 임금 이외에도, 야근과 특근, 잔업 수당 등이 있는데, 기본 임금 총액의 14.5%에 해당한다.

상여금은 6개월마다 한 차례씩 나오는데, 액수는 기업 경영 상황과 관련이 있으며, 대체로 2~3개월치 임금에 상당한다. 그들은 상여금이

순이익의 일부라고 선전하여, 각 직원들로 하여금 기업의 이윤에 자신의 몫도 있다고 느끼도록 한다. 병으로 입원한 직원에게는 상여금이 지급되지 않는다.

또한 몇 가지 장려 제도가 있다. 그 중 하나가 장기 근속상으로, 직원이 10년간 근무하게 되면 대회를 열고 표창 장려하는데, 이후 5년마다 한 번씩 수여한다. 갈수록 융숭하게 하며, 25년을 채운 부부는 함께 제철소 소장이 거행하는 연회에 참석하게 되며, 30년을 채우게 되면 부부가 무료 해외 여행을 갈 기회를 한 번 준다. 둘째는 중대 발명 공헌상으로, 회사와 제철소가 각각 대회를 열어 표창, 포상한다. 기술 인원과 직원이 얻은 특허권은 회사에 헌납한다. 회사는 특허를 얻은 후, 일정 비율을 발명인에게 나누어 준다.

직원의 임금과 상여금은 비밀이다. 매년 업무 심사가 있으며, 자신이 먼저 표를 작성하며, 상납에서 등급을 평가한 뒤, 인사 부서에서 일괄적으로 조정하여, 임금 인상·상여금 지급 폭을 결정하며, 직원 간의 상호 심사 활동은 하지 않는다. 호봉과 능력의 차이에 따라 동일한 직급과 직무라도 임금은 큰 차이가 있다. 제철소 소장을 포함해서, 어느 직급의 간부를 막론하고 일단 업무 요구에 적응하지 못하면 인사 이동된다.

직원을 해고할 수 있는 경우는 회사가 파산한 경우, 살인이나 절도 등의 엄중한 형사 사건이 발생한 경우뿐이다. 퇴직할 때 한 차례 퇴직금을 지급하며, 금액은 호봉과 관련이 있다. 30년간 일한 경우, 퇴직할 때 40개월치 임금에 상당하는 퇴직금을 받을 수 있다. 직원이 퇴직할 때 아직 일정 정도의 업무 능력이 있을 경우, 회사는 다른 일을 소개해 줄 수 있다.

'신일철'은 직원의 생활 복리에 대하여 비교적 많은 관심을 기울인다. 회사는 직원이 뒷걱정을 하지 않도록 해주어야만 모든 정력을 생

[68]

산과 업무에 쏟을 수 있다고 여긴다. 화재가 발생하거나 자녀가 대학에 진학하거나, 집을 사거나 지을 경우와 같이, 직원이 곤란한 경우에는 회사는 낮은 금리의 대출을 제공하는데, 금리는 일반 대출의 절반 정도이다. 일본의 의료 비용은 매우 비싸서, 이 때문에 직접 진료소를 설립하여 직원을 위하여 무료로 치료해 주고, 가족들은 절반 가격으로 치료해 준다. 회사는 직원을 위하여 비교적 저렴한 비용의 기숙사를 짓고, 좋은 시설을 갖춘 독신자 숙소를 지어준다. 각 제철소에는 모두 문화·체육·오락 센터가 있다.

'신일철'은 직무와 자격에 의한 이중 승진 제도를 시행하고 있다. 능력을 대표하는 자격은 이사, 부이사, 참사, 부참사, 총괄 주사, 주사, 주담당, 담당, 담당 보조 등의 9등급으로 나뉘며, 뒤의 네 등급은 노동자이다. 자격과 직무는 서로 대응하는데, 이사는 부장을 맡을 능력을 갖추고, 참사는 과장을 맡을 능력을 갖추고, 총괄 주사는 작업 반장을 맡을 능력을 갖춘 경우에 해당된다. 직무에는 한계가 있다. 편제 규정에 따라 일반 부서에는 부장과 부부장이 한 사람씩 있다. 간부의 능력은 부단히 제고되며, 설사 직무는 높아지지 않더라도, 심사를 거치기만 한다면, 자격은 곧 승진될 수 있다. 현재 1110명의 부이사가 부부장의 능력을 갖추고 있지만, 부부장의 직무는 640자리밖에 없기 때문에, 300명 이상의 부이사는 과장의 직무를 맡아야만 한다. 이런 자격 승진 제도는 간부가 과다하거나 사람은 많고 일은 적은 현상을 방지할 수 있을 뿐만 아니라, 간부로 하여금 끊임없이 업무 능력을 높이도록 고무할 수 있다.

일관 관리 제도와 자주 관리 활동

일관(一貫) 관리 제도와 노동자 자주 관리 활동은 '신일철' 경영 관리의 중요 구성 부분이다.

이른바 일관 관리 제도는 관리 대상에 대하여 전면적으로 책임을 지는 것을 말한다. 생산 일관 관리의 경우는 생산에 대하여 전면적으로 책임지는 것으로, 원료 공급에서부터 생산·판매·고객 이용 상황 등을 모두 관리한다. 설비 일관 관리는 설비에 대하여 전면적으로 책임을 지는 것이다. 노동 일관 관리는 노동자의 모집, 교육, 안전, 위생, 복리 등에 대하여 전면적으로 책임을 지는 것이다.

기술 부서의 품질 일관 관리를 예로 들자면, 대체로 다음과 같은 공정이 있다.

(1) 고객의 요구에 따라서 생산할 수 있는지 여부를 연구, 확정짓는다.

(2) 요구에 따라 기술 표준과 제조 표준을 선택한다.

(3) 생산 명령을 결정, 하달함과 동시에 공장 내의 각 부문에 검사 명령을 하달한다.

(4) 완제품 검사를 진행한다.

(5) 전체 생산 과정에 대하여 평가를 진행하여, 그 결과를 다시 생산 시작 단계에 적용한다.

(6) 고객과 생산 공장 사이에 의견을 교환하고, 또한 표준 제정 부서에 보고한다.

품질 일관 관리를 추진하기 위하여 기술 서비스 부서의 과는 두 부류로 구분된다. 하나는 종합적인 업무를 담당하고, 다른 하나는 제품에 따른 업무를 담당하는데, 형강관리과, 열압연강관리과, 냉압연관리과, 강관관리과 등이 그것이다. 생산 품질에 문제가 생기면 원료에서부터 시작해서 그 원인을 찾아내고, 대책을 강구하게 되는데, 이런 기구 배치는 생산 품질을 제고시키는 방침을 실현시켰다. 경쟁력을 높이기 위하여 '신일철'에서 제정한 품질 표준은 일반적으로 정부 규정의 표준을 능가한다.

'신일철'은, 철강재의 품질 문제는 품질 부서가 물론 책임져야 하지

만, 각 부서, 각 간부, 노동자 모두가 자신의 생산 품질에 대해 책임을
져야 하며, 관련 부서, 관련 인원은 항상 정보를 교환하고, 문제를 연
구해야 한다고 생각한다. 이를 위해, 품질 향상을 중심으로 하는 각종
회의 제도를 제정하고 있다.

그 가운데 비교적 중요한 것으로 조회, 품질 연구회, 4부 연락회 등
이 있다. 조회는 매일 아침 관련 과장, 계장, 작업 반장이 모두 모여
선 채로 실시한다. 작업 반장이 5~6분간 상황 보고를 하고, 설비 유
지 관리 부서가 설비 상황을 보고한다. 공장장은 보고와 생산 상황에
근거하여 당일의 생산 지시를 내린다. 회의 시간은 매우 짧아서, 30여
분 만에 끝난다. 품질 연구회는 공장장이 주관하며, 작업 반장이 참가
하여 자료를 정리해서, 품질과 관련된 문제를 제출하고, 공동 토론한
다. 4부 연락회는 압연부, 제강부, 생산기술부, 생산업무부 등의 4개
부서가 공동 참여하여, 정기적으로 품질 문제를 연구한다. 이 밖에 작
업 반장은 매일 당일의 작업 요점 보고서를 써야 하고, 공장장은 그
요점을 부장, 부부장에게 보고하고, 주요한 문제는 소장에게 보고해
야 한다. 소장은 공장에서 발생하는 중대한 문제를 즉시 알 수 있으
며, 비교적 중요한 문제도 다음날이면 알 수 있다.

노동자 자주 관리 활동은 상당한 대중적 기초를 가지고 있다. 일본
경제학자들은 노동자 자주 관리 활동이 일본 경제 고속 발전을 추동한
원동력 가운데 하나라고 여긴다. '신일철'의 창조적 발명 가운데 절반
은 노동자 자주 관리 활동의 창의, 발견에서 나온 것이다. 작년에 개최
한 회사 전체 차원의 자주 관리 발표 대회는 모두 18차례 개최되었으
며, 이 대회에서 229명이 성과를 발표하였는데, 내용은 기업 활동의
각 방면을 포괄한다. 오이타 제철소에서 작년 발표된 노동자 자주 관
리 활동의 성과는 1259건으로, 평균 8명의 직원당 1건에 해당하는데,
내용은 6개 부문으로 나뉜다.

비용 절감 42%	안전 생산 9%
설비 능력 제고 28%	환경 보호 4%
생산 품질 제고 10%	기타 7%

노동자 자주 관리 활동의 성과는 그 중요성에 따라, 각기 다른 등급의 회의에서 발표된다. 제철소 전체 회의에서 42건이 발표되었고, 부급 회의에서 60건이 발표되었고, 과급 회의에서 102건이 발표되었고, 팀급 회의에서 656건이 발표되었다.

그들은 자주 관리 활동을 전개하기 위해서는 우선 관리 간부가 자주 관리 활동을 지도할 능력을 갖추어야 하며, 자주 관리 활동에 관한 제도도 있어야 한다고 생각한다. 공장에는 자주 관리 활동 위원회가 있으며, 작업 반장, 직공장, 공장 대표로 구성된다. 각 제철소에는 자주 관리 본부가 있는데, 공장장, 계장, 작업 반장 대표로 구성되며, 제철소 전체의 자주 관리 활동을 지도한다.

주목할 점은 자주 관리 활동이 중국의 1960년대 '안강(鞍鋼) 헌법(1960년대 초 안산 철강회사의 기업 관리 방식을 지칭. 마오쩌둥이 1960년 3월 22일에 한 회의의 보고서에서 안산 철강회사의 경영 기법을 '안강 헌법'으로 부른 데서 기인 : 역주)'의 노동자, 간부, 기술 인원의 삼결합(三結合) 관리 정신에 근거하여 일본의 상황과 결합시켜 형성된 것이라는 점이다.

환경 보호와 작업 안전

'신일철'은 환경 보호와 작업 안전 유지에 많은 노력을 기울이고 있다. 그들은 이 두 가지를, 직원의 적극성을 유도하면서 생산 품질을 높이는 수준으로까지 끌어올렸다.

[72]

그들은 여섯 가지의 조건으로 직원의 적극성을 유도하고 있다.

(1) 상급의 정확한 지도

(2) 공평한 임금

(3) 직공에게 회사의 경영 방침을 이해시킬 것

(4) 좋은 인간 관계의 수립

(5) 좋은 노동 조건

(6) 공해 사고를 없앨 것

오이타 제철소의 구호는 '001'인데, 이는 사고 0, 공해 0, 품질 제일의 1을 뜻한다. 환경 보호와 작업 안전은 소장과 각급 지도 간부가 우선 장악해야 할 양대 사안이다. 소장부터 모든 직원은 작업복을 입고, 출근한 후에는 작업장에 들어갈 때는 모두 안전모를 착용한다.

몇몇 공장들은 모두 화원처럼 보인다. 일반적으로 제철소의 녹지 면적은 13~16%로, 어떤 공장은 20%에 달하기도 한다. 사무실 건물 앞에는 꽃과 풀을 심고 금붕어 등을 키운다. 대부분의 공장에는 50m² 넓이의 녹지가 있어서, 새들이 그 안에 서식하고 있다. 작업장 공장 건물은 기본적으로 모두 밀폐되어 있고, 집진 시설이 완비되어 있다. 용광로에서 나오는 철이나 찌꺼기 등은 모두 용광로 밑으로 나오도록 처리되어 있기 때문에, 용광로 앞은 매우 깨끗하다. 공장 건물의 예비품, 예비 장비 등은 모두 질서정연하게 쌓여 있다. 작업장 안의 각종 예비품, 예비 장비, 기자재를 놓는 곳도 모두 심사숙고를 거친 끝에 결정되어 제멋대로 방치된 물건은 하나도 없다. 환경 보호가 매우 잘되어 있기 때문에, 지면상의 먼지 재와 공기 중의 먼지가 적어, 직원들이 심리적으로 쾌적하고, 작업·노동의 효율과 생산품의 품질이 모두 향상될 수 있으며, 측정 기구·설비의 사용 연한 역시 연장될 수 있다.

일본에 있을 때, 교통 안전의 달 캠페인을 본 적이 있는데, 도처에 교통 안전을 선전하는 현수막과 표어를 내걸어 분위기를 조성하고 있었다. 제철소에서는 작업 안전의 분위기가 더욱 짙어진다. 안전에 관한 구호·표어·성과 등을 애드벌룬에 매달아 공중에 띄워놓아 멀리서도 볼 수가 있다. 각 제철소와 공장의 입구에는 모두 안전 생산의 성과를 알리는 간판을 걸어놓았다. 작업장을 참관할 때, 대체로 부딪히기 쉬운 곳이나 걸려 넘어지기 쉬운 곳에는, 주의를 환기시키는 큰 글씨가 있었고, 어떤 곳에는 그림이 붙어 있기도 했다. 작업장에서 작업하거나 공장 내에서 길을 갈 때는 모두 금연하도록 되어 있었다. 각 작업 단위마다 모두 안전 작업 조례가 있다. 공장 건물 내에서 천장 크레인·차량을 운전할 때 경고등과 경고음이 나는 장치가 있어서, 사람의 주의를 환기시킨다. 작업 중 상해(傷害) 사건이 발생한 경우미디 엄정히 조사하여 원인을 찾고, 예방 시책을 제정하여, 전 회사에 통보한다. 공장 전체 직원들은 이것을 모두 불명예로 느끼며, 직접적 지도 책임자는 엄중한 처분을 받아 해직되기까지도 한다. 그들은 기타 철강 회사에서 발생한 안전 사고를 철저히 분석하여, 전체 직원에게 통보하고, 타산지석으로 삼도록 한다. 직원 훈련 때 자주 일어나는 사고의 기록 영화를 방영하고, 진지한 토론을 조직한다. 안전 작업을 중시한 덕택에 작업 중 상해 사고는 현저히 감소하였다.

5. 중국 문화의 긍정적 측면과 부정적 측면

문화 발전 과정 중에서 우세한 문화가 종종 열세에 처한 문화로 바뀌곤 한다. 우세한 능력을 가진 문화가 열세한 문화로 전화되는 데는 주로 두 가지 원인이 있다. 하나는 내적인 원인으로, 우세한 능력을 가진 문화 가운데 부정적 측면이 팽창할 경우, 전화될 수 있다. 중국의 봉건 문화는 '천리는 밝히되 인욕을 멸하는(明天理, 滅人欲)' 식의 극단으로 치달아, 개인의 적극성을 완전히 상실하게 되어, 열세에 처할 수밖에 없었다. 둘째는 외적인 원인으로 열세에 처한 문화를 벗어나기 위해서, 우세한 문화의 장점을 겸허하게 흡수하여, 새롭고 더 높은 수준의 문화를 형성할 수 있게 되는 것이다. 우세한 문화는 종종 자족적인 틀 안에 갇혀, 타인으로부터 겸허하게 배우기가 힘들다. 19세기 초 중국은 여전히 스스로를 '천자의 나라(天朝王國)'라 여기며, 이미 우세한 문화를 이룬 서양을 오랑캐라 칭했다. 1세기 정도가 지나고서야, 5·4운동(1919년 5월 4일 루스벨트의 민족 자결 원칙과 제1차 세계 대전 강화 회의에 대한 보도를 접한 베이징의 대학생들이 톈안먼(天安門)에 모여 산둥 문제에 대한 항의 집회를 개최하면서 시작된 운동 : 역주)에 이르러, 다수의 견식 있는 인사들이 이런 국면을 깨닫게 되었다.

20세기 1990년대에 이르러서야 중국 문화가 적극적 요소를 지니고 있다는 것이 현실 속에서 증명되게 되었다. 우선, 해외 중국인들과 홍콩·마카오 주민의 업적이 중국 문화의 활력을 설명해 준다. 중국 교민들의 사업상의 성취를 돌이켜보면, 교민들은 항상 중국의 문화적 배경을 잊지 않고 있었다. 다음으로, 일본과 한국의 경제 성취가 중국 문화와 일정 정도 관련이 있다. 그들은 현대화 과정 속에서 우수한 문화 전통을 계승하였는데, 중국 문화를 일본의 상무 정신, 한국의 화랑도 정신과 융화시켰다. 마지막으로, 대륙의 개혁 개방 이후의 고속 성장은 중국 문화의 생명력을 설명해 준다.

중국 문화의 핵심은 철학 윤리 사상과 호학(好學)·근검의 정신이다. 철학적으로 중국은 완전한 음양 균형관, 중용의 도 관념을 형성하였고, 일을 할 때 전체적 국면·협조·중용의 중시, 과유불급, 분수 파악, 적정한 정도 등을 강조하였다. 개혁 개방이 돌다리를 두드리며 강을 건너듯, 한 걸음 한 걸음씩 전진해 나아갔던 것은, 근본적으로 전체적 국면을 중시하는 사상과 관련이 깊다.

중국 윤리 사상의 핵심은 바로 인(仁)이다. '인'은 두 사람 사이의 관계이며, 사람과 사람 간의 관계이며, 부자·친구·형제·상하 간의 관계이다. 현대적 술어를 따르자면, 공공 관계와 비슷하다고 하겠다. 최근 서양에서는 감성적 상업 개념을 제시하고 있는데, 사업의 성공에서 이성적인 것보다 감성적인 것이 더욱 중요하다고 여기는 것이다. 감성적 상업은 인간 관계를 잘 처리하는 것을 강조하여, '인'의 개념에 비교적 접근하고 있다. 봉건 사회에서 형성된 '인'은, 계급 제도에 대한 복무라는 외피를 두르고 있다. 이 부정적 측면의 외피를 제거한다면, 노인을 공경하고 어린이를 아끼며, 공익을 위하고, 고향과 사회를 위하여 애쓰고, 국가에 보답하는 짐 등은 계승할 만하다.

미국의 존 킹 페어뱅크(J. K. Fairbank) 교수는 『미국과 중국』이라는 책에서 "중국은 가족 제도의 튼튼한 보루이다."라고 말하고 있다. 이것이 바로 중국 문화의 중요한 특색으로서, 가정은 한족 사회의 견고한 세포 단위이자 '인'을 중심으로 하는 윤리관의 주요 기반을 실현시키는 곳이다. '수신제가 치국 평천하'는 정통 문화의 강령이다. 현대에 와서도, 가정은 경제 활동의 공고한 기초가 되고 있다. 화교 기업의 성공은 대부분 가정 유대에 기반한 것으로, 가족 경제는 화교 경제의 특징이다.

학습을 중시하는 것은 중국 문화의 중요한 전통이다.

"배우고 때로 익힌다(學而時習之)."라는 『논어』의 첫 구절은 바로 공부를 중시하는 것을 잘 보여준다. 공자가 제시한 "가르침에서는 분파를 가르지 않는다(有敎無類)", "재목을 보고 그에 맞게 가르친다(因材施敎)."는 등의 원칙은 지금까지도 여전히 진리의 빛을 발하고 있다. 1990년 미국에 사는 중국인은 160만 명으로, 미국 전체 인구의 0.6%를 차지하고 있다. 미국에 있는 13만 명의 일류 과학자와 엔지니어의 1/4이 중국인이며, 미국에 있는 대학의 물리학과와 수학과 주임 교수의 1/3을 차지하고 있다. 1995년 세계 3대 저명 학술 잡지인《사이언스》,《네이처》,《셀》에 중국인의 이름으로 발표된 논문이 각각 23.4%, 22.8%, 35.6%를 차지하였다.[4] 이러한 성과는 중국인의 호학 전통의 결과이다.

근면과 절약은 중국 문화의 또 하나의 우수한 전통이다. 『상서』에는 "능히 나랏일에 힘쓰고, 집안에서 근검하다(克勤于邦, 克儉于家)."라 하였다. 주백려(朱伯廬)의 『치가격언』에서는 "죽 한 끼, 밥 한 끼, 그것이 나오기까지의 어려움을 생각해야 한다(一粥一飯, 當思來之不易)."고 하였다. 전세계 중국인들이 사업에서 성공을 거둔 것은 모두 근검 덕분이다. 중국은 저축률 수준이 매우 높은데, 경제 건설을 위한 거액의 자금이 축적될 수 있었던 요인 가운데 하나는 중국인의 근검한 풍속이다.

중국인의 근검은 장기간의 소농 경제, 동아시아 계절풍 기후 환경과 일정한 관련이 있다. 동아시아 계절풍 기후는 강우량의 변화가 크고, 그래서 수해와 가뭄 피해가 많다. 소농 경제로는 자연 재해에 대비할 수 없기 때문에, 백성들이 미리 근면, 검소하게 살고 열심히 생계를 도모해야만 비로소 쇠락하지 않고 번창할 수 있다.

중국 문화는 현재의 시장 경제와도 내재적 관계가 있다. 국제적으로 제기되고 있는 유교 자본주의의 요점은 대체로 다음 네 가지로 정리된다.

5000년의 단련을 거치면서, 중국의 문화는 넓고 깊어진데다, 기세

---

(4)　　　吳樂斌,「中國人躍居世界科學前沿」,《光明日報》, 1996년 8월 26일.

가 드넓어졌으며, 내용은 깊어지고, 형식은 다양해졌다. 문학·예술·음식·의학·건축 등 각 방면에서, 모두 세상에 내놓아 손색이 없을 정도로 우수하다. 그윽하고 부드러운 거문고의 선율, 깊고 심오한 바둑, 웅혼하고 빼어난 글씨, 외양과 정신을 겸비한 그림, 하늘이 열린 듯한 정원, 신묘한 경지에 이른 건축, 다채롭고 풍부한 민속, 섬세하고 맛있는 요리, 이 가운데 중국의 찬란한 문화가 반영되지 않은 것은 하나도 없다. 전해져 내려오는 각종 고전만 하더라도, 5000만 권이 넘는다.

영국의 마이크 프로스는 "영어에는 1만 개 이상의 음절이 있지만, 중국어는 400여 음절밖에 없어서" "중국어는 음성으로 컴퓨터를 제어하는 최초의 언어가 될 것이다."라고 하였다. 또한 정사각형의 한자는 형상과 논리적 특징을 겸비하고 있다. 인간의 우뇌는 형상 사유를 주관하고, 좌뇌는 논리 사유를 주관한다. 정사각형의 글자를 배우게 되면, 좌우의 뇌가 모두 훈련이 되어, 사람이 더욱 총명해질 수 있다.

한 가지 더 덧붙이자면, 공자를 대표로 하는 유학 문화는 종교적 색채가 비교적 옅다. 공자의 명언 가운데 "귀신은 공명하되 멀리하라(敬

鬼神而遠之)”, “삶에 대해서조차 아직 잘 모르는데 어찌 죽음에 대해서 알겠느냐(不知生, 焉知死).”라는 말이 있는데, 이는 그가 신령에 대하여 경외심을 가지면서도 한편 회의의 태도를 지녔음을 반영한다. 후대 사람들은 공자를 신성스럽게 받들어, 사당을 세워 제사를 지내고 예배를 드려, 유교를 불교와 도교와 함께 삼교 가운데 하나로 여겼으나, 본질적으로 유학은 종교가 아니다. 유학의 영향을 받아서, 한(漢) 민족은 대체로 종교에 대하여 온화·겸용의 태도를 취하였으며 극단적인 태도를 취하지 않았다. 때문에 서로 다른 종교가 서로 평안할 수 있었으며, 심지어는 하나의 사당 안에 유·불·선 삼교의 우상이 함께 세워질 수도 있었던 것이다.

『홍루몽』 제25회에는 ‘땡중 하나와 절뚝발이 도사’가 함께 가보옥을 치료하는 부분이 나오는데, 이처럼 한 가정에서 다른 종교를 신봉할 수도 있었다. 잠시 부처님 다리라도 붙잡을 수 있고, 칼을 버리면 바로 성불할 수도 있었다. 적지 않은 지역에서 종교 분쟁은 전쟁의 주요한 근원이 되고 있다. 하지만 자고이래로 중국에서는 종교로 인해서 격렬한 대규모 전쟁이 발생했던 적이 없다. 중국인의 정신 세계가 긍정적 의미를 지니고 있음은 의심할 나위가 없다.

중국 문화 역시 기타 문화와 마찬가지로, 부정적 일면을 포함한다. 예를 들어 가정 관념·고향 관념·관본위(官本位) 관념 등은 극단으로 발전하여, 사회 진보를 갉아먹고 있다.

한편 가정 관념은 자손을 지나치게 아끼거나 처갓집 덕을 보려는 세태와 같은 악습을 낳기도 하였다. 속담에 “득도한 사람의 집안에서는 개나 닭조차도 따라 승천한다(一人得道, 鷄犬昇天)”, “수학, 화학, 물리 등을 백날 잘해 봤자 좋은 아버지 하나 두는 것만 못하다(學好數理化, 不如有個好爸爸).”와 같은 말들은, 바로 가정 관념의 부정적 측면의 표현이다.

고향 관념은 서로 협력하고 어려움을 서로 구제하는 긍정적인 측면이 있지만, 정상적인 사회 질서를 파괴하는 부정적 측면도 있다. "도장 세 번 찍는 것보다 한 명의 고향 친구가 낫다(三個公章, 不如一個老鄕)", "사발 주둥이만 한 도장도 고향 친구 말 한마디만 못하다(公章碗口大, 不如老鄕一口話)."라는 말은, 사회 무질서화를 일으키는 폐해를 잘 보여주고 있다.

관본위 관념은 인치와는 상통하지만, 법제도와는 상충된다. "관직이 한 등급 올라가면 사람을 압사시킨다."는 말은 관직으로 인간을 논하고, 관직으로 이치를 따지고, 관직으로 법을 대신하는 것을 말하는 것으로 사회 부패와 거대한 낭비를 조장하는 중요한 근원이다.

사회 발전을 위해서는 우수한 전통 문화를 계승 발전시키고, 또한 외래 문화의 정화를 받아들여야 한다. 미국의 건국 이념인 모든 인간이 평등하다는 관념은 중국의 가정 관념·고향 관념·관본위 관념과는 근본적으로 대립되는 것이며, 또한 중국의 대중이 배울 만한 것이다. 트루먼 대통령이 취임한 뒤, 어떤 사람이 그의 어머니에게 축하하며 "당신은 이런 아들을 두었으니, 정말 자랑스러우시겠어요"라고 말하자, 트루먼의 어머니는 "예."라 대답한 뒤, "하지만, 내겐 또 다른 아들이 하나 있는데, 마찬가지로 자랑스럽다오, 그는 지금 밭에서 감자를 캐고 있지요."라고 말하였다. 트루먼의 어머니 마음속에서는, 대통령과 농부가 평등하였던 것이다. 이런 평등관은 법제 사회를 실현하는 중요한 조건이다.

전통 문화의 찌꺼기들은 이미 젊은 중국 세대들에게 질곡이 되었으며, 국가를 재난의 심연으로 몰아넣기도 하였다. 과거 일들을 잊지 않고, 미래를 위한 스승으로 삼아야 할 것이다. 찌꺼기를 제거하지 않고는 외래 문화의 정수를 흡수·융화시켜 더 훌륭한 신문화를 이루기가 쉽지 않다. 중국은 현재 고속 발전의 고비에 놓여 있으며, 문화의 부정적 측면들은 이미 발전 가도에 가로놓인 걸림돌이 되고 있다. 문화적 찌꺼기들을 청산하는 것은 중국의 지속 발전 가능 여부와 관련된 중대 사안이다.

❀ ❀ ❀

6. 행정 구역 문화와 사회 · 경제

행정 구역이 사회와 경제 생활에 막대한 영향을 미치는 현상은 중국 문화의 현저한 특색이다. 학문이 뛰어나야 벼슬길에 오를 수 있었으므로, 중국 고대 지식인들에게 중요한 진로는 각급 행정 구역에서 관리가 되는 것이었다.

행정 구역의 역사 배경

중국은 지역이 광활하고 상황이 복잡하여, 중앙 정부가 각급 행정 구역을 통해서 국가를 관리해야만 했다. 진나라 때 중앙 집권적 통일 국가가 수립된 이래로, 당시의 행정 구역 체계가 계승되었다. 한 무제(기원전 140) 이전에는 군과 현의 양급 행정 구역 제도를 채용하였다가, 한 무제 이후에는 주를 증설하여 군의 감찰 구역으로 삼았다. 위진 시대에는 주가 정식으로 하나의 행정 구역 단위가 되어 1800여 년 간 지속되었다. 각 시대마다 명칭의 변화는 있었지만, 실질적으로는 마찬가지였다. 수 · 당대에 도 · 주 · 현이라는 명칭을 썼으며, 원대 이후에는 성 · 부 · 형이라는 명칭을 썼다. 현재 중국의 성 경계는 기본적으로 명대 시기에 형성되어, 600여 년의 역사를 지니고 있다.

1949년 이래로, 중국의 성과 현은 인민대표대회가 설치되어 있는 실질적 행정 구역이다. 성과 현 사이에는 지구가 있는데, 인민대표대회가 설치되어 있지 않고, 성의 파출 기구가 있어, 형식적 행정 구역이라고 부르기도 한다. 사실상 지구는 중국의 사회·경제 생활에 영향을 주는 것으로, 도시 건설 이후, 지구 역시 실질화되었다. 소수 민족 지구의 자치주는 지구에 해당하며, 헌법의 규정에 따라 인민대표대회가 설치된 실질적 행정 구역이다.

이 밖에도, 현 아래에 구와 향이라는 두 등급의 행정 단위가 있다. 구는 현의 파출 단위이며 형식적 행정 구역이다. 향은 실질적 행정 구역이다. 구(區)는 지구(地區)와 유사하게 사회·경제적 영향력이 있다. 구급의 진을 설치할 경우, 영향은 더욱 커진다. 따라서 중국의 행정 구획은 실질적으로 성, 지구, 현, 구, 향의 다섯 개 층위로 구성되어 있다.

중국은 제1차 5개년 계획 기간 중에, 중앙 집중의 통일된 경제 체제를 구축하였다. 중앙 관리의 공업 생산품이 전국 총생산량의 60%를 차지하였고, 중앙이 관장하는 경제 규모는 전국의 75%를 차지하였다. 이러한 체제는 비교적 경제 발전 수준이 낮고 경제 구조가 단순한 상황에 적합하며, 국가가 제한된 경제 규모와 물자, 인력을 가지고 중점 건설에 사용하는 것을 가능케 해준다. 짧은 5년 동안에, 150개 중점 항목을 달성 또는 초보적으로 달성하였으며, 공업화의 초보적 기초와 중공업 구조의 초보적 기초를 다졌다. 그러나 지방의 경제권은 너무 작아서 필요한 지방 건설 항목을 수행할 능력이 없었고, 중앙 직속 기업에 대하여 생산 협조를 조직할 권한이 없었으며, 생산 능력을 충분히 발휘할 여지를 제한당하였다.

1958년 대약진 운동(경제 발전의 가속화를 위해 1958~1961년에 일어났던 대중 동원 운동 : 역주) 동안에는 지방의 권한이 확대되어, 대형 중공업 기업을 포함한 88%의 중앙 직속 기업이 지방으로 이전되었고, 이로써 중앙의 경제력이 20%로 줄어들었다.

개혁을 지나치게 서둘러, 투자 규모·총 직원 수·임금 총액 등에

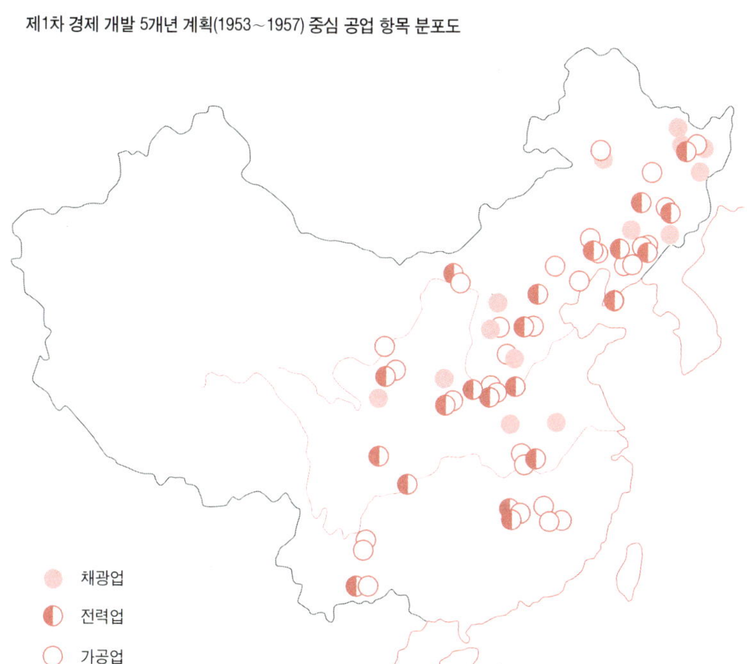

대한 통제력을 상실하고, 생산 건설에서 맹목성과 무정부 상태가 나타나게 되었다. 1961년부터 지방으로 이양되었던 부분적 권한을 다시 회수하여, 경제 상황의 호전을 촉진하였는데, 이 무렵, 중앙과 지방의 모순이 또다시 드러나게 되었다.

1964년부터는 지속적으로 지방의 권한을 확대하여, 19개 비공업 부문의 기본 건설권(농·목축업, 농기계, 농지 개간, 임업, 수산, 교통, 상업, 공급 판매사, 은행, 고등 교육, 보통 교육, 위생, 문화, 방송, 체육, 과학 연구, 도시, 도시 건설 등)을 지방으로 내려보내고, 소규모 철강·기계·난로·화학 비료·시멘트 등의 생산품을 지방으로 귀속시켰으며, 지방 기업의 기본 감가상각 기금을 지방에 넘겨주었다. 10년간의

'문화 대혁명(마오쩌둥 통치 마지막 10년(1966~1976)의 기간. 반혁명적 수정주의자의 숙청과 함께 혁명의 초기 이념을 회복하고자 시작된 극좌 사회주의 운동 : 역주)' 기간 동안에는, 제3차 세계 대전의 준비라는 명분으로, "성과 현 자체적으로 전쟁을 수행할 것(省自爲戰, 縣自爲戰)"을 요구하고, 또 한 차례 대형 핵심 기업을 지방으로 내려보내, 한층 더 지방의 권한을 강화시켰다. 결론적으로, 중국의 행정 관리 체제는 줄곧 중앙과 지방 사이의 끊임없는 조정의 과정 중에 있으며, 지방의 각급 행정 구역은 줄곧 관리 체제의 중요한 고리였다.

행정 구역 문화의 영향

행정 구역이 중국 사회·경제에 미치는 강력한 영향은 기본적으로 다음의 네 가지로 귀납시킬 수 있다.

1) 행정 구역과 문화 구역

행정 구역 내에서 지방 정부 소재지는 교통의 중심이다. 오랜 기간이 지나면서, 행정 구역은 독립적인 문화 구역을 형성하게 되고, 구역 내 문화의 일치성과 구역 외 문화와의 상이성이 분명해지게 된다. 언어, 건축, 예술, 민속 등이 모두 행정 구역의 영향을 받는다.

역사상의 행정 구역은 현재의 문화 구역에 대하여 간접적으로 영향을 끼친다. 장시(江西)성 무원(婺源)은 당나라 중기에 현이 설치된 뒤로 오랫동안 완난(皖南) 후이저우(徽州)와 한 행정 단위에 속했다가 1949년 이후에야 장시성으로 귀속되었다. 1000여 년 동안의 북쪽 구역과의 관계로 인해, 무원의 민풍·민속·언어·희곡·건축 형식 등은 후이저우와 유사해서, 문화상으로는 후이저우 문화의 하위 구역에 속한다. 간쑤(甘肅)성 남부의 면(文)현은 명나라 때에야 쓰촨(四川)성에서 간쑤성으로 귀속되었다. 산시(陝西)성의 한중(漢中)은 원나라 이전에는 쓰촨성과 함께 하나의 행정 단위로 묶여 있었다. 이 두 지방은 문화상으로는 쓰촨성과 공통성이 있다.

2) 행정 구역과 행정 구역 경제

중국의 각급 행정 구역은 모두 강력한 경제적 실체이다. 이런 현상은 행정 구역 경제라 부를 만한 것이다.[5] 1999년 현재 전국 31개 성·시·자치구는 31개의 대 행정 구역이며, 2109여 개의 현과 현급 도시 역시 2109여 개의 소 행정 구역이 된다.

3) 행정 구역과 도시 체계

역사적으로 중국의 모든 권력은 행정 중심에 집중되었다. 각급 행정 중심은 구역 내의 중심 도시이다. 행정 중심의 체계는 기본적으로 중국의 도시 체계를 반영한다.

현대에 와서도, 여전히 행정 구역 중심에 모든 중요한 기능이 집중되어 있다는 점은 확실하다. 성급 중심 도시는, 후허하오터(呼和浩特), 지난(齊南) 등지가 제2위의 도시인 것을 제외하면, 절대 다수가 제1위 도시들이다. 미국의 50개 주 가운데, 주 정부 소재지가 제1위의 도시인 경우는 17개 주밖에 안 되며 15개 주의 주 정부 소재 도시의 인구가 5만 명이 채 못 되고, 미국의 인구 100만 명 이상의 도시 가운데 주 정부 소재지는 한 곳도 없는데, 이런 상황은 중국과는 근본적으로 다르다.

중국의 행정 중심의 대형화와 종합화는 체제 때문이다. 행정 중심은 사회·경제적 관리 기능을 행사하며, 사회·경제 관리와 관련된 금융·보험·신탁·우편·방송·텔레비전·국제 회의·고등 교육 등의

---

(5) 劉君德, 「論行政區劃行政管理體制和區域經濟發展戰略」, 《經濟地理》, 1993년 1기.

관련 기구가 모두 행정 중심에 모여 있다. 관리상의 편의를 위해, 행정 중심은 교통이 편리한 곳을 선택한다. 허난성의 성도(중국어로는 省會라고 한다 : 역주)는 카이펑(開封)에서 정저우(鄭州)로 옮겨갔고, 안후이성의 성도는 안칭(安慶)에서 허페이(合肥)로, 허베이성의 성도는 바오딩(保定)에서 스자좡(石家莊)으로 옮겨간 것은 모두 교통 중심 위치와 관련 있다. 많은 도시 기획 전문가들이 베이징을 워싱턴식의 순수 정치 중심으로 건설할 것을 건의하고 있지만, 결국 실현시킬 수 없었던 원인은 중국의 행정 구역 문화 전통과 맞지 않았기 때문이다.

4) 행정 구역과 국가 건설

중국은 면적이 크고 상황이 복잡하여, 국가의 통일과 문화적 연속성에서 행정 구역이 공헌한 바를 무시할 수 없다. 중앙의 정책과 법령이 통할 수 있었던 것은 모두가 방대한 행정 구역 체계에 의한 것이다.

오늘날, 중국의 물질 문명의 건설과 정신 문명의 건설은 주로 각급 행정 구역에 의해 추진되고 있다. 중앙의 계획과 기획은 단계를 밟아 각급 행정 구역까지 실행된다. "시장은 야채 바구니를 쥐고, 성장은 쌀자루를 쥔다."는 말은 사회 생활을 조직하는 데에서 행정 구역이 맡고 있는 공헌과 책무를 뜻하는 것이다.

1994년 5월 9일 국무원은 식량 구매 판매 체제 개혁의 심화에 관한 공고에서 "성·자치구·직할시 정부의 지도 책임제를 시행하며, 해당 지구의 식량 총량의 균형, 경작지의 안정, 식량 생산과 보존의 안정을 책임지도록 한다."고 제시하고 있다.

1995년 3월 11일자 「중국 공산당 중앙·국무원의 1995년도 농업 및 농촌 사업 완성에 관한 의견」에서 "각급 정부, 특히 성급 정부는 반드시 해당 지역의 식량 공급 균형 보장의 책임을 져야 하며, 성장 책임제를 시행할 것"을 강조하고 있다.

[86]

이와 같은 책임들 때문에, 각급 행정 지도자들의 부담이 적지 않다. 1998년 여름 양쯔강·넌장(嫩江)강·쑹화강(松花江)의 범람 방지를 위한 응급 조치 때, 성·시·현의 지도자들이 직접 일선에 나와, 대책 마련을 지휘하여 공헌한 바가 컸다.

시장 경제 체제에서, 지나치게 강력한 행정 구역 경제, 지나치게 강력한 행정 간섭 등은 시장 운영 메커니즘과 모순 되는 점이 있는데, 이는 아래 열거된 세 부문에서 집중적으로 나타나고 있다.

▶ (1) 중복 투자를 조장한다. 지난 수십 년 간, 중복 투자는 줄곧 중국 경제를 괴롭히는 커다란 난제였다. 그 근원 가운데 하나는 행정 구역 경제의 영향 때문이다. 행정 구역 경제는 지방 보호주의와 맹목적 과열 경쟁을 낳기 쉽고, 객관적 경제 규칙을 무시하기가 쉽다. 제6차 경제 개발 5개년 계획 기간(1981~1985)에는 시계, 자전거, 재봉틀 등의 세 가지 항목에 중복 투자가 있었다. 제7차 경제 개발 5개년 계획 기간(1986~1990)에는 텔레비전, 세탁기, 냉장고 등의 세 가지 가전 제품에 중복 투자가 있었다. 또한 1990년대에는 자동차, 에어컨, VCD 플레이어에 중복으로 투자되었다. 제9차 경제 개발 5개년 계획 기간(1996~2000)에 중국은 기계, 전자, 석유 화학 공업, 자동차, 건축, 건축 자재 등의 다섯 개 분야를 전국적 지주 산업으로 삼았다. 전국적으로 각기 20여 개 성과 시에서 이 산업들을 지주 산업으로 삼고 있다. 그 가운데, 규모 효과가 현저한 자동차 공업은 22개의 성과 시가 지주 산업으로 삼고 있어, 또 한 차례의 중복 투자의 경종을 울리고 있다.

기초 시설 방면에서의 중복 투자 현상 역시 상당히 심각하다. 3만여 km²의 주장(珠江)강 삼각주 안에, 이미 건설되었거나 건설 중이거나 건설을 계획 중인 민항 공항은 10개이다. 이 공항들의 승객 및 화물의 공급 지역이 서로 중첩되어, 운항 이후 이용률이 충족될 수 없고, 자금과 토지의 낭비를 조성하며, 비행 배정과 비행 안전의 어려움 역시 급증할 것이다. 예를 들어, 주하이(珠海) 국제 공항은 마카오와 광저우 두 곳의 대형 국제 비행장에 인접해 있어, 직접 운항 지역 범위는 단지 인근의 두 현과 시가 있을 뿐이고, 운항 이래로 공항의 이용률은 10%밖에 되지 못하고 있다.

▶ (2) 폐쇄적 경제 체제를 형성하여 상품의 지역 외 유통에 장애가 된다. 행정 구역 경제의 특징 가운데 하나가 구역 내에서 협력체를 만들려고 애쓴다는 점이다. 문화 대혁명 기간에 소규모 철강·기계·화학 비료·난로·시멘트 등의 다섯 가지 산업의 소규모 협력체를 요구하였는데, 결국 이 소규모 산업은 지방 경제에 악영향을 주는 짐이 되고 말았다. 개혁 개방 이후, 지방의 이익을 위하여, 지역 보호주의 현상이 종종 나타나게 되었다. '춘잠(春蠶) 전쟁', '연초(煙草) 전쟁', '양모 전쟁' 등이 반복해서 나타나게 되었다. 외지에서의 구매에 대하여 세금을 더 징수하고, 검문소를 설치하고, 공안·교통 관리·공업과 상업 관련 행정·세무 관련 부서 등을 동원하여 엄격히 통제한다. 심지어는 공문을 보내 상업 부문에서 해당 지역의 생산품을 구매·판매하도록 요구하고, 은행에서 이를 위해 저리로 대출을 제공하도록 요구하기도 한다.

▶ (3) 행정 구역의 변경 지역에서는 경제 쇠퇴 현상이 출현하였다. 계획 경제 체제에서, 행정 체계는 투자 주체 가운데 하나이다. 행정 체계의 통제를 받는 투자는 지역 분포에서 두 가지 특징을 보인다. 하나는 행정 중심을 핵심으로 삼으며, 거리의 원근에 따라 체감하게 된다. 일반적인 상황에서, 행정 중심에서 멀면 멀수록, 투자 확률은 적어진다. 둘째는 행정 구역의 귀속 관계가 불명확하여 다른 지역과 교체가 발생할 수 있는 지역의 경우로, 이런 지역은 대규모 투자가 있기가 힘들다. 따라서 성 경계의 변두리 지역, 성 경계 지역은 투자 확률이 비교적 적다. 변경 지역 무역의 지방 보호주의는 한층 더 경제 성장을 제약한다.

[88]

= 제9차 경제 개발 5개년 계획 기간 중 각 성·시에서 기본적으로 확정된 기간 산업의 중복 상황

성·구·시	기계	전자	석유·화공	자동차	건설 자재
베이징(北京)	∨	∨	∨	∨	
톈진(天津)	∨	∨	∨	∨	
허베이(河北)성	∨	∨	∨	∨	∨
산시(山西)성	∨		∨		∨
네이멍구(內蒙口) 자치구		∨		∨	
랴오닝(遼寧)성	∨	∨	∨		
지린(吉林)성		∨	∨	∨	
헤이룽장(黑龍江)성		∨	∨	∨	
상하이(上海)	∨	∨	∨	∨	
장쑤(江蘇)성	∨	∨	∨	∨	
저장(浙江)성	∨	∨	∨		∨
안후이(安徽)성		∨	∨	∨	∨
장시(江西)성	∨	∨	∨		∨
푸젠(福建)성	∨	∨	∨		∨
산둥(山東)성	∨	∨	∨	∨	∨
허난(河南)성		∨	∨	∨	∨
후베이(湖北)성	∨	∨	∨	∨	∨
후난(湖南)성	∨	∨	∨	∨	∨
광둥(廣東)성		∨	∨	∨	∨
광시좡족 자치구	∨			∨	∨
하이난(海南)성			∨	∨	∨
산시(陝西)성	∨	∨			∨
간쑤(甘肅)성	∨	∨	∨		∨
닝샤(寧夏)후이족 자치구					
칭하이(靑海)성			∨		
신장(新疆) 웨이우얼 자치구			∨		∨
쓰촨(四川)성	∨	∨	∨	∨	∨
구이저우(貴州)성				∨	∨
윈난(云南)성					
시짱(西藏) 자치구					∨

자료 출처 : 陸大道, 薛鳳旋, 『1997 中國地域發展報告』, 商務印書館, 1997, 84쪽.

추산에 따르면, 산시·허베이·산둥·허난 등의 4개 성의 경계 지역은, 성 경계의 영향으로 인해, 농업의 연간 생산치가 10.4 % 감소하였다.[6)]

　상술한 바를 종합해 보았을 때, 행정 구역 체제의 개혁은 중국 정치 체제 개혁의 중요한 고리이다.

(6)　　　舒慶,『中國行政區經濟和行政區劃研究』, 中國環境科學出版社, 1995; 郭榮星,『中國省級邊境地區經濟發展研究』, 海洋出版社, 1993.

3장. 자연 자원의 영향과 가치관

three　　　　　자연 자원의 영향과 가치관

자연 자원은 지역 개발 일반에서 없어서는 안 될 조건이다. 자연 조건은 도시 발전의 자연적 기초이며, 도시의 배경이자 바탕이자 근거이다. 그러나 자연 자원의 개발은 항상 변증법적 자세를 유지해야 한다.

---

1. 자연 자원의 특성과 분류❋

자연 자원이란 자연 조건 가운데 이용할 수 있는 부분, 현재의 생산력 수준과 연구 수준에서 인류의 생산과 생활에 대한 수요를 만족시키기 위해 이용할 수 있는 물자와 에너지를 말한다. 자연 조건 가운데 현재는 이용할 수 없는 부분, 즉 지진이나 산사태, 토사 유출 등과 같은 것은 자연 자원의 범위에 포함되지 않는다.

자연 자원과 자연 조건은 바꿀 수 있으며 상대적이다. 사회 생산력 수준의 제고와 과학 기술의 진보에 따라, 자연 자원의 내용은 갈수록 풍부해지고 있다.

예를 들어, 현재 바닷물의 담수화 기술이 더욱 발달한다면 앞으로는 바닷물이 담수의 중요 공급원이 될 수 있다. 인류 생활에서 가장 필수적인 자연물인 공기를, 과거에는 일반적으로 자연 자원의 범위 안에 넣지 않았으나, 오늘날 인구가 조밀한 지역에서는 신선한 공기가 이미 하나의 자연 자원이 되었다.

그래서 국제연합환경계획(UNEP)은 자연 자원의 개념을 다음과 같이 제시하고 있다. 즉, 일정한 시간과 일정한 자연 조건에서, 경제적 이익을 산출함으로써 인류의 현재와 미래의 복리를 증진시킬 수 있는 자연 요소와 조건을 자연 자원이라 한다. 이러한 정의는 잠재적 자연 자원 부분을 포함하는 것이다.

자연 자원은 총체성, 유한성, 다용성, 지역성, 발생상의 차이성 등의 자연 속성을 지니고 있다.

▶ (1) 총체성 : 각 자연 자원 요소는 서로 다른 정도로 상호 관련되어 있으며, 유기적인 총체를 이룬다.

▶ (2) 유한성 : 자연 자원의 규모와 용량을 한정되어 있다. 자연 자원의 독점 가능성, 자연 자원의 절대 이용료, 자연 자원에 대한 합리적 이용 개발의 불가피성은 모두 그 유한성에 의해 결정된다. 만약 규모가 무한하다면, 자연 자원이라고 하지 않았을 것이다.

유한성은 자연 자원의 대체 상황의 중요도를 결정하며, 자연 자원의 대체 상황에 따라 두 가지로 나눌 수 있다. 하나는 대체 가능한 자연 자원으로, 목재 등의 각종 재료 자원이 있다. 다른 하나는 비교적 대체가 어려운 자연 자원으로, 물, 산소 등과 같은 것이다. 장기적 관점에서 볼 때, 대체 불가 자연 자원의 중요성은 커지고 있다. 담수 자원은 대량으로 소비되는 대체 불가 자연 자원으로서 21세기의 석유라고도 부른다.

▶ (3) 다용성 : 대부분의 자연 자원은 여러 가지의 용도를 가지고 있다. 사회·경제 기술의 발전에 따라 자연 자원의 용도도 발전하고 있다. 하천 자원을 예로 들면, 우선 홍수 억제, 배수, 지하수 공급의 기능이 있으며, 덧붙여 어로 기능도 있다. 농업 사회에는 관개, 운수의 기능이 출현했고, 공업 사회에서는 발전 기능이 출현하게 되었다. 근래에는 또한 소기후(小氣候) 조절, 대기 정화, 수질 등의 환경 기능과 오락, 정서 함양, 경관 등의 휴식 기능, 방재 피난 기능 등이 추가되고 있다. 이 밖에 어떤 하천은 지역을 구분하는 역할도 한다.

다용성은 종합 개발과 특화 개발이 자연 자원 이용의 중요한 방향이 되도록 만들었다.

▶ (4) 지역성 : 자연 자원의 공간 분포는 매우 불균형적이어서, 어떤 지방은 자원이 풍부한 반면, 어떤 지방은 빈약하다. 자연 자원의 지역 간의 유통과 조정은 자연 자원 공간 분포의 불균형에 의해 규정받는다. 국제 무역에서 석유 등의 자연 자원은 가장 중요한 수출입 항목이다.

자연 자원의 공간 유동 형식은 세 가지가 있으며, 서로 다른 자연 자원의 공간 재분배 가능성과 형식을 반영한다.

자연 자원의 공간 분포의 불균형과 공간 이동상의 차이는 자연 자원 이용의 복잡성을 가중시킨다.

▶ (5) 발생상의 차이성 : 각각의 자연 자원은 특정한 방식에 따라 발생, 변화한다. 발생이라는 각도에서 보았을 때, 자연 자원은 세 부류로 나눌 수 있다.

(1) **재생 가능한 자연 자원**:태양 에너지, 바람, 조류, 흐르는 물 등과 같은 것이 있다. 재생 가능한 자연 자원은 주기적으로 계속해서 나타나므로, 되도록 충분히 이용해야 한다. 현재 중국은 재생 가능한 자연 자원의 이용률이 매우 낮은 상태로 이를 개선해야만 할 것이다. 예를 들어, 중국은 수자원 부족 국가이며, 현재 홍수 조절 및 저수 능력이 1800억 m³로, 이는 홍수 총량의 11%에 불과하다. 만약 더 많은 수자원을 저수할 수 있다면, 수재를 방지할 수 있을 뿐만 아니라, 생산을 발전시킬 수 있을 것이다.

(2) **갱신 가능한 자연 자원**:동물 자원과 식물 자원을 포함하는 생명 유기체를 말한다. 갱신은 자신의 번식 능력과 외부의 환경에 따라 결정된다. 인류는 이들을 사회에 유리한 방향으로 갱신을 유도함으로써 지속적으로 이용해야 한다. 종 자원의 보존은 갱신 가능 자연 자원 보호의 기초이다.

(3) **재생 불가능한 자연 자원**:에너지 광물, 금속 광물, 비금속 광물 등이 있다. 이런 자원은 형성 주기가 길고 총량이 정해져 있어서 소비한 만큼 줄어든다. 따라서 재생 불가능한 자원의 낭비와 파괴를 근절시켜야만 한다.

2차 자원, 즉 2차 에너지원, 2차 담수 자원, 재생 금속 자원 등은 1차 자원을 가공한 이후의 형태, 또는 1차 자원을 회수, 재이용한 형태를 말한다. 2차 자원은 자연 자원의 이용 효율을 높이는 중요한 형식이다.

2. 자연 자원의 영향

자연 자원은 지역 개발 일반에서 없어서는 안 될 조건

자연 자원은 지역 개발 일반에서 없어서는 안 될 조건이다. 생산력의 내용을 분석해 보면, 이 명제는 명확해진다. 생산력에는 세 가지의 구성 부분이 있는데, 그 가운데 두 가지 부분이 직·간접적으로 대자연으로부터 나온다. 노동 대상은 원시 삼림 중의 수목, 채굴된 지하 광물 자원, 포획된 자연 수역의 어류 등과 같이, 자연계에서 직접 제공되는 생산에 쓰이는 자연물을 포괄하며, 또한 면사, 철강재 등과 같이 인간의 가공을 거친 원재료나 자연물의 가공품도 포괄한다. 노동 수단은 주로 생산 도구를 말하며, 또한 경작지, 생산 건축물, 도로, 운하, 창고 등을 포괄한다. 자연 조건은 직·간접적으로 생산력의 양대 요소, 즉 노동 대상과 노동 수단에 영향을 끼친다. 생산 활동은 한 순간도 자연 조건과 떨어질 수 없으며, 지역 개발 역시 마찬가지로 한 순간도 자연 조건과 떨어질 수 없다. 자연계는 노동의 소재를 제공하며, 노동은 자연계가 제공한 소재를 재부로 변환시킨다.

필요한 자연 조건이 있다고 해서, 꼭 생산 활동이 나타나는 것은 아니다. 하지만 필요한 자연 조건이 없으면, 결코 생산 활동이 생겨날 수 없다. 유전, 가스전이 없으면 원유와 천연 가스를 채취할 수 없다. 적절한 온도 및 영양이 없으면 작물이 자랄 수 없다. 여름 월평균 최고 기온 11°C가 봄밀 성숙의 최저 온도이며, 월평균 최고 기온 11°C선이 봄밀 분포의 북방 한계선이 된다. 시짱(西藏) 자치구 남부에서는 월평균 최고 기온 11°C선이 대체로 해발 4500m 등고선에 해당한다. 겨울철 온도가 2°C로 떨어지면, 고무나무는 심각한 피해를 입을 수 있다. 인류의 노동과 자연 자원이 합쳐져 생산력을 구성하고, 사회적 재화의 원천을 이루게 된다. 정신적 생산이라 하더라도, 자연물과 떨어질 수 없다. 정신적 생산도 종이, 필기구를 써서 기술해야 하며, 인쇄·영화·텔레비전·방송 등의 현대 기술을 써서 전달해야 하기 때문이다.

따라서 지역 개발은 반드시 자연의 가능성을 전제로 해야 한다. 그렇지 않으면 예기했던 목적을 달성할 수 없을 뿐만 아니라, 국민 경제에 큰 손실을 가져다주게 된다.

예를 들어, 과거 중국은 천연 가스가 부족한 지방에서 대형 천연 가스전을 건설하고 대형 가스 수송관을 만들었다. 대량의 자금을 투입하여 설비를 들여오고, 길과 다리를 만들고, 수송관을 따라 천연 가스를 소비하는 기업들을 세웠지만, 결국에는 자원 부족으로 인해 도중에 포기할 수밖에 없었으며, 엄청난 낭비를 조성하고 말았다.

문화대혁명 기간, 장시(江西)성에서는 사탕수수를 심기에 적합하지 않은 흑토 구릉 지역에서 270여 ha의 잣나무를 베어내고 사탕 수수밭을 개간하여, '동아시아 제1의 사탕수수 공장'을 건설하였다. 결국 사탕수수는 잘 자라지 못했으며, 심각한 토사 유실을 야기하였다. 주민들은 땔나무 숲을 상실했을 뿐더러 공장은 임금을 지급하지 못하였다. 자연 조건이 적절치 못한데도 사안들이 결정된 것은 중국의 해방 후 경제 건설의 결과가 좋지 못한 이유 가운데 하나이다.

인류의 활동은 다른 모든 사물들과 마찬가지로 조건이 있다. 천문학자는 기타 행성들에서의 생물 존재 여부를 판단할 때, 우선 그곳에 생명체가 생겨날 조건이 있는지 여부를 분석한다.

조건은 내부 조건과 외부 조건으로 나눌 수 있으며, 또한 이를 내인과 외인이라 부르기도 한다. 사회 발전에 대해 말해 보자면, 생산력, 생산 관계, 상부 구조 등의 사회적 조건은 내인이고, 자연 조건은 외인이다. 내인은 사물 발전의 근거이며, 외인은 사물 발전의 조건이다. 외인은 내인과 비교했을 때 부차적인 것이다.

이 때 반드시 지적해야 할 점은, 사회 발전에 대한 영향을 평가했을 경우, 그리고 내인과 외인을 비교했을 경우에만 이와 같은 결론을 얻을 수 있다는 것이다. 이러한 전제를 벗어난다면, 외인이 부차적이고 자연 조건이 부차적인 것이라고 이야기하는 것은, 종종 잘못된 결론을 도출하곤 한다.

필요성을 놓고 이야기해 보자면, 외부 조건과 내부 조건 모두 없어서는 안 되며, 따라서 모두가 중요하다. 경제 발전을 위해서는 사회 조건과 자연 조건 모두 없어서는 안 되며, 따라서 모두가 중요하다.

만약 문제의 전제가 변한다면, 결론 역시 변할 수 있다. "만사를 준비해 두고, 동풍이 불기만을 기다린다(萬事齊備, 只欠東風)."이 때, '동풍'이 바로 결정적 조건이 되는 것이다. 구체적 연구를 통해 보았을 때, 종종 자연 조건이 '동풍'이 된다.

어째서 아편 전쟁 이후, 개항한 다섯 개의 항구 가운데, 상하이가 두각을 나타내어, 중국 최대의 무역 중심, 최대의 공업 도시가 되었는가? 우세한 지리적 위치가 결정적 작용을 하였다.

건조한 지역에서 공업을 배치할 때, 충분한 수자원은 종종 결정적 조건이 된다. "물이 공장을 결정하며, 도시를 결정한다(以水定廠, 以水定城)."라는 말은 이런 이치를 의미한다. 험한 산악 지역에서 사업을 배치할 때, 평탄한 지형이 종종 결정적 조건이 된다.

자연 자원이 노동 생산성과 생산 품질에 미치는 영향

자연 조건은 전국 각지에 대하여 구체적으로 영향을 끼치는데, 우선 노동 생산성 방면에 나타난다. 마르크스는 자연 조건이 노동 생산성에 영향을 주는 두 가지 요소 중 하나라고 여겼다.

"사회 생산의 서로 다른 발전 정도를 차치해 놓고 본다면, 노동 생산성은 자연 조건과 연계되어 있다."[1]

"만약 서로 다른 사람의 자연적 특성과 그들의 생산 기술상의 차이를 논외로 한다면, 노동 생산력은 주로 다음에 의해 결정된다. 첫째, 토지의 비옥한 정도, 광산의 풍부한 정도 등과 같은 노동의 자연 조건, 둘째, 노동의 사회적 역량의 발전……."[2]

이에 대하여, 마르크스는 하나의 유명한 결론을 내놓고 있다.

"노동의 상이한 자연 조건은 동일한 노동량으로 서로 다른 나라에

---

(1)　　　　『마르크스·엥겔스 전집』 제23권, 人民出版社, 1972, 560쪽.
(2)　　　　『마르크스·엥겔스 전집』 제16권, 人民出版社, 1972, 140쪽.

서 서로 다른 수요량을 만족시킬 수 있도록 해주며, 따라서 기타 조건이 유사한 상황에서, 필요 노동 시간이 각기 달라지도록 만든다."[3]

기타 조건이 유사한 상황에서, 금속 광물의 등급은 노동 생산성·원가·생산 가치에 대하여 결정적 영향을 미친다. 철 함량이 30% 내외인 질 나쁜 철광의 경우, 채광 후에 철 고르는 과정을 거쳐야 비로소 용광로에 넣을 수 있다. 철 고르기 과정을 거쳐 만들어진 광물의 생산 원가는 천연 부광에 비하여 5~6배가 높다. 구리 함유 광석의 등급 차이는 더욱 커서, 품질이 좋은 광석은 구리 함유량이 10% 이상이고, 빈광은 0.5%밖에 안 된다.

건국 30년 이래로, 중국의 대형 수직 탄갱 건설 기간은 끊임없이 늘어났는데, 그 이유 가운데 하나는 평균 탄갱 깊이가 해마다 깊어지기 때문이다. 제1차 경제 개발 5개년 계획 기간 동안, 탄광 평균 탄갱 깊이는 200m가 채 못 되고 건설 기간은 3년 반이었는데, 제2차 5개년 계획 기간에는 탄광 평균 탄갱 깊이는 400m를 넘어 건설 기간은 6년에 이르게 되었다.

산악 지역에서의 광공업 기업과 주거촌의 건설은 수많은 난관에 부딪히게 된다. 지면의 경사도가 2~5%인 경우, 만약 건축물이 등고선과 수직으로 배치된다면, 건축물의 길이는 제한을 받게 된다. 지면 경사도가 5~7%인 경우, 건축물은 일반적으로 등고선과 평행으로 배치될 수밖에 없다. 지면의 경사도가 7%를 넘을 경우, 대규모 건설의 경제 효과가 더욱 떨어지게 된다.

쓰촨 분지는 중국의 곡창으로, 두장옌(都江堰, 쓰촨성 북부의 홍수 조절용 관개 시설 : 역주) 혜택을 받는 것 외에도, 대체로 중생대에 침적된 넓은 면적의 자홍색 사혈암층의 혜택을 입고 있다. 이 암석층은 물

---

(3)　　　『마르크스·엥겔스 전집』제23권, 人民出版社, 1972, 562쪽.

리적 상태가 성겨서 쉽게 풍화되기 때문에, 노출된 지표면은 3개월이면 곧 잘게 부수어져 인 0.15%, 칼륨 2%를 함유한 흙으로 되어, 풍화 후 토양의 지력이 더욱 좋아진다. 이 지역에는 '조용골석(抓龍骨石)'이라는 퇴비 방법이 있는데, 매년 봄에 자홍색의 사혈암을 파내어서, 한 덩이씩 밭에다 쌓아두는 것이다. 이런 퇴비 방법은 다른 지역에서는 보기 힘들다.

자연 조건은 생산품의 질에 영향을 주는 자연적 기초이다. 미원(密雲)의 금실대추, 러루(樂陵)의 씨 없는 대추, 산시(山西)성 친저우(沁州)의 좁쌀 등과 같은 수많은 특산품들이 모두 특정한 자연 환경에 의한 것이다. 신장(新疆) 자치구의 하미과(참외과 과일의 일종 : 역주), 투르판의 포도, 가오얼커의 배 등은 해당 지역의 대륙성 기후와 관계 있다. 남방에서 생산되는 사과는 일반적으로 당분 함량이 비교적 많고 북방의 사과는 산도가 높다. 랴오닝(遼寧)성의 사과는 숙성한 뒤 한랭한 시기가 시작되기 때문에, 당분 전화 속도가 느리고 잘 성겨지지 않고 저장 내성이 좋아, 품질이 비교적 좋다. 밀의 단백질 함량은 건조도와 정비례하는데, 12%와 26% 사이에서 왔다갔다한다. 건조한 지역은 밀의 단백질 함량이 높고 영양가 역시 높아, 빵을 만들기에 적합하며, 국제 시장에서의 판매가가 비교적 높다. 다습한 지역의 밀은 점분이 많아 국수를 만들기에 적합하여, 이탈리아의 마카로니는 유럽에서 가장 유명하며, 푸젠(福建)성의 선면은 중국에서 가장 가늘다. 아마유의 함유량과 품질 역시 건조도와 정비례한다. 차이다무(柴達木) 분지의 연평균 기온은 3~4°C이고, 한 해의 일조 시간이 8000시간 이상이고, 일교차가 14~15°C로 광합성 작용에 유리하고 양분 축적에 유리하여, 봄밀 1000알의 무게가 50~60g으로, 대부분의 지역에 비해 2배 정도 많이 나간다.

번시(本溪)에서 주조된 철을 '인삼철'이라고도 부르는데, 주조된

연성주철은 합격률이 높고, 열처리를 거치지 않고도 비교적 높은 강도와 인성(靭性)을 얻을 수 있어, 국내외 기계 공업계의 호평을 받고 있다. 분석에 따르면, 주요 원인은 광석 중의, 황, 인의 함량이 낮고, 알루미늄·티타늄·바나듐·크롬 등과 같은 미량의 유해 찌꺼기가 비교적 적다. 이는 대자연이 번시에 준 선물이다.

1979년 전국 제3차 술 평가 회의에서, 백주 가운데 8대 명주를 선발하였는데, 구이저우(貴州)성의 마오타이주, 산시(山西)성의 펀주, 쓰촨성 루저우의 라오가오트취, 우량예, 안후이(安徽)성 하오(毫)현의 구징공주, 구이저우성 주위의 동주, 쓰촨성 젠난춘, 장쑤(江蘇)성의 양허다취 등이 그것이다. 구이저우성, 쓰촨성, 산시성, 안후이성 등의 명주 특산 지역은 모두 좋은 수질 덕분이다. 유명한 칭다오(靑島)맥주는 라오산의 광천수 덕을 입었다. 샤오싱의 황주는 젠(鑒) 호수 덕분이다.

완난(皖南) 시우닝(休寧)현 차 생산 지역의 고찰에 따르면, 찻잎의 질은 암반 특성의 지세와 유관하다. 천매암을 위주로 하는 고생대 변성암 위에 발달한 산악 지대 붉은 흙은 토층이 두껍고 유기질 함량이 높으며 수분 양분의 보존 능력이 강하여, 수확한 찻잎의 육질이 좋고 맛이 순하다. 화강암, 유문암, 화강편마암, 홍사암, 혈암 등의 위에 발달한 산악 지대 황토는 모래 성분이 많고, 통기 배수성이 좋고, 수분 양분의 보존 능력이 떨어지며, 유기질 층이 비교적 얇아 수확한 찻잎이 전자만 못하다. 이질홍사암, 이회암 위에 발달한 토양은 칼슘이 많고 중성 반응을 보여, 차나무가 생장하기에 부적합하다. 하만탄, 충적계지, 충적선 위의 충적토는 모래흙을 위주로 하며, 토층이 매우 깊고 유기질 함량 및 자연 자양분이 비교적 많아, 차나무의 가지와 잎이 무성하고 찻잎의 즙이 좋으며 생산량이 많지만, 자주 홍수 피해를 입는다.[4]

자연 자원이 사회 생활에 미치는 영향

다양한 사회 생활 속 도처에서 자연 환경이 주는 영향의 흔적을 느낄 수 있다. 언어 · 교통 규칙 · 체육 운동 등의 세 가지 사회 생활 측면에서 자연 환경의 흔적을 분석해 본다면, 자연 요소와 사회 요소 간의 상호 삼투 작용을 이해하는 데 도움이 될 것이다.

한 어종의 어휘는 언어 형성기의 자연 환경과 밀접한 관련이 있다. 영어에는 목축에 관련된 어휘가 매우 풍부한데, 소(ox)를 예로 들자면, 수소(bull), 암소(cow), 송아지(calf), 쇠고기(beef), 우유(milk) 등과 같이, 모두 전문적으로 가리키는 어휘가 있다. 중국어에는 '牛'자 하나밖에 없으며, 앞뒤로 덧붙임말을 붙여 서로 구별하고 있어, 두 언어가 선명한 대조를 보여준다. 이런 상황은 영어 형성기에 목축업이 사회 생활에서 중요한 지위에 있었으며, 영어 형성기의 자연 환경이 목축업에 비교적 적합했음을 설명해 준다. 인간 관계에 대한 영어의 어휘는 비교적 간단하다. 중국어 가운데 이모, 고모, 숙모, 외숙모, 큰어머니, 부인, 아주머니 등의 어휘가 영어에서는 하나의 단어(aunt)이다. 소농 경제 기초 위에 형성된 유구한 봉건 사회 속에서, 풍부한 윤리 관념이 중국 민족으로 하여금 인간 관계의 세밀한 구분에 주의하도록 한 것이다.

전세계의 도로 교통 규칙은 좌측 통행제와 우측 통행제의 두 가지로 나뉜다. 영국을 대표로 하는 좌측 통행제는 비교적 일찍 시행되었다. 미국을 대표로 하는 우측 통행제는 근 100~200년 사이 점차 확산되었다. 중국은 제2차 세계 대전 이전에는 영국식, 즉 좌측 통행제를 따랐으나, 제2차 세계 대전 이후에는 미국식, 즉 우측 통행제로 바뀌었다.

영국에서 좌측 통행제를 시행하게 된 것은 섬나라라는 환경과 교통

---

(4)　　　張同海, 「安徽省休寧縣茶葉生産發展問題」, 『農業布局與農業區劃』, 科學出版社, 1982.

수단과 관계가 있다. 영국의 국토는 비교적 협소하고, 고대의 교통 수단은 말이었는데, 기수가 왼쪽에서 말에 오르는 것이 비교적 편리하다. 왼쪽으로 붙어서, 검을 쥔 오른쪽이 도로 중간으로 향하게 하면, 방어에 편리하고 안전감도 있다.

미국 대륙에서는 도로가 비교적 넓고 차체가 비교적 크며, 대체로 삼두마차를 쓰는데, 어떤 경우에는 6필의 말이 끌기도 한다. 마부는 마차의 왼쪽에 앉고 오른손으로 채찍을 잡아, 차의 가운데에 가깝도록 하는데, 이는 세 필 이상의 말 무리를 자유자재로 제어할 수 있기 위해서이다. 이렇게 대형 마차를 몰 때 만약 좌측 통행제를 시행한다면, 마부가 왼쪽에 앉고서 두 대의 마차가 마주 올 경우 부딪히기가 쉽고 안전감이 없다. 우측 통행제로 바꾸게 되면, 마부가 두 마차 사이의 간격을 분명히 볼 수 있어서, 충돌을 방지할 수 있다.

유럽 대륙의 자동차는 운전대가 왼쪽에 있어서 운전자가 우측 통행에 익숙하지만, 영국의 자동차는 운전대가 오른쪽에 있어서, 운전자가 좌측 통행에 익숙하다. 도버 해협 해저 터널의 차량 통행에는 교통 사고 발생 방지를 위해 많은 노력을 해야만 한다.

빙설이 없는 지방에서는 동계 운동이 발달하기가 매우 힘들다. 북아메리카와 북유럽 등의 북방 국가는 동계 올림픽의 주력이다. 중국에서는, 헤이룽장(黑龍江)성과 지린(吉林)성이 동계 체육 대회의 대부분의 상패를 차지하고 있다. 또한 수상 스포츠는 열대 바다가 있는 지역에서만 발달할 수 있다.

지리 환경의 특징에 따라, 체육 운동 발전 전략을 정한다면 성과를 얻기가 쉬울 것이다. 중국은 국제 스포츠 시합에서 '작은 것에서부터 큰 것까지, 기술적인 것에서부터 체력적인 것까지(由小到大, 由巧到力)'라는 방침을 채용하고 있는데, 이는 동양인의 생리적 소질과 일정한 관련이 있다.

탁구와 배드민턴은 작지만 정교한 스포츠로, 중국이 처음으로 세계로 진출한 종목이다. 3대 구기 종목 가운데, 배구는 가장 경쟁이 덜한 종목이어서, 중국의 배구 수준은 상대적으로 높다. 체조와 다이빙 등의 정교함을 요구하는 종목에서, 중국은 어느 정도 우세하다. 대체로 체중에 따라 등급을 나누는 운동에서, 중국은 낮은 체급에서 더욱 큰 잠재력을 갖고 있다. 중국의 각 성(시·자치구)은 체육을 발전시킬 때, 각자의 환경에 따라 전략을 세운다. 윈난(雲南)성은 고산 지대의 희박한 공기 중의 훈련에 우세하여, 장거리 육상 종목을 육성하고, 신장(新疆) 자치구와 네이멍구(內蒙古) 자치구는 광활한 초원을 이용하여 승마 종목을 육성하고 있다. 산둥(山東) 사람은 키가 크고 체격이 건장하여, 육상 필드 종목에 주력하고, 광둥(廣東)·광시(廣西)성은 단거리 종목, 소형 종목, 수상 종목, 기술 종목의 방침을 구사하여, 남국의 특색을 갖추고 있다. 만약 객관 환경을 고려하지 않고 실제에 맞지 않는 전략을 세운다면, 곧 실패하고 말 것이다.

자연 조건은 도시 발전의 자연적 기초이며, 도시의 배경이자 바탕이자 근거이다. 도시 설계, 도시 건축, 도시 공간 구조의 자연과의 조화는 도시 특색을 유지하고 발전시키는 데에서 중요한 내용이다.

산악 도시는 여러 산에 둘러싸여 있어, 공기가 잘 통하지 않아 대기 오염 물질이 빠져나가는 데 불리하다. 란저우와 청더의 공기 정체율은 각각 62%와 54%이다. 산악 도시에 기업을 설립하면 도심 대기 오염의 위험이 크다.

경사도는 건축물 배치의 제한 요소이다. 산악 지역 도시는 지세와 하천 조건의 영향을 받으며, 어떤 경우에는 좁고 긴 계곡 지형을 따라 발전하여 란저우와 같이 띠 모양을 보여주기도 하고, 어떤 경우에는 산과 구릉에 의해 분할되어 충칭과 같이 단지 형태의 배치를 이루기도 한다. 결론적으로, 산악 지역 도시의 평면 배치는 평원 지역 도시와 분명한 차이가 있다.

산과 물이 가까이 있는 것은 도시를 푸르게 하는 데 유리한 조건이다. 구랑위, 지메이, 씽린과 바다를 사이에 두고 1~3km 정도 떨어져 있는 샤먼 중심 지역은 "성은 바다로 나뉘어 성과 바다가 일체를 이루고 있네(城由水分, 城海一體)", "산이 육지와 섬에서 다투어 일어나고, 해안은 흰 비단마냥 춤을 추네."라고 묘사되는 유명한 화원 도시가 되었다. 구이린은 산수 사이에 있어, 산이 높지 않고 물이 많지는 않지만, 낮은 곳의 주민들과 산수의 환경에 맞추어 살고, 경사진 지붕이 봉우리들과 어우러지며, 흑회색 기와는 산 빛과 조화를 이루어, "비취봉과 옥수, 그 사이에 인가가 있네(翠峰玉水住人家)."라는 시 구절의 풍취가 배어나온다.

자연 자원이 미치는 영향의 단계성

자연 조건의 영향은 불변하는 것이 아니라 끊임없이 변화하며, 이 변화에는 법칙이 있다. 이러한 변화를 주도하는 요소는 생산력 수준이다. 생산력의 발전 수준은 인간과 자연 간의 상호 관계를 좌우한다. 생산력 수준이 낮으면 낮을수록 인간의 자연에 대한 의존도는 커진다. 생산력 수준이 높으면 높을수록 인간의 자연에 대한 의존도는 적어지며, 인간이 자연을 이용하는 정도는 커진다. 생산력 수준이 높아진 결과, 인간이 자연을 떠나서 살게 된 것이 아니라, 더욱 깊이 자연을 이용하게 되었다. 이러한 의미에서 보았을 때, 생산력 수준이 높아진 이후에 인간과 자연의 관계는 더욱 가까워졌다.

생산력 발전의 상이한 단계에서, 경제 발전에 영향을 주는 자연 요인은 변화한다. 인류 역사의 과정 속에서 왜 경제 중심, 문화 중심은 끊임없이 이동하였는가? 왜 문명 발상지는 아열대 지역에서 나타났으며, 자본주의 국가는 온대 지역에서 나타났는가? 왜 공업이 고도로 발달한 국가에서는 인구와 경제가 새롭게 재배치되는가? 만약 그 법칙성을 탐구하고자 한다면, 반드시 사회 발전과 생산력 배치의 주도적 자연 요인 변화의 단계성을 연구해야만 한다. 이것은 기본적으로는 세 가지 기본 단계로 귀납된다.

(1) 자연에서 생활 수단을 얻는 단계
(2) 자연에서 노동 수단을 얻는 단계
(3) 자연에서 생활 환경을 얻는 단계

경제 발전 제1단계에 영향을 주는 주도적 자연 요인과 제2단계의 주도적 자연 요인에 관하여 마르크스는 체계적이고도 깊이 있게 논술하고 있다.

"외부의 자연 조건은 경제 면으로 크게 두 부류로 나눌 수 있다. 하나는 생활 수단으로서의 자연 재원으로, 예를 들어 토양의 지력, 어획이 풍부한 물 등과 같은 것이 있다. 두 번째는 노동 수단으로서의 자연 재원으로, 예를 들어 세차게 흐르는 폭포, 배가 오갈 수 있는 하천, 삼림·금속·석탄 등과 같은 것이 있다. 문화 발전의 초기에는 전자의 자연 재원이 결정적 의미를 지니며, 비교적 높은 발전 단계에서는 후자의 자연 재원이 결정적 의미를 지닌다."[5]

마르크스는, 비교적 낮은 농업 생산력 수준에서는 아열대 지역이 더 많은 잉여 산물을 제공해 주고, 문명 발상지가 생겨날 수 있는 물질적 기초를 제공해 주지만, 생산력이 한층 발전한 자본주의 단계에 이르러서는 더 중요한 것은 자연의 풍요로움이 아니라 자연의 다양성이라고 여기고 있다.

---

(5)　　　『마르크스·엥겔스 전집』 제23권, 人民出版社, 1972, 560쪽.

[106]

"자본주의 생산 방식은 인간의 자연에 대한 지배를 전제로 한다. 너무 풍요로운 자연으로 인해 '인간이 자연의 손을 놓지 못하는 것은 마치 걸음마 배우는 어린아이가 어른 손을 놓지 못하는 것과 마찬가지이며', 그것은 인간 자신의 발전을 자연의 하나의 필연성이 될 수 없도록 만든다. 자본의 본고장은 초목이 무성한 열대가 아니라 온대이다. 토양의 절대적인 지력이 아니라 그것의 차별성과 그것의 자연 산품의 다양성이야말로 사회 분업을 형성하는 자연 기초이자, 인간이 처한 자연 환경의 변화를 통하여 그들 자신의 수요·능력·노동 수단·노동 방식을 다양화하도록 한다."[6]

1867년 미국의 국무장관 윌리엄 수어드는 러시아에게 720만 달러를 주고 알래스카를 사들였는데, 당시 알래스카는 눈과 얼음으로 뒤덮인 황무지였다. 미국인은 이 거래를 '수어드의 바보짓'이라고 일컬었다. 그러나 1896년 알래스카에서 금광이 발견되었고, 제2차 세계 대전 이후, 또다시 풍부한 석유 자원이 발견되었다. 알래스카의 경제·정치·군사적 지위는 나날이 중요해졌다. 현재 알래스카는 미국에서 1인당 평균 소득이 가장 높은 주일뿐만 아니라, 정치·항공 운수업·국방에도 중요한 지위를 차지하고 있다.

18세기 식민주의 시대에 프랑스는 영국과 한 차례의 토지 거래를 하게 되었다. 프랑스는 수백만 km²의 캐나다 동부를 영국에게 양보하고, 대신 카리브 해의 과달루프 섬을 영국으로부터 받았다. 당시, 사탕수수 제당업은 식민 경제의 주도적 부문으로, 열대의 과달루프 섬은 비록 면적이 1779 km²밖에 안 되었지만, 오히려 더 높은 실용 가치가 있었다. 그래서 프랑스는 이 거래를 프랑스 외교상 하나의 중대한 승리로 여겼다. 그러나 오늘날에 와서는 캐나다 동부의 풍부한 자원이

---

(6)　　　위의 책, 561쪽.

개발되고 경제가 고도로 발달하여, 그 생산 가치는 과달루프 섬의 100 배를 넘는다.

새로운 기술 혁명의 출현 이후, 자연 조건이 경제 발전에 영향을 주는 주도적 요인이 또 한 번 새로운 전기를 맞게 된다. 인간의 물질 생활과 정신 생활이 풍요로워짐에 따라, 보편적으로 좋은 생활 환경을 요구하게 된다. 그 중 우선적인 것은 좋은 자연 환경으로, 온난한 기후, 수려한 풍경, 깨끗한 공기나 산수, 해안과 가까운 환경 등과 같은 것이 그것이다. 동시에 신흥 공업은 원료·연료에 대한 의존도가 비교적 낮고 분포상의 융통성이 비교적 강하기 때문에, 자연 조건에서 주된 요건은 온난한 날씨, 신선한 공기, 깨끗한 수자원 등이다. 신흥 공업은 과학·교육 중심에 가까울 것을 요구하는데, 과학·교육 중심의 자연 환경에 대한 요구는 더욱 강하다.

자연 자원이 사회 경제 발전의 최종 결정 요인은 아니다

자연 조건이 최종적으로 한 나라 한 지역의 사회 발전을 결정지을 수는 없으며, 또한 한 나라 한 지역의 개발을 결정지을 수도 없다. 자연과 인류 사회의 상호 관계 속에서, 자연은 결국 피동적 지위에 머물며, 자연은 다만 인류 활동의 무대를 제공해 줄 뿐이다. 인류의 노력에 의해서만, 비로소 자연이 제공하는 가능성은 현실성으로 전화될 수 있다. 어째서 상이한 자연 환경에서 사회와 생산력 분포가 빠르게 변화될 수 있는가? 어째서 비슷한 자연 환경에서, 생산력 수준이 현격히 다른 상황을 나타내게 되는가? 이것들은 자연 조건 자체로 설명할 수 있는 문제가 아니다.

마오쩌둥은 두 가지 우주관의 대립과 내인·외인의 관계로부터 지리 환경 결정론을 비판하면서 이렇게 지적하고 있다.

"거의 비슷한 지리·기후 조건에 있는 수많은 국가가 발전에서 보여주는 차이와 불균형은 매우 크다. 동일한 국가에서, 지리와 기후 조건이 변하지 않는 상황에서, 사회의 변화는 오히려 매우 크다. (……) 장기적으로 봉건 제도 통치를 받았던 중국은 근 100년 이래로 매우 큰 변화가 있었으며, 현재 변화는 자유 해방된 신중국의 방향으로 나아가고 있지만, 중국의 지리 기후에는 아무런 변화도 없다."[7]

사회 내부 모순의 발전, 즉 생산력과 생산 관계의 모순, 계급 간의 모순, 신구 간의 모순에서 시작해야만 비로소 이러한 일련의 역사적 사실을 설명할 수 있다.

마지막으로 확실히 해야 할 것은, 지리 환경 결정론과 지리 환경의 작용에 대한 정확한 평가는 두 가지 서로 다른 성질의 문제라는 점이다. 한편으로는 지리 환경 결정론에 반대하면서, 다른 한편으로는 지리 환경의 구체적 영향에 대하여 충분히 평가하는 것, 이것이야말로 지리 환경에 대한 정확한 입장이며 지역 경제를 발전시키는 중요한 기초이다.

❀　　❀　　❀

3. 자연 지대성의 영향

자연 조건과 자연 자원은 지대성 법칙에 따라 각각 다르게 분포한다. 위도 지대성, 경도 지대성, 수직 지대성은 지대성 법칙의 주요 내용이다.

위도 지대성의 영향

위도는 지표상의 위치를 나타내는 좌표축 가운데 하나로, 위도선은 서로 평행이다. 한 지점의 위도는 적도로부터 극점에 이르는 호 위의

---

(7)　　『毛澤東先集』 제1권, 人民出版社, 1968, 277쪽.

대응하는 각도에 해당한다. 위도상 1°의 평균 거리는 약 111km이다. 위도 지대성의 본질은 남북의 차이이다.

『한서』, 「조착전」에서는 이렇게 서술하고 있다.

"호족과 맥족(북쪽 오랑캐)의 땅은 몹시 추운 지방으로, 나무껍질이 3치나 되고, 얼음의 두께는 6척이나 되며, 고기를 먹고 감주라는 술을 마시며, 그곳 사람들은 이치를 따짐에 치밀하고 짐승들은 털이 무성하여 추위에 강하다. 양나라와 월나라의 땅은 햇볕이 많고, 그곳 사람들은 이치에 밝지 못하고, 짐승들은 털이 성겨서 더위에 강하다. (胡貉之地, 積陰之處也, 木皮三寸, 氷厚六尺, 食肉而飮酪, 其人密理, 鳥獸氄毛, 其性耐寒. 楊粤之地, 少陰多陽, 其人疏理, 鳥獸稀毛, 其性耐暑)."

이 짧은 문장 속에 개략적으로 중국 남북 지역의 기후 · 동식물 · 인종 · 민속 등의 방면에서의 차이를 기술하고 있다.

기후, 특히 온도는 위도 지대성의 근본 요인이다.

『주례』, 「지관」에서는 "해가 남쪽으로 치우치면 그림자가 짧아지고 더워지며, 해가 북쪽으로 치우치면 그림자가 길어지고 추워진다(日南則景短多暑, 日北則景長多寒)."라고 하였다. 즉, 태양의 고도는 위도와 반비례하여, 위도가 높을수록 태양 광선과 지표면의 끼인각이 작아지고 획득되는 에너지량도 적어진다.

위도에 따른 온도차와 지구 자전이 결합하여, 상이한 기압대와 대규모 풍계를 형성한다. 적도 지대는 태양 에너지를 가장 많이 받아, 공기의 온도가 높아져 적도 저압대를 형성하는데, 적도 무풍대라고도 하며, 가끔씩 불안정하게 바뀌는 광풍이 불기도 한다. 적도 지대의 공기는 상승한 뒤, 대류권 상층에 이르러, 남북 방향으로 유동하게 되며, 남위 30°와 북위 30° 부근에 이르러서, 상층의 대기가 가라앉아, 아열대 고압대를 형성하게 된다. 적도 저압대와 아열대 고압대 사이에는 무역풍대가 있으며, 공기는 고압대에서 저압대로 유동하게 된다. 지구 자전력의 영향을 받아 북반구에서는 동북 무역풍이 형성되고, 남반구에서는 동남 무역풍이 형성된다. 남위 60°와 북위 60° 중위도 저압대를 형성한다. 아열대 고압대와 중위도 저압대는 서풍 지역을 형성한다. 지구의 자전력으로 인해, 북반구는 주로 서남풍이, 남반구는 주로 서북풍이 불게 된다. 양 극지에 이르러서는, 다시 고압대가 나타나는데, 극지에서는 주로 동풍이 분다.

인류는 동물계, 척추동물문, 포유강, 영장목, 사람과, 사람속, 사람종의 호모 사피엔스에 속한다. 사람종 내에서도 본질적 특징에 따라 상이한 인종 집단으로 나뉜다. 인종은 유전적으로 공통된 신체적 특징을 지닌 인류 집단이며, 인종의 신체적 특징은 장기간 자연 환경에 적응한 산물이다. 현대 인종을 구분하는 주요한 신체적 특징 근거로는, 첫째, 피부·두발·눈동자의 색깔, 둘째, 코·입·머리의 형태, 셋째, 모발·땀샘의 발달 정도 등이 있다.

대다수 인류학자는 인류를 흑인종·황인종·백인종의 세 가지로 나눈다. 흑인종은 피부가 흑색이고, 곱슬머리에 콧대가 비교적 납작하거나 중간 정도이며, 콧구멍이 좀 크고, 입술이 두껍고 돌출되어 있으며, 입이 좀 넓고, 손바닥과 발바닥의 땀샘이 발달하였다. 황인종은 피부가 황색이고, 두발이 직모이며, 수염이 적고, 코의 폭이 중간 정도이며, 입술은 조금 돌출되어 있고 중간 정도의 두께이다. 백인종은 피부가 하얗거나 옅은 색이고, 두발은 물결 모양 또는 직모형이고 질감은 부드러우며, 수염이 발달하였고, 코가 좁고 높고, 콧구멍은 가로 지름보다 세로 지름이 크며, 입술은 돌출되어 있지 않고 얇고, 입은 작은 편이다.

피부에 있는 멜라닌 색소는 여과기와 같은 역할을 하여, 자외선이 체내에 들어오는 것을 막아주고 강한 빛에 화상을 입지 않도록 해준다. 따라서 피부의 멜라닌 색소는 대체로 태양 광선의 강도와 상관이 있다. 적당한 양의 자외선은 인체 건강에 유익해서, 비타민 D를 증가시키고, 인의 대사를 촉진시키고, 골연화증을 방지해 준다. 삼림 중의 흑인은 태양 광선을 적게 접촉하기 때문에, 신체가 점차 왜소해진다. 흑인이 온대 지역으로 이주한 후, 체내로 들어오는 자외선이 감소하여, 아이들이 골연화증에 걸리기 쉽다.

인간의 피부색은 대자연의 색조와 어느 정도 유사한 점이 있다. 대자연의 색조 변화의 기본 경향은 적도로부터 극지방으로 갈수록 체감하게 되는데, 적도는 무성한 삼림 지대이고, 극지방에는 은빛의 눈과 얼음의 세계이다. 동물 가운데에도 유사한 색조 변화가 있는데, 북극에는 백곰이 살고, 온대에는 흑곰, 갈색곰이 산다. 동북 지방의 호랑이는 화남(華南) 지방의 호랑이보다 크고, 몸색깔도 옅다.

인체의 기타 특징 역시 환경과 관계가 있다. 흑인의 큰 콧구멍, 두꺼운 입술, 큰 입, 적은 체모는 체열을 발산하는 데 유리하다. 백인의 콧대가 높고 콧구멍이 편평한 것은, 비점막의 면적을 넓혀, 차가운 공기가 체내에 들어오기 전에 콧구멍 속에서 데워질 수 있게 하기 위해서이다. 백인의 체모는 방한 작용을 하며, 비교적 건장한 체구는 열량의 손실을 감소시킬 수 있다. 흑인의 곱슬거리는 두발은 모자와 같이, 머리 윗부분을 보호하여, 태양 광선에 의한 화상을 막아준다. 흑인은 손바닥, 발바닥, 피부의 땀샘이 발달하여, 체온 조절 능력을 강화시켜 준다. 사하라 사막 지역에서 건조한 바람이 불 경우, 백인 아동의 사망률은 상대적으로 높은 데 비해 흑인 아동은 상대적으로 강한 적응 능력을 지니고 있다.

인류 문명의 출현 이래로, 인류의 활동 지역 범위는 끊임없이 변화하였고, 활동 중심도 끊임없이 이동하였다. 위도 지대성의 전이는 인류의 경제 문화 중심 이동의 중요한 형식이다.

　전 지구적 범위에서, 경제 문화 중심은 아열대 지역에서 온대 지역으로 이동해 갔으며, 또한 남에서 북으로 이동하였다. 현재 발달된 지역은 고대에는 사회·경제가 상대적으로 낙후했던 곳이며, 현재 발달되지 못한 남방은, 고대에는 상당히 번영했던 곳이다. 4대 문명 발상지 가운데, 이집트, 바빌론, 인도의 갠지스 강 유역은 아열대에 위치해 있고, 중국 문화의 발원지인 황허강 중류 유역은 현재 난온대 지역에 속한다. 6000년 전의 시안(西安) 반포(半坡) 유적지와 3000년 전의 은허에서는 모두 아열대 기후에만 있는 동물의 뼈가 발견되었다. 당시 평균 기온은 현재보다 2~3℃ 높고, 연 강수량도 현재보다 많았다. 19세기 4대 문명 발상지는 잇따라 식민지, 반식민지가 되었다. 제2차 세계 대전 후, 이 나라들은 정치적으로 연이어 신생 독립하였지만, 경제적으로는 여전히 개발 도상국이다. 오늘날의 선진국은 주로 온대 지역에 있다.

　오늘날의 세계를 개관했을 때, 남북 모순은 가장 기본적인 모순 가운데 하나이다. 남북 모순의 본질은 빈부 모순이다. '남'은 빈곤한 국가와 지역을 의미하며, '북'은 부유한 국가와 지역을 의미한다. 남북 모순은 지구의 북반구의 관점에서 비롯된 것으로, 북반구의 부유하고 발달된 국가가 온대 지역에 있고, 개발 도상국이 아열대, 열대 지역에 있기 때문이다. 남반구는 이와는 상반되는데, 비교적 발달된 뉴질랜드, 남아프리카 공화국, 아르헨티나 등은 남부에 있고, 오스트레일리아 역시 남부가 비교적 발달하였다. 남반구에서는 비교적 낙후된 아열대, 열대가 북부에 있다. 남북 대화, 남남 합작은 오늘날 가장 주목을 끄는 정치적 화제이다. 남북 대화의 본질은 빈국과 부국 사이의 관계를 조정하는 것이고, 남남 합작의 본질은 빈국들이 연합하여 발전할 권리를 쟁취하는 것이다.

경도 지대성의 영향

양극을 통과하고 적도에 수직인 선이 경선이며, 자오선이라고도 부른다. 런던 동쪽 교외의 그리니치 천문대의 경선이 0°이다.

경도 지대성을 형성하는 주된 원인은 해륙 분포의 불균형이다. 해륙의 물리적 성질의 차이는 대규모 물질 교환과 에너지 교환의 전제다. 물의 비열은 마른 토양의 2배, 암석의 7배이다. 물은 투명하여, 태양 복사가 수 미터의 바닷물을 투과할 수 있으며, 온도 상승 이후 해수는 수직 운동을 하여, 열량이 물 속에 저장될 수 있다. 물은 계속해서 증발하여, 표면의 열량을 감소시킬 수 있다. 태양이 비칠 때, 대륙의 온도 상승은 빠르고, 해양은 느리다. 태양이 비치지 않을 때, 해양의 온도 하강은 느리고, 대륙은 빠르다. 대륙은 온도의 연교차가 크고, 일교차 역시 크다. 해륙의 물리적 차이로 인해 대륙과 해양 사이에는 특수한 대기 순환이 형성된다. 하루를 주기로 하는 이 순환을 해륙풍이라고 하는데, 밤에는 대륙에서 해양 쪽으로 바람이 불고, 낮에는 해양에서 대륙 쪽으로 바람이 분다. 1년을 주기로 하는 순환을 계절풍이라고 한다. 여름에는 대륙의 기온이 높아져 저압대를 형성하기 때문에, 해양에서 대륙으로 바람이 불게 되며, 겨울에는 이와 반대이다.

일반적인 상황에서, 강수량은 해양과의 거리와 반비례한다. 대륙 경관은 해양과의 떨어진 거리에 따라 경도 변화가 일어나, 삼림 지대에서 삼림 초원 지대, 초원 지대, 반사막 지대, 사막 지대로 점차 변화해 간다. 당나라 때의 왕지환은 시에서 "뿔피리 소리 어이하여 버들을 원망하나, 봄바람 옥문관을 넘지 못하네(羌笛何須怨楊柳, 春風不渡玉門關)."라 읊었다. 대양의 다습한 기류는 간쑤(甘肅)성 우차오링(烏鞘嶺) 일대까지밖에 못 온다.

중국은 경도 지대성의 차이가 가장 큰 국가 가운데 하나로, 경도 지대성은 중국의 사회·경제·문화 생활에 깊이 반영되어 있다. 중국인의 의식 속에서 동쪽은 특별한 뜻을 지니고 있다. '東'과 관련된 단어로는 '作東', '東床', '東宮', '東閣', '東隅', '東家' 등과 같은 것이 있는데, 대체로 좋은 의미의 단어들이다.『홍루몽』에서 "동풍이 서풍을 압도하는 것이 아니라 서풍이 동풍을 압도하는 것이다(不是東風壓倒西風, 就是西風壓倒東風)."라는 말이 있다. 후에, '동풍'은 중국에서 신진 세력의 대명사가 되었다. 서방 국가는 방위를 기술할 때, '남'과 '북' 두 개의 방위를 앞에 두어, '남동', '북서'라고 칭하는데, 예를 들어 '북서쪽 45도'라고 말한다. 중국에서 방위를 기술할 때, '동'과 '서' 두 개의 방위를 앞에 두어, '동남', '서북'이라 칭하고, 예를 들어 '동남쪽 30도'라고 말한다.

경도 지대성은 문화 지리적 현상을 설명해 주는 중요한 단서이다. 세계 문화 발원지의 분포라든지, 제2차 세계 대전 이후 동아시아의 도약 등와 같은 적지 않은 문화 지리적 문제가 모두 경도 지대성과 일정한 관련이 있다.

동반구와 서반구는 문화 발전상 커다란 차이가 있다.

▶ (1) 인류는 동반구에서 기원하였다. 고증에 따르면, 서반구의 인디언은 4~5만 년 전 아시아에서 옮겨갔으며, 인종의 구분으로 보면 아시아 대륙의 몽골 인종과 가깝다.

▶ (2) 중국, 인도, 바빌론 그리고 이집트는 모두 동반구의 북부에 분포하고 있다.

▶ (3) 서반구의 현대 문명은 지리적 대발견 이후 동반구로부터 유입된 것이다. 비록 서반구에서 마야 문명, 잉카 제국이 출현했지만, 동반구의 문화에 비하면 거리가 있다.

동반구와 서반구의 문화 지리적 차이는 주로 해륙 분포에서 기인한다. 동반구의 대륙은 서반구의 두 배에 상당하며, 동반구의 북부에 집중되어 있다. 서반구의 대륙은 면적이 상대적으로 작고, 두 대륙으로 비교적 균등하게 나뉘어 있다. 대륙은 인류 활동의 주요 무대이자, 인류 진화의 주요 기반이다. 동반구는 대륙의 면적이 크고, 생물종의 자원이 풍부하여, 영장목 동물의 진화에 유리하다.

두 반구의 문화 지리의 차이에 관하여, 엥겔스는 다음과 같이 분석했다.

"동쪽 대륙, 즉 소위 구대륙에는 길들이기에 적합한 모든 동물과 한 종을 제외한 재배하기에 적합한 모든 곡물이 거의 다 있다. 하지만 서쪽 대륙, 즉 아메리카 대륙에는 길들이기에 적합한 모든 포유동물 가운데 알파카 한 종밖에 없을 뿐 아니라, 그나마도 남부 일부 지방에만 있을 뿐이며, 재배할 수 있는 모든 곡물 가운데, 다만 한 종류, 즉 옥수수밖에 없다. 자연 조건의 이러한 차이로 인해 양 반구의 주민은 각자 자신만의 독특한 방향으로 발전하게 되었다."[8]

엥겔스는 생물종 자원이 농·목축업과 문화에 대해 끼친 영향을 중심으로 분석하고 있다. 기타 요소를 제외한다면, 생물종 자원의 풍부한 정도는 대륙의 규모와 정비례한다.

다양한 세계 문화 체계 가운데, 두 개의 문화 체계의 생명력이 가장 왕성하며, 세계에 대한 영향 역시 가장 크다. 하나는 동아시아 지역에서 출현한 동양 문화 체계이고, 다른 하나는 유럽에서 출현한 서양 문화 체계이며, 두 가지 문화 체계는 각각 유라시아 대륙의 동해안과 서해안에 자리잡고 있다.

동양 문화는 동아시아 문화권의 약칭으로, 동양 문화의 자연 지리적 배경은 동아시아 계절풍 지역이다. 동아시아는 세계 최대의 대륙,

---

(8)   엥겔스, 「가족, 사유재산, 국가의 기원」, 『마르크스·엥겔스 전집』 제4권, 人民出版社, 1972, 19쪽.

즉 유라시아 대륙을 등지고, 세계 최대의 대양, 즉 태평양을 면하고 있으며, 가장 전형적인 계절풍 기후를 보여준다. 강력한 여름철 계절풍은 고온의 계절에 충분한 양의 비를 가져다주어, 농작물의 생장에 적합하다.

중국은 동아시아 계절풍 지역의 중심에 자리잡아, 소농 경제를 기초로 하는 장구한 봉건 사회와 동양 문화의 핵심, 즉 중국 문화를 배태하였다. 동아시아 계절풍 지역은 광활한 면적을 포괄하며, 사방이 고산 지대와 사막으로 둘러싸여 있어, 중국 문화가 5000여 년 간 이어져 하나로 계승될 수 있었다. 이것이 이집트, 바빌론, 인도의 문화와 비교했을 때의 명백한 차이점이다.

유럽은 유라시아 대륙의 서부에 자리잡아, 남쪽은 가장 전형적인 지중해 기후를 보여주고, 중부는 전형적인 편서풍 온대 기후를 보여준다. 강한 멕시코 난류와 강한 편서풍은 유럽에 온화하고 습윤한 날씨를 가져다주었다. 구불구불한 해안선과 다양한 자연 환경은 유럽의 경제와 문화 발전을 위해 아주 좋은 무대를 만들어주었다. 그리스·로마의 고대 문명을 계승한 기초 위에, 서유럽을 핵심으로 하는 서양 문화를 배태하였다.

= 중국과 유럽 대륙의 면적과 해안선 비교

지점	중국	유럽	그리스	영국
육지 면적(1만 km²)	960	1020	13.2	24.4
대륙 해안선(km)	18,000	38,000		
섬 해안선(km)	14,000	49,297		11,450
해안선 합계(km)	32,000	87,297	13,575	11,450
1만 km²당 평균 해안선(km)	33.3	85.6	1,028.4	469.3

수직 지대성의 영향

수직 지대성의 주요 원인은 고도 차이에 의한 온도, 일조량, 강수, 기압 등의 요소의 차이이다. 산의 고도가 500m만 되어도, 비교적 분명한 수직 지대성 현상이 나타나게 된다.

기온의 고도 상승과 하강에 따른 변화율을 온도 수직 체감률이라고 부른다. 평균 160m 상승할 때마다 온도는 1℃씩 하강한다. 수평 상태인 경우, 남북으로 위도 1° 차이마다 기온차는 1℃이다. 거리 척도를 가지고 비교해 보면, 수직 변화는 수평 변화보다 거의 600여 배에 달한다. 남아메리카의 적도 부근에 있는 안데스 산맥, 아프리카의 킬리만자로 산과 같은 일부 산악 지역에서는 수평 거리로 수십 km 안에서, 고도의 급상승으로 인하여 열대에서 한대까지의 온도 변화가 나타나기도 한다. "높은 곳은 추위를 이기지 못한다(高處不勝寒)."는 말은 바로 수직 지대성을 가리키는 것이다.

중국은 산이 많은 국가로, 해발 500m 이하인 토지는 겨우 전국 영토의 16%밖에 되지 않고, 해발 2000m 이상인 토지가 전국 영토의 37%를 차지하고 있어, 수직 지대성이 비교적 명확히 나타난다.[9] 가오리공산(高黎貢山)을 여행하다 보면, "산 아래는 햇빛이 찬란하고, 산 중턱에는 운무가 끼어 있고, 산 정상에는 눈꽃이 휘날려(山脚下艶陽高照, 山坡上雲霧繚繞, 山頂上雪花飄飄), 맑아지면 옷 벗고, 흐려지면 옷 입고, 흐렸다 맑았다, 맑았다 흐렸다, 입었다 벗었다, 벗었다 입었다, 아직 산도 다 못 내려온 사람이 힘들어 쓰러지니, 산 타느라 지쳐서 그런 게 아니라, 옷 갈아입느라 기운을 다 써버렸기 때문이라."[10] "하나의 산에서 사계절을 경험할 수 있으며, 10리의 날씨가 서로 다르

---

(9)   任美鍔,『中國自然地理綱要』, 商務印書館, 1985.

(10)   昆武,『雲南十八怪』, 晨光出版社, 1995, 57쪽.

[118]

다(一山有四季, 十里不同天)." 이런 경험은 중국의 산악 지역에서는 매우 흔한 일이다.

산맥의 장벽 작용에 의해, 산은 종종 자연 구획의 분계선이 되곤 한다. 산맥은 찬 공기를 차단하는 작용을 한다. 찬 공기가 산맥을 넘은 뒤 산비탈을 따라 하강하면서, 기온이 상승하게 된다. 북반구에서는 남쪽 산기슭의 기온이 북쪽 산기슭보다 확연히 높다. 친링 산맥과 다바산의 장벽 효과에 의해, 쓰촨 분지는 '따뜻한 호수'가 되어, 1월 평균 기온이 화남 연해 지역과 같다. 남쪽 산맥의 격리 효과에 의해, 산 남쪽의 퉈장강 1월 평균 기온이 10.7°C이고, 산 북쪽의 핑스(坪石)는 1월 평균 기온이 7.5°C이다. 대싱안링 산맥 동쪽 기슭에 접한 자란툰(紥蘭屯) 일대에는 따뜻한 기온대가 있어, 자란툰의 1월 평균 기온은 바오터우(包頭, 몽골어로 보커투)보다 4.4°C가 높고, 치치하얼보다 1.5°C가 높다.

바다에서 오는 다습한 기류가 산의 바람받이 사면에서 비를 내린 뒤, 산등성을 넘어 반대편 사면으로 내려오면서, 단열에 의해 온도는 상승하고, 습도는 낮아진다. 바람 반대편 비탈에는 극소 강우 지역이 나타나고, 심지어는 푄 현상이 나타나기도 한다. 유럽 알프스 산맥 지역의 푄 현상이 비교적 전형적이다. 푄이 심한 경우에는 곡물과 과일이 설익고, 산봉우리에 있는 빙설이 녹고, 마른 풀과 가지에 불이 붙어 산불이 나기도 한다. 하이난(海南)성의 우즈산 동쪽 비탈과 서쪽 비탈의 강수량은 차이가 매우 심하다. 동쪽 비탈의 바람받이 편은 연 강수량이 3000mm이다. 반대쪽 서쪽 비탈에는 연 강수량이 800mm밖에 안 되어, 선인장처럼 반건조 환경에서 사는 식물이 나타나기도 한다.

중국에서 수직 지대 분포가 가장 복잡한 곳이 궁가산이다. 이 산은 최고봉이 해발 7556m이고, 동쪽 비탈의 계곡이 1000m로, 계곡 바닥에서 산등성까지의 수평 거리가 29km이며, 8개 지대가 있다.

(1) 1000~1600m : 아열대의 고온 건조한 계곡에 드문드문한 관목 숲과 초원
    지대

(2) 1600~2400m : 산지 아열대의 상록 활엽수림 지대

(3) 2400~2800m : 산지 온난대의 침·활엽수 혼합림 지대

(4) 2800~3500m : 산지 한온대의 침엽수림 지대

(5) 3500~4200m : 고산 한대의 진달래 관목 숲 초목 지대

(6) 4200~4600m : 고산 동상 식물 지대

(7) 4600~4900m : 고산 한랭 황무 지대

(8) 4900m 이상 : 고산 적설 빙하 지대

고산 적설 한계선 이상에는 많은 양의 적설과 현대 빙하가 있어, 일
종의 상설 수원이라 할 수 있다. 여름철 온도가 상승하게 되면, 쌓인
눈과 빙하가 녹아 강물로 흘러든다. 가문 해에는 대기의 강수량이 감
소하게 되는데, 빙설이 녹는 양이 증가하여, 강물을 꽤 많이 보충해 주
기 때문에, 빙하수가 있는 하천은 연간 유수량이 비교적 안정적이다.
중국에 있는 현대 빙하와 영구 적설 지역은 4만 4000만 km²에 총 저수
량이 2조 3000억 m³인 소중한 자원이다.

산악 지역의 사회·경제에 영향을 미치는 여러 요인 가운데 가장
두드러진 것은 교통 불편이다. 교통 불편이 산악 지역 사회에 가져다
주는 간접 영향은 통신 단절과 고풍스러운 민속이다.

"십리 간에 말이 다르고, 백리 간에 풍속이 다르다(十里不同音, 百
里不同俗)."라는 말은 산악 지역에서 가장 전형적으로 나타난다. 헤겔
은 "물은 사람들이 소통되게끔 해주고, 산은 사람들이 단절되게끔 만
든다."고 했다. 전세계에 5000여 종의 언어가 있는데, 대부분이 산악
지역에 있다. 대양에 의해 가로막혀 있을 뿐만 아니라, 험준한 산악이
있는 파푸아뉴기니에는 1000종의 언어가 있다. 히말라야 산악 지역에

는 160종의 언어가 있다. 스위스는 유럽에서 언어가 가장 복잡한 국가로, 독일어, 프랑스어, 이탈리아어, 로망스어 등의 4대 언어와 많은 방언이 있다.

산악 지역 기후의 수직 지대성은 농업의 수직 지대성과 다양성을 결정한다. 다양한 경영을 발전시켜야 산악 지역 농업에서의 기후 자원의 잠재력을 발휘할 수 있다. 양식을 위주로 자급자족하던 시대에는, 산악 지역에서의 상품 생산과 다양한 경영이 발달하지 못해서, 농업의 생산 수준이 평원 지대보다 뒤떨어졌다. 중국 남방의 해발 1000m 이상 산지에서의 농업은 대체로 3개 지대로 나뉜다.

> (1) 산기슭의 경작지, 목초지, 과수원
> (2) 산허리의 경제림, 땔감나무 숲, 목장
> (3) 산정상의 수원림, 용재림

시짱 고원은 고도차가 커서, 농업의 수직 변화에 네 가지 특징이 나타난다.

▶ (1) 목축업의 비중이 해발과 비례하여, 해발이 높으면 높을수록 목축업의 비중이 더욱 커진다.

▶ (2) 과일과 채소의 재배 비중이 해발에 반비례한다.

▶ (3) 밀의 재배 비중이 해발에 반비례한다.

▶ (4) 낮은 곳에서부터 높은 곳까지 네 가지의 주요 농업 유형이 있다.

여름에 파종하여 겨울에 수확하는 형, 봄에 파종하여 가을에 수확하는 봄밀 일모작형, 가을에 파종하여 여름에 수확하는 겨울밀 일모작형, 목축 위주형이 그것이다. 이런 복잡한 농업 기후 자원은 자급자족적 자연 경제 상태에서는 충분히 이용하기 힘들다.

대도시 부근에서는 수직 지대성을 이용하여, 채소 공급을 조절하고, 제철이 아니라도 충분히 재배할 수 있다. 베이징은 옌칭(延慶), 양위엔(陽原), 화이러우(懷柔) 등의 산악 지역으로부터 채소를 공급받으며, 동일한 품종도 공급 주기를 1개월 정도 더 연장할 수 있다.

산악 지역에서는 국부적 지형 장애로 인한 소기후를 이용할 수 있어, 남방의 작물을 재배할 수 있다. 봄밀을 위주로 하는 산시(陝西)성 북쪽 구릉 지역에서는 국부적으로 산 남쪽 비탈에 겨울밀을 재배할 수 있다. 난온대 지역인 루난(魯南)과 칭다오(靑島) 라오산 산지에서는 남쪽 비탈에 아열대 작물인 찻잎을 재배할 수 있다.

산악 지역의 음악은 대체로 맑고 높다. 쓰촨성의 대표적 극의 종류인 고강(高腔)은 성조가 고산 환경에 적응한 것이며, "양편 강기슭의 원숭이 울음 소리 끊이지 않는데, 가벼운 배는 첩첩산중을 가로지르네(兩岸猿聲啼不住, 輕舟已過萬重山)."의 정취가 담겨 있다. 모순(茅盾)은 「풍경담(風景談)」이라는 글에서 황투 고원의 민가에 내하여 생동하는 묘사를 하고 있다.

"늦게 귀가하던 몇몇 농부들이 유쾌한 선율로 그들의 투박한 단가(短歌)를 부르며 산꼭대기에서 나는 듯 내려와 우묵배미로 들어가버려, 파란 하늘에 밝은 달과 거무스름한 산만이 남았는데, 노랫소리는 굽이굽이 흩어질 줄 몰랐더라."

후청롱(胡成龍), 차오슈투(曹詩圖)는 「지리 환경과 중국 민가」라는 글에서, 산가(山歌)에 대하여 깊이 있는 분석을 하고 있다.

"산악 지역에서 생활하는 사람들은 일찍부터 산의 천연적인 반향 효과와 계곡의 자연적인 공명 효과를 발견하였다. 산은 크고 사람이 드물기 때문에, 사람들은 항상 목청을 높여 동료를 부르는데, 높고 긴 고함소리는 조용한 산 계곡에서 오랫동안 맴돌 수 있다. 이런 고함소리가 변해 내려온 '함구'는 산악 지역 민가에서 항상 볼 수 있고, 더욱이 노래의 처음과 마지막 부분에서 많이 나타난다. 예를 들어, 쓰촨성의 민가 「태양이 떠오른다(太陽出來喜洋洋)」는 노랫소리가 매우 높고 노래 가운데 많은 함구가 있어, 목청을 높이지 않으면 제대로 부를 수가 없다. 이 노랫소리는 사람들로 하여금 밝은 해가 막 떠오른 높은 산과 깊은 계곡을 연상시킨다. 「천강호자(川江號子)」 중의 함구는 높고 유창하며, 오르락내리락 기복이 심해, 굽이치며 거침없이 흘러가는 강물의 지리 환경과 격류와 싸우는 사공의 감동적인 정경을 생생하게 보여준다."

춤에도 역시 수직 지대성의 흔적이 남아 있다. 짱(藏)족의 춤 동작은 비교적 작아, 산소가 희박한 고원의 환경에 비교적 적합하다. 한랭한 러시아 평원의 춤은 앉았다 뛰는 등, 몸의 무게 중심의 기복이 매우 커서, 몸을 따뜻하게 해주는 효과가 있다.

산악 지역은 여행 자원이 밀집된 지대이다.

▶ (1) 봉우리를 감싸고 굽이도는 산길, 경치가 다양하다. 817년 4월 28일(당 원화(元和) 12년 음력 4월 9일), 백거이(白居易)가 루산(廬山) 동림사를 여행하고서 고시 한 수와 짧은 글 한 편을 남겼다.

"산이 높고 계곡이 깊어, 절기는 이미 지나 때는 초여름이지만, 마치 2월의 날씨 같다. 배, 복숭아 꽃이 막 피기 시작하고 계곡의 풀도 아직 짧고 사람들의 풍속도 평지와 달라 처음 도착해서 문득 별천지에 온 것 같더라. 그래서 절구를 지어 이를 읊는다. '인간 세상의 4월은 풀꽃이 가득한데, 산사에는 복숭아 꽃이 막 만개했네. 봄이 떠나 찾을 길 없어 원망스럽더니만, 이 속에 들어와 있는 줄 몰랐네.'(山高地深, 節氣絶晚, 于時孟夏, 如正二月天. 梨桃始華, 澗草猶短, 人物風候與平地聚落不同, 初到恍然若達別世界者. 因成絶句云：人間四月芳菲盡, 山寺桃花始盛開, 長恨春歸無覓處, 不知轉入此中來.)"

짧은 네 구절의 시에 산악 지역과 평원에서의 풍물과 기후의 차이, 산악 지역에서 이러한 차이를 이용하여 계절을 연장시켜 여행할 수 있음을 함축적으로 보여주고 있다. 동림사의 사물과 기후는 대체로 1100km 이북에 있는 베이징과 비슷하다.

불광, 기운, 운무 등의 기이한 광경은 산악 지역의 독특한 풍경이다. 불광은 고산 구름의 물 알갱이들이 햇빛을 분산시켜 생겨나는 광학 현상이다. 햇빛이 사람 몸을 비추면, 그림자가 앞면의 구름 '은막'에 비쳐, 그림자가 사람의 움직임에 따라, 마치 빛의 테를 두른 것처럼 나타난다. 기운은 산봉우리가 찬 공기와 부딪혀 생겨나는 안개로, 고공의 바람에 의해 바람 반대편 쪽으로 날려서, 깃발 같은 모양을 이루게 된다. 고산에서 일출을 보면, 발밑의 구름바다는 일대 장관을 이룬다.

▸ (2) 500~2500m 고도의 산지 환경은 비교적 인간 거주에 적합하며, 1000m 정도의 산악 지역은 장수자가 집중되어 있는 지역이다. 원래 소련의 코카서스 산맥 지역, 남아메리카의 안데스 산맥 지역, 중국의 광시(廣西)성 산악 지역 등은 모두 유명한 장수촌 지역이다.

기초적 분석에 의하면, 산악 지역민의 장수 원인으로는 네 가지를 꼽을 수 있다.

(1) **산비탈 지형** : 산비탈 지역은 심장과 체력을 강화시킨다. 산악 지역에서 집을 나서면 비탈을 오르내리게 되니, 힘들여 운동하는 습관이 생길 수밖에 없다. 충칭(重慶) 일대에 단거리 경수 선수가 많은 것도 그들의 일상적인 등산과 관련이 깊다.

(2) **신선한 공기** : 산악 지역은 인구 밀도가 상대적으로 작고, 숲이 무성하며, 공기 중에 음이온 산소 농도가 높아, 인간의 정신과 기분을 상쾌하고 좋게 만들어준다. 산악 지역의 햇빛 중에는 자외선이 풍부하여, 소독 살균 작용을 한다.

(3) **적당한 온도** : 산악 지역에는 혹서나 혹한이 없고, 기온이 알맞다. 혹서나 혹한 기간은 심장병 발작의 고조기이다.

> (4) **알맞은 기압** : 500m 이하의 공기는 밀도가 커서 인체에 부담이 되고, 2500m 이상의 기압은 너무 낮고 산소량이 부족해서 호흡 곤란과 고산 반응을 일으키기 쉽다. 500m~2500m 사이의 기압은 비교적 인체에 적합하다.

▶ (3) 중국의 산악 지역의 자연 경관은 문화 경관과 결합하여, 풍부하고 다채로운 자연과 인간이 하나가 되는 산지 여행의 경관을 만들어낸다. 중국에 큰 영향을 미친 불교와 도교는 모두 탈속 관념을 지니고 있어, 청정한 경관을 동경한다. '깊은 산 속에 들어앉은 고찰(深山藏古寺)', '꽃나무 깊숙한 곳의 선방(禪房花木深)', '모든 시끄러움 이 곳에서는 모두 사라지네(萬籟此都寂).'[11] '오성(悟性)'의 인도하에, 불교 사찰은 모두 산중에 자리를 잡아, "천하의 명산은 중들이 차지했구나(天下名山僧占多)." 하는 상황을 형성하였다. 도교는 불로장생술을 추구하여, 천하의 명산과 뛰어난 경치, 지상의 선경을 찾았다. 높은 산봉우리는 하늘과 통하는 첩경을 상징했다. 많은 유명한 도관(道觀, 도교 사원 : 역주)이 산 속에 있다.

중국의 문인 사이에는 산수에 의탁하고 전원에 은거하는 전통이 매우 성행했다. 도연명(陶淵明)의 '유유히 남산을 바라보는(悠然見南山)' 은사(隱士) 사상은 역대 문사 · 문객들의 칭송을 받아왔다. 유명한 서원은 대부분 산 속에 자리잡고 있다.

4. 자연 자원 평가의 기본 관점

절대량과 상대량

자연 자원의 수량 지표는 매우 많은데, 대체로 세 부류로 나눌 수 있다.

(1) **자연 자원의 절대량 지표** : 광물 매장량, 삼림 부존량, 하천의 유량, 조류·지열·풍력 에너지 등.

(2) **1km²당 평균 보유 자연 자원 상대량** : 자원 밀도라고도 하며, 예를 들어 1km²당 임지의 목재 부존량, 1000km의 국토당 해안선 길이('해안선비' 라고도 한다), 1km²당 국토의 에너지 자원 등이 있다. 자원 밀도는 상대적 지표로, 실질적으로 토지와 자원 간의 비율이기 때문에, 여전히 자연과 자연 간의 비율 관계이다.

(3) **자연 자원과 사회 수요량과의 비율 지표** : 자연 자원은 최종적으로 사회 소비를 위해 공급된다. 자연 자원을 평가하는 주요 목적은 자원과 수요 간의 모순을 연구하기 위한 것이다. 따라서 자연 자원의 사회 수요량의 비율 지표는 자연 자원에 대한 평가 가운데 비교적 높은 현실적 의의가 있다.

중국은 인구가 많아, 자연 자원을 평가할 때, 자연 자원의 상대량에 특히 주의를 기울여야 한다. 1930년대에, 딩원장(丁文江), 윙원하오(翁文灝) 등이 '땅은 넓지만 물자가 풍부하지 못하다(地大物不博)'라는 관점을 제출했는데, 뒤에는 교육 선전 때에는 '땅이 넓고 물자가 풍부하다(地大物博)'라는 관점을 채용하였다. 이 두 가지 관점을 가지고 중국 자연 자원을 평가하는 것은 모두 충분하지 못하며 한계성이 있다.

자원이 부족하다는 관점은 중국의 1930년대에 파악되었던 자료에 근거해서 도출된 결론이다. 당시 중국은 낙후된 반식민지 반봉건 사회였기 때문에, 지질 과학과 지질 탐사가 발달하지 못하여, 수많은 광산

---

(11)　　　(唐) 高適, 『高常侍集』, 上海古籍出版社, 1992.

= 중국의 일부 자연 자원의 풍요도

항목	자원	세계	중국	중국의 순위	중국이 세계에서 차지하는 비율
절대량	토지(1억 ac)	2009	144	3	
	경지(1억 ac)	203.3	14.9	4	
	삼림(1억 ac)	420	18	6	
	삼림 축적량(1억 m³)	3,100	93.5	7	
	유수량(1억 m³)	470,000	26,144	6	
1인당 평균 점유량	토지(ac)	44.6	14.4		32
	경지(ac)	4.5	1.5		33
	삼림(ac)	9.3	1.8		19
	삼림 축적량(m³)	69.0	9.3		13
	유수량(m³)	10,444	2,600		25

자원이 확인되지 못했다. 확인된 철의 매장량은 단지 18억 톤에 불과했고, 기타 금속의 확인된 매장량 역시 매우 미미했다. 해방 후의 노력에 의해, 대량의 광산 자원, 텅스텐, 안티몬, 희토, 리튬, 주석, 철광석, 붕소 등의 자원은 이미 세계 최대이고, 동, 납, 아연, 몰리브덴, 수은, 니켈, 석탄 역시 세계 상위권에 속하여, 중국을 자원 부족 국가로 여기는 것은 실제에 맞지 않게 되었다.

자원이 많다는 관점은 다만 자연 자원의 절대량 측면만을 고려했을 뿐이지, 사회가 요구하는 상대량을 생각하지 못한 것이다. 중국의 면적은 전세계의 1/15을 차지하고 있어, 비좁은 작은 나라에 비해서 자원의 절대량은 당연히 우세를 점하고 있다. 하지만, 중국의 인구는 전세계의 1/5 이상을 차지하고 있어, 자원에 대한 수요량이 크기 때문에, 사회 수요량에 근거해서 비교하자면 불리한 위치에 있다. 중국의 1인당 평균 경작지 면적은 세계 수준의 1/3에 상당하며, 1인당 평균 하천 유량은 세계 수준의 1/4에 상당한다. 중국의 해안선 길이는 1250km로, 세계 10위이지만, 1000km²당으로 계산하면, 평균 2km의

해안선밖에 안 되어 비교적 낮은 수준이다. 1만 4000km의 섬 지역 해안선을 포함해도, 1000km²당 해안선은 3.3km밖에 안 된다. 일본은 1000km²당 해안선이 79km이고, 영국은 47km이다. 인구 평균에 의하면, 중국의 해안선은 더욱 적어진다. 중국의 탄광 자원은 비교적 풍부한데, 1인당 평균 확인된 매장량은 750톤이다. 만약 현재 미국의 한 해 1인당 평균 석탄 소비량 25톤의 수준이며, 석탄이 주요 에너지원이라고 한다면, 20년 정도면 다 고갈된다. 인구 평균에 따르면, 중국은 1인당 15톤의 금속철을 가지고 있다. 세계 선진 공업국의 소비 수준에 이르게 되면, 50년 정도의 수요밖에 충족시킬 수 없을 것이다. 따라서 자원이 많다는 생각에 대해서는 과학적이고 전면적인 이해가 있어야만 한다. 이처럼, 맹목적인 낙관적 정서를 제거하고, 중국 자연 자원의 상황을 정확히 조사할 수 있다면, 중국의 유한한 자연 자원을 더욱 잘 보호할 수 있을 것이다.

시공간 분포 및 그 조합

자연 자원의 경제 가치는 그 절대량과 상대량에 의해 결정될 뿐만 아니라, 그 시공간 분포와 그 조합 상황에 의해 결정된다.

연해 지역 일대는 중요한 자연 자원이다. 적합한 기후와 평평한 지형만 있다면, 연안 일대에서 농업이 발달할 수 있다. 항해업이 발흥한 후, 연해 지역은 교통 요지가 되었다. 현재 세계에서 인구가 200만 명 이상인 대도시의 2/3가 연해 지역에 위치해 있다. 그러나 적도 부근에서는 연해 지역이 대체로 고온 저습하고 풍토병이 많아서 사람들이 거주하기에 그다지 적합하지 않다. 이런 지역에서는 경제 중심과 정치 중심으로는 종종 해발 고도가 비교적 높고 기후가 비교적 시원한 지방이 선택된다. 아프리카의 섬나라인 마다가스카르의 수도는 섬 중부에 있는 해발 1310m의 안타나나리보이다. 케냐의 수도 나이로비는 해발

1700m 높이에 있다.

중국의 계절풍 기후를 평가할 때, 계절풍이 만들어내는 각각의 자연 인자가 시공간에서 결합되는 특징을 충분히 고려해야 한다. 바로 이 특징들은 중국의 사회와 경제에 대하여 명백한 영향을 끼치고 있다.

▶ (1) 열량 자원은 계절차가 커서, 여름철에는 보편적으로 고온이며, 남에서 북까지 무상기간이 100~365일 사이이고, 작물의 생육 적산 온도는 2000~9500°C 사이이다.

▶ (2) 강수와 열량 자원은 계절상 잘 배합되어, 고온의 계절이 또한 강우량이 많은 시기이다. 강수량은 6~9월에 집중되어, 농업에 유리하다.

▶ (3) 수자원은 토지 자원의 분포와 일치되지 않는다. 양쯔강 유역과 그 이남 지역의 경작지는 전국의 36%를 차지하는데, 하천 유수량은 전국의 82%를 차지한다. 친링 산맥과 화이허(淮河)강 유역 이북 지역의 경작지는 전국의 64%인데, 하천 유수량은 전국의 18%이다.

▶ (4) 강수 변화율이 커서, 북위 30°이북 지역에서는, 강수 변화율이 위도에 따라 증가한다. 화북 평원 북부는 연 평균 강수 변화율이 30~35%에 달한다. 따라서 중국은 가뭄 피해와 홍수 피해가 빈번하다. 종종 동일한 시기에, 어떤 지방에서는 햇볕이 쨍쨍해서 땅이 갈라지고 하천이 단류되고, 어떤 지방에서는 연일 폭우가 내려 하천이 범람하고 농지와 마을, 공장이 물에 잠기도 한다. 생산력 수준이 낮았던 구사회에서는 항상 '붉은 땅이 천리에 이어져, 굶어 죽은 시체가 들에 가득한(赤地千里, 餓殍盈野)' 비참한 상황이 발생하곤 했다. 청나라 광서(光緒) 3년(1877), 산시(山西)성에서는 "봄부터 9월까지 비가 오지 않아, 강물이 거의 말라붙어(自春至九月不雨, 河水幾渴), 사람이 사람을 잡아먹고 굶어죽은 사람이 태반이다(人相食, 餓死過半)."라는 기록이 있다. 추측에 따르면, 그 해 산시성의 강우량은 겨우 117mm로, 이는 평년 강우량의 22%에 해당한다.

기후 변화율이 중국 농업 생산에 미치는 영향은 매우 크다. 1950년 대 천원(陳雲)이 국민 경제 계획 사업을 맡았을 때, 두 가지 기본 법칙을 도출해 냈다. 하나는 '3·4·3'인데, 이는 국민 경제 계획의 결정에서 10년 가운데 3년의 풍년, 4년의 평균작년, 3년의 흉년이 있다는 법칙을 따를 것을 의미한다. 둘째는 '팔월십오견광명(八月十五見光明)'으로, 이는 매년 추석 때가 되어야 전국적으로 농업의 수확이 좋을지 나쁠지를 판단할 수 있다는 것을 의미한다. 만약 농사가 풍년이 된다면, 경공업이 충분한 원료를 얻을 수 있고, 재정 수입이 증가될 수 있고, 기본 건설에 추가로 투자할 수 있어, 전체 국민 경제의 번영 발전 국면이 나타날 수 있다. 첫째 조항은 장기적 계획을 지도하는 법칙이고, 둘째 조항은 한 해 계획을 지도하는 법칙으로, 이는 모두 계절풍 기후의 커다란 변화율에 기초한 것이다.

대다수의 경우, '좋다' '나쁘다'와 같은 간단한 결론을 가지고 자연 조건을 평가하는 것은 불완전하다. 대부분의 자연 요소는 유리한 측면이 있기도 하지만, 또한 불리한 측면도 있으며, 일부 경제 활동에 대해서는 유리하지만, 다른 경제 활동에 대해서는 불리할 수도 있다. 예를 들어, 태풍의 파괴력은 강력해서, 가옥을 부수고 나무를 뽑고, 교통을 두절시켜, 태풍은 두려움의 대상이다. 하지만 태풍은 충분한 비를 가져다주어 가뭄의 위협을 줄여주기도 한다. 푸젠성, 광둥성, 저장성 등의 해안 지역에서는 태풍이 강수의 주요 공급원이다.

한 나라와 한 지역의 자연 조건에 대하여 종합적으로 평가를 할 때, 완벽하게 절대적으로 좋은 지방이나, 일말의 가치도 없는 불모의 땅이 있는 것은 아니다. 각 지역의 자연 조건에는 결국 그 지역의 장점과 단점이 있다. 소동파는 「수조가두(水調歌頭)」라는 사(詞)에서 이렇게 말했다.

"인간에게는 슬픔이 있으면 기쁨이 있고, 헤어짐이 있으면 만남이 있는 법이니, 마치 달이 구름이 낄 때가 있으면 맑을 때가 있고, 둥글 때가 있으면, 이울 때도 있을 것과 마찬가지다. 만사가 예로부터 완전하기란 힘들도다.(人有悲歡離合, 月有陰晴圓缺, 此事古難全.)"

각국 각 지역의 자연 조건을 평가할 때 역시 이와 같은 변증법적 관점을 견지해야만 한다.

5. 자연 자원의 사회성과 가치관

자연 자원의 사회성

자연 자원 가운데, 인류의 노동이 부가된 것이 있다. 전국 시대에 국화는 노란색 한 종류밖에 없어, 국화를 황화라고도 했다. 고시나 사 가운데 황화는 국화를 가리키며, '인비황화수(人比黃花瘦)'는 쓸쓸한 가을 바람 속의 국화보다도 수척한 사람을 비유한 것이다. 현재 국화는 3000여 종이 있어, 붉은색, 노란색, 남색, 흰색, 검은색, 녹색이 모두 있으며, 이젠 황화를 가지고 국화를 대표할 수가 없게 되었다. 이는 인류가 장기간 동안 배양한 결과이다.

오늘날, 사람들의 토지 위에서의 경작이나 건설로 인해, 토지의 어떤 특성이 자연적인 것인지, 어떤 부분이 인류가 가한 노동의 성과인지 구별하기 힘들다. 한 가지 확실한 것은 태곳적의 토지가 현재의 이런 모습이 아니었을 것이라는 점이다. 지하 깊이 묻혀 있는 광산 자원, 산악 지역의 원시 삼림은 직관적으로 봤을 때 인류의 노동이 부가되지 않았다. 하지만 인간은 이를 발견하고 보호하기 위하여 노동, 심지어는 생명을 바치기도 한다. 따라서 광산 자원과 원시 삼림에도 인류의 간접적인 부가 노동이 함유되어 있다.

마르크스의 논법에 따르면, 인류의 자연 자원에 대하여 부가된 노동은 '토지 속에 녹아들어가'[12) 있어, 자연 자원과 혼연일체를 이루고 있다. 자연 자원에 부가된 인류의 노동은 수천 수백 년 동안 자연을 이용하고 개조한 성과이며, 자연 자원 속의 사회적 요소이다.

인간과 자연의 관계에서, 그리고 종합적인 사회적 요소의 정도에서 봤을 때, 자연 환경을 여섯 가지 층차로 나눌 수 있다.

(1) 알려지지 않은 자연

(2) 인적이 미치지 않았지만 알려진 자연으로, 하늘의 별을 포괄한다.

(3) 인적이 미친 자연

(4) 인류의 노동 가공을 거쳐 면모가 바뀐 자연으로, 농지, 목장, 과수원 등과 같은 것이 있으며, 인간화된 자연이라고도 한다.

(5) 자연계 가운데 없는 것, 인류가 자연 법칙에 따라 창조한 것으로, 기차, 비행기 등과 같은 것이 있으며, 인공 자연이라고도 한다.

(6) 인체 자연

자연 환경의 주요 부분은 제3층차와 제4층차이다. 인류의 활동이 강화됨에 따라, 제4층차의 비중이 증대되고 있고, 자연 환경 가운데 종합적 사회 요소는 나날이 많아지고 있다.

예를 들어 풍경은 대체로 인간화된 자연이며, 자연과 인류 문화의 미적 결합이다.

"중국의 명승지도 좋고 정원도 좋지만, 어째서 이처럼 수많은 외국의 여행객들을 끌어들이고, 아무리 봐도 질리지 않을 수 있는가? 풍경의 아름다움이 확실히 중요한 원인이지만, 또 다른 중요한 요소가 있으니, 이는 곧 그 가운데 있는 문화와 역사이다."[13)

---

(12)　　　마르크스, 『자본론』 제3권, 人民出版社, 1966년, 727쪽.

[132]

역사 고성, 제왕의 능, 석굴 예술, 사원 정원, 정자 누각 등은 중국 풍경의 유기적 구성 요소이다. 유명 인사의 고향, 오래 된 집, 여행지, 묘, 필적 등은 모두 풍경에 멋을 더해 준다. 황학루(黃鶴樓), 등왕각(滕王閣)이 부서졌다가 재건된 것은 모두 이백(李白), 최호(崔顥), 왕발(王勃)의 걸작 덕분이다. "천하의 근심을 먼저 근심하고 천하의 즐거움은 나중에 즐긴다(先天下之憂而憂, 後天下之樂而樂)."라는 불후의 명언은 악양루가 내포하고 있는 정신적 의미이다. 시후(西湖) 8경은 모두 자연과 인간의 문화가 융합된 것이다.

"높다고 해서 다 산이 아니니, 신선이 있어야 이름이 날 수 있고, 깊다고 해서 다 물이 아니니, 용이 있어야 영험해질 수 있는 것이다(山不在高, 有仙則名, 水不在深, 有龍則靈)."[14] "전장(鎭江) 자오산(焦山) 정상의 비에펑옌(別峰庵)은 정판교(鄭板橋)가 공부하던 곳으로, 작은 서재 세 칸에, 꽃과 나무 가득한 정원, "집의 우아함과 서재의 고아함은 그 크기에 달린 것이 아니고, 꽃의 향기로움은 그 많음에 달린 것이 아니다(室雅無須大, 花香不在多)."라는 다롄(大連)이 문 앞에 있다. 여행객이 보고서는, 문득 심회가 넓어짐을 깨닫게 되고, 쾌적한 풍경에 친근함을 느끼게 되니, 사람들마다 칭찬하고, 여행이 끝난 뒤 입에서 입으로 알려지게 되었다."[15]

사용 가치는 자연 자원의 전제

자연 자원은 사용 가치를 가지고 있다. 사용 가치가 없으면 자연 자원이라 할 수 없다. 자연 자원의 사용 가치는 세 가지로 구성된다.

---

(13)   陣從周. 『中國園林』, 廣東旅游出版社, 1996, 3~4쪽.

(14)   (唐) 劉禹錫, 「陋室銘」, 『古文觀止』.

(15)   위의 책.

▶ (1) 자연 자원의 풍요도 : 풍요도는 자연 자원의 자연적 속성의 총화이다. 예를 들어, 광산 자원의 풍요도는 매장량, 품위, 유익한 부산물, 유해한 부산물, 선광 가능 정도, 매장 심도, 광층의 두께와 경사도, 광상 주위 암반체의 성질과 수문 지질 등의 요소를 포괄해야 한다. 또한 삼림 자원의 풍요도의 경우에는 목재 부존량, 목재의 질, 목재의 생장 속도 등을 포괄한다. 풍요도는 대자연이 부여한 객관적 속성이다.

자연 자원의 풍요도는 사용 가치와 비례 관계이다. 풍요도가 높을수록 사용 가치는 커진다.

▶ (2) 자연 자원의 위치 : 자연 자원의 개발에는 풍요도 외에도 자연 자원이 소재한 위치를 고려해야 하며, 접근하기에 얼마나 편한지도 고려해야 한다. 때로는 자연 자원의 위치가 개발에서 풍요도보다 더 중요할 때도 있다.

▶ (3) 인류의 자연 자원에 대한 부가 노동 : 인류의 자연 자원에 대한 부가 노동은 직접 부가 노동과 간접 부가 노동의 두 종류가 있다. 직접 부가 노동은 자연 자원의 형태를 바꾸는 것으로, 예를 들면 소택지의 물을 빼내고 울퉁불퉁한 지표를 메우는 것 등이다. 간접 부가 노동은 자연 자원의 형태를 바꾸지 않고 자연 자원의 가용성을 증가시키는 것이다. 예를 들면 길을 닦고 제방을 지어, 홍수 재해를 당하지 않도록 하거나 통행하기 편하게 하는 것 등이 있다. 1982년 미국의 통계에 따르면, 석유 원가 가운데 탐사 비용이 38.4%이고, 개발 비용이 42.5%이고, 채유 비용이 19.1%이다. 탐사와 개발은 유전에 가해지는 간접 부가 노동으로, 채굴의 전단계이다.

자연 자원의 가치와 가격

자연 자원은 사용 가치뿐만 아니라 가치와 가격도 가지고 있다.

노동 가치 창조설에 따르면, 자연의 풍요도와 자연 지리적 위치는 노동의 결정이 아니며, 가치가 없는 것이다. 부가된 인류의 노동이 가치가 있는 것으로서, 부가된 노동량이 클수록 가치량도 커진다. 인간의 노동을 통해 개선된 경제 지리적 위치 역시 가치가 있는 것이다. 험한 원시 삼림에 철로를 건설하면, 삼림 채벌 가능성을 높일 수 있다.

자연 자원의 가격을 구성하는 요인은 비교적 복잡하다. 자연 방면의 요소도 있고, 사회 방면의 요소도 있다.

자연 자원 가격의 자연 방면의 요인으로는 주로 네 가지가 있다.

(1) 자연 자원의 유한성

(2) 자연 자원의 풍요도

(3) 자연 자원의 미감성, 전형성, 과학적 연구 가치와 잠재적 보호 가치

(4) 자연 자원의 자연 지리적 위치

팬더가 매우 값진 국보가 된 것은 팬더가 희소하고 과학적 연구 가치를 가지고 있기 때문이기도 하거니와 팬더의 몸색깔이나 형태가 친근하고 아름답기 때문이다.

자연 자원 가격의 사회적 요인에는 다섯 가지가 있다.

(1) 자연 자원 속의 직접 부가 노동과 간접 부가 노동

(2) 자연 자원의 경제 지리적 위치

(3) 자연 자원의 수요 공급 관계

(4) 자연 자원과 관계 있는 법규, 정책(예를 들면 가격 정책, 보호 법규, 계획 방침 등)

(5) 자연 자원에 영향을 주는 우연적 요인(역사·문화와 관계가 있는 자연 풍경 자원에서 더욱 두드러짐)

자연 자원에 대한 가치관의 현실적 의미

개혁 개방 이전의 중국은 자연 자원에 가치와 가격이 없다고 여겼다. 따라서 이론에서부터 실천에 이르기까지 자연 자원의 가치와 가격 문제를 간과하고, 자연 자원의 가치와 가격을 염두에 두지 않았다. 이러한 관점은 다음과 같은 일련의 해결할 길 없는 모순을 가져왔다.

▶ (1) 큰 재목을 작은 데 쓰고, 좋은 재목을 나쁜 데 쓰게 되었다. 자연 자원의 가치와 가격을 염두에 두지 않고, 무상으로 사용할 수 있었기 때문에, 각 사용 단위에서는 자연 자원을 더 많이 차지하려고 애썼다. '말을 달려 그만큼의 땅을 차지(跑馬圈地)'하듯 마음대로 물길을 끊어 물을 끌어다 쓰고, 빈광을 버리고 부광을 채굴하며, 나무를 마구 벌목하는 등의 현상이 비일비재하였다. 어떤 단위에서는 명산 승경 속의 폭포를 자기 것으로 여겨, 끌어다가 수원을 만들고, 파괴하고, 천년 고목을 함부로 손상시키고, 잘라다가 가구를 만들거나 땔감으로 쓸 수도 있었다.

만약 자연 자원의 가치와 가격을 충분히 고려하게 된다면, 사용할 때 고정적인 자산과 원가를 계산에 집어넣어, 자연 자원에 대한 불필요한 낭비를 방지할 수 있을 것이다.

▶ (2) 풍부한 자연 자원이 저열한 경영 관리를 덮어주었다. 채광, 벌목 등 1차 산업 부문의 노동 생산성은 자연 자원의 풍요성과 직접적으로 관련되어 있다. 동일한 경영 관리과 외부 조건에서, 부철광 지역에서 1톤의 철광을 채굴하여 얻게 되는 판매 가격이 빈광 지역의 5배에 맞먹는다. 유전에서의 노동 생산성의 차이는 더욱 크다. 자연 자원의 무상 사용으로 인해, 자원이 풍부한 기업은 설령 경영 관리가 비교적 떨어진다 해도, 종종 자연 자원이 좋지 못하고 경영 관리가 비교적 좋은 기업에 비해 더 나은 경제적 이익을 얻을 수 있다. 때문에, 자연 자원이 가져다주는 재부가 경영 관리가 조성한 손실을 메워주고, 경영 관

리 중의 여러 가지 문제를 덮어준다. 따라서, 자연 자원의 무상 사용이라는 전제를 가지고 간단한 경제 지표를 통해 직접 자연 자원을 이용하는 기업을 심사하기란 정말 쉽지 않다.

자연 자원의 사용 가치와 가격을 충분히 고려하여, 일정한 비용이나 세금을 거두어들였을 때에만, 비로소 비교적 전면적으로 기업의 경영 관리 수준을 심사할 수 있다.

▶ (3) 자연 자원에 대한 보호와 정비에 영향을 준다. 자연 자원에 대한 보호와 정비는 자연 자원의 효과를 발휘할 수 있는 전제이다. 인류의 생산 발전의 역사는 부단한 자연 자원의 이용과 보호의 역사이다. 만약 자연 자원에 가치가 없고, 자연 자원을 무상으로 사용할 수 있다고 여긴다면, 자연 자원에 대한 갖가지 정비와 보호 시책은 모두 제대로 중시받을 수도 없고, 초과 부담으로 여겨지게 될 것이다. 심지어는 비생산적 투자로 여겨져, 이런 투자는 회수받을 길이 없기 때문에, 항상 계획 속에 들어가지 못하고, 빚으로 남게 될 것이다. 왜 삼림을 채벌하기만 하고 육성·갱신하지는 않는가? 관건은 육성 갱신 자금이 보장되지 못한다는 점이다. 만약 삼림을 채벌할 때 일정한 비용을 거둬들인다면, 묘목림의 육성 갱신을 보장할 수 있을 것이다. 왜 도시의 기초 시설 투자는 항상 계획에 들어가지 못하는가? 원인은 도시의 기초 시설이 토지의 사용 가치를 높이지만, 유관 부문에서 토지 가격의 상승으로부터 필요한 보상을 받아낼 방법이 없기 때문이며, 도리어 그것이 비생산적 투자라고 여기기 때문이다.

▶ (4) 국민 재부의 총액 추산에 영향을 준다. 국민 재부는 한 국가의 경제 수준을 반영하는 중요한 지표이며, 한 국가가 수백 년 간, 심지어는 수천 년 간 노동을 축적해 온 성과를 반영한다. 자연 자원, 특히 토지 자원은, 국민 재부의 중요한 구성 부분이다. 서방 국가의 토지 자원은 대체로 국민 재부의 1/4 이상을 차지한다.

　자연 자원에 대한 가치관의 현실적 의의는 토지 가격의 이론과 실천 문제를 해결하는 것으로부터 증명할 수 있다.

　각종 자연 자원의 가격 가운데서, 토지 자원의 가격이 가장 비싸다. 토지 자원의 가격에 영향을 주는 여러 요인 가운데, 사회적 요인이 주도적 작용을 한다. 1980년 전후 일본의 토지 가격 자료를 분석해 보면, 세 가지 명확한 특징을 발견할 수 있다.

▶ (1) 건축 용지의 가격은 농업 용지의 가격에 비하여 훨씬 비싸다. 일본 국토 면적이 37만 7000km²인데, 그 가운데, 지가를 계산할 수 있는 사유지는 16만 1000km²이다. 1980년 건축 용지가 사유지 총면적의 7.4%를 차지하고 있는데, 전국 지가의 79%이다. 건축 용지의 가격은 농업 용지 가격의 23.5배에 해당한다.

▶ (2) 각 지역의 지가 차이가 매우 크다. 도쿄의 가장 번화한 신주쿠 중심 지구는 1km²당 지가가 322만 엔으로, 전국 건축 용지 평균 지가의 76배에 맞먹는다. 도쿄도의 1ha당 경작지 평균 지가는 전국 경작지 평균 지가의 33.6배에 맞먹는다. 도쿄와 오사카 부근(도쿄도, 가나가와현, 사이타마현, 지바현, 오사카부, 도쿄부, 요코하마현 등의 7개 지역)의 건축 용지는 2991km²로, 전국 사유지의 1.8%이지만, 토지 가격은 전국 사유지 총 지가의 47%를 차지하고 있다.[16]

▶ (3) 지가의 상승 속도는 물가의 상승 속도를 상회한다. 1977년에서 1982년까지, 일본의 도매 물가 지수는 27.8% 상승하였고, 소매 물가 지수는 24% 상승하였으며, 도시 건축 용지의 지가는 39% 상승하였는데, 그 가운데, 6대 도시(도쿄, 오사카, 나고야, 요코하마, 고베, 교토 등)의 건축 용지의 지가는 49.8% 상승하였다.

　이런 상황은 미국과 1930년대의 중국에서 모두 찾아볼 수 있다.

---

(16)　　『朝日年鑑·統計資料編』, 朝日新聞社(日本), 1983, 389쪽, 392쪽.

1956년부터 1966년까지 미국의 국민총생산은 매년 6.1%씩 증가하였고, 토지 가격은 매년 6.9%씩 상승하였는데, 그 가운데, 농촌의 토지 가격은 매년 6.1%씩 상승하고, 도시의 토지 가격은 매년 7.4%씩 상승하였다. 1930년대 상하이 난징 거리의 번화 지구의 지가는 정안사(靜安寺) 지가의 36배에 맞먹고, 교외 지구의 거의 1000배에 가깝다.

건축 용지 가격이 매우 비싸고, 지역 차이가 크고, 가격 상승 속도가 빠른 주요 원인은 사회적 요인 때문이다. 하나는 간접적 부가 노동, 예를 들어 도로·상수도·전기 공급·가스 공급 등의 도시 기초 시설, 공공 교통·학교·상점·병원·문화 오락·교육 등의 서비스업 등이다. 건축 용지는 도시 기초 건축과 서비스업이 완벽한 지구와 근접해 있어, 그 사용 가치와 가격이 급증하게 된다. 일본의 경험에 근거했을 때, 일본 국토청(國土廳)은 주택을 짓는 것은 별로 비싸지 않지만 주거 관련 시설—상하수도·전기·학교·병원·녹화 등—에 대한 비용이 대략 주택의 10배나 더 많다고 지적하고 있다. 이런 관련 시설의 투자에서 많은 부분이 부근 건축 용지의 간접 부가 노동으로 전화된다.

다른 하나는 경제 지리적 위치로, 예를 들어 도시의 중심지 위치, 공공 교통의 중추 위치 등과 같은 것이 그것이다. 이는 건축 용지의 지역 차이에 대하여 결정적 작용을 한다. 마르크스는 특히 이를 위치의 건축 용지 지가에 대한 '압도적 영향'이라고 강조하였다.[17] 일부 서양의 도시 지리학자들은 도시 용지를 평가할 때, 첫째도 입지, 둘째도 입지, 셋째도 입지라고 여긴다.[18] 여기서 말하는 입지는 사실 경제 지리적 입지이다. 건축 용지를 평가할 때, 자연의 풍요도는 상대적으로 부차적인 지위로 밀리게 되는데, 이것은 비교적 쉽게 변할 수 있기 때문

---

(17)   마르크스, 『자본론』 제3권, 人民出版社, 1966, 903쪽.

(18)   R. M. Northam, *Urban Geography*, 2nd. ed. John Wiley and Sons, New York, p. 266.

이다. 하중 압력이 낮은 토지는 말뚝을 박으면 되고, 움푹 패인 토지는 흙과 돌을 채우면 된다. 이런 비용은 경제 지리적 위치가 가져다주는 커다란 이익과 비교했을 때 부차적이다. 특히 도시 중심 위치의 지구에서는, 장사할 때는 더 많은 고객을 끌어들일 수 있고, 금융 사업을 할 때도 더 많은 일을 끌어들일 수 있어, 그 곳의 지가는 10배로 상승하게 된다. 그 비싼 가격은 전체 도시의 번영, 전체 지역의 번영으로부터 나오게 되는 것이다.

마르크스의 자본주의 지대[地租]에 대한 이론은 자연 자원의 가치와 가격에 대한 연구에 커다란 공헌을 하고 있다. 마르크스는 자본주의 사회의 지대 형태를 전면적으로 분석한 뒤, 자본주의 사회에서는 토지 및 광산 자원의 자연 풍요도와 위치의 차이가 등급차 지대 I을 구성하고, 인류의 토지에 대한 부가 노동이 등급차 지대 II를 구성하며, 토지와 광산 자원의 유한성이 절대 지대를 구성한다고 지적하고 있다. 지주는 땅을 비싼 가격으로 팔 수 있다. 그들은 이전 주인들이 자연 자원에 대하여 부가한 노동을 점유하며, 경제 지리적 위치가 개선시킨 거액의 이익을 점유하며, 사회가 창조한 부분적 재부를 점유하게 된다. 일부 지주는 위치가 우월한 땅을 구입한 후, 아무런 노력도 들일 필요 없이, 다만 지가의 도입 상승에 의해, 몇 년 내에 큰 돈을 벌 수 있다. 전체 사회, 특히 노동자들은 부동산 사용 비용을 지불하기 위하여 더욱 무거운 부담을 지게 된다. 부동산업은 서양의 중요한 투기 대상과 치부의 방법이 되었다.

정말로 전면적이고도 합리적으로 자연 자원을 이용하기 위해서는, 자연 자원의 가치와 가격과 관련된 일련의 이론적 문제와 정책적 문제를 해결해야만 한다.

[140]

4장. 지역 개발의 역사와 7개 경제 구역

four 지역 개발의 역사와 7개 경제 구역

1952년 동부 지역은 전국 국민소득의 50.3%를 차지해, 지역 불균형의 형세가 이미 형성되어, 중국 사회의 경제적 지역 격차가 이미 오래 되었음을 알 수 있다.

---

1. 지역 개발의 역사 ✽

중국의 유구한 역사 과정 속에서, 경제·문화 중심은 주로 북에서 남으로 옮겨 갔다. 고대 중국의 인구 중심은 황허강 유역에 있었고, 경제·문화의 중심 역시 황허강 유역이었다. 진대에서 송대까지, 인구·경제·문화의 중심지가 남쪽으로 옮겨 가는 현상이 여러 차례 있었다. 당대에 있었던 안사(安史)의 난은 중국 남북 관계의 분기점이다. 안사의 난 이전, 북방의 인구·경제·문화는 아직 남방에 비하여 높았다. 안사의 난 이후, 남방은 북방을 앞지르기 시작하였다. 그 원인을 따져 보면, 주로 북방의 밭농사 농경지는 생산력이 비교적 낮은 단계에서도 대규모 개발이 용이했기 때문이다. 남방은 지세가 낮아, 수리 시설을 만들어야만 논을 개간하고 경작을 할 수 있다. 남방에서는 논이 대규모로 개발된 후에야 노동 생산성이 높아졌고 자연 재해를 제어하는 능력을 갖추게 되었다.

황허강 유역의 성쇠

사마천은 『사기』에서 "옛날 당인(唐人)의 수도는 하동(河東)에, 은

연도	왕조	북방의 전국 점유율(%)	남방의 전국 점유율(%)
2	서한 원시(元始) 2년	81	19
10	동한 영화(永和) 5년	59	41
742	당 천보(天寶) 원년	60	40
1102	북송 함화(咸和) 5년	41	59
1491	명 홍치(弘治) 4년	40	60
1820	청 가경(嘉慶) 25년	33	67
1932	중화민국 21년	38	62
1982	중화인민공화국	43	57

인(殷人)의 수도는 하내(河內)에, 주인(周人)의 수도는 하남(河南)에 있었으니, 무릇 삼하(三河)는 천하의 가운데에 있었다.”고 기술하고 있다. '당인'은 당요(唐堯)가 통솔했던 부락을 말한다. '삼하'란 분하(汾河), 이하(伊河), 낙하(洛河), 심하(沁河) 하류를 가리키는 것으로, 중국 역사에서 가장 이른 세 왕조, 즉 하(夏)·상(商)·서주(西周)(기원전 21세기~기원전 771)가 개발했던 지방이다.

춘추 전국 시기(기원전 771~기원전 256) 농업이 전체 황허강 유역으로 확대되어, 각 제후국의 수도 부근에 지역별로 개발 구역이 형성되었다. 진(秦)의 수도 셴양(咸陽) 주변의 관중 평원, 제(齊)의 수도 린레이(臨淄) 왼쪽의 산둥성 중부, 위(魏)의 수도 다량(大梁) 일대의 샹중(豫中) 평원 등은 모두 경제가 발달된 곳이었다. 전국 초기에 상앙은 진나라에서 변법을 시행하여, 부국강병과 '숭본앙말(崇本仰末)'을 이루었다. 관중은 “농사에 능하여 오곡을 기르며(好稼穡, 殖五穀)”, “기름진 토양이 천리나 뻗어 있다(膏壤沃野千里).”라고 하였다. 진나라는 관중 평원의 경제적 능력에 기반을 두어, 산둥성의 6국을 통일할 수 있었다.

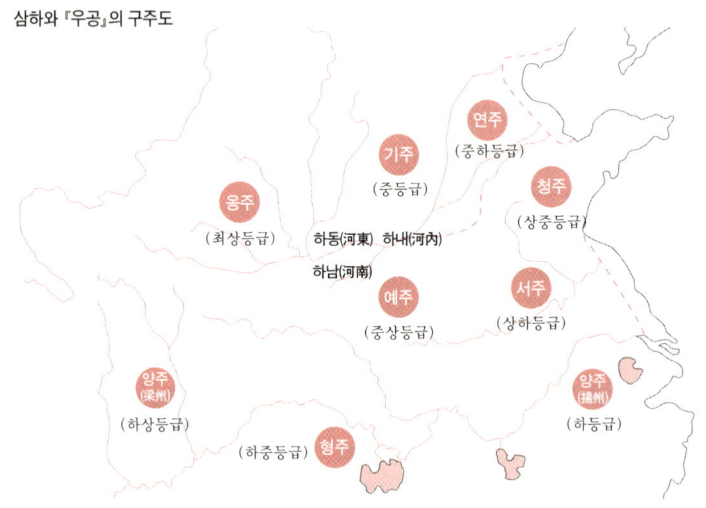

　『상서』, 「우공」은 전국 초기에 씌어졌는데, 천하를 아홉 주로 나누
고 있다. 오늘날 관중 일대에 해당하는 옹주(雍州)의 토양 성질이 최
상등급에 속한다. 청주와 서주는 오늘날의 산둥성 중부·남부와 장쑤
성 북부에 해당하는데, 각각 상중등급과 상하등급 속한다. 허난성 중
부에 해당하는 예주는 중상등급에 속한다. 기주(冀州), 연주(兗州),
양주(梁州), 형주(荊州), 양주(揚州) 등이 그 아래로 순위가 매겨지고
있다. 토양 성질은 당시 환경의 이용 가능 정도를 반영한다. 『우공』에
열거된 세 곳의 상등급인 주는 모두 황허강 중류 유역에 있어, 이곳이
전국에서 개발 정도가 가장 높은 지역임을 알 수 있다.

　한대에 황허강 유역 경제는 한층 더 발전하게 된다. 사마천은 『사
기』, 「화식열전」에서 천하를 산시(山西), 산둥(山東), 강남(江南)과 룽
먼(龍門), 제스(碣石)산 이북 등의 네 개 지역으로 나누고 있다. 사마
천의 기록에 의하면, 룽먼과 제스 이북은 목축 지역이고, 강남은 개발
초기 상태에 있었으며, 허난성 서부에 있는 샤오산 서편의 산시(山西)

성과 샤오산 동편의 산둥성은 천하 재부의 생산지이자 집결지라 하였다. 또한 『사기』에는 "광둥 땅은 천하의 1/3을 차지하고 있으며 백성은 3/10에 불과하지만, 그 재부를 따져보면 3/5을 차지한다(關中之地, 于天下三之一, 而人衆不過十三, 然量其富, 十居其六)."고 기록되어 있다. 한나라 평제(平帝) 원시(元始) 2년(서기 2) 전국 인구가 모두 5700만 명이었는데, 친링 산맥 화이허강 이북의 북방 지역이 전국 총인구의 4/5를 차지하고 있다.[1]

동한(東漢) 말기 황건적이 봉기한 이후부터 4세기에 북위(北魏)가 북방을 통일하기까지, 황허강 유역에서는 전란이 빈번하여, 인구가 급감하고, 산업이 파괴되었다. 전쟁은 '백성 가운데 죽은 자가 태반에 이르고(民人死者且半)', '폐허가 된 마을에는 더 이상 다니는 이 없도록(墟邑無復行人)' 만든다. 수·당 시기에 황허강 유역에서의 생산은 점차 회복된다. 당나라 천보(天寶) 연간에는 전국 인구가 5200만 명으로, 친링 산맥 화이허강 이북이 3/5를 차지한다. 그 가운데, 지금의 허베이성, 산둥성, 허난성에 해당하는 세 성이 또한 북방 인구의 2/3를 차지하여, 전국 경제 생활의 중심이었다. 그러나 당나라 시기 동안에, 강남의 지위가 이미 상승하기 시작한다. 특히 755년 안사의 난 이후, 중원 경제가 심각한 타격을 입어, 인구가 대거 남쪽으로 이동하게 된다. 당 후기에는, 동남 지방의 운하가 이미 황실 조정의 중요한 재원이 된다. 『신당서』, 「식화지」에는 "당나라 수도인 장안은 관중에 자리하고 있는데, (……) 땅이 협소하여, 소출이 궁성에 공급하기에 부족하고, 예비 수원이 말라버려, 항상 동남 지방의 곡식을 공급받았다(唐都長安, 而關中 (……) 地狹, 所出不足以給京師, 備水旱, 故常漕東南之粟)."라고 기록되어 있다.

---

(1)　　　「地理志」, 『漢書』.

『사기』에 "강남 지방은 저습하여 장성한 사람이 요절하며(江南卑濕, 丈夫早夭)", "초나라와 월나라 지방은 땅은 넓지만 인구는 적고, 쌀밥과 생선국을 주로 먹으며 화전 경작을 하고 논농사를 짓고 과일, 소라, 조개 등을 키운다(楚越之地, 地廣人稀, 飯稻羹魚, 或火耕而水耨, 果隋嬴蛤)."라는 기록이 있다. 양쯔강 유역의 개발은 중국 역사상 남방으로의 대규모 인구 이동과 관련이 있다.

제1차로는 서진 영가(永嘉, 307~312)의 난 때, 남쪽으로 이동한 인구가 대략 90만 명으로, 당시 유송(劉宋, 남북조 시기의 송나라 : 역주) 전체 인구의 1/6이다. 심약(沈約)은 『송서』에서 "강남은 진(晋)나라 왕조가 천도해 들어온 뒤로부터 태원(太元) 연간에 이르기까지 100여 년 간 전란이 일지 않았으며(江南自晉氏遷流, 迄於太元之世, 百許年中, 無風塵之警)", "땅이 넓고 풍요로워 백성들이 본업에 힘쓰니(地廣野豊, 民勤本業)", "기름진 땅은 1묘가 금 1량에 해당한다(膏腴之地, 畝值一金)."고 하였다.

제2차로는 당대의 안사의 난 때, 인구가 대규모로 남쪽으로 이동하였다. 시인 이백(李白)은 "천하의 벼슬아치와 선비들이 오(吳) 지방으로 피난을 오니, 영가 연간의 천도도 이보다는 못했을 것이다(天下衣冠士庶, 避地來吳, 永嘉南遷, 未盛于此)."라 하였다. 이 말은 안사의 난에 의해 발생한 인구의 남쪽으로의 이동이 영가 연간의 규모보다 더욱 컸음을 뜻한다. 한유(韓愈)는 "천하에서 거둬들이는 세금의 9/10를 강남이 차지한다(賦出天下而江南居十九)."라 하였고, 두목(杜牧)은 "오늘날의 천하는 양쯔강과 화이허강 지역이 나라의 중심이 되었다(今天下以江淮爲國命)."라고 하였는데, 이는 강남이 전국의 경제 중심이 되기 시작했음을 설명해 준다.

제3차로는 북송(北宋) 말년 정강의 난(1126) 때, 북방 인구가 또 한 차례 대규모 남쪽으로 이동하는데, 조정과 재야의 인재들이 모두 남하하여, 한층 더 남방의 경제 중심으로서의 지위를 공고히 하게 되었다. 송대 사람들은 "쑤저우 지방은 호수가 수려하며, 기름진 땅이 천리에 뻗쳐, 나라의 곡창이다(蘇常湖秀, 膏腴千里, 國之倉庾也)"라고 하였다. 타이후(太湖) 평원의 식량은 징슈(京師)에 공급하는 외에도, 일부는 해외로도 수송되었다. 송대에는 "쑤저우 지방의 곡식이 익으면, 천하가 풍족해진다(蘇湖熟, 天下足)."고 하였다.

양쯔강 유역 각 지방의 개발에는 시간 순서상의 구별이 있다. 양쯔강 상류에 위치한 청두(成都) 평원은 개발이 비교적 빨라 중원과 비슷하다. 타이후 평원은 동진 남조 시기 이후로 점차 개발되었다. 장한(江漢) 평원은 개발이 비교적 늦다. 이곳은 옛날에는 운몽택(雲夢澤)이라 하여, 호수가 개발을 막는 장애가 되었다. 남송 중·후기에 장한 평원은 비로소 대규모로 개간되기 시작하여 명·청 양대에 전성기를 맞게 된다. 이 무렵, 타이후 유역은 면화, 양잠 등의 경제 작물로 전환하게 된다. 대규모 곡물 재배는 장한 평원으로 옮겨가게 되어, 사람들은 "쑤저우 지방의 곡식이 익으면, 천하가 풍족해진다(湖廣熟, 天下足)."고 하게 되었다. 한커우(漢口), 안칭(安慶), 우후(蕪湖) 등이 양쯔강 중·하류의 곡물이 집산되는 유명한 곡물 시장이 되었다.

주장강 유역의 개발

송나라 이전에, 주장강 유역은 광저우(廣州), 구이린(桂林) 등지의 몇몇 도시를 제외하고는, 대부분 지역이 원시 자연 상태를 유지하였다. 삼림이 울창하고 기후가 고온 다습하여, 친링 산맥 북쪽 사람들은 '말라리아의 땅(烟障之地)'이라 불렀다. 당·송 시기, 주장강 유역은 관리가 관직을 강등당하고 유배되던 곳이었다. 남송 후기에 이르러서, 주장강 유역이 비로소 체계적인 개발 단계에 들어서게 된다. 당 천보 연간에 광둥성에는 100만 명 정도밖에 없었는데, 북송 중기에는 300만 명으로 증가하였다. 이차오딩(冀朝鼎)의 역사 시기별 수리 사업에 대한 통계에 따르면, 광둥성은 당대에는 수리 사업의 기록이 없는데, 송대에는 44차례의 기록이 나타난다. 명·청 양대에는 주장강 유역이 개발 전성기를 맞게 된다. 명대에 광둥성에서 이루어진 수리 사업은 302차례로 저장성 다음으로 많아 전국에서 2위가 된다.

명·청 양대에 이루어진 주장강 유역 개발은 다음의 세 가지 특징을 가진다.

(1) **개간 면적의 증가** : 1393년(명 홍무 26년)에는 광둥성 전체에 2373만 4100ac의 경작지가 있었는데, 1887년(광서 13년)에 이르면 3473만 825ac로 늘어난다.

(2) **상품 농업의 발전** : 양잠, 사탕수수, 과일, 양어, 화훼, 채소 등 상품용 생산의 발전이 비교적 빠르다.

(3) **주장강 삼각주 일대에서의 기당(基塘) 경작 제도의 보편적 채용** : 기당은 원래 강남 지역의 토지 이용 방식인데, 인구의 남하에 따라, 송대에 친링 산맥 이남으로 유입되었다. 처음에는 과수를 위주로 하였는데, 명나라 말 청나라 초에 양잠 복합 양어장이 대규모로 생겨나게 된다. 양잠 복합 양어장은 뽕나무 재배, 양잠, 양어의 세 가지를 결합해 상호간의 물자와 에너지 순환을 충분히 이용할 수 있다. 양잠 복합 양어장은 아열대 수계 조건하에서 효율적으로 토지를 이용하는 방식으로, 생태 농업 원리에 부합된다.

진상(晋商)과 휘상(徽商)

명대 이전에 중국의 상업 활동은 대부분 분산되어 있었다. 명 중엽 이후, 상품 유통 범위가 확대되고 상품 수량과 품종이 증대되었으며, 전통적 상업 억제 정책이 약화되기 시작하였고, 상인의 지위가 상승되어, 각지에서 연이어 상인 단체, 즉 '상방(商幇)'이 출현하게 된다. 상방은 지역을 중심으로 하고, 혈연과 동향을 연줄로 삼고, '아는 사람끼리 서로 돕자(相親相助)'는 취지로 회관을 연락처로 해서 형성된 느슨한 집단이다. 명대 사람 사조제(謝肇淛)는 『오잡지(五雜志)』에서 "부유한 지방으로 으뜸을 꼽으라면, 강남에서는 신안(新安)을 꼽고 강북에서는 산유(山右)를 꼽는다(富室之稱雄者, 江南推新安, 江北則推山右)."라고 했는데, 신안은 후이저우의 옛 명칭이고, 산유는 산시(山西)성의 별칭으로서, 휘상(徽商 : 신안 상인)과 진상(晋商 : 산시 상인)은 상방의 양대 집단이었다.

명·청 시기 휘주부(徽州府)는 서현(歙縣), 시우닝(休寧), 우웬(婺源), 치먼(祁門), 이셴(黟縣), 지시(績溪) 등의 여섯 현을 관할하였다. 후이저우 사람의 상업 경영은 그 연원이 오래 되었는데, 일찍이 동진 시기에 신안 상인의 활동에 관한 기록이 있고. 이후 각 시기마다 점차 발전하게 되었다. 명대 성화(成化), 홍치(弘治) 연간(1465~1488)에 상방이 형성되었고, 명대의 가정(嘉靖)에서 청대의 가경(嘉慶) 연간(1522~1820)에 최고조에 오르게 된다. 소금, 양식, 면, 베, 차, 목재 등은 휘상의 경영 주류 품목이고, 전당포와 전장(錢莊, 환전을 업으로 하던 상업 금융 기관 : 역주) 등의 업종도, 휘상이 거의 독점했다.

진상은 명개중법(明開中法)이라는 군의 급료 공급 정책과 연관 있다. 이 정책은 상인이 양식을 북부 변경의 곡량 창고까지 운송하고서, 대신 정부에 곡식과 소금을 판매할 수 있는 전매권, 즉 '염인(鹽引)'을 얻을 수 있도록 규정하고 있는데, '염인'에 근거하여 곡식과 소금을 팔아 고액의 이윤을 얻을 수 있었다. 명대부터, 진상은 지리적 이점에 힘입어 급속하게 발전하였다. 핑양(平陽, 지금의 린펀(臨汾)), 저저우(澤州), 루저우(潞州), 펀저우(汾州), 다퉁(大同) 등이 상인들을 배출한 지방이다. 명대 후기에는 진상의 활동 지역이 확대되어, 서쪽으로는

서역에서부터, 동쪽으로는 랴오둥(遼東)까지, 북쪽으로는 모베이(漠
北)까지, 그리고 일본에까지 확장하게 된다. 청대의 도광(道光) 연간
에 진상은 상업 자본과 금융 자본을 결합하여, '표호(票號, 초기 형태
의 은행 : 역주)'를 열고, 환어음 업무, 예·출금 업무를 처리하였다. 뒤
에 중앙과 각 성의 관용 자금을 보관하여, 정부를 대신하여 조정의 급
료와 군의 급료를 처리하게까지 되었다. 20세기 초, 산시(山西)성의
표호는 33개와 400여 곳의 분호(分號)로 발전하여, 베이징(北京), 톈
진(天津), 장자커우(張家口), 선양(瀋陽), 지난(濟南), 양저우(揚州),
난징(南京), 쑤저우(蘇州), 우후(蕪湖), 툰시(屯溪), 광저우(廣州), 창
사(長沙), 창더(常德), 샹탄(湘潭), 한커우(漢口), 사스(沙市), 충칭
(重慶), 청두(成都), 시안(西安), 싼위엔(三原), 카이펑(開封) 등의 도
시에 모두 분호가 있었고, 또한 도쿄, 오사카, 고베, 모스크바, 싱가포
르 등의 해외 요지에까지 분호를 열었다.

휘상과 진상은 500년이나 존속하면서 중국 전국의 사회·경제 발전
에 중대한 공헌을 하였다.

2. 개혁 개방 전후의 지역 경제의 변화

1952~1978년의 지역 경제의 변화

자료가 국한되어, 1978년 이전의 지역 경제 구조의 분석은 1952년
부터 시작된 국민소득 지표밖에 사용할 수 없다. 1952년은 국민 경제
회복 단계의 마지막 1년을, 역사상 도달했던 최고 수준을 반영한다.

1952년 동부 지역은 전국 국민소득의 50.3%를 차지해, 지역 불균
형의 형세가 이미 형성되어, 중국 사회의 경제적 지역 격차가 이미 오
래 되었음을 알 수 있다.

= 1952~1978년 성·시·자치구의 국내총생산에서의 비중 변화

성·시·자치구	전국 점유율(%)		전국 점유율(%)	
	1952년	1978년	증가	감소
상하이	6.0	7.9	1.9	
장쑤성	7.9	7.2		0.7
저장성	4.0	3.6		0.4
광둥성	4.8	5.8	1.0	
푸젠성	2.1	1.9		0.2
광시 자치구	2.1	2.2		0.1
베이징	1.3	3.1	1.8	
톈진	2.1	2.4	0.3	
허베이성	6.6	5.3		1.3
산시성	2.6	2.5		0.1
산둥성	7.1	6.5		0.6
랴오닝성	6.7	6.6		0.1
지린성	2.7	2.4		0.3
헤이룽장성	4.2	5.1	0.9	
네이멍구 자치구	2.0	1.7		0.3
허난성	5.9	4.7		1.2
후베이성	4.0	4.4	0.4	
후난성	4.5	4.2		0.3
안후이성	3.7	3.3		0.4
장시성	3.1	2.5		0.6
쓰촨성	6.9	7.1	0.2	
구이저우성	1.4	1.3		0.1
윈난성	1.9	2.0	0.1	
시짱 자치구	0.2	0.2		
산시성	2.1	2.3	0.2	
간쑤성	2.2	1.9		0.3
칭하이성	0.3	0.5	0.2	
닝샤 자치구	0.3	0.4	0.1	
신장 자치구	1.3	1.1		0.2
합계	100.0	100.0	7.1	7.1

자료 출처 : 國家統計局 國民經濟綜合統計社, 『新中國五十年統計資料回覽』, 中國統計出版社, 1999년 11월.

1952년부터 1978년까지의 계획 경제 시기에는, 내륙 지역 건설에 주력하였다. 특히 1965년에서 1976년까지 '대3선(大三線)' 건설 기간으로, 내륙 지역에 대량의 자금을 투입하였다. 그러나 26년을 거치면서, 동부 지역이 전국 국민소득에서 차지하는 비중은 도리어 증대되어, 2.1% 증가하였다. 이는 계획 경제 체제에서 역시 동부 지역의 입지상의 우위가 완강하게 현실적 우위로 전화됨을 설명해 준다.

동부 지역의 국민소득 상승의 근본 원인에는 두 가지가 있다.

▶ (1) 상하이, 톈진, 베이징의 3대 직할시의 비중이 증가되었다. 이는 공업화 초기에는 대도시가 확산 중심과 거점으로서의 중요성을 가진다는 것을 반영한다.

▶ (2) 광둥성, 장쑤성이 연해 지역의 명백한 입지상의 우위를 바탕으로, 비록 국가의 투자 중점은 아니지만, 국민소득에서 차지하는 비중이 확실히 상승하였다.

산시성, 쓰촨성, 헤이룽장성, 후베이성 등과 같은 중서부 지역의 일부 중점 건설 성의 비중이 상승 추세를 보여주었다. 하지만 산둥성, 허베이성 등과 같은 연해의 농업 위주의 성을 포괄하는 광대한 농업 위주 성 지역은 이 단계에 지위가 하락하였다. 농업 위주의 성의 지위가 하락함으로써 중부 지역의 비중이 하락하였다.

= 1952~1978년 중국 국내총생산의 지역 변화(%)

지역	1952년	1978년	증가(%)	감소(%)
동부	50.7	52.5	1.8	
중부	32.7	30.7		2.0
서부	16.6	16.8	0.2	
남부	52.6	53.6	1.0	
북부	47.4	46.4		1.0

= 1978~1999년 성·시·자치구의 국내총생산에서의 비중 변화

성·시·자치구	전국 점유율(%)		증감(%)		1978~1999년
	1978	1999	증가	감소	평균 증가 속도(%)
상하이	7.9	4.6		3.3	6.8
장쑤성	7.2	8.7	1.5		10.6
저장성	3.6	6.1	2.5		12.4
광둥성	5.3	9.6	4.3		12.7
푸젠성	1.9	4.1	2.2		13.7
광시 자치구	2.2	2.3	0.1		9.8
하이난성	0.5	0.6	0.1		10.3
베이징	3.1	2.5		0.6	8.2
톈진	2.4	1.6		0.8	7.7
허베이성	5.3	5.2		0.1	9.5
산시성	2.5	1.9		0.6	8.0
산둥성	6.5	8.7	2.2		11.1
랴오닝성	6.6	4.7		1.9	7.8
지린성	2.4	1.9		0.5	8.4
헤이룽장성	5.1	3.3		1.8	7.4
네이멍구 자치구	1.7	1.5		0.2	8.8
허난성	4.7	5.2	0.5		10.1
후베이성	4.4	4.4			9.6
후난성	4.2	3.9		0.3	9.1
안후이성	3.3	3.3			10.6
장시성	2.5	2.2		0.3	9.0
쓰촨성	7.1	5.9		1.2	8.7
구이저우성	1.3	1.0		0.3	8.2
윈난성	2.0	2.1	0.1		9.9
시짱 자치구	0.1	0.1			6.8
산시성	2.3	1.7		0.6	7.9
간쑤성	1.9	1.0		0.9	6.5
칭하이성	0.5	0.3		0.2	7.0
닝샤 자치구	0.4	0.3		0.1	8.0
신장 자치구	1.1	1.3	0.2		10.4
전국	100.0	100.0	13.7	13.7	9.6

자료 출처 : 國家統計局 國民經濟綜合統計社, 『新中國五十年統計資料回覽』.

동시에 남부의 비중은 약간 상승하였다. 전체 국민 경제는 이 무렵부터 이미 동남 지역으로 치우치는 추세를 보여준다.

개혁 개방 이후 지역 경제 구조의 변화

개혁 개방 후, 중국은 국민총생산(GNP)과 국내총생산(GDP) 지표를 도입하기 시작하였다. 국내총생산은 지역 개념의 지표로, 지역 범위 내의 순요소 소득의 총합을 포괄한다. 국민총생산은 국민 개념의 지표로, 국내총생산의 기초 위에 국민이 국외에서 벌어들인 재화 용역 소득을 더하고, 국내 경제에 공헌한 외국인의 재화 용역 소득을 뺀 것이다. 성·시·자치구의 통계 기초는 국내총생산이고, 국내총생산은 지역 경제 구조를 분석하는 가장 중요한 지표이다.

1978년에서 1999년까지의 지역 경제 구조의 변화에는 다섯 가지의 주요한 특징이 있다.

▶ (1) 변화폭이 커졌다. 개혁 개방 이후, 성·시·자치구가 전국 국내총생산에서 차지하는 비율의 증가·감소 폭의 합계가 13.7%에 달한다. 1952년에서 1978년 사이의 각 성·시·자치구가 전국 국민소득 총액에서 차지하는 비율의 증가·감소 폭의 합계는 겨우 7.1%에 불과하다.

▶ (2) 화남 지역이 급성장하여, 경제 중심이 더욱 급속히 동남부로 치

= 중국 국내총생산 지역 변화(1978~1999)

지역	1978년(%)	1999년(%)	증가(%)	감소(%)
동부	52.5	58.6	6.1	
중부	30.7	27.6		3.1
서부	16.8	13.8		3.0
남부	53.6	59.0	5.4	
북부	46.4	41.0		5.4

우치게 된다. 1978년에서 1999년까지 화남 지역은 전국 국내총생산에서의 비중이 6.4% 증가하였다. 동부 지역과 남부 지역이 전국에서 지위가 상승하게 된 근본 원인은 화남 지역의 견인에 의한 것이다. 같은 기간 동안, 동부 지역은 6.2%, 남부 지역은 5.4% 상승하였다.

▶ (3) 장쑤, 저장, 산둥의 동부 연해 지역 3개 성이 전국에서 차지하는 비중이 대폭 상승하여, 전국 국내총생산에서 차지하는 비중이 6.3% 상승하였다. 이 세 성은 전국 향진(鄕鎭) 기업과 집체 기업이 가장 발달한 지역으로, 각각 전국의 집체 기업 생산액 1, 2, 3위를 차지하고 있다. 집체 기업은 세 성의 경제 성장의 가장 중요한 동력이다.

▶ (4) 상하이 · 베이징 · 톈진 등의 세 도시와, 랴오닝성 · 헤이룽장성 등의 두 중공업 거점 성이 전국에서 차지하는 비중이 하락하였다. 세 도시가 전국 국내총생산에서 차지하는 비중은 4.7% 하락하였고, 두 성은 3.7% 하락하였다. 세 도시와 두 성의 비중의 하락은 일정 정도 중국의 공업화가 확산 단계에 들어섰음을 반영한다.

▶ (5) 경제 발전 수준이 상대적으로 낮은 허난성, 안후이성, 후베이성 등 중부 지역의 세 개 성, 그리고 변경 지역에 있는 윈난성과 신장 자치구의 두 성이 전국에서 차지하는 비중 역시 상승하고 있다. 이는 중심 입지 우세와 변경 입지 우세가 적극적으로 공헌하기 시작했음을 말해 준다.

경제 발전의 지역 차이

중국은 경제 발전 수준의 지역차가 매우 크다. 1999년 상하이의 1인당 평균 국내총생산은 3725달러인데, 구이저우성은 298달러밖에 안 되어, 12배나 차이가 난다. 미국 50개주는 1인당 국민소득이 겨우 2배 정도밖에 차이가 안 난다. 이러한 기본 상황은 중국의 평준화에 아주 오랜 시간이 필요함을 설명해 준다.

성·시·자치구	1인당 평균 국내총생산	성·시·자치구	1인당 평균 국내총생산
1. 상하이	3725	17. 후난성	632
2. 베이징	2395	18. 산시(山西)성	619
3. 톈진	1926	19. 허난성	592
4. 저장성	1449	20. 안후이성	570
5. 광둥성	1419	21. 칭하이성	569
6. 푸젠성	1326	22. 충칭	567
7. 장쑤성	1294	23. 장시성	565
8. 랴오닝성	1204	24. 닝샤 자치구	541
9. 산둥성	1046	25. 윈난성	537
10. 헤이룽장성	926	26. 쓰촨성	527
11. 허베이성	836	27. 광시 자치구	516
12. 신장 자치구	804	28. 산시성	497
13. 후베이성	787	29. 시짱 자치구	484
14. 지린성	762	30. 간쑤성	435
15. 하이난성	753	31. 구이저우성	298
16. 네이멍구 자치구	653		

자료 출처 : 『中國統計要綱, 2000』, 中國統計出版社, 2000, 21쪽.

1999년의 1인당 평균 국내총생산에 따르면, 중국의 31개 성·시·자치구는 대체로 다섯 개 등급으로 나눌 수 있다.

(1) 1인당 2000달러 이상 : 상하이와 베이징의 두 직할시

(2) 1인당 1000~2000달러 : 톈진, 광둥성, 저장성, 장쑤성, 푸젠성, 랴오닝성, 산둥성 등의 6개 성·시

(3) 1인당 700~1000달러 : 헤이룽장성, 허베이성, 신장 자치구, 후베이성, 지린성, 하이난성 등의 6개 성·자치구

> (4) 1인당 500~700달러 : 산시(山西)성, 네이멍구 자치구, 후난성, 충칭시,
> 광시 자치구, 허난성, 안후이성, 장시성, 칭하이성, 쓰촨성, 닝샤 자치구,
> 윈난성 등의 12개 성·시·자치구
>
> (5) 1인당 500달러 이하 : 산시(陝西)성, 간쑤성, 시짱 자치구, 구이저우성 등
> 의 4개 성·자치구

세계은행의 1997년 기준에 따르면, 1인당 국민총생산이 3125달러 이상이 상중등 소득 국가의 기준이다. 중국은 상하이만이 이 기준에 근접해 있을 뿐이다. 1인당 786~3125달러가 하중등 소득 국가의 기준이다. 중국은 2위인 베이징부터 13위인 후베이성까지가 이 기준에 속한다. 785달러 이하가 저소득 국가의 기준이다. 중국은 14위인 하이난(海南)성을 비롯해 18개 성급 행정 단위가 저소득 국가 기준에 해당한다.[2]

만약 현(縣)급 단위를 비교한다면, 편차는 더욱 크다. 1997년 자료에 따르면, 중국 광둥성 포산(佛山)시의 1인당 평균 국내총생산이 3만 1421위안인 데 반해, 산시(陝西)성 쯔저우(子州)현은 1인당 463위안에 불과하여, 68배나 차이가 난다.[3]

= 광둥성, 장쑤성, 산시(陝西)성 등 3개 성 내부의 1인당 평균 국내총생산 편차(1997)

성	최고(위안/명)		최저(위안/명)		최고 최저비(比)
광둥성	포산(佛山)	31421	우화(五華)	1862	16.8 : 1
장쑤성	장자강(張家港)	26994	롄수이(漣水)	2224	12.1 : 1
산시(陝西)성	시안(西安)	7607	쯔저우(子州)	463	16.4 : 1

자료 출처 : 『廣東省 統計年鑑, 1998』, 『江蘇省統計年鑑, 1998』, 『陝西省統計年鑑, 1998』, 中國統計出版社, 1998.

---

(2)　　世界銀行, 『1998/1999 世界發展報告』, 中國財政經濟出版社, 1999.

(3)　　『廣東省統計年鑑, 1998』, 『陝西省統計年鑑, 1998』, 中國統計出版社, 1998.

= 성·시·자치구 경제 수준과 경제 성장 대응표(1997, 1978~1997)

평균 증가 속도	1인당 국내총 생산(달러) 2000 이상	1000~2000	700~1000	500~700	500 미만
13		광둥성 푸젠성			
11~13		저장성 장쑤성	산둥성 신장 자치구 하이난성		
9.7~11			후베이성	광시 자치구 허난성 안후이성	윈난성
8~9.7	베이징		허베이성	지린성 네이멍구 후난성 장시성	쓰촨성 산시(陝西)성 시짱 자치구 구이저우성
7~8		텐진 랴오닝성	헤이룽장성	산시(山西)성	닝샤 자치구
7이하	상하이				칭하이성 간쑤성

    같은 성 안에서의 경제 발전 수준의 지역차 역시 매우 놀랍다. 광둥성, 장쑤성, 산시성 등의 자료에 반영된 편차는 모두 10배가 넘는다.

    만약 중국의 성·시·자치구를 경제 수준과 발전 속도라는 두 가지 항목의 지표에 따라 배열한다면, 두 가지 중요한 추세를 볼 수 있다.

▶ (1) 경제 수준이 전국 평균 수준보다 낮은 16개 성과 자치구 가운데, 12곳이 성장 속도가 전국 평균 속도보다 느리고, 4개 성만이 전국 평균 속도보다 약간 빠르다.

▶ (2) 경제 수준이 전국 평균 수준보다 명확히 높은 성 가운데, 대부분이 성장 속도 역시 전국 수준보다 빠르다.

    이런 상황은 또한 중국 지역 경제의 커다란 편차를 바로잡기 위해서는 수많은 어려움을 겪어야 하고 오랜 시간이 필요하다는 것을 설명해 준다.

중국의 지역 경제 수준은 왜 이처럼 커다란 편차가 있는가? 어떤 요인이 이처럼 커다란 차이를 만들었는가? 그 발전 추세는 어떠한가? 이들은 모두 깊이 있는 탐구가 요구되는 과제들이다.

3. 거리 체감의 법칙 : 경제 공간의 변화

거리 체감의 법칙의 실제

거리 체감의 법칙은 경제 활동의 공간 변화를 연구하는 이론적 기초이다. 거리 체감의 법칙은 실제로는 지리적 요소 간의 상호 작용과 거리와 상관 있는데, 기타 조건이 동일한 경우, 지리적 요소 간의 작용은 거리의 제곱에 반비례한다. 거리 체감 법칙의 이론적 기초는 뉴턴이 발견한 만유인력 공식이다.

$$F = G\frac{m_1 m_2}{R^2}$$

m_1과 m_2는 주체와 객체의 질량이고, R은 주체와 객체 간의 거리이며, G는 계수이다.

1850년대에 칼라일은 지역 간 인류 활동의 상호 흡인력이 만유인력 모델과 유사함을 발견하고, 이에 근거하여 주거 지점의 인력(引力) 공식을 제출하였다.

$$I_{ij} = \frac{P_i P_j}{D_{ij}^2}$$

i, j는 두 개의 주거 지점이고, I는 두 개의 주거 지점 간의 흡인력이

며, D_{ij}는 두 주거 지점 간의 거리이다. 이 공식은 두 주거 지점 간의 흡인력이 거리의 제곱에 반비례하고, 인구에는 비례한다는 것을 보여 준다.

1931년 랭글리는 칼라일 공식의 기초 위에서 소매 인력의 정리와 결절 지점 개념을 제출하였다.

$$BP = \frac{d_{ij}}{1 + \sqrt{\dfrac{P_2}{P_1}}}$$

P_1과 P_2는 주거 지점 1과 주거 지점 2의 인구이고, BP는 주거 지점 1에서 결절 지점까지의 거리이며, d_{ij}는 주거 지점 1에서 주거 지점 2 까지의 거리이다. 소매 견인력의 정리와 결절 지점 개념은 도시의 구심력 범위를 연구할 때 광범위하게 적용된다.

거리 체감 법칙을 파악하는 것은 지역 구분의 근본 원인을 한층 깊이 이해하는 데 도움이 된다. 자연 환경 가운데, 수면의 소기후에 대한 영향, 지진 진도의 체감 등은 거리 체감 법칙의 제약을 받는다. 1975년 하이청(海城)에서의 지진 때, 진앙지는 진도 9도, 선양(瀋陽)은 진도 7도, 베이징은 진도 4도, 양쯔강 이남은 영향을 받지 않았다. 진앙지와의 거리가 멀수록 진도는 작아진다. 사회 환경 속에서도, 정보의 전파, 상품의 유통 등은 모두 거리와 일정한 관련이 있다. 공자는 72명의 대제자가 있었는데, 그 중 노나라 사람이 44명이었다. 공자의 사상이 노나라로부터 점차 사방으로 확산되었던 것이다.

사회 요소의 거리 체감의 법칙에 대한 수정

거리 체감의 법칙은 사회 현상의 상호 흡인력의 기초이다. 실제로, 사회 현상의 상호 흡인은 또한 행정 체제, 수송비 구조, 가격 정책, 세

국가	제자수	노나라와의 거리(km)
노(魯)	44	
위(衛)	8	200
제(齊)	6	180
진(秦)	4	880
초(楚)	3	700
진(陣)	2	270
채(蔡)	2	340
송(宋)	1	180
진(晋)	1	450
오(吳)	1	600
소계	72	80(평균)

자료 출처 : 張池·金土, 『孔子七十二弟子圖潽』, 中國和平出版社, 1991.

수 정책 등 다방면의 요인의 제약을 받으며, 운송 기술 진보의 영향을 받아, 매우 복잡다난한 현상을 보여준다.

1) 행정 체제의 영향

장기간의 중앙 집권제의 역사적 배경에서, 중국의 행정 체제는 거리 체감 법칙에 대하여 명백한 간섭 작용을 일으켰다.

중국의 성급 행정 단위는 막대한 경제 권한을 지니고 있다. 성 외부와의 물자 유통은 종종 성급 행정 구역의 구속을 받는다. 행정 구역의 간섭으로 인해, 어떤 상품은 '10리도 못 갈 것이 30리를 가기도 하는(十里不走, 走三十里)'의 현상을 보이기도 한다. 만약 행정 구역의 속박에서 벗어나 합리적 과정을 따르게 된다면, 적지 않은 수송비를 절약할 수 있을 것이다. 중국에서 기업 배치를 할 때에는 종종 행정 구역의 이익을 고려해야 하며, 각 행정 구역 간의 균형을 맞추기 위해 애써야 한다. 예를 들어, 1960년대 중국은 기본적으로 성마다 대형 화학 비료 공장과 중형 철강 공장을 하나씩 두는 식으로 공업을 배치하였다. 어떤 행정 구역에는 필요한 자원 조건이 없는데도 억지로 공장을 건립하여 경제 효과가 좋지 못하였다.

2) 수송 비용 구조의 영향

수송비는 대체로 세 부분으로 나눌 수 있다.

▶ (1) 노선 운행비가 있다. 대체로는 수송 거리와 비례하여, 수송 거리가 길수록 수송 비용도 높아진다. 실제로는 상이한 운송 수단으로 인한, 수송비 단가 차이가 매우 크다. 상이한 화물 품종, 심지어는 상이한 수송 방향으로 인한 수송비 단가 역시 차이가 있다.

▶ (2) 하역 유통비, 하역비, 창고 보관비, 부두 이용료 등이 있으며, 거리와는 직접적 관련이 없고, 하역 횟수와 관련이 있다.

▶ (3) 중간 비용 및 관리비, 유동자금 이윤, 보험비 등이 있으며, 거리와는 부분적으로 관계가 있다.

따라서 수송비를 절약하려면, 수송 거리를 단축해야 할 뿐만 아니라, 유통 횟수를 줄이고, 직수송을 발전시키고, 수송 속도를 높여야만 한다. 종점 입지와 항구·철도 중추 등의 교차 지점 입지는 운송비를 절약할 수 있어, 확실한 우위를 차지할 수 있다.

3) 가격과 세금 정책의 영향

국제적 범위에서 가격 정책, 관세 정책, 세금 정책 등의 정책 요인은 거리 체감 법칙을 교란시키는 주요 요인이다.

중국은 오랫동안 가격 계획 시스템을 시행해 왔다. 원료·연료·재료의 가격이 너무 낮아서 원료와 연료를 생산하는 지역의 경제 효과가 비교적 떨어지며, 심지어는 생산이 많을수록 손해도 커지는 상황이 나오기도 한다. 산시(山西)성의 어떤 간부는 "산시성의 불행은 오히려 석탄 때문인데, 자금·설비·노동력을 투입해도 이득이 없다는 점이다."라고 말한 적이 있다. 개혁 개방 이후 석탄 가격이 적절히 조정되자마자 석탄 가격 협상, 석탄 합작 등이 등장하여, 석탄 생산 지역의 경제 형세가 호전되었다. 불합리한 수매 가격은 교차 수송 현상을 일으켜, 동일한 제품이 동일한 시기에 두 개의 상반된 방향으로 수송되기도 한다. 해당 산지의 수매 가격이 소비 지역의 판매 가격보다 높을 경우에, 제품은 소비 지역에서 거꾸로 생산지로 돌아오게 되는 것이다.

4) 수송 기술 진보의 영향

수송 기술의 진보는 수송 비용을 떨어뜨리고, 수송 속도를 제고시키며, 상대적으로 거리를 단축시킨다. 이로 인해 거리의 경제 발전에 대한 제약 작용은 점차 감소 추세를 보이고 있다.

(1) 비용-공간의 단축: 수송 기술의 진보 이후, 수송 가격은 대폭 하락하였다. 1870년부터 1950년까지, 해운의 효율이 제고됨에 따라, 해상 수송 가격이 60% 하락하였다. 결국, 철광석과 같이 장거리 수송에 적합하지 않은 일부 화물들 역시 대양을 건너, 지구 한쪽 끝에서 지구의 반대편 끝까지 운반할 수 있게 되었다.

(2) 시간-공간의 단축: 속도가 빨라짐에 따라, 지구가 작아지고 있다. 1912년 기차를 타고 미국을 횡단하려면 이틀 낮과 밤이 소요되었고, 1931년 비행기를 타게 되자 15시간밖에 소요되지 않았으며, 1970년대 제트 비행기를 타게 되자 5시간밖에 걸리지 않게 되었다.

거리 제약의 약화에 관하여, 일반적으로 통용되는 두 가지의 개념이 있다.

냉동 기술, 컨테이너 수송 기술의 발달은, 화물의 장거리 수송 범위를 한층 더 확대시켰다. 냉동 기술의 발명 이전에는 육류를 소금에 절이지 않으면 장거리 수송을 할 수 없었다. 신선 보관 기술이 완벽해지기 이전에는 신선한 과일과 채소 역시 장거리 수송 판매가 힘들었다.

전력 수송 부문에서는, 50만 V 고압 송전망의 유효 송전 반경은 11만 V 고압 전력 송전망의 다섯 배이다. 220만 V 직류 초고압 송전망이 투입되어 운용된 이후로는, 3000km 떨어진 곳까지 송전할 수 있게 되었다.

4. 공간 활동과 관련된 부분 경제학 이론

경제 공간 활동에 관한 경제학 이론은 매우 많다. 유명한 고전 이론으로는 19세기의 농업 입지론과 20세기 초의 공업 입지론이 있다. 제2차 세계 대전 이후 나타난 기러기 효과 이론, 단계 이론, 역U자 이론, 수렴론 등도 있다.

튀넨의 농업 입지론

19세기 유럽에서 도시가 탄생, 발달하면서, 거대한 농산품 소비 시장이 형성되었다. 도시 주위는 농업의 상품화율이 높고, 시장에 대한 의존도가 높다. 이러한 배경에서 독일 경제학자 튀넨(1783~1850)은 농업 입지론을 제출하였다. 직접 농장을 경영하였던 튀넨은 경영 경험에 근거하여 1826년 『고립국 : 농업과 국민 경제의 관계에 대하여』라는 책을 발표하였는데, 『고립국』이라 약칭한다.

튀넨의 농업 입지론은 이윤 획득을 목표로 한다. 이론 연구의 편의를 위해, 튀넨은 농업이 아래 열거된 전형적 환경 속에서 경영된다고 가정하고 있다.

▶ (1) 유일한 도시가 평원의 중앙에 위치한다. 도시 주변은 농업 용지이고, 외곽은 황무지로 둘러싸여 있다.

▶ (2) 도시의 농산품은 전부 주변 지역에서 다른 지역에서 들어오는 농산품은 없다.

▶ (3) 고립국 내부의 교통 수단은 마차이며, 수송 비용은 마차 수송 가격에 따라 계산한다.

▶ (4) 도시 주변 지역의 토지 상황은 균질하고 토양 지력, 기후 등의 지리 조건이 동일하다.

▶ (5) 지역 내 농업 경영자의 능력과 기술 조건이 동일하다.

▶ (6) 농업 경영자는 최대의 이윤을 추구하며, 시장 수요에 따라 농업 구조를 조정하여 최대의 이윤을 획득한다.

▶ (7) 수송비는 거리와 비례하며, 농민이 부담한다.

위의 조건에서, 상이한 유형의 농업이 도시를 동심원 형태로 분포하며 둘러싼다. 각 동심원권의 작물을 도시까지 옮겨 올 수 있는 최대 거리는 시장 가격, 산지 생산 원가, 두 지역 간 수송비 등의 세 가지 요소의 제약을 받는다. 이 세 가지 요소의 변화량이 이윤량을 결정한다.

$$P = V - (E + T)$$
(P는 이윤, V는 상품 판매가, E는 생산 원가, T는 상품 수송비)

생산 원가와 상품 판매가가 고정되어 있을 경우, 운송비는 이윤을 결정하는 결정적 요소이다.

상술한 가설에 근거하여, 튀넨은 한 도시를 둘러싸는 여섯 개의 동심원 형태의 농업 지대가 있다고 여긴다.

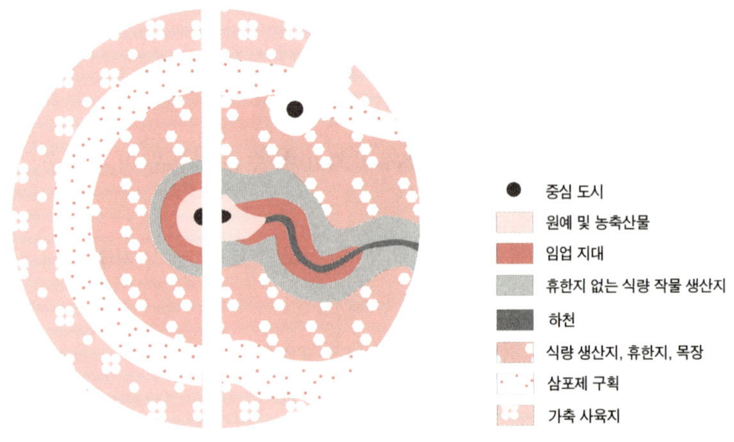

▶ (1) 제1지역 : 도시와 가장 근접한 지대로, 수송과 보관이 쉽지 않은 생산품을 생산하며, 주로 우유와 채소가 있다.

▶ (2) 제2지역 : 임업 생산품을 생산한다. 튀넨이 살던 시대에 도시의 주요 연료는 땔나무였다. 땔나무의 수송 비용은 곡물보다 비싸서, 거리가 곡물보다 가까운 곳에 분포한다.

▶ (3) 제3지역, 제4지역, 제5지역 : 주로 곡물과 목초를 생산한다. 이 세 지역은 거리가 증가함에 따라, 경영 집약도가 계속해서 떨어진다. 제3지역은 휴한지 없이 여섯 구획으로 나누어 윤작하며, 곡물 재배 지역이 경지 면적의 50%를 차지한다. 제4지역은 7구획으로 나누어 윤작을 하며, 곡물이 세 구획을 차지하고, 한 구획은 휴한지이다. 제5지역은 세 구획으로 나누어 윤작을 하는데, 휴한지, 곡물, 목초 등이 각각 1/3을 차지하며, 삼포제 농업이라고도 한다.

▶ (4) 제6지역 : 목축업이다. 이 지대에서 재배하는 곡물의 목적은 이

지역에 공급하기 위한 것이다. 곡물을 도시로 운반하더라도, 거리가 멀고 수송비가 비싸서 소득이 없다. 가축은 도시까지 몰고 가서 팔 수 있기 때문에, 수송비가 저렴하다. 치즈는 잘 부패하지 않고 수송하기 편리하기 때문에, 이 역시 다른 지역에 판매할 수 있는 제품이다.

▶ (5) 제6지역 바깥은 사람이 살지 않는 황무지이다.

튀넨의 농업 입지론에 의해 가설된 동심원 지역은 거리 체감 법칙의 전형적 모델이다. 현실 생활 속에서 농업 분포의 상황은 아주 복잡하지만, 튀넨의 동심원의 흔적은 어디서나 찾아볼 수 있다. 베이징의 산악 지역에서는 산에서 가까울수록 신선한 과일이 많고, 산에서 밀수록 마른 과일이 많은데, 이들은 튀넨 동심원의 제약을 받은 결과이다.

베버의 공업 입지론

독일 경제학자 베버는 1909~1914년에 공업 입지론을 발표한다. 베버는 생산 원가가 가장 작은 곳을 공업 입지로 선택해야 한다고 여겼다. 생산 원가에 영향을 주는 요소는 매우 많은데, 결정적 작용을 하는 것은 수송 비용, 노동력 비용, 집적 비용 등이다. 공업 입지에 대해 토론할 때, 베버는 아래 열거된 전제들을 규정하였다.

▶ (1) 연구 대상 지역이 동일한 기후, 지형, 종족, 기술을 가지고 있고, 동일한 정치적 통제를 받고 있다.

▶ (2) 연구 대상 지역에 보편 원료와 국지 원료가 있다. 보편 원료는 어디에나 분포되어 있는 원료로, 공기 · 물 · 점토 등과 같은 것을 말한다. 국지 원료는 소수의 특정한 지점에만 분포하는 원료로, 금속 광산과 같은 것을 말한다.

▶ (3) 노동력이 충분하고, 임금이 고정되어 있으며, 지역 내 임금 수준에 차이가 있다.

▶ (4) 공업 완제품은 일정한 시장에서 판매되며, 소비 지점은 고정되

어 있고, 소비량은 이미 알고 있다.

▸ (5) 수송비는 중량과 거리의 함수이다.

상술한 이상적 지역 내에서, 베버는 세 가지 유형의 공업 분포가 있다고 여긴다.

1) 하나의 시장과 하나의 원료 산지 유형

만약 공업 제품에 대해 하나의 시장과 하나의 원료 산지밖에 없다면, 공업 분포는 원료의 영향을 받아 세 가지 양상을 보인다.

▸ (1) 만약 원료가 보편 원료인 경우, 공업 입지가 시장에 자리잡으면 원료와 제품의 비용이 최소가 된다.

▸ (2) 만약 원료가 국지 원료와 순수 원료인 경우, 공업 입지는 시장에 자리잡을 수도 있고, 원료 산지에 자리잡을 수도 있으며, 시장과 원료 산지 사이의 임의의 어떤 지점에도 자리할 수 있다. 순수 원료는 가공 과정에서 중량이 감소되지 않는 원료이다. 순수 원료를 이용하여 만든 제품이기 때문에, 원료 생산지와 시장 사이의 어느 지점에 공업 입지가 있더라도 총 수송 비용이 같다.

▸ (3) 만약 원료가 국지 원료와 중량 감손 원료인 경우, 공업 입지는 원료 산지에 자리잡아야 수송비가 최소가 된다. 중량 감손 원료는 가공 과정에서 중량이 감소될 수 있는 원료이다.

2) 하나의 시장과 두 개의 원료 산지 유형

만약 공업 제품에 대해 하나의 시장과 두 가지의 원료가 있다면, 공업 입지는 네 가지 양상을 보인다.

▸ (1) 두 가지 원료가 모두 보편 원료인 경우, 공업 입지는 시장에 자리잡게 된다.

▸ (2) 만약 원료 가운데 하나는 보편 원료이고, 하나는 제한된 지역의

순수 원료인 경우, 공업 입지는 시장에 자리잡게 된다. 제품의 중량이 두 가지 원료가 합쳐진 것이기 때문에, 만약 공업 입지가 국지 원료의 산지에 자리잡으면, 수송 비용이 두 배가 된다.

▶ (3) 만약 두 가지 원료 모두가 국지 원료와 순수 원료인 경우, 공업 입지는 시장에 자리잡게 된다.

▶ (4) 만약 두 가지 원료가 모두 국지 원료와 중량 감손 원료인 경우, 공업 입지는 비교적 복잡하다.

베버는 입지 삼각형 모델을 제출하였는데, 공업 입지가 삼각형 모델 가운데 수송비가 가장 작은 지점에 자리하게 된다. 이것이 바로 유명한 '베버의 삼각형'이다.

$$aR_1 + bR_2 + cM \rightarrow \min$$

(R_1은 원료 1, R_2는 원료 2, M은 제품, a, b, c는 각각 수송비 계수)

입지 삼각형 가운데, 상이한 공업 부문마다 상이한 지향성이 있다.

▶ (1) 원료 지향 : 원료 지향은 재료 지수와 비례하는데, 재료 지수는 원료 중량과 제품 중량의 비율이다. 만약 원료의 소비가 최대이고, 재료 지수가 클 경우, 공업 분포는 원료 산지를 지향하게 된다.

일부 공업은 재료 지수가 비록 클지라도, 재료의 총 소비량이 한정되어 있어, 재료 수송비가 원가에서 차지하는 비중이 그리 크지 않기 때문에, 분포가 원료 산지를 지향하지 않는다. 예를 들어, 발동기 공업의 재료 지수는 6으로, 재료의 중량이 제품 중량의 6배라서, 비교적 큰 편이다. 하지만 재료의 수송비는 원가의 2%밖에 되지 않아, 입지에 미치는 영향이 크지 않다.

▶ (2) 연료 지향 : 베버의 입장에서 연료와 원료는 아무런 차이가 없다.

그는 연료를 원료의 한 가지로 여겼다. 공업 입지에 대해 더 깊이 연구해 본다면, 연료는 원료와는 서로 구별될 수 있다. 연료는 완전 감량되며, 공업 제품의 연료 소비량은 차이가 비교적 크다. 전해 마그네슘, 전해 알루미늄, 철합금, 인조 고무, 아세틸렌 등의 제품은 연료 소비량이 크다. 이런 종류의 공업 제품은 에너지 소비 제품으로, 공업 입지가 에너지원 거점 지향적이다.

3) 하나의 시장과 여러 종류의 원료 산지 유형

하나의 시장과 두 가지 이상의 원료가 나타나는 경우, 베버는 입지 다변형 모델을 적용하였다. M은 시장이고, $R_1 \cdot R_2 \cdot R_3 \cdot R_4$는 각각 각종 원료 산지이다. 다변형 가운데 X점이 최적의 입지 지점으로 가정하는데, X점은 시장과 각 원료 산지 간의 수송비 총합이 가장 적은 지점이다.

베버는 노동력 비용의 지역 차이가 공업 입지에 대하여 영향을 준다고 여겼다. 수송비가 많은 입지는 임금에서 절약하여 보상할 수 있으며, 이는 수송비 결정 지점 입지의 제1차 공간 이탈을 조성한다. 일부 공업 부문은 일정한 지역으로 집중된 뒤로 집적 효과를 보인다. 집적 효과는 수송비와 임금이 결정하는 입지에 대하여 제2차 공간 이탈을 일으킨다.

기러기 효과 이론과 단계 이론

기러기 효과 이론은 제2차 세계 대전 이후 동아시아 경제 전이 양상의 등장에 근거하여 이루어진 것이다.

원리의 요점은 상이한 경제 발전 단계에 있는 국가와 지역이, 국제 무역·기술 이전·자금 유통 등을 거치면서, 기러기의 비행 대형의 형태와 유사한 확산의 양상을 보여주게 된다는 것이다. 확산의 순서는 소비재에서 생산재로, 경공업 제품에서 중공업 제품과 고도 첨단 기술

제품의 순서이다.

확산은 대체로 세 개의 경제 지대로 나뉜다.

---

(1) **제1지대** : 일본

(2) **제2지대** : 싱가포르, 홍콩, 타이완, 한국 등의 네 마리 용

(3) **제3지대** : 말레이시아, 타이, 필리핀, 인도, 중국 대륙

예를 들어, 일본의 조선업은 한국, 타이완으로 확산되었다. 일본의 전기 제조업은 우선 한국, 타이완으로 확산되었고, 다음으로 말레이시아, 중국 대륙으로 확산되었다. 완구 제조업은 우선 홍콩으로 확산되었고, 다음으로 중국 대륙으로 확산되었다. 방직업과 의류 제조업은 우선 한국, 홍콩으로 확산되었고, 다음으로 중국 대륙으로 확산되었다.

선진국과 개발 도상국은 상이한 궤적을 따라 진행된다. 선진국의 궤적은 다음과 같다.

---

(1) 신제품 개발　　　　　　　　(4) 국외 생산

(2) 수출　　　　　　　　　　　　(5) 수입

(3) 기술 수출 또는 직접 투자 수출

개발 도상국의 궤적은 다음과 같다.

---

(1) 수입　　　　　　　　　　　　(3) 수입 대체, 본국 생산

(2) 기술 수입　　　　　　　　　　(4) 수출

기러기 효과 이론과 단계 이론은 상호 보충적이다. 단계 이론의 기초는 적응 이론으로, "경제 발전의 단계는 건너뛸 수 없으며, 개발 도상 국가의 빈약한 기초에 적합하도록, 우선 중간 기술을 채용하거나 심지어는 전통 기술을 발전시킨 다음, 점차로 선진 기술로 넘어가야만 한다고 여긴다."[4] 상이한 지역에서의 경제적 기초의 존재 여부 차이로 인해, 객관적으로 선진 기술 지대, 중간 기술 지역, 전통 기술 지대 등이 나타나며, 상이한 단계가 형성된다. 상이한 단계 간에는 기술과 경제의 전이 관계가 있다. 높은 단계에 있는 지역은 경제 구조의 노화를 방지해야 하며, "끊임없이 쇄신하고, 새로운 업종·기업을 세우고, 신제품을 창조하여, 기술상의 선도적 위치를 유지해야만 한다." 경제 발전이 낮은 단계에 있는 지역에서는, "우선 비교적 우세한 초급 산업, 노동 집약형 산업을 장악하고, 신속히 높은 단계의 지역에서 도태되거나 유출되어 나온 산업을 받아들여 지역 경제를 발전시키고, 가능한 한 해외 원조를 얻어, 최저 단계로부터 벗어나야 한다."[5]

중국은 영토는 넓고, 경제 발전은 불균형적이다. 기러기 효과 이론과 단계 이론에 따르면, 중국은 균형 잡힌 기러기 대형이 아니며, 내부에도 단계가 존재한다. 중국의 동부, 중부, 서부 간에는 산업 전이 관계가 존재한다. 국제적으로 선진적인 생산 기술과 관리 기술 우선적으로 흡수할 수 있는 조건을 가진 동부가 먼저 발전한 뒤에, 경제와 기술의 확산과 전이를 통해, 점진적으로 중부와 서부로까지 확산시킬 수 있다.

면방직 공업의 '동쪽에서 서쪽으로의 이동'은 기러기 효과 이론과 단계 이론의 구체적 표현이다. 1991년 국무원은 면방직 가공 능력을 점차 서쪽으로 옮겨, 주요 면화 생산 지역에서, 면화의 낮은 원가와 풍

---

(4)   吳傳鈞, 『現代經濟地理學』, 江蘇教育出版社, 1997, 311~312쪽.

(5)   위의 책.

[172]

부한 노동력을 기반으로 하여, 새로운 면방직 공업 기지를 세울 것을 결정하고, 500만 개의 방추의 축소 개조를 목표로 제출하였다. 그 가운데, 상하이에서 신장 자치구로 50만 개의 방추를 옮기기로 하였다. 1995년에 재차 340만 개의 면방직 방추를 축소하기로 결정하였다.

기러기 효과 이론과 단계 이론은 한 국가와 한 지역을 균질적인 것으로 간주한다. 어떤 이는 단계 이론을 양탄자를 마는 것에 비유하고 있는데, 조금씩 안쪽으로 말아가다 보면, 마지막에는 전 지역, 전국을 다 말게 되어, 전면적인 발전을 실현하게 된다는 것이다.

실제로 균질적인 지역은 존재하지 않는다. 각 지역마다 모두 내부적 차이가 있고, 지역 개발은 카펫을 마는 것처럼 그렇게 평면적으로 추진될 수 있는 것이 아니다. 지역 개발에는 우선 우수한 거점을 건설하고, 우수한 중심 도시를 건설하고, 중심 도시를 통해 전 지역을 이끌어 나가야만 한다.

중심 도시의 분포는 도약식의 형태이다. 예를 들어, 양쯔강 중류의 우한(武漢), 상류의 충칭(重慶) 등은 모두 중심 도시이다. 우한의 발전 수준은 난징(南京)에서 우한에 이르는 넓은 지역보다 높아야 한다. 충칭의 발전 수준 또한 우한에서 충칭에 이르는 넓은 지역보다 높아야 한다. 우한의 개발이 화중(華中) 지역을 이끌어 나갈 수 있고, 충칭의 개발이 서남 지역을 이끌어 나갈 수 있다.

성장극 이론과 중추 개발 이론

성장극 이론(Growth Pole Theory)의 근거는 지역 내부 성장의 불균형성이다. 일반적으로, 성장이란 상이한 시기에 집중된 일부 주도 부문에 대한 성장이지, 각 부문의 균형적인 성장이 아니다. 주도 부문에는 세 가지 특징이 있다.

(1) 기술 수준이 비교적 높고 발전 전망이 있는 신흥 산업

(2) 광범위한 시장 수요, 국제 시장 수요가 있는 산업

(3) 기타 산업에 대하여 비교적 강한 선도 작용을 하는 산업

지역적으로 보았을 때, 이런 종류의 주도 산업은 일반적으로 조건이 우수한 일부 도시에 집중되며, 성장 이후 다시 외부로 확산된다. 주도 산업이 집중된 도시가 바로 지역의 성장극이다.

성장극은 극화 효과와 확산 효과를 동시에 지니고 있다.

극화 효과의 근거는, 비교적 강한 과학 기술 역량, 비교적 좋은 기초 시설과 합작 조건을 갖추고 있고, 자금이 비교적 풍부하고, 정보의 전파 속도가 비교적 빠르며, 소비 시장이 집중되어 있어야 한다는 점이다. 극화 효과는 성장극의 경쟁력을 강화시키며, 성장극의 형성과 성장을 추동한다.

확산 효과는 제품, 기술, 자금, 정보, 인재의 유동을 통해, 창조된 성과를 광대한 지역으로 전파하는 것이다. 성장극의 확산 효과는 거리 체감 법칙의 제약을 받아, 우선 인근 지역으로 확산될 뿐만 아니라 등급 확산 현상을 보이기도 한다. 등급 확산이란 인접한 소도시를 건너뛰고, 거리가 비교적 멀지만 더욱 고등한 도시로 확산되며, 그런 다음에 다음 등급의 도시로 확산되는 것을 말한다. 등급이 비교적 높은 도시는 물적 환경과 인적 환경이 상대적으로 우월하여, 확산을 받아들이는 능력이 더 강하다.

중추 개발 이론은 성장극 속의 극점을 개발 속의 중추 지점이라고 여긴다. 점과 점은 고립된 것이 아니라, 선으로 연결된 기초 시설에 의해, 특히 선으로 연결된 교통 간선에 의해 연결되어 있다. 교통 간선,

수원 공급선, 동력 공급선 등은 극점 분포의 중심축이 된다. 축의 건설은 지역 개발의 중심이자 정화이다. 축선의 건설은 단일 도시의 과도한 팽창을 방지하고, 더 나은 경제 효과를 유도할 수 있다.[6]

중국의 경제 지역 분포의 전략 사상은 대체로 중추 이론과 관련이 있다.

▶ (1) T자형 전략의 기초는 양쯔강의 황금 물길 축선과 남북 연해 축선이다. 세 개의 극점은 북쪽 끝의 베이징·톈진, 남쪽 끝의 홍콩·광저우를 중심으로 하는 주장강 삼각주, 서쪽 끝의 충칭이고, 중추는 상하이이다.

▶ (2) 활[弓]형 전략은 T자형 전략의 기초 위에 징광(京廣) 철도(베이징-광저우 열차 노선)를 더한 것이다. 징광 철도가 활시위를 이루고, 남북 해안 지역이 활의 형태를 이루며, 양쯔강의 물길이 화살이 된다. 활을 당거 화살을 쏘면, 태평양을 향하는 형세가 된다.

▶ (3) '개(開)'자형 전략은 활형 전략의 기초 위에 룽하이(隴海) 철도(룽먼-하이난 열차 노선)를 더한 것이다.

이 밖에도, 각 대지역, 각 성마다 각자의 발전축이 있다. 동북에는 하얼빈(哈爾濱)-다롄(大連) 축이, 쓰촨 분지에는 청위(成渝)(성도는 충칭이다) 축이 있다. 산시(陝西) 관중(關中) 지역에는 통관(潼關)-바오지(寶鷄) 축이 있다. 이 축들은 모두 지역 발전의 핵심이다.

역U자형 이론과 수렴론

역U자형 이론은 지역 차이의 발전 추세를 분석한 학설이다. 그 이론적 근거는 주로 공업화의 단계적 영향론이다. 역U자형 이론에 따르면, 지역 경제 발전 수준의 공간적 차이에는 세 단계가 있다.

---

(6)　　　劉再興, 『工業地理學』, 商務印書館, 1997, 58~70쪽.

(1) 차이의 확대 단계

(2) 차이의 유지 단계

(3) 차이의 축소 단계

공업화 이전에는 경제 발전 수준의 공간적 차이가 그리 크지 않다. 모든 지역이 육체 노동과 수작업에 기반을 두었기 때문에, 차이는 주로 자연 환경에서 비롯된다.

그러다가 공업화로 진입한 이후로는, 공간 차이가 확대된다. 한 나라, 한 지역이 동시에 공업화로 진입할 수는 없다. 먼저 공업화된 지방은 경제가 급속히 성장한다. 공업화되지 못한 지역은 여전히 답보 상태에 있다. 1930년대에 마오쩌둥은 이렇게 말한 적이 있다.

"중국의 정치와 경제의 발전은 불균형적이다. 미약한 자본주의 경제와 엄중한 반봉건 경제가 공존하며, 약간의 근대식 상공업 도시와 정체되어있는 광대한 농촌이 공존하며, (……) 약간의 철로·항로·도로와 차 한 대가 지나갈 정도의 좁은 길, 좁은 골목길, 걷기조차 불편한 길이 공존한다."[7]

이렇듯, 유사한 불균형 상태가 중국에 오랫동안 존재해 왔다.

그러나 후기 공업화 단계로 들어서면서, 지역 격차는 축소되기 시작한다. 1880년부터 1950년까지, 미국에서는 9개 대지역별로 계산된 개인 소득의 변화 차이 계수가 확연히 약화되었다. 주요 원인은 비농업 노동력이 전체 노동력 가운데 차지하는 비중이 갈수록 커졌기 때문이다. 미국은 비농업 부문 임금의 지역 간 격차가 매우 미미하다. 노동

---

(7)　　　『毛澤東選集』 제1권, 人民出版社, 1968, 172쪽.

[176]

력이 비농업 부문으로 유입된 후, 국민소득의 지역 간 격차도 축소되었다.

수렴이란 국가 내부, 국제 간의 격차가 줄어드는 것을 말한다. 수렴화는 국제화, 세계의 단일화 개념과 밀접한 관련이 있다. 국제화란 각국 각 지역의 경제 생활의 국제 시장과의 관계가 갈수록 긴밀해지는 것을 말한다. 국제화는 생산 국제화, 무역 국제화, 금융 국제화 등을 포괄한다. 세계의 단일화란 국가와 지역 간의 자유로운 유통을 방해하는 장애물이 점차 사라짐을 의미한다. 수렴화, 국제화, 세계화는 상호 관련된 발전 추세이다.

과학 기술의 창달과 생산력의 발전은 수렴화의 주요 동력이다.

▶ (1) 유통과 통신 기술의 진보는 생산 요소가 국제적 범위 내에서 합리적으로 배치되도록 추동한다. 기술, 장비, 자금, 노동력이 전 지구적 범위 내에서 고속으로 유동하게 되어, 각 지역의 비교 우위가 충분히 발휘될 수 있다.

▶ (2) 현대 과학 기술은 고난도, 대형 투자, 대규모를 향하여 발전해 나간다. 국제적 자본, 물자, 인력을 집중해야만 비로소 대규모 탐색과 개발을 전개시킬 수 있다. 로켓, 대형 비행기, 미세 전자 기술 등의 영역의 연구 개발은 모두가 광범위한 국제적 합작에 의한 것이다. 대형 다국적 기업 합병의 흐름은 이러한 추세를 반영한 것이다.

▶ (3) 다국적 기업은 전세계적 범위 내에서 생산, 유통, 판매 등을 조직하여, 생산 요소의 재조직을 가속화하며, 국제적 수준의 분업과 지역 간 경제의 연계를 강화하고 있다.

수렴화를 실현하는 과정에는 아래와 같은 세 가지 특징이 있다.

▶ (1) 수렴화는 시간적으로 장기성과 층차성을 지닌다. 수렴화는 하나의 기나긴 역사적 과정이다. 수렴화의 과정에는 명확한 지역적 층차성

이 있다. 우선 국가 내부에서의 수렴화로, 수많은 개발 도상국이 국내 지방 간의 격차를 축소시켜 나가는 과정 중에 있다. 다음으로는 국가 간의 지역 집단 내에서의 수렴화로, 유럽공동체(EU) 내부의 수렴화가 그 예이다. 마지막에 가서야 비로소 세계적 범위 내에서의 수렴화가 실현될 수 있다.

▶ (2) 수렴화는 다양성과 복잡성을 지닌다.

과학 기술의 수렴화란 선진 기술이 낙후된 기술을 절대적으로 배척하는 것을 말한다. 자동차는 결국 가마와 인력거를 도태시켰고, 위성 통신은 결국 고대의 파발 통신을 도태시켰다.

경제의 수렴화는 이익의 추동을 받는 격렬한 전투이며, 우여곡절 속에서 진행되어 간다. 유럽공동체의 자유로운 인구 유동을 예로 들자면, 영국, 아일랜드, 덴마크는 이민자의 밀입국, 밀수, 마약 등을 우려하여, 국경 검문의 철폐를 거절하였다. 경제의 수렴화는 정치적 조건의 호응을 필요로 하고, 개방 정책의 채택과 지역 집단 조직의 구성을 필요로 한다. 유럽공동체는 지역 집단의 선구로, 1993년부터 상품, 인구, 노동력, 자본의 자유로운 유동을 실행하였다. 유럽공동체의 추산에 따르면, 해관 수속 철폐와 세수 통일 등을 시행하면 매년 2100억 달러의 비용을 절약할 수 있다.

문화적 민족성은 문화 수렴화의 다양성을 결정한다. 복식과 같은 일부의 경우는 상호 삼투 작용에 의해, 더 높은 수준의 세계 복식 문화를 형성한다. 연극, 음악, 원예 등과 같은 일부의 경우는 공존 공생하며 각자의 길을 따라 계속 발전해 나간다. 미술, 음식 등과 같은 일부의 경우는 상호간에 정수를 흡수하면서도 각자의 면모를 유지한다. 황금은 어쨌든 간에 결국 빛이 나는 것과 마찬가지로, 어떤 형식이 되었

---

(8)　　　『마르크스·엥겔스 전집』 제34권, 人民出版社, 1972, 124쪽.

든 간에, 우수한 문화 유산은 결국 계속해서 계승 발전될 것이다.

▶ (3) 수렴화는 결국에 전 지구적 수렴화, 즉 온 세상의 대동 단계로 나아가게 될 것이다. 그러나 수렴화는 절대적 평준화와는 다르다. 같은 미국에서라도, 북극권 내의 알래스카에서는 높은 임금을 주어야만 필요한 직원을 얻을 수 있다. 국가 간의 차이, 지역 간의 차이는 항구적이다. 고원과 평원, 열대와 한대가 완전히 같아질 수는 없다.

"국가와 국가, 성과 성, 심지어는 지방과 지방 간에는 결국 생활 조건 방면에서 어느 정도의 불평등이 존재하며, 이런 불평등은 최소한도로 줄일 수는 있지만, 완전히 없애는 것은 영원히 불가능하다. 알프스 산의 주민과 평원의 주민의 생활 조건은 어쨌든 다른 것이다."[8]

엥겔스의 이 논술을 수렴론에 대한 하나의 중요한 지침으로 삼을 수 있을 것이다.

5. 공간 활동과 관련된 부분 지리학 이론

공간 활동과 관련된 지리학 이론에는 주로 지리 위치 영향론, 변경 우세론 등이 있다.

지리 위치 영향론

지리적 위치는 자연, 사회, 경제 등의 각 영역에 대하여 광범위한 영향을 미친다. "하늘과 땅이 자리잡고 만물이 자라난다(天地位也, 萬物育也)." 위치는 만물의 공간상의 구체적 체현이다.

지리 위치는 두 가지 요소로 이루어진다.

> (1) **방위**: 동서남북의 네 방향을 기준으로 하여 세분한다. 예를 들어, 어떤 마을
> 이 기차역 동남쪽에 있다는 식으로 말할 수 있다. 더욱 정확한 방위는 각도,
> 즉 '남동쪽 몇 도'와 같은 방식으로 표시할 수 있다.
>
> (2) **거리**: 주체와 객체 간의 위치 관계에는 반드시 공간적으로 떨어진 거리 요
> 소가 있다. 예를 들어, 어떤 마을이 기차역에서 5km 떨어져 있다는 식으로
> 말할 수 있다.

방위와 거리는 도시의 정확한 위치를 규정짓는다. 지난(齊南)은 진푸(津浦) 철도와 자오지(膠濟) 철도의 교차 지점에 있다. 충칭은 양쯔강과 자링(嘉陵)강의 교차 지점에 있다. 이 두 교차 지점은 다만 지난과 충칭만 가능하지, 다른 도시는 불가능하다.

지리 위치는 각기 다른 거리 척도로 나타낼 수 있다. 척도의 크기에 따라, 지리 위치는 대체로 세 가지 층차로 나눌 수 있다.

> (1) **소재지**: 가장 작은 척도를 가지고 위치에 대해 연구하는 경우로, 일반적으
> 로는 점포 소재지, 공장 소재지, 시장 소재지 등을 가리킨다. 이는 다만 주
> 위 근거리 내의 구체적 사물을 다룰 뿐이다. 예를 들어, 어떤 상점이 두 개
> 의 큰 길의 교차로에 위치해 있다고 하는 경우이다.
>
> (2) **소위치**: 상대적으로 근접한 거리의 범위에서 사물과 객체의 상호 관계에
> 대해 연구하는 경우이다.
>
> (3) **대위치**: 비교적 먼 거리 범위에서 사물과 객체의 상호 관계에 대해 연구하
> 는 경우로, 전 지구적 차원에서 위치에 대해 연구하는 경우를 포괄한다.

대다수 도시가 출현할 무렵에는, 소위치의 작용이 비교적 중요하다. 도시가 일정한 규모로 확장된 이후에는 대위치의 작용이 비교적

두드러진다.

청두(成都)와 충칭 두 도시의 발전 과정 속에서, 상이한 척도 위치의 상이한 역사 시기에서의 복잡한 영향 관계를 살펴볼 수 있다. 소위치 차원에서 비교해 볼 때, 청두가 충칭보다 우세하다. 청두 부근에는 농업 자원이 풍부한 두장옌(都江堰) 관개 지구가 있다. 충칭은 기복이 있는 구릉 지대에 자리잡고 있다. 2000년 동안, 청두가 기본적으로 쓰촨성과 서남 지역의 정치 중심의 지위를 유지해 왔다. 그러나 대위치 차원에서 비교해 볼 때, 충칭이 청두보다 우세하다. 충칭은 양쯔강과 자링강의 수운에 유리하여, 서남 지역 교통의 중추이다. 철도망이 형성되기 이전에, 충칭의 대위치상의 우세는 더욱 두드러졌다. 중·일전쟁 기간 동안, 쓰촨으로 옮겨 간 공장의 90%가 충칭으로 이주하였다. 국민당 정부가 내지로 천도하면서, 충칭에 자리잡았다. 1949년 이후, 청위(成渝), 바오청(寶成), 청쿤(成昆) 등의 철로를 부설하면서, 청두의 수송 조건이 개선되었다. 그러나 충칭의 서남 지역 공업에서의 제1의 우위는 흔들리지 않았다. 이렇듯 도시 발전이 일정한 규모에 이른 후에는, 대위치의 우세가 소위치의 부족을 보완할 수 있다는 사실을 확인할 수 있다.

지리적 위치는 역사성을 가진다. 지리 환경의 변화는 지리 위치의 변화를 야기한다. 사막의 확대, 해안선의 상승, 하천의 물길 변화, 홍수 침수, 항구 폐쇄 등은 자연 지리 위치의 변경을 야기한다. 교통 기술의 진보, 교통망의 확장, 행정 구역의 변경 등은 경제 지리 위치의 변경을 야기한다.

지리 위치의 역사성은 도시 이동과 성쇠의 주요 원인이다. 송·명 시기에 주셴전(朱仙鎭)은 샤커우(夏口), 포산(佛山), 징더(景德) 등과 이름을 나란히 하여, 4대 명진(名鎭)의 하나였다. 오늘날 주셴전을 제외한 세 곳은 여전히 번영을 이루고 있다. 샤커우는 지금의 한커우(漢

ㅁ)이고, 포산, 징더에는 이미 도시가 건설되었다. 주셴전만 쇠퇴한 것은 교통 조건의 변화 때문이다. 자루허(賈魯河)강이 얕아지면서 수운이 중단된데다가 징한(京漢)·진푸(津浦) 철도가 열리면서 화북 평원의 수송망이 변화되어, 주셴전은 교통이 불편한 지방이 되었다.

우세한 지리적 위치는 지역 발전과 도시 번영을 촉진시키며, 상업·기업 경영에 대하여 이로움을 줄 수 있다. 상하이, 닝보(寧波), 푸저우(福州), 샤먼(廈門), 광저우 등의 다섯 통상 항구를 열게 되었다. 군계일학으로 100여 년 간 쇠락하지 않은 상하이는 우세한 지리적 위치의 혜택을 입었다. 중국에는 좋은 항구가 많이 있는데, 오랫동안 방치되어 쓰이지 않고 있다. 내륙으로 향하는 철로를 부설한 뒤로는, 얼마 안 가서 상업이 번창하는 항구가 된다. 1950년대 리잔(黎湛) 철로의 부설은, 장장(湛江)시의 흥성을 가져왔다. 1980년대 옌저우(兗州)에서 스주수오(石臼所)까지의 철로가 건설되자, 참신한 르자오(日照)시가 나타나게 되었다. 우수한 경제 지리 위치는 막대한 기본 건설 투자에 의해 이루어지게 되는 것이다.

"품질 좋은 술은 골목이 좁은 것을 두려워하지 않는다(酒好不怕巷深)." 이 말은 판매량에서 품질이 결정적인 작용을 한다는 것을 의미하지만, 반면에 위치가 판매량에 끼치는 영향을 소홀히 여기고 있다. 상품 소매의 원리에 따르면, 기타 조건이 비슷할 경우, 판매액은 인구 유동량에 비례한다. 이는 점포가 큰 길을 향하고 있는 이유이며, 또한 모퉁이 위치가 일반적인 길에 면한 점포의 판매액보다 높은 이유이다. 1950년대 중국은 적지 않은 주거 지역에서 상점을 주거 단지 중앙, 큰 길에서 먼 곳에 세웠는데, 장소 선택 원칙이 시장 판매 법칙에서 어긋나 경영 상태가 대체로 좋지 못했다. 교통의 중심지에 자리잡

---

(9)　　　趙洪才, 〔城市土地利用的經濟評價與合理利用〕, 北京大學地理學系, 碩士論文, 1984.

[182]

는 것은 중국 상인의 경험의 총화이다. 베이징 동스환(東四環)이 지나는 육교 위에 서서 다리 양쪽에 있는 두 아이스크림 노점의 판매 상황을 관찰해 보자. 서쪽 노점에서 15개의 아이스크림을 팔 동안, 동쪽 노점에서는 겨우 1개를 판다. 서쪽 편에는 롱푸(隆福) 백화점과 의류 상가가 있어서, 인구 유동량이 많기 때문이다. 베이징시 하이뎬취(海淀區)의 1983년 조사에 의하면, 중심가 백화점의 단위 면적당 매출액이 베이사관 백화점 매출액의 12배였다. 결정적 요인은 위치이다.[9] '술맛이 좋은데다가' '골목이 깊지 않다면', 사업은 더욱 번창하게 될 것이다.

미국의 에스티 로더가 제출한 유명한 '로더' 학설이 있는데, 그 가운데 계산대의 위치가 판매에 미치는 영향에 대한 언급이 있다. 그는 일주일 간의 관찰을 통해서 90%의 여성이 상점에 들어온 후 먼저 오른쪽부터 본다는 사실을 발견하였다. 그래서 그는 색채가 밝아서 흡인력이 있는 것을 계산대 오른쪽에 두어서, 여성들의 주의를 쉽게 끌 수 있도록 하였다.

지리적 위치는 지역 개발을 제약하는 중요한 요소이다. 역사적으로, 문화와 기술은 확산의 과정을 보여준다. 문화와 기술의 발원지에서 가까우면, 그 기술을 받아들이는 데 상대적으로 빠르다. 반대로 문화와 기술의 발원지에서 멀면, 그 기술을 받아들이는 데 상대적으로 늦다.

한 한국 작가가 지리적 위치가 조선 문화에 미친 영향을 논한 적이 있다.

"제2차 세계 대전 이후, 일정 시간 동안 기차는 몹시 붐볐다. 도쿄에서 각지로 가는 밤차에 일단 오르면, 좌석은 말할 것도 없고, 통로도 모두 승객으로 꽉 찬다. 언제인가 나는 이런 밤차에 올라타서, 통로에서 신문지를 깔고 앉았다. (……) 열차 안에서 사람들이 지나다니고 있었는데, 막 선잠이 들려던 참에, 신발과 다리에 채여 깨어났다. (……) 이 때, 나는 깨달았다. 내 현재의 처지가 바로 우리 조선 민족의 역사가 처한 모습이라는 것을. 조선 반도는 바로 중국 대륙으로부터 일본 열도로 가는 통로라 할 수 있으니, 중국 민족, 일본 민족, 몽골 민족이 모두 이 통로를 통해서 열도로, 또는 반대로 대륙으로 가고자 했던 것이다. 언제였던 간에, 통로에 살고 있는 조선인은, 마치 좁은 통로에 쭈그리고 앉아 있는 나와 마찬가지로, 결국에 채이고 찔리며 한시도 평안할 수 없다."

반대로, "일본 민족은 중국 문화권 안에 있으면서, 대외 관계에서는 줄곧 비교적 평안한 생활을 하였다. 이런 역사 환경의 영향은, 현대에 와서도 여전히 굳건하고 있다. 사방이 바다라는 천연의 장벽으로 둘러싸인 열도 민족은, 보통 비교적 강한 내향성을 지니고 있으며, 다른 지역의 민족과 융화되기가 쉽지 않다. 외국인은 항상 일본인의 배타성과 섬나라 근성을 비판하는데, 이는 의심할 바 없이 이런 열도의 환경에 의해 조성된 것이다."

중국 서북 지역 건설의 순서는 철로 부설과 관련이 있다. 철로를 어디에 부설하고, 공장을 어디에 건설하는가에 따라 지역 건설이 정해진다. 1950년대 톈수이에서 란저우까지의 철로가 개통되자, 란저우에 토목 공사가 활발하게 일어났다. 1960년대에는 란신(蘭新) 철도(란저우-우루무치)가 개통되자, 우루무치에서 대규모 건설이 시작되었다. 1990년대 난장(南疆) 개발 역시 철로와 보조를 맞춰, 쿠얼커(庫尔勒), 아커수(阿克蘇)에서 커선으로 추진되었고, 마지막에는 허톈(和田), 유창(若羌)에까지 이르게 되었다.

변경 우세론

제2차 세계 대전 이후, 서양 선진국의 육상 국경 지대에는 번영 현상이 나타났다. 영국 런던에서 프랑스·벨기에·네덜란드 간의 국경, 프랑스·독일 간의 국경을 거쳐, 스위스·프랑스·이탈리아의 국경, 스페인 바르셀로나에 이르는 지역에, 서구에서 발전 속도가 가장 빠른 지대가 형성되었다. 이 지대의 모습이 마치 바나나와 같아서, '뜨거운 바나나' 지대로 불린다. 미국과 멕시코 국경 지역 역시 마찬가지로 국경선 전체가 흥성하였다. 멕시코는 전체 국경 지역을 개방구로 개발하였다. 중국은 오랫동안 쇄국을 하여, 해양 자원에 대한 관념이 결여되었을 뿐만 아니라, 육상 자원에 대한 관념도 결여되어 있다. 1980년대 연해 지역 개방으로, 해양 우세성에 대한 초보적 관념을 갖게 되었다. 1990년대에는 육상 국경 교역로의 개방으로, 육상 국경 자원에 대한 관념이 논의되기 시작하였다.

육상 국경 우세론의 이론적 근거로 세 가지가 있다.

1) 국경의 이중성과 평화 추세

육상 국경은 자고로 이중적 기능을 하였는데, 하나는 정치·군사적 기능이고, 다른 하나는 경제와 문화 교류의 기능이었다. 현재, 중국에서는 육상 국경의 경제·문화 교류 기능이 주도적 위치를 차지하고 있다. 전세계적으로는 평화, 대화, 군비 축소가 주된 추세이다. 중국은 평화 공존의 5개 원칙과 우호 정책을 시행하고 있다. 개혁 개방 이래로, 중국은 주변 국가와의 관계를 부단히 개선시키고, 국경의 경제와 문화 기능을 부단히 강화시키고 있다.

2) 경사도 위치 에너지와 안정 지향성

육상 국경의 양쪽으로는 사회·경제·문화적 격차가 있다. 격차가 있으면 위치 에너지가 있게 마련이다. 격차가 크면 클수록, 위치 에너지도 크다. 위치 에너지가 있으면 유동이 발생하게 된다. 마치 강물이 낙차로 인해 흐름이 생기고, 낙차가 크면 클수록, 흐름도 빨라지듯이 말이다. 국경 지역에 만약 커다란 격차가 있다면, 마치 강물에 갑자기 큰 폭의 낙차가 발생하면, 집약된 경사도 위치 에너지가 형성되어, 비류직하의 폭포가 생기는 것과 같다. 유동은 결국 위치 에너지의 소실을 가져와, 안정화되어 동일한 상태로 나아간다. 따라서 국경 양측의 경제와 문화 교류는 불가피하며, 교류는 결과적으로 쌍방에게 모두 유리하며, 낙후된 쪽에 더욱 유리하다. 중국은 주변 국가와의 사이에 명확한 사회·경제·문화적 격차가 있고, 게다가 자연 환경이 복잡하여, 국경 교역로에 대체로 비교적 큰 위치 에너지가 존재한다. 예를 들어, 러시아와 카자흐스탄 등은 구 소련에서도 자연 자원이 풍부하고 중공업과 원자재 공업이 발달하였던 반면에, 경공업과 농업이 미약하고 노동력이 부족하여 중국과는 매우 좋은 상호 보완 조건을 지니고 있다.

3) 국경 교역로

육상 국경 교역로는 이웃 지역에 도움을 줄 뿐만 아니라, 국경 통과 국제 무역에도 도움을 준다. 카자흐스탄과 키르기스스탄은 구 소련 국가들 이외에, 국경을 접하고 있는 나라가 중국밖에 없다. 타지키스탄과 우즈베키스탄의 경제 중심은 중국과 가깝다. 중국의 육상 국경 교역로는 이 네 나라의 대외 무역의 중요한 통로이다. 몽골 공화국은 중국을 경유하는 문제를 일찍부터 협의해 왔다. 중국의 접경 지역 역시 마찬가지로 이웃 국가의 교역로를 빌어 해외로 나갈 필요가 있다. 시짱(西藏) 자치구를 통해 인도와, 윈난(雲南)성을 통해 미얀마와 베트남과 교역했던 것은, 모두 유구한 역사를 지니고 있다.

6. 7개 경제 구역

7개 경제 구역의 성격

1996년 3월 17일, 제8차 전국인민대표대회 제4차 회의에서 전국에 7개 성 경계를 초월한 경제 구역을 세울 것을 제출하였다.[10]

<table>
<tr><td>(1) 양쯔강 삼각주 및 강 연안 지구</td><td>(5) 동북 지구</td></tr>
<tr><td>(2) 환발해 지구</td><td>(6) 중부 5개 성 지구</td></tr>
<tr><td>(3) 동남 연해 지구</td><td>(7) 서북 지구</td></tr>
<tr><td>(4) 서남 및 화남 일부 지구</td><td></td></tr>
</table>

이는 1985년 『중공 중앙의 국민 경제와 사회 발전 제7차 경제 개발 5개년 계획에 관한 건의』 속에 중국을 동부, 중부, 서부의 3대 경제 지대로 나눈 이후로 경제 구획에서 또 한 번의 중대한 조치였다.

경제 구획의 형태로 보아 7개 경제 구역은 3개 경제 지대보다 진일보한 것이다.

3개 경제 지대는 전형적인 유형의 경제구이다. 7개 경제 구역은 장기적 경제구과 유형 경제구의 특징을 겸비한 종합적 경제구이며, 유형적 경제구과 종합적 경제구 사이의 과도적 형태의 경제구이다. 구획 원칙에서 보든 또는 구획의 결과에서 보든 간에, 7개 경제 구역은 모두 명확한 종합적 경제구의 특징을 지니고 있다. 원칙으로는 '시장 경제 법칙과 경제의 내재적 관계 및 지리 자연 특징에 따라, 행정 구획의 한계에서 벗어나, 기존의 경제 배치의 기초 위에 중심 도시와 교통 주

---

(10)　　李鵬,『關于國民經濟和社會發展 "九五" 計劃和2010年遠景目標綱要的報告』, 人民出版社, 1996, 99~101쪽.

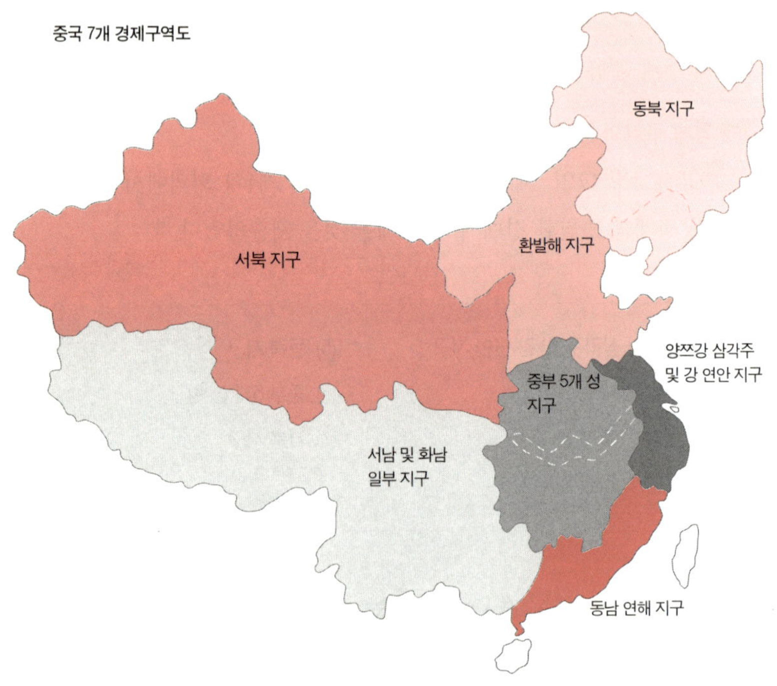

요 노선을 근거로 삼는 것'을 명확히 내세우고 있다. 내재적 관계의 원칙, 중심 도시의 원칙, 교통 주요 노선의 원칙 등은 모두가 종합적 경제 구획의 중요한 원칙이다. 유형적 구획의 흔적은 지역에 중첩되어 나타난다. 양쯔강 삼각주 및 강 연안 지역은 중부 5개 성 지역과 중첩되는 부분이 있고, 환발해 지역과 동북 지역 역시 중첩되는 부분이 있다. 지역 중첩 현상은 다중 유형적 구획에서만 나타난다. 예를 들어, 면화 생산 지역은 유형적 구획이고, 양곡 생산 지역도 유형적 구획이다. 면화 생산 지역과 양곡 생산 지역은 지역상 완전히 중첩될 수 있다. 문서상 7개 경제 구역은 '점진적으로 형성되어야' 한다고 규정하고 있는데, 이는 이들이 전형적인 현재적 경제 구획이 아니라, 장기적 경제 구획의 성질을 지니고 있음을 설명해 준다.

[188]

장기적 구획의 특성과 유형적 구획의 특징을 겸비한 종합적 경제구의 채용은 이전에는 볼 수 없었던 것이다. 이것은 중국의 매우 복잡한 지역 차이와 경제 발전의 특수 단계에 근거하여 채택한 시책이기 때문이다.

경제 구획계는 과거 종합적 경제구 연구에 주력하면서, 경제구를 종합적 경제구와 동일시하게 되었던 것이다. 중국의 실제에 근거하여, 상이한 성질과 상이한 형태의 경제구에 대한 연구를 강화시켜야만 한다. 3대 경제 지대도 종합적 경제구가 아니고, 7개 초성적 경제 구역도 전형적인 종합적 경제구가 아니며, 모두 깊이 있는 연구가 필요하다.

7개 경제 구역의 기초 자료

7개 경제 구역은 지역적으로 일부 중첩되며, 경계가 약간 모호하다. 기초적인 통계 자료 처리상의 중첩을 해결하기 위해서는 임의적인 시책을 채택할 수밖에 없다.

환발해 지구, 양쯔강 삼각주 및 강 연안 지구는 기초적인 통계 자료를 중첩과 비중첩에 따라 두 가지로 처리한다. 양쯔강 삼각주의 자연 지리 개념과 인문 지리 개념에서는 장쑤(江蘇)성 화이허강 북쪽 지구는 포함되지 않는다. 장쑤성 화이허강 북쪽 지구는 자연 지리상 황화이하이(黃淮海) 평원의 일부분에 속한다. 지역적인 공백을 방지하기 위해, 장쑤성 화북 지구의 통계 자료는 일단 양쯔강 삼각주와 강 연안 지구에 잠시 보류해 둔다.

종합적 경제구 개념에 따르면, 네이멍구(內蒙古) 자치구 동부 네 곳의 맹(盟)과 시는 동북 지구의 일부분이며, 네이멍구 자치구 중부 일곱 곳의 맹과 시는 환발해 지구에 가깝고, 네이멍구 서부의 아라산맹(阿拉善盟)은 서북 지구에 가까워, 각각 세 구역으로 편입되어 있다.

이 밖에 순서 안배상 우선 종합적 경제구의 성장 정도를 고려한다.

경제구역	전국 면적 점유율(%)	1997년 인구 전국 점유율(%)	1997년 국내 총생산전국 점유율(%)	1997년 국내 총생산전국 점유율(%) (홍콩 포함)	1978~1997년 국내총생산 연간 증가율(%)
양쯔강 삼각주 및 강 연안 지구	2.2 (3.4)	10.6 (14.7)	19.1 (23.7)	16.1 (19.9)	9.8
동남 연해 지구	3.5	9.0	13.9	27.6	13.6
환발해 지구 (랴오닝성 포함)	9.9 (11.6)	17.8 (21.7)	20.2 (24.8)	17.0 (20.9)	9.5
동북 지구	13.1	9.5	10.7	9.0	7.7
중부 5개 성 지구	9.1	26.0	19.4	16.3	9.7
서남 및 광시성 지구	27.1	20.0	12.0	10.0	9.0
서북 지구	35.1	7.1	4.7	4.0	7.9
합 계	100.0	100.0	100.0	100.0	9.7

자료 출처 : 『中國統計年鑑, 1998』, 中國統計出版社, 1998 ; 『全國各省, 自治區, 直轄市歷史統計資料滙編 (1949~1989)』, 中國統計出版社, 1990.

서남과 화남 일부 지구 가운데 '화남 지역 일부 지구'는 사실상 광시 (廣西)성으로, 명확히 하기 위하여, 구역 명칭을 서남과 광시성 지구 로 바꾸기로 하자.[11]

　7개 경제 구역의 기초 통계 자료표를 통해서 발전 수준의 커다란 차이를 확인할 수 있다. 양쯔강 삼각주 및 강 연안 지구와 동남 연해 지구, 두 지구의 면적은 전국의 5.7%, 인구는 전국의 19.6%를 차지하 고 있는데, 국내총생산은 전국의 33%이다. 서남 및 광시성 지구와 서 북 지구, 두 지구는 면적은 전국의 62.2%, 인구는 전국의 27.1%인데,

---

(11)　　　曄青, 「堅持區域經濟協調發展」, 『跨世紀的宏偉藍圖』, 中國言實出版社, 1995, 162~ 174쪽.

국내총생산은 전국의 16.7%이다. 성장 속도에서도 마찬가지로 차이가 확연하다.

중국의 지구별 격차의 극단적인 복잡성으로 인해, 7개 경제 구역 내부에서도 지역 구분 현상이 나타난다. 환발해 지구에서는 산둥성만이 경제 성장 속도가 전국 1979년에서 1997년까지의 연평균 성장치 9.7%를 넘었다. 서북 지구에서는 신장(新疆) 자치구가 군계일학으로, 유일하게 전국 연평균 성장치를 넘었다. 서로 다른 지구의 성 간의 비교 또한 깊은 의미가 있다. 저장성과 간쑤성을 예로 들자면, 1978년에는 1인당 평균 국내총생산의 격차가 10% 이하였는데, 1997년에는 저장성이 간쑤성의 3.3배였다. 다시 인근의 장시성과 푸젠성을 예로 들자면, 1978년에는 장시성의 1인당 평균 국내총생산이 푸젠성에 비해 약간 높았지만, 1997년에는 푸젠성의 1인당 평균 국내총생산이 장시성의 2.2배였다.

홍콩의 주권 반환 후로, 홍콩 지역 경제에 대한 연구는 홍콩 주권 반환의 영향을 고려하지 않을 수 없다.

▶ (1) 홍콩의 면적은 1096km²이고, 인구는 650만 명으로, 경제가 고속 성장하였다. 1997년 1인당 평균 국민총생산이 2만 5280달러로, 후공업화 사회로 진입한 선진국 수준에 해당한다.[12] 만약 홍콩의 국내총생산을 환율에 따라 인민폐로 환산하면, 중국 대륙의 18%와 맞먹는다. 홍콩의 국내총생산을 계산에 포함한다면, 7개 경제 구역의 국내총생산이 전국에서 차지하는 비중에는 커다란 변화가 생겨, 동남 연해 지구의 비중이 13.7% 상승하면서 전국 1위를 차지하게 될 것이다.

▶ (2) 중심 도시, 교통 요지라는 측면에서 보든, 기존 경제 배치의 기초적 평가 측면에서 보든 간에, 홍콩은 동남 연해 지구의 핵심이다. 특히

---

(12)　　世界銀行, 『1998/1999世界發展報告』, 中國財政經濟出版社, 1999.

광둥성의 경제는 홍콩과 이미 긴밀한 관계를 맺고 있다. 광둥성 외자의 80%가 홍콩에서 왔고, 수출입도 홍콩을 경유하고 있다. 홍콩 경제계에서는 '광둥·홍콩 공업'이라는 신개념을 제출하였는데, 이는 광둥성과 홍콩 두 지역의 공업이 이미 고도로 일체화되었음을 반영한다. 통합적 고찰을 통해서만 두 지역 공업 활동의 진상을 파악할 수 있을 것이다.

7개 경제 구역의 주요 특징

경제 발전 수준이나 성숙 정도에서 보았을 때 7개 경제 구역 간에는 커다란 차이가 있다.

1) 양쯔강 삼각주 및 강 연안 지구

당대 이래로, 이곳은 줄곧 전국 경제의 요지였다. 만약 앞의 표 기초 통계 자료에 안후이성, 장시성, 후베이성, 후난성의 양쯔강 연안 일대를 더한다면, 1997년 국민총생산의 전국 비중이 거의 1/4이 넘는다. 이 지구의 중심 도시는 상하이이다. 발전 방향은 강을 통해 바다로 나아갈 수 있고 농업이 발달하고, 공업 기초가 두텁다는 우세를 살려, 싼샤(三峽) 건설을 계기로, 강 연안 대·중도시를 근거로 삼아, 점차 동서를 가로지르고 남북을 연결시키는 종합 경제 지대를 형성하는 것이다.

2) 동남 연해 지구

양쯔강 삼각주 및 강 연안 지구와 마찬가지로, 동남 연해 지구 역시 발전 수준이 비교적 높은 경제 구역이다. 홍콩이 이 지구의 잠재적 중심 도시이다. 발전 방향은 인근의 홍콩, 마카오, 타이완 등지와 대외 개방 정도가 높고 규모가 비교적 크다는 이점을 살려, 주장강 삼각주와 푸젠성 동남 지방을 위주로, 자본·기술이 밀집된 외자 기업과 고

부가 가치의 외화벌이 농업을 한층 더 발전시키고, 외향형 경제가 발달된 경제구를 형성하는 것이다.

3) 환발해 지구

양쯔강 삼각주 및 강 연안 지구, 동남 연해 지구와 마찬가지로, 환발해 지구 역시 동쪽으로 바다를 접하고 있다. 그러나 환발해 지구의 성장 정도는 앞의 두 지구와는 상당한 차이가 있다. 1978~1997년 산둥성의 성장 속도만이 전국 평균 수준을 넘어섰다. 베이징은 환발해 지구 제1의 중심 도시이다. 경제적 능력에서 보자면, 베이징은 홍콩, 상하이와는 상당한 거리가 있다. 발전 방향은, 교통이 발달되고, 대·중 도시가 밀집되고, 과학 기술 인재가 집중되었으며, 철광·석유 등의 자원이 풍부한 이점을 살려, 지주 산업의 발전과 에너지원 기지·수송로 건설을 동력으로 삼아, 연해의 대·중도시를 근거로 하고, 랴오둥 반도, 산둥 반도, 징진지(京津冀) 지방을 위주로 하는 종합 경제권을 형성하는 것이다.

4) 동북 지구

중국 제1의 중공업 기지로, 동북 지구의 기초 공업과 기초 시설 면에서 모두 상당한 실력을 지니고 있다. 한편으로, 동북 지구는 구체제의 속박을 받아, 개혁의 임무가 막중하다. 선양(瀋陽)과 하얼빈은 이 지구의 제1, 제2의 중심 도시이다. 개방 이후 다롄의 지위가 상승하여, 기존의 중심 도시에 대하여 새로운 도전장을 내놓고 있는 형편이다. 발전 방향은 교통이 발달되고, 중화학 공업 시스템이 완정하고, 토지와 에너지 자원이 풍부하다는 이점을 살려, 노후 공업 기지의 개조를 가속화시키고, 두먼장강 지구의 개발과 개방을 잘 진행시키며, 농업 자원을 종합적으로 개발하고, 가공업을 심화 발전시킴으로써, 전국적으로 중요한 중화학 공업 기지와 농업 기지를 형성하는 것이다.

5) 중부 5개 성 지구

거리 체감 법칙의 작용으로 인해, 중부 5개 성의 동부는 양쯔강 삼각주와도 가깝고, 남부는 동남 연해 지구에 의존하여 생산력 요소를 이동시키기에 가깝고, 또한 중원이 전국 철로의 중추라는 이점이 있다. 연해 지구를 제외하고는, 중부 5개 성 지구가 총체적으로 경제적 입지가 가장 좋다. 허난성과 안후이성, 두 성의 국내총생산 성장 속도가 전국 수준을 넘는 것은 이러한 우세의 구체적 반영이다. 우한(武漢)이 마땅히 중부 5개 성 지구 제1의 중심 도시가 되어야 할 것이다. 발전 방향은, 농업이 발달되고 공업 기초가 비교적 좋고 교통이 편리한 이점을 살려, 룽하이(隴海), 징주(京九), 징광(京廣) 등의 간선 철로를 주축으로 삼아, 중요한 농업 기지, 원재료 기지, 기계 공업 기지, 그리고 새로운 경제 지대를 형성하는 것이다.

6) 서남 및 광시성 지구

서남 지역과 광시성이 공동으로 경제 구역을 이루게 된 것은 개방 후 지역 경제 연계의 새로운 방향이다. 광시성의 베이하이(北海), 팡청(防城), 친저우(欽州) 등은 서남 지구에서 가장 가깝고 편리한 세계로 향하는 관문이다. 쓰촨성으로부터의 이주민, 자금, 기업 등의 대량 유입으로 인해, 사회·경제 생활에 대하여 커다란 영향을 받아, 광시성 베이하이는 또한 우스갯소리처럼 '쓰촨성 베이하이'라 불리기도 한다. 캐나다의 밴쿠버가 홍콩의 이민과 자금의 영향으로 '밴홍콩'이라 불리는 것처럼 말이다. 윈난성과 광시성 경계의 이점 또한 매우 크다. 충칭(重慶)이 서남 제1의 중심 도시가 되어야 할 것이다. 발전 방향은, 해안, 강 연안, 변경 지대이고 농·임·수산·광산·여행 자원이 풍부하다는 이점을 살리는 것이다. 대외 교통로 건설, 수력 발전과 광산 자

원의 개발을 기초로 삼고, 국방 산업의 기술 역량에 근거하여, 전국적
으로 중요한 에너지원 기지, 유색 금속과 인·황 등의 생산 기지, 열
대·아열대 농작물 기지, 여행 기지를 형성하는 것이다.

7) 서북 지구

서북 지구는 전국 면적의 30%를 차지하고 있지만, 인구는 1/15밖
에 안 되며, 국내총생산은 1/25밖에 되지 않는다. 이처럼 커다란 격차
는 개발의 긴박성을 설명해 줄 뿐만 아니라, 또한 개발의 가능성을 설
명해 주기도 한다. 시안(西安)은 현재 서북 지구 제1의 중심 도시이다.
발전 방향은 동아시아와 중아시아를 연결시켜 주는 입지상의 이점, 농
목축업·에너지원·광산 자원 등이 풍부하고 군사 공업 기업이 있다는
이점을 살려, 아시아·유럽 대륙의 교량 역할을 하고, 수리 사업·교통
건설·자원 개발을 가속화시킴으로써, 전국적으로 중요한 면화와 축
산품 기지, 석유 화학 공업 기지, 에너지원 기지, 유색 금속 기지를 형
성하는 것이다. 서북 지구의 상술한 이점들은 신장(新疆) 자치구에 집
중적으로 나타난다. 신장 자치구와 윈난(雲南)성은 각각 남과 북에서
서로 호응하며, 성장 속도가 전국 평균보다 높은 국경 지대의 두 지역
이다.

경제 구획의 이론에 따르면, 7개 경제 구역의 구획은 명확히 과도
적인 것이다. 경제가 진일보 발전하고, 중심 도시가 더욱 성숙하고, 구
역 경제 간의 연계가 부단히 강화됨에 따라, 복합형 경제 구역은 점차
더욱 완정한 종합적 경제 구역으로 넘어가게 될 것이다.
▶ (1) 양쯔강 삼각주와 강 연안 지구의 강 연안 지구는 경제 지대, 도시
지대의 개념이다. 이곳의 중심 도시가 성숙된 이후에는, 반드시 중심
으로부터의 확산력을 강화하여, 통일된 종합적 경제 구역을 형성하게

될 것이다. 강 연안 도시의 중심 지역과의 연계의 중요성이 상하이와의 연계를 능가하게 될 경우, 더 이상 중부 5개 성 지구의 구획을 나눌 필요가 없게 되거나 중첩되게 될 것이다.

▶ (2) 랴오닝(遼寧)성은 동북 지구의 주요 성과 중심 도시가 있는 곳이다. 랴오닝성의 지린, 헤이룽장성, 네이멍구 동부와의 경제적 총체성은 이미 형성되어 있다. 동북 경제 구역이 일정 수준까지 발전하게 되면, 랴오닝성은 더 이상 중첩될 필요가 없다. 엄격히 말해서, 현재의 환발해 경제 구역은 유형적 경제구의 성격이 더 강하다. 따라서 랴오닝성과 산둥성이라는 두 날개와 징진지(京津冀)의 사이에는 명확한 중심 도시와 강력한 내재적 연계가 결여되어 있다. 유형적 경제구는 반드시 종합적 경제구로 넘어갈 것이며, 이는 경제 구획 발전의 내재적 법칙이다.

▶ (3) 경제구는 지역상 중첩되어, 통계와 관리 면에서 수많은 불편함을 초래한다. 특히 모호한 경계선을 지닌 지역의 중첩인 경우 더욱 폐단이 크다. 조건이 성숙된 후에는, 최대한 중첩, 특히 경계선이 모호한 중첩을 줄여야만 한다.

[196]

5장. 남북의 차이와 남북 응집

five　　　　　　　　　남북의 차이와 남북 응집

중국은 남북으로 넓게 걸쳐 있어서 일조량의 차이 또한 크다. 남북의 차이는 중국의 가장 중요한 지역적 차이이다. 남북 응집은 중국의 가장 중요한 응집 방향이다.
친링 산맥과 화이허강은 중국의 남북을 구분하는 주요 경계선이다. 이 두 경계선을 사이에 두고 남과 북의 자연 경관과 문화 경관은 확연히 구별된다.

---

1. 남북 자연의 차이 ❀

　중국 동부의 지세는 비교적 낮고 평탄해서, 위도상의 지대 특성에 의한 남북 온도차와 기후차가 특히 명확하다. 『고공기』에 "귤이 회수 이북으로 가면 탱자가 되고, 구관조는 제수를 넘지 않고 담비는 문수를 넘으면 죽게 되니, 이는 땅의 기운 때문이다(橘踰淮以北爲枳, 鸜鵒不踰濟, 貉踰汶則死, 此地氣然也)."라 하였다.[1] 탱자는 귤과 비슷한 소형 관목이다. 구관조는 주로 황허강 이북에 분포한다. 담비는 족제비와 비슷한데, 동북 일대에 분포한다. '제'는 옛날의 지수이강을 말하는데, 산둥을 거쳐 지금의 황허강의 하류에서 바다로 흘러들어갔다. 문수는 산둥의 먼허(汶河)를 말한다. 원(元)대 왕정(王楨)의 『왕정농서(王楨農書)』에서 "양쯔강과 화이허강 이북 지방은 지대가 높고 평활하여, 작물로는 기장 등이 농사에 적합하고, 양쯔강과 화이허강 이남 지역은 지대가 낮고 진흙 땅이라서 쌀이 적합한 작물이다(江淮以北, 高田平曠, 所種宜黍稷等稼；江淮以南, 下土涂泥, 所種宜稻秫)."라

---

(1)　　　中國科學院自然科學史研究所地學史組,『中國古代地理學史』, 科學出版社, 1984.

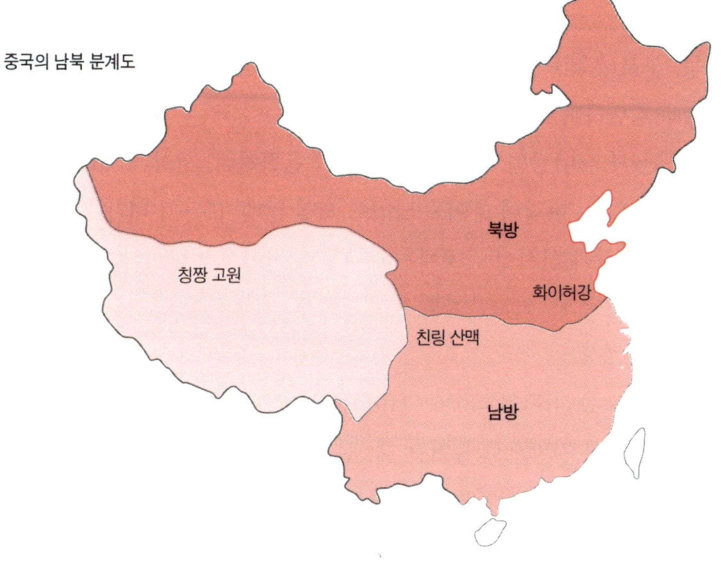

고 남북 작물의 차이를 기술하고 있다.[2]

중국 동부 계절풍 지역의 자연 지대는 온도를 주요 구분 지표로 해서 봤을 때, 북에서 남으로 한온대, 중온대, 난온대, 북아시아 열대, 중아시아 열대, 주변 열대, 중열대, 적도대 등의 9개 지대로 구분된다. 따라서 작물과 과수의 월동 조건도 다르고, 각 자연 지대마다 전형적 작물과 과수가 있다.

고대 문인은 관리가 된 이후로, 고향에서 관직을 하지 않고, 항상 옮겨 다니다가 폄적당하고 나서는 더욱 멀리 옮기곤 했다. 따라서 적지 않은 문인이 양쯔강 남북으로 널리 돌아다니면서, 지리 환경과 지대의 차이에 대한 체험이 적지 않다. 백거이(772~846)는 산시(陝西)성 웨이난(渭南) 사람으로 신정(新鄭)에서 태어났다. 당 헌종 원화(元和) 10년(815)에 백거이는 강주사마(江州司馬)로 좌천되어, 장안(長安)에서 주장(九江)으로 임직하게 되었다. 그는 루산(廬山)의 계수나

무, 분포(湓浦)의 수죽(修竹), 동림사(東林寺)의 백련화 등을 보고서 매우 경탄하며 다음과 같은 시를 지었다.

"쉰양(潯陽)강의 10월 하늘, 날씨가 온화하여, 서리가 내려도 풀이 시들지 않고, 바람이 불어도 낙엽이 지질 않네. (……) 내가 듣기로 펀허(汾河)강과 산시성 근처에는 대나무가 적어 옥만큼이나 귀중하다던데.(潯陽十月天, 天氣乃溫燠. 有霜不殺草, 有風不落木, …… 吾聞汾晋間, 竹少重如玉.)"

송대의 소식(蘇軾, 1036~1101)은 26세 때 산시성 바오지(寶鷄)를 통해서 쓰촨 지방으로 들어갈 때, 길을 따라 펼쳐진 자연 경관의 변화를 보면서 다음과 같이 쓰고 있다.

"서남 지방으로 들어갈수록 풍경이 변하여 길가에 쭉쭉 뻗은 대나무, 졸졸졸 물 흐르는 소리(漸入西南風景變, 道邊修竹水潺潺)."

= 주요 작물의 월동 조건

작물	최저 월동 온도(연절대 최저 온도의 평균)	대체로 북쪽 지방
겨울밀, 사과, 배	−22~−24℃	랴오닝 남부, 화북 지방 만리장성
포도	−20℃	허베이성 쉔화
오동	−8~−10℃	친링 산맥 남쪽 비탈, 화이허강 남부
차, 동백	−8℃	친링 산맥 남쪽 기슭, 타이후, 저장성 서부
감귤	−5℃	친링 산맥 남쪽 기슭 (푸저우-우저우-멍즈)
바나나, 파인애플, 여지, 용안	0℃	푸젠성 남부 연해, 타이완 중부
고무, 삼, 커피	2℃	광둥성·광시성 남부, 쓰촨성 남부, 시솽반나
기름야자, 코코아, 후추	2℃ 이상	하이난다오, 시솽반나

· 자료 출처 : 中國科學院 地理研究所 經濟地理室 編著, 『中國農業地理叢論』, 科學出版社, 1983, 16쪽.

[200]

청대의 시인 공자진(龔自珍, 1792~1841)은 자연 경관과 문화 경관의 남북 변화를 관찰하고서 다음과 같이 쓰고 있다.

"황허강을 건너 남쪽으로 가면, 하늘은 빛이 다르고 땅은 기운이 다르며, 사람들의 인정도 다르다(渡黃河而南, 天異色, 地異氣, 民異情)." 또한 시에서는 "황허강의 여직 부족이 남동쪽으로 옮겨 오고, 우리의 도와 신공이 우의 공적을 뛰어넘는다. 어찌 물정 어두운 유교와 옛 도리만을 놀라는가, 놀랄 만큼 천하의 민풍이 달라졌건만.(黃河女直徒南京, 我道神功勝禹功. 安用迂儒談故道, 犁然天地劃民風.)"이라

= 남방과 북방 자연 조건 비교

지역	남방	북방
1. 경계	친링 산맥 화이허강 이남	친링 산맥 화이허강 이북
2. 기후		
기후대	아열대	온대
가장 추운 달	0℃ 이상, 작물이 계속 생장한다	0℃ 이하, 작물이 생장을 멈춘다
연 강우량	800mm 이상 연간 변화율 20% 이하	800mm 미만 연간 변화율 20% 이상
작물 생장기	226일 이상	225일 이하
3. 지형	구릉지, 분지, 비교적 복잡	평원, 고원, 비교적 광활
4. 하류	전국 유수량의 80% 이상 차지	전국 유수량의 20% 이하 차지
5. 농업		
작물	벼의 1년 2모작	벼, 보리의 1~2작
토지 이용	논이 많다	밭이 많다
경제 작물	사탕수수, 차나무	면화, 사탕무, 아마
과일	감귤	사과, 배
경제림	뽕나무, 대나무, 삼나무, 오동나무, 동백나무	호두나무, 왕밤나무

읊고 있다.

친링 산맥, 화이허강 이북은 비교적 건조한 온대 기후로, 1월 평균 기온이 0°C 미만이며, 식물이 생장을 멈추고 월동하게 되어, 겨울철 대지에서 녹색을 찾아보기 힘들다. 연 강수량은 800mm 미만이고, 강수량의 연간 변화율이 20% 이상으로, 관개 없이는 벼농사를 보장할 수 없다. 작물 생장기는 225일 이하로, 벼는 1년 1모작을 할 수 있다.

친링 산맥, 화이허강 이남은 난습한 열대 기후로 1월 평균 기온이 0°C 이상이며, 작물이 생장을 멈추지 않으며, 대지는 겨울에도 푸르다. 연 강우량은 800mm 이상이며, 강우량의 연간 변화율도 20% 이하이다. 관개 조건이 없이도 벼농사를 할 수 있다. 작물 생장기는 226일 이상으로, 벼는 1년 2모작이 가능하다.

또한 설 절기 또한 남북의 기온과 경관에 커다란 차이가 있다. 북방에서는 온통 얼어붙고 눈보라로 가득하게 되는데, 하얼빈의 춘절 빙등(春節 氷燈) 축제에는 사람들이 영하 20°C 되는 혹한을 무릅쓰고, 수정처럼 맑고 휘황찬란한 얼음 공작, 얼음 연꽃, 얼음 백조들을 감상한다. 남국 광저우(廣州)의 춘절 봄꽃시장에서 수많은 기이한 화초, 분재들이 그 아름다움과 향기를 서로 뽐낸다.

지형도 남북의 차이가 있다. 남방은 구릉, 분지가 많아서 지형이 비교적 복잡하다. 반면, 북방은 평원과 고원이 많아서, 지형이 비교적 광활하다.

자연 자원에서, 남북 최대의 차이는 남수북화(南水北火)이다. 남방은 담수 자원이 많아서, 전국 하천 유수량의 83%를 점한다. 남방 대부분 지방은 산수가 청정하고 풍광이 수려하며, 평원 지역에 강과 호수가 많아서 '물의 고장'이라 불린다. 북방은 물 부족이 심각하다. 화북 평원 경지는 전국의 23%를 점하지만, 유수량은 전국의 3.8%에 불과하다. 유명한 황허강의 유수량은 푸젠(福建)성의 민장(閩江)강보다도

하류	유역 면적(만평방km)	길이(km)	유수량(1억 m³)
1. 남방			
1) 양쯔강	180.7	6300	9794
2) 주장강	45.3	2197	3492
3) 브라마푸트라강	24.6	1940	1167
4) 란창강	16.5	1612	743
5) 누장강	14.3	1540	701
6) 민장강	6.1	577	624
7) 첸탕강	5.4	494	468
8) 한장강	3.4	325	297
9) 어우장강	1.8	338	194
10) 위안장강	3.5	772	129
2. 북방			
1) 헤이룽강	162.0	3420	2709
2) 황허강	75.2	5464	575
3) 화이허강	18.6	1000	351
4) 압록강	6.3	773	328
5) 하이허강	26.5	1090	226
6) 이리허강	5.7	375	118
7) 어얼치스허강	5.1	442	108
8) 랴오허강	16.4	1430	95

적다. 1972년 이래로 황허강에서 단류 현상이 나타나고 있다. 1997년 황허에서 1년 동안 13차례의 단류 현상이 나타났으며, 누계 총 226일 간 단류 현상이 나타나, 바다에까지 이르지 못하고 내륙 유역을 흐르는 내륙 하천으로 발전될 위험이 있다. 화북 지방 다수 도시가 물 부족으로 곤란을 겪고 있다. 베이징은 수원 부족으로 인해, 1980년대에 수도 이전 여부를 놓고 토론이 벌어지기도 했다.

석탄, 석유, 천연 가스 등의 에너지 자원 매장량에는 북방이 상당히 우세하다. 자원과 러시아 연근 지역이라는 영향을 받아 중국 북방은 중공업 기지이다. 제1차 경제 개발 5개년 계획 기간(1953~1957)에는 모두 156개 항목의 중심 건설 항목이 있었다. 이 중 4개 항목이 이 기간에 시공되지 못하고, 2개 항목이 중복되어서, 실제로는 150개 항목이 시공되었다. 그 중 116개 항목이 북방에서 있었으며, 이는 전국의 77%에 달한다. 동북 지역이 제일 많아서 56개 항에 달하는데, 이는 전국 37%를 점한다.

서북 지역과 화북 지역은 각각 33개 항과 27개 항이 시공되었다. 화동 지역, 중남 지역과 서남 지역은 겨우 34개 항이다. 그 중에서도, 적지 않은 부분이 화이허강 이북의 허난(河南)성, 산둥(山東)성, 쑤저우 북쪽 지역에서 이루어졌다.[3] 북방에는 중공업을 대표로 하는 국유 대기업이 많아서, 기업 개혁에서 부담이 비교적 크다.

�֍　֍　֍

2. 남북 사람들의 체형과 성격의 차이

자연과 식물 구성의 차이 외에도 역사와 문화의 영향을 받아 중국 남북방 인종과 성격은 현저한 차이를 보인다. 린위탕(林語堂)은 이렇게 말하고 있다.[4]

"남방과 북방의 중국인은 문화적 유대에 의하여 하나로 연결되어 하나의 민족이 되었다. 그러나 그들은 성격, 정신과 육체, 습속에서 커다란 차이가 있어서, 지중해인과 북유럽의 게르만인 사이의 차이에 못 지않다."

---

(3)　　　『1997 中國區域發展報告』, 4쪽.

(4)　　　林語堂, 『中國人』, 1994, 29쪽.

[204]

체형의 차이

한족의 특징은 중소형의 체형에 연황색 피부, 적은 체모, 검고 곧은 모발, 넓은 이마, 진한 갈색 눈동자, 두껍지도 얇지도 않은 입술을 지니고 있다.

한인에게는 세 가지 신체적 특징이 있다. 첫째는 주걱 모양의 앞니가 두 개 있다. 둘째는 신생아의 엉덩이에 청회색의 반점이 있다. 셋째는 안쪽 눈구석에 주름이 지고 윗 눈꺼풀이 아래로 처져, 눈물샘을 덮고 있는데, 이를 몽고안이라고도 부른다. 독일 지리학자 리터는 눈구석이 주름진 것이 사막의 모래바람이 많은 기후에 적응한 결과라고 여기고 있다.

북방인과 남방인의 체형은 큰 차이를 보인다. 일반적으로 북방인은 체구가 비교적 크고 눈이 가늘고 길며, 비교적 몽골 인종에 가깝다. 남방인은 비교적 체구가 작고, 눈썹이 진하고 눈이 크며, 입술이 비교적 두껍고, 피부색도 상대적으로 짙어서, 말레이 인종에 비교적 가깝다.

남북방인의 피부색의 차이에 대해서, 장아이링(張愛玲)은 다음과 같이 묘사하고 있다.[5]

"1년 전 상하이로 돌아왔을 때, 오랜만에 본 상하이 사람들에 대한 나의 첫 인상은 희고 뚱뚱하다는 것이다. 홍콩, 광둥인의 십중팔구는 까무잡잡하고 작고 말랐는데, 인도인보다도 까맣고, 말레이인보다도 말랐다. 그런 그들에 익숙해 있어서 그런지, 상하이 사람들은 하나같이 조롱박처럼 희고 통통한 게, 분유 광고를 해도 될 것 같아 보였다."

국제 기준에 따라 선발된 모델들은 어느 정도 키가 커야 한다. 개방 후 중국 모델업계에는 북방인이 우세를 점하고 있다. 광저우의 미인 선발에서는 '외지 여성'들이 판을 치고 있다. 발레 극단에서 남자 무용

---

(5)　張愛玲, 「到底是上海人」, 『張愛玲散文全集』, 浙江文藝出版社, 1992, 7쪽.

= 중국 성인의 평균 키(m)

지역	남	여
화북·동북 지역	1.693	1.586
장쑤성, 저장성, 상하이	1.686	1.575
후난성, 후베이성	1.669	1.560
광둥성, 푸젠성	1.650	1.549
쓰촨성, 윈난성, 구이저우성	1.647	1.546
전국 평균	1.678	1.570

단원을 선발할 때는 하얼빈 사람을 첫손꼽고, 여자 무용 단원을 선발할 때는 쑤저우(蘇州) 사람을 첫손꼽는다.

성씨 또한 지역에 따라 차이가 있다. 한족 인구의 1% 이상을 점하는 성씨에는 李, 王, 張, 劉, 陳, 楊, 趙, 黃, 周, 吳, 徐, 孫, 胡, 朱, 高, 林, 何, 郭, 馬 등의 19개 성씨가 있다. 그 가운데 李, 王, 張의 3대 성씨가 7% 이상을 점하고 있다. 북방에서 흔히 볼 수 있는 성씨는 李, 王, 張, 劉이고, 남방에서 흔히 볼 수 있는 성씨는 陳, 趙, 黃, 林, 吳 등이다.

남북방인 성격의 차이

남세북상(南細北爽)이라고 해서, 남방인의 성격은 비교적 부드럽고 섬세하고, 북방인의 성격은 비교적 직선적이고 호방하다.

2000여 년 전, 『중용』에서는 남북 성격의 차이에 대하여 간명하게 결론짓고 있다. "관대하고 온유함으로써 가르치고, 무도함에 맞대응하지 않는 것이 남방의 강함이니 강자가 취할 도리이다. 죽기를 두려워하지 않는 것이 북방의 강함이다.(寬柔以敎, 不報無道, 南方之强也, 君子居之. 衽金革, 死而不厭, 北方之强也, 而强者居之.)" 그 당시 사람들의 남북 개념은 지금과는 달라서 공자가 활동했던 황허강 유역을 남방이라 할 수 있을 것이다. 그러나 남북 지대성의 차이는 이미 선현들의 관심을 끌었으며, 이는 후인들이 중시하기에 충분한 점이 있다.

근대에 이르러 남북 성격 차이를 분석하는 문헌이 점차 많아지게 된다.

루쉰(魯迅)은 이렇게 말하였다.

"북방인의 장점은 중후하다는 점이고, 남방인의 장점은 영리하다는 점이다. (……) 관상서에 '북인남상, 남인북상자귀(北人南相, 南人北相者貴)'라는 구절이 있다. 내가 보기에 아주 허튼 소리만은 아니다. 남방인의 상을 지닌 북방인은 중후하면서도 영리하며, 북방인의 상을 지닌 남방인이 영리하면서도 중후한 것은 더 말할 필요도 없다."[6]

린위탕은 "북방의 중국인은 단순하고 질박한 사유와 간결한 생활에 익숙하고, 체형이 크고 건장하며, 성격이 열정적이고 유머가 있으며, 대파를 즐겨 먹고, 농담을 즐긴다."고 말하고 있다.[7] 아이윈(艾雲)은 남북방 여인의 성격에 대하여 "당신이 동북 여인의 호방 솔직함, 서북 여인의 인내 강인함, 변방 여인의 민첩 용맹함, 중원 여인의 호방 명랑함을 봤다고 한다면, (……) 당신이 강남과 상하이에 가서는 여기 여인들의 우아함과 단정함을 느끼게 될 것이다."라고 생동감 있게 묘사하고 있다.[8]

어느 미국 청년이 상하이인과 베이징인의 언어 표현 양식의 차이를 깊이 이해하고서 유창한 중국어를 구사할 수 있게 되었다면 상하이 사람은 이렇게 칭찬한다. "와! 당신 중국어를 어쩜 이렇게 잘합니까? 어디서 배웠나요? 몇 년이나 배웠죠? 대단하네요!" 일련의 의문부호와

---

(6)　　　魯迅,『南人與北人』, 中國人事出版社, 1997, 2쪽.

(7)　　　林語堂,『中國人』學林出版社, 1994, 29쪽.

(8)　　　艾雲,「上海女人」,『北人與南人』, 中國人事出版社, 1997, 250쪽.

항목	요점
1. 남왜북고(南矮北高)	남방인은 키가 비교적 작고, 북방인은 크다.
2. 남수북반(南瘦北胖)	남방인은 비교적 말랐고, 북방인은 살찐 편이다.
3. 남세북상(南細北爽)	남방인은 완곡, 부드럽고, 북방인은 직설적이다.
4. 남편북창(南騙北搶)	남방인은 지능형의 경제 사범이 많고, 북방인은 폭력형의 강도 사범이 많다.
5. 남번북제(南繁北齊)	남방 언어는 과장, 번잡하고, 북방 언어는 비교적 간단, 직설적이다.
6. 남유북강(南柔北剛)	살구꽃, 봄비의 강남, 고도사풍의 이북. 남의 곡조는 느리고, 북은 힘차다.
7. 남미북면(南米北面)	북방은 만두, 남방은 생선, 남방인은 쌀음식 애호, 북방인은 면음식 애호.
8. 남감북함(南甛北咸)	남방인의 입맛은 단맛에 편중, 북방인은 짠맛에 편중.
9. 남권북각(南拳北腿)	남방 무술은 권법에 강하고, 북방 무술은 족법에 편중.
10. 남창북실(南敞北實)	정원, 건축은 남방이 비교적 넓고 개방형, 북방은 폐쇄형.
11. 남선북마(南船北馬)	남방은 수상 교통이 비교적 발달, 북방은 육상 교통이 발달.
12. 남경북중(南輕北重)	남방은 경공업이 비교적 많고, 북방은 중공업 위주.
13. 남경북정(南經北政)	남방은 경제, 문화 분야에서 활발, 북방은 정치, 군사 분야가 활발.
14. 남하북상(南下北上)	남방의 의식 형태는 수 차례 중원으로 정진, 북방의 정치 군사는 여덟 번 대륙 통일.
15. 남북응취(南北凝聚)	문화, 문자와 대운하 등이 남북을 묶어주고 있다.

감탄부호를 써서, 세세한 감정을 실어 차례차례로 약간의 과장 섞인 칭찬을 늘어놓는다. 베이징 사람은 아주 간단하게 말한다. "여! 형씨, 말 잘하는데."[9] 직설적이고 통쾌하게 칭찬의 뜻을 표현한다.

북방인의 호방함을 보여주는 것 가운데 하나가 술을 좋아하는 것이다. 1996년 전국 1인당 평균 맥주 소비량이 15kg을 넘는 다섯 도시 중에서 네 곳이 북방이다. 그 중 세 곳이 하얼빈, 선양(瀋陽), 다롄 등의 동북 지역이고, 다른 하나는 산둥의 칭다오이고, 남방은 닝보(寧波) 한 곳뿐이다.[10] 하얼빈에서 "두 사람이 삼복 때에 작은 술집에서 24병들

---

(9)   楊東平, 「上海人和北京人」, 《解放日報》, 1991 중간.

이 맥주 한 박스를 마시는 일은 늘상 있는 일이다."[11] 공안부 자료에 의하면, 남방의 범죄는 '지능형'이 많고, 경제 사범이 비교적 많은 반면, 북방의 범죄는 "폭력형"이 많고, 강도 사범의 빈도가 비교적 높다. 중국의 위조 지폐, 가짜 담배와 밀수의 온상지는 대부분 남방에 있다.

헤이룽장(黑龍江)성 일대의 호방한 성격은 개발 환경과 관련이 있다. 일찍이 이곳의 환경은 춥고, 교통이 안 좋아서, 서로 돕고 보살펴 주는 풍속이 형성되었다. 삼림 지대에서 목조 가옥을 발견하는 것은 "곧 먹을 것을 발견하는 것과 마찬가지다. 이런 목조 가옥 안에는 사람이 살든 안 살든 간에, 집 안에 반드시 먹을 것이 있기 때문이다. 당신은 들어가서 먹어도 된다. (……) 먹고 나서, 돈이 있으면 조금 놓아 두거나 당신이 잡은 사냥감을 놓아두면 된다. 만약에 돈도 사냥감도 없으면, 그냥 가도 된다. 다만 갈 때에, 문 버팀목을 당신이 가는 방향 쪽으로 놓고 가기만 하면 된다."[12]

❀　❀　❀

3. 남북 언어와 문화 예술의 차이

남북 언어의 차이

중국의 중국어 분포 특징은 북방은 비교적 통일되어 있는데, 남방은 비교적 복잡하다는 점이다.

양쯔강 이북과 서남의 광활한 지역이 북방 방언 지역에 속한다. 동북 하얼빈에서 쿤밍(昆明)까지 직선 거리로 3000km인데, 두 지역의 언어에 구별이 있고, 각기 다른 하위 방언 지역에 속하지만 언어 소통

---

(10)　　　阿成, 『哈爾濱人』, 浙江人民出版社, 1995.

(11)　　　《經濟日報》, 1997년 7월 11일.

(12)　　　위의 글.

에 그다지 큰 어려움은 없다.

남방에는 6개 방언 지역이 있다.

(1) 오(吳)방언 지역(장쑤성 남부와 저장성 북부 일대)

(2) 민(閩)방언 지역(푸젠성, 민장강 일대)

(3) 월(粵)방언 지역(광둥성 방언)

(4) 객가(客家)방언 지역(객가는 서진 말기와 북송 말기에 황허강 유역에서 점차
남방으로 이동한 종족. 지금은 광둥성, 푸젠성, 광시, 장시성, 후난성, 쓰촨성,
타이완 등지에 거주함)

(5) 공(贛)방언 지역(장시성)

(6) 상(湘)방언 지역(후난성)

각 방언 지역 내에는 적지 않은 하위 방언 지역이 있는데, 서로 알아듣지 못한다. 관례상 원저우(溫州) 일대의 구(甌, 원저우의 다른 이름) 방언과 후이저우(徽州) 일대의 휘(徽)방언은 오방언 안의 한 아(亞)방언 지역으로 구분한다. 차이가 너무 크고 어법조차도 다르기 때문에, 어떤 학자는 원저우와 후이저우를 독립된 방언 지역으로 구분하기도 한다. 민방언 중의 샤먼, 푸샨, 푸저우의 말도 서로 알아듣지 못한다.

남방 언어의 복잡성은 역사와 자연 환경의 공동 작용의 산물이다. 남방은 흉년이 적고, 대규모 전쟁도 적은데다가 구릉과 산지가 많아서, 주민 이동의 빈도가 낮다. 장기 정착으로 언어가 고정화되었다.

북방은 자연 재해가 많고 전란 또한 많은데다가 정치 중심이 오랫동안 북방에 있었고, 북방 방언이 주요 행정 언어로 쓰여, 예로부터 관화(官話)라 불렸다. 주민 이동 빈도가 높고, 언어 사용 지역 범위가 넓어서, 언어가 점진적으로 통일되었다.

[210]

= 중국어 방언표

방언 지역	사용 인구 비율
북방 방언	72.3
오방언	7.4
민방언	5.6
월방언	4.8
객가방언	3.6
공방언	3.2
상방언	3.2
합계	100

자료 출처 : 『中國言語地圖集』, Longman Group, Hong Kong, 1987.

7개 방언 가운데, 북방 방언은 총인구의 72.3%을 점하여, 절대 다수를 차지하고 있다. 남방 6개 방언은 모두 합쳐서 27.7%에 불과하다. 그 가운데 오방언과 민방언 인구가 비교적 많아, 각각 7.4%와 5.6%를 차지하며, 월방언은 홍콩·마카오 주민을 포함해서 4.8%를 차지하고 있다.

광둥성을 예로 들자면, 월방언이 우세한 지위를 점하고 있다. 돼와 경제가 가장 발달된 주장강 삼각 지역에서 월방언이 널리 사용되고 있고, 홍콩과 마카오에서도 월방언이 널리 사용되고 있다. 해외 중국인 가운데서도 절반 가량이 월방언을 쓰고 있는데, 대체로 1300만 명 정도이다. 그러나 광둥성 내에서 월방언이 다 통하는 것은 아니다. 차오저우(潮州) 방언과 뤼저우(雷州) 방언을 포함하는 민방언 지역과 객가방언 지역이 각각 1/5 이상의 인구를 차지하고 있다. 광둥성의 방언은 월방언, 민방언, 객가방언이 삼분하는 형세를 보여주고 있다. 그리고 샤오관(韶關) 방언 지역, 후이저우 방언 지역 및 약간의 소수 민족

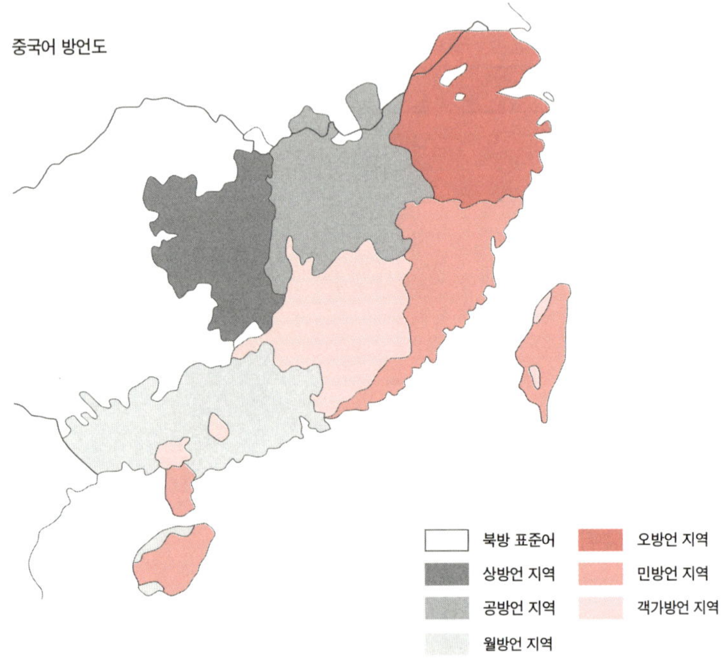

자료 출처 : 『中國言語地圖集』; 李新魁, 『廣東的方言』, 廣東人民出版社, 1994.

화 지역 등이 매우 복잡하고, 교착된 형세를 이루고 있다. 따라서 광둥
성에도 역시 공용어가 보급되어야 한다. 전국적 교류라는 시각에서 볼
때도, 광둥은 표준어(보통화)의 보급에 더욱 노력해야만 할 것이다.

베이징어에 기초한 표준어를 전국 공통 사용 언어로 보급하는 것은
역사 발전의 필연적 결과이다. 근 1000여 년 간 역대 왕조가 몇 차례
베이징을 수도로 삼았기 때문에, 베이징어는 북방의 여러 방언의 단어
와 소리를 종합하였을 뿐만 아니라, 몽골족과 만주족 등의 민족 언어
의 요소를 흡수하였다. 예를 들어, 베이징어 가운데 '당신(您)'은 몽골
어에서 왔고, '스승(帥)', '의사(大夫)', '갈망하다(巴不得)', 등은 만
주어에서 왔다. 베이징어는 많은 사람들이 습득하기에 가장 쉽다.[13]

[212]

= 광둥성 방언 간표(1996)

연도　　　　왕조	북방의 전국 점유율(%)	남방의 전국 점유율(%)
월방언 지역	3700	53.0
민방언 지역	1530	22.0
그 중 차오저우 방언 지역	1150	16.5
뤼저우 방언 지역	380	5.5
객가방언 지역	1500	21.5
샤오관 방언 지역	100	1.5
후이저우 방언 지역	30	0.5
기타	100	1.5
합계	6960	100.0

자료 출처 : 『中國言語地圖集』 ; 李新魁, 『廣東的方言』, 廣東人民出版社, 1994.

광둥성 방언 분포도

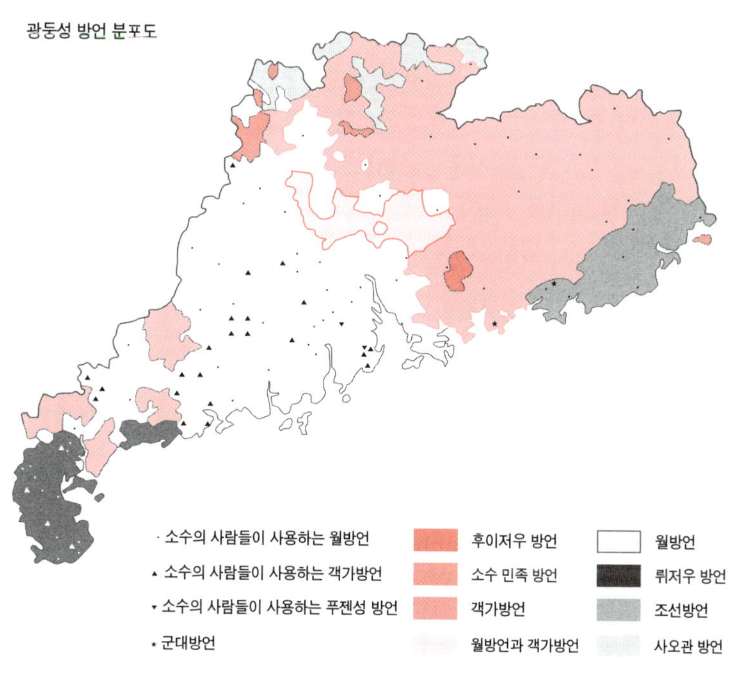

남북 문화 예술의 차이

'남쪽에는 노자, 북쪽에는 공자(南老北孔)'. 춘추 전국 시기에 양쯔강 유역에서 유행한 도가 사상은 허무를 숭상하고 환상을 즐기는 낭만적 색채를 지녔다. 황허강 유역에 널리 퍼진 유가 사상은 비교적 윤리를 중시하고 정치적 색채가 농후하다.

"살구꽃과 봄비가 강남을 상징한다면, 오래 된 길과 서풍은 기북(아홉 주 가운데 하나인 기주, 지금의 허베이성과 산시(山西)성, 하이난성 일부에 해당하는 지역의 이북 지방 : 역주) 지방을 상징한다(杏花春雨江南, 古道西風冀北)." 남북 철학 사상의 성격상의 차이에 덧붙여, 자연 환경의 영향으로 인해 남북은 서로 다른 사유와 문예 특색을 이루게 되었다. 북방은 비교적 신중·호방하고, 남방은 상상력이 풍부하고 처세술에 뛰어나다.

류스페이(劉師培)는 『남북학파부동론(南北學派不同論)』에서 남북의 시문, 서법, 회화 등의 차이를 개괄하고 있다.

"북조의 문장은 질박 수수하고, 서사가 간결 직설적이며, 발음이 강하다. 강좌(江左)의 시문은 분방 섬세하고, 한가하고 풍류스럽고, 매끄럽고 원숙하다. 북방의 서법은 단정 장중하고, 기세가 있으면서 정연하다. 남방의 서법은 소탈하면서 빼어나고 붓놀림이 다채롭다. 회화에서는 북종파의 창시자인 이사훈(李思訓)의 산수화는 필력이 강건하고, 기세가 드높으며 눈부시게 화려하다 남종파의 창시자인 왕유(王維)의 수묵화는 뜻과 형상이 마치 진짜 같고, 소탈 시원스러우며, 격식에 구애받지 않는다."[14]

고대의 시인은 의경(意景)의 융화와 정경(情境)의 조화를 중히 여겼다. 의(意)와 정(情)은 시인이 시인의 표현하고자 하는 사상 감정을

---

(13)   周有光, 『中國語文的時代演進』, 淸華大學出版社, 1997.

말한다. 정(情)과 경(境)은 경물의 형상, 자연 환경과 사회 환경을 말한다. 왕국유(王國維)가 말하는 '의(意)와 경(境)의 혼융'은 바로 이 양자의 융합을 뜻한다. 환경이 결국 시의 중요한 요소임을 알 수 있다. 당나라의 전성기에 시인은 전원 시인과 변새 시인 두 가지 유파가 있다. 전원 시인은 맹호연(孟浩然)과 왕유를 대표로 한다. 변새 시인은 고적(高適)과 왕창령(王昌齡)을 대표로 한다. 그들의 시에서 환경이 차지하는 부분은 매우 크다.

남북 시가는 문체에서 차이가 있는데, 춘추 전국 시대에 이미 형성되었다. 황허강 유역을 주요 배경으로 하고 있는 『시경』과 양쯔강 유역을 주요 배경으로 하고 있는 『이소(離騷)』가 바로 전형적인 대표작이다. 『시경』은 단정 돈후하여, 공자가 『시경』을 칭하여 '사악함이 없고(思無邪)', '예의가 있으며(止乎禮義)'라고 하였는데, 이는 현실주의적 문예 사상을 반영한다. 『이소』는 신화 전설을 사용하고 있는데, 옥규(玉虬)가 날아오르고, 풍신(風神)이 호위하고, 월신(月神)이 길을 인도하고, 구름 노을과 만나고, 여덟 용이 마차를 몰고, 운기(雲旗)가 휘날리는 듯하다. 루쉰은 『이소』에 대하여 '언사는 뛰어나고, 사상은 환상적이고, 문장은 아름답고, 뜻은 분명하니, 심상에 따라 읊고, 격식에 얽매이지 않는' 낭만주의 색채를 지니고 있다고 평하고 있다.[15]

「칙륵천(勅勒川)」과 「어가자(漁歌子)」는 널리 알려진 시사이다. 이 두 편의 아름다운 작품 속에는 환경의 낙인이 매우 강렬하게 남아 있다.

"칙륵천, 어두운 산 아래 하늘을 커다란 천막과도 같이 들판을 뒤덮었네. 어둑어둑한 하늘 아득한 들판, 바람이 불어 누운 풀 사이로 소와 양이 보이네.(敕勒川, 陰山下, 天似穹廬, 籠蓋四野. 天蒼蒼, 野茫茫, 風吹草低見牛羊.)"[16]

---

(14)　　　張仁福, 「中國南北文化心理結構」, 『北人與南人』, 中國人事出版社, 1997, 36쪽.

시에서 자연스럽고 질박한 언어를 써서 광활한 초원의 아득함과 거침, 웅혼 호방함을 묘사하고 있다. 전설에 의하면 한 북방의 장수가 전쟁에 패한 후 이 노래를 불러서 사병들을 다시 불러모아 다시 전선에 나갔다고 한다.

"서한산 위로는 백로가 날고, 도화 흐르는 강물에는 살찐 쏘가리, 푸른 삿갓, 녹색 도롱이, 비껴 부는 바람 사이로 내리는 가랑비, 뭐 하러 돌아가려 하나(西塞山前白鷺飛, 桃花流水鱖魚肥. 靑箬笠, 綠蓑衣, 斜風細雨不須歸)." 서한산은 저장성 우싱(吳興)현 서쪽에 있다.[17] 서한산 춘풍 세우 속에서의 어부의 정경은 아득한 초원과 강렬한 대조를 보여준다.

중국 희곡과 그리스의 비극·희극, 인도의 산스크리트 연극은 세계 3대 고대 희극을 구성한다. 중국에는 300여 극종이 있어서 방대하고 복잡한 희극 계통을 이루고 있다. 이 점은 세계에서 유일무이한 특징이다.

남쪽의 곡조(노래)는 실을 잣는 것처럼 완만하고, 북쪽의 곡조는 창을 휘두르는 것처럼 빠르고 기세가 강하다. '남유북강(南柔北强, 남쪽은 부드럽고 북쪽은 강하다)'은 남북 희곡과 음악의 기본 격조이다.

"산시(陝西)성 희곡은 일종의 목판을 가지고 속도를 조절하는데, 음률이 낭랑하고, 음조가 높고 커서, 마치 스위스 요들송와 같이, 울부짖는 바람소리를 연상시켜, 마치 높은 산 위나, 광야, 사구에 몰아치는 바람 속에 서 있는 듯한 느낌을 준다."[18]

산시(陝西)성 10대 명물 가운데 하나로 "큰 소리로 부르짖듯 노래

---

(15)　　　金毅, 『中國文化槪論』, 中國廣播電視出版社, 1995, 291쪽.

(16)　　　(北齊) 斛律金, 「敕勒川」.

(17)　　　(唐) 張志和, 「漁歌子」.

한다(唱戲大聲吼起來)."라는 말이 있어서, "팔백리 친촨(秦川)에 황사 날리는데, 삼천만인 소리로 부르짖듯 창을 하네(八百里秦川黃土飛揚, 三千萬人民吼叫秦腔)."라 전한다. '후(吼)'는 '진강(秦腔, 중국 서부 지방에서 유행하는 지방극 : 역주)'의 특색으로, 높고 우렁차서, 숲을 진동시키고, 흘러가는 구름을 멈추고, 풍운을 바꾸고, 별빛을 잃게 만들 정도이다. '후'성은 폐부에서 나와서 목구멍을 휘돌아, 비장하면서도 스산한 것이, 마치 용솟음치는 황허나 웅위한 화산이나 황무지처럼 심후하다. 경극의 주요 곡조인 서피(西皮)는 진강에서 기원한 것이다. "진강 후소리에, 산기슭 황소가 놀라서 죽고, 8척 장한이 눈물을 흘리고, 출가한 여자도 고개를 돌리네." 이는 산시 사람이 진강에 대하여 찬탄하는 말이다. 높고 낭랑한 진강은 순박한 서북 민가풍과 산지 민가의 고함치는 높은 가락 또한 담고 있다.

동북의 10대 명물 가운데 하나로 "밥 한 끼를 포기했으면 했지, '이인전(二人轉)'은 포기 못 한다."는 말이 있는데, '이인전'은 노래(唱), 이야기(說), 동작(做), 춤(舞)의 네 가지가 하나로 융합되어, 두 사람이 춤추며 노래를 주고받는 민간 예술이다. 노래는 높고 격정적이며, 대사는 풍취와 유머가 있어, 익살맞고 우습다. 동작에는 손, 눈, 몸, 발 등의 동작이 있으며, 춤은 동북 대앙가(大秧歌, 중국 북방의 농촌 지역에서 널리 유행하는 민간 가무의 일종 : 역주)를 기초로 하여 기타 희극의 무술 요소와 부채나 수건 등을 가지고 하는 독특한 기예 등을 흡수하였다. '이인전'은 짧고 경쾌한 예술 형식으로 상성(相聲, 만담 형식의 이인극 : 역주), 소품(짧은 극), 희곡의 장점을 두루 갖추고 있으며, 동북의 사회·경제적 기초에 적응하여 동북인의 호탕하고 실리적이고 낙천적인 성격과 잘 조화를 이룬다. 동북 사람들은 대부분 근 100여

(18)　　　　林語堂,『中國人』, 學林出版社, 1994, 29쪽.

년 간 떠돌이 이민 생활을 해왔기 때문에, 경제·문화적 기초에서 경극 같은 큰 규모의 희극과는 어느 정도 거리가 있다.

위풍 당당한 북소리는 북방 문화 예술의 또 하나의 대표적인 예이다. 강건하고 웅장하고 기세 좋은 북소리에는 "수많은 황허강 전투에서 빛났던 황금 갑옷, 루란청(樓蘭城)을 함락시키지 못하면 돌아가지 않으리(黃河百戰穿金甲, 不破樓蘭終不還)." 하는 기개가 있다.[19] 1990년 베이징 아시안 게임 개막식에서 산하를 뒤덮는 웅장한 기세의 북 연주가 등장해, 관중들에게 깊은 감동을 주고 치열한 경쟁의 시합 분위기를 잘 돋보여 주었다.

물의 고장인 강남은 인가가 빽빽하고 인가들끼리 그다지 멀리 떨어져 있지 않아서, 노랫소리가 먼 곳까지 전해 들려야 할 필요가 없어, 노래는 경쾌하고 춤은 부드럽다. 낮게 읊조리고 여리게 노래하며, 곡절이 완만하여, 신선하면서도 유창한 것이, 마치 비나 물과 같기도 하고, 꿈이나 그림 같기도 하고, 멍해지는 듯도 취한 듯도 싶고, 흐느끼는 듯도 하소연하는 듯도 싶다.

"쑤저우(蘇州) 악곡의 낮은 음조와 읊조리는 노래는, 탄식 소리와 코 고는 소리 중간 정도로, 후음과 비음이 매우 심하다."[20] 강남 민가 『말리화(茉莉花)』는 1997년 7월 1일 홍콩 반환식에서 연주되었는데, 중국과 홍콩 주민의 100여 년에 걸친 헤어짐과 만남의 깊은 정을 반영하였다.

일부 남방 희곡은 노래가 지나치게 부드럽고 완만해서, 남자역도 여자가 연기해야 한다. 저장성 상위(上虞)현에서 발원한 월극에 「양산백여축영대(梁山伯與祝英臺)」라는 전통극이 있는데, 무대의 배우 대

---

(19)　　　林語堂, 「北方與南方」, 『中國人』, 學林出版社, 1997, 29쪽.

(20)　　　위의 글.

부분이 여자가 분장한 것이다. 남방의 음악 희곡을 감상하는 것은 마치 "옹달샘 소리 죽여, 가는 물줄기 아쉬워하고, 나무 그늘 물에 드리워 맑은 하늘을 아끼네(泉眼無聲惜細流, 樹蔭照水愛晴柔)."[21]의 화폭 속으로 들어가는 것과 같으며, 또한 마치 "봄비에 다리 끊겨 건너지 못해, 조각배 저어 녹음을 빠져나오네(春雨斷橋人不渡, 小舟撑出綠蔭來)."[22]의 모습을 보여주는 듯하다.

4. 남북 음식의 차이

음식 종류가 다양하고, 자연·역사 환경이 복잡하여, 중국은 세계에서 음식 문화가 가장 풍부한 나라이다. 한족 지역에는 노채(魯菜), 천채(川菜), 월채(粵菜), 회양채(淮揚菜)의 4대 요리 계열이 있으며, 그 하위 범주 계열의 수는 이루 헤아릴 수 없다. 신맛, 단맛, 쓴맛, 매운맛, 짠맛 등의 다섯 가지 맛을 제외하고도, 구린 맛을 좋아하는 지역도 있다. 마오쩌둥이 창사(長沙)에서 공부하던 시절에 훠궁뎬(火宮殿)의 취두부(臭豆腐, 두부를 발효시킨 후 다시 석회로 봉해 만든 고약한 냄새가 나는 식품이다:역주)를 즐겨 먹었는데, 1950년대에 창사에 돌아와서 다시 한 번 맛을 보고서 "훠궁뎬의 취두부는 여전히 맛있다."라는 말을 남겼다. 문화대혁명 기간에 훠궁뎬에 붙인 표어가 "최고 지시—훠궁뎬의 취두부는 여전히 맛있다"였다. 구린 맛을 즐기는 것은 세계적으로도 그다지 보기 쉽지 않다.

북방은 중국 음식 문화의 발상지이다. '양(羊)이 큰(大) 것'을 '美'

---

(21)　　　(南宋) 楊萬里, 『小池』.

(22)　　　(北宋) 徐俯, 『春遊湖』.

라고 하고, '물고기(魚)와 양(羊)'을 합쳐 '鮮'이라고 했다. 그러나 전체적으로 보았을 때, 북방 음식은 상대적으로 소박한 편이다. 중국 4대 요리 계열 가운데 노채만이 북방에 속하고, 회양채, 천채, 월채 등은 남방에 속한다.

산시(陝西)성 10대 명물 가운데 다섯 가지가 음식에 관한 것이다. '허리띠만 한 면발', '솥뚜껑만 한 밀가루 떡', '큰 사발만 한 찐빵' '세숫대야만 한 사발', '고추도 요리의 한 종류'라는 말이 있다. 이 5대 명물은 호방한 성격과 관련된 것으로 웅장한 경관을 반영하고 있다. 관중(關中) 지방의 큰 사발과 차오저우(潮州) 지방의 공푸 찻잔을 나란히 놓으면, 하나가 높은 산과 같다면, 하나는 작은 언덕과 같아서, 높이가 거의 7배 이상 차이가 난다. 사발의 용적은 3L 정도이고, 작은 크기의 공푸 찻잔의 용적은 겨우 15mm 정도여서, 그 차이가 200배에 달한다. 바람을 들이마시고, 큰 찐빵을 먹고, 진강을 부르며, 병마용과 같은 모습을 하고 있는 것이 바로 관중(關中) 사람의 형상이다. 한 손에는 머리통만 한 사발을 받쳐 들고, 한 손에는 사발만 한 찐빵을 들고서, 의자에 걸터앉아 먹고 나서 쿵 소리나게 내려놓으면, 얼굴이 땀으로 가득한 것이, 그 기분이 더할 나위 없다. 그 지방 사람들의 마음속에는 800리 친촨(秦川) 땅이 가장 좋은 곳이다.

점차 형성된 '처녀가 내외를 하는(姑娘不對外)'의 전통도 10대 명물 가운데 하나다. 그들의 외모는 오랫동안 정형화되어서, 2000여 년 동안 별다른 변화가 없었다.

하얼빈에서는 먹는 것과 관련된 명사 앞에는 일반적으로 '大'자가 붙는다. 다만토우(큰 찐빵), 다차이바오즈(큰 야채 만두), 다빙쯔(큰 부침개), 다장(간장) 등이 그 예이다. 만두(饅頭)는 보통 하나가 400g 정도이고, 유타(油條)는 가장 긴 것이 50cm 정도에 팔뚝만큼이나 굵다. 식당에서 나오는 음식도 양이 아주 많다. 쟁반도 크지만, 양도 또한 푸

짐하다. 같은 쟁반 요리라도, 하얼빈의 요리가 남방의 요리보다 세 배 이상 크다.[23]

'남방에는 쌀, 북방에는 면(南米北麵)'. 쌀이 많이 나는 남방에서는 쌀을 주식으로 삼는데, 미펀(米粉), 가오투완(糕團), 쭝즈(粽子), 탕위엔(湯圓) 등 향토 음식이 모두 쌀을 재료로 만든 것이다. 북방은 밀이 많이 생산되어, 면음식을 많이 먹는데, 만두, 미엔티아오(麵條), 라오빙(烙餅), 귀테(鍋貼), 화주엔(花卷), 바오즈(包子), 교자(餃子) 등 모두 밀가루로 만든 것이다. 타이위안의 음식에는 10대 면이 있다. 라미엔, 치우미엔, 한미엔, 포미엔, 챠미엔, 다오샤오미엔, 이지엔, 허거, 마오얼두오. 어렸을 때 저장성 전하이(鎭海)에 살았는데, 제사 때 화주엔과 탕바오(糖包)를 쓰는 걸 봤다. 남방 사람은 이런 음식을 만들지 않기 때문에, 읍내의 음식점에 주문하기로 했다. 베이징에 온 뒤로 화주엔과 탕바오가 북방 사람들의 일상 식품이고, 제사상은 선조의 원적을 좇는 풍습이 있다는 것을 알게 되었다. 족보를 통해서 먼 조상이 송나라 때 허난(河南)성 션추(沈邱)현에서 남쪽으로 내려온 것을 알게 되었다.

'남방 음식은 달고 북방 음식은 좀 짜다(南甛北鹹).' 남방은 습도가 높아, 인체의 수분 증발량이 적기 때문에 과다한 염분을 보충할 필요가 없고, 또한 당료 작물이 풍부하다. 그래서 남방 사람들은 단 음식을 즐긴다. 북방은 건조하여, 인체 수분 증발량이 크기 때문에, 비교적 많은 염분을 보충할 필요가 있어, 짠 음식을 즐긴다. 산시(山西)성 사람은 식초와 인연이 깊어, 신맛을 아주 좋아한다. 황투 고원의 물에는 칼슘 성분이 많은데, 식초는 체내의 칼슘 침전을 도와 결석증을 막는 효과가 있다. 산시성 사람은 신 음식을 즐겨 먹는데, 특히 옌베이(雁北)

---

(23)　　　阿成, 『哈爾濱人』, 浙江人民出版社, 1995, 49쪽.

사람은 더욱 심하다. 농촌에서 아가씨에게 중매를 설 때는, 어머니가 우선 그 집에 신 채소 항아리가 몇 개나 있는지를 물어본다. 신 채소 항아리가 많은 것은 그 집안이 풍족하다는 것을 말해 준다.

'북방에는 교자, 남방에는 물고기'. 섣달그믐밤에 먹는 북방의 전통 음식은 교자고, 남방의 전통 음식은 물고기다. 교자는 엽전처럼 생겼는데, 그믐밤 12시(子時)에 식사상에 올리며, 재물을 불러들이는 길조로서의 의미와 송구영신의 경사스러움의 의미를 지니고 있다. 교자(餃子)라는 이름 역시 '자시에 서로 사귄다(子時相交)'에서 왔다. 남방의 섣달그믐날에는 물고기를 올리는데, 이곳에서 생산되는 고기 종류가 많기 때문이기도 하지만, '魚'자가 '해마다 넉넉하기를(年年有余)'의 '余'자와 동음자이기 때문이기도 하다. 대부분 지역에서 섣달그믐의 물고기 요리를 바로 먹는 것이 아니라, 초하룻날에 먹기 위해 남겨둔다. 아이들이 금기를 범하는 것을 막기 위해서, 후난(湖南)성의 일부 지방에서는 그믐날 내오는 고기를 나무로 만들기도 한다.[24]

쓰촨(四川)성은 분지라서 음습하고 안개가 많다. 마라(맵고 얼얼한 맛을 내는 향신료)는 체외 발산을 촉진하기 때문에, 천채(쓰촨 요리)는 맵고 얼얼한 것을 그 특색으로 한다. 마파두부는 맵고, 얼얼하고, 자극적이고, 어찔하고, 기름지고, 뜨겁고, 짠 일곱 가지 맛이 있어, 대표적인 대중화된 쓰촨 요리이다.

신선한 해산물은 광둥성 남부 지방의 특색이다. 광둥성 남부는 원래 남방 민족이 살던 땅으로 신선한 해산을 즐겨 먹는 전통이 있다. 바다를 면하고 있고, 구릉 산지를 등지고 있어서, 삼각주 수계와 하곡 평원이 발달되어 있다. 수산물로는 장어, 꽃게, 문어, 새우 등이 특산물이며, 수산물의 생산량은 산둥성에 이어 전국 2위이다. 육지 재료로는

---

(24)　　陶思炎, 『風俗探幽』, 東南大學出版社, 1995, 68~71쪽.

[222]

분류	특색
노채	궁정 요리의 색채가 있고, 고기와 조류를 많이 사용
천채	맵고, 얼얼하고, 어찔하고 자극적
회양채	민물고기를 많이 사용, 담백하고 시원함
월채	신선한 해산물, 원재료의 맛

도롱뇽, 물고기, 뱀 등이 있다. 가금류로는 닭, 오리, 거위 이외에도 메추리, 비둘기 등이 있다. 그 가운데, 상당수가 국가 보호 동물에 올라 있다. 광둥성의 문화는 다양해서, 차오저우(潮州) 요리, 커지아(客家) 요리 등의 하위 분류가 있다. 홍콩과 마카오의 정련을 거쳐, 월채(광둥 요리)는 요리가 고급 중국 요리의 주요 시장을 차지하고 있으며, 중국 제1의 요리가 되었다. 월채의 또 다른 특징은 죽의 종류가 매우 많다는 것인데, 특히 고기죽이 유명하다. 죽 종류는 광둥성의 무더운 기후 환경과 잘 어울리는데, 사람들이 수분과 영양을 보충하는 데 도움이 된다.[25]

회양채는 타이후(太湖) 유역과 장화이(江淮) 일대의 요리로서, 민물고기 요리를 그 특징으로 하며, 담백하면서도 묽지 않고, 진하면서도 느끼하지 않은 맛과 바닥이 보일 정도의 맑은 탕과 원재료의 맛을 좋아한다. 비늘이 있는 그대로 맑게 쪄내는 붕어 요리는 회양채 제일미이다.

노채는 북방 요리의 대표이다. 베이징의 영향을 받아서, 노채는 궁정 요리와 관부(官府) 요리의 색채가 있는데, 고기 지느러미, 제비집, 마른 물고기 등의 산해진미를 받아들였다. 노채는 역사가 유구하며, 조리 방식이 다양하다.

---

(25)   陣傳康, 「中國飮食文化區域分化和發展」, 《地理學報》, 1994년 5월.

산둥성의 랴오둥(膠東) 요리만 제외하고, 노채는 육류와 조류를 주요 재료로 한다.

> (1) **바오(爆)**: 뜨거운 기름으로 단시간에 튀기기 또는 뜨거운 물로 단시간에 데치기
> (2) **차오(炒)**: 중간 불로 기름에 볶기
> (3) **샤오(燒)**: 기름에 볶은 후 삶기
> (4) **카오(烤)**: 불에 직접 굽기
> (5) **자(炸)**: 많은 기름에 튀기기
> (6) **류(熘)**: 녹말 소스를 끼얹기

5. 남북 정원과 건축의 차이

천총저우(陳從周)는 「원림분남북, 경물각천추(園林分南北, 景物各千秋)」라는 글에서 남북 정원(園林)과 건축에 대한 간략한 논술을 밝혔다. 주요 관점은 다섯 가지이다.

▸ (1) 남방은 누각, 북방은 굴(南巢北穴), 연원이 다르다.

"인류 초기부터 주거 형태를 보면, 북방은 굴[窯] 계통에 속하는데, 원래는 혈거에서 비롯되었다." "남방은 소거인데, 그 원시 건축 형태는 누각, 천막(棚)이다."

▸ (2) 남방은 개방성, 북방은 밀폐성(南敞北實), 형식이 다르다.

기후 환경의 영향을 받아서, 남방 건축에는 트인 곳이 많아, 공기 유통이 잘 되고, 내외 공간이 연결되어 있고, 층차가 분명하다. 북방 건축은 비교적 밀폐되어 있어 대부분 한쪽 면에만 창이 있고, 공기가 소통이 적어, 온도를 유지하여 추위를 막을 수 있다.

▶ (3) 남방은 물, 북방은 돌(南水北石), 조경 요소가 다르다.

"북방은 물이 적어서, 물이 있어야 비로소 훌륭한 정원으로 꼽힐 수 있는데, 그렇기 때문에 베이징의 서쪽 지역은 정원 조성에서 천혜의 조건을 갖췄다." 북방 시민 가운데 물을 끌어다 연못을 만들 수 있는 사람은 매우 드물었다. 석가산(정원 등에 돌을 쌓아서 만든 산 : 역주)은 현무암, 석회암을 많이 이용해서, "중후한 감은 충분하지만, 부드러움은 부족하다". 남방은 작은 다리와 흐르는 물이 인가와 어우러져 있고, 구멍이 많은 태호석을 사용하여, 물길이 굽이굽이 뻗치고, 돌그림자가 아름답다.

▶ (4) 남방은 꽃, 북방은 나무(南花北柏), 식생이 다르다.

북방은 꽃나무의 낙엽 기간이 길기 때문에 소나무나 잣나무 같은 상록수를 많이 쓴다.

"푸른 하늘과 흰 구름 아래로 짙은 녹색이 노란 기와와 붉은 기둥, 모란, 해당화 등과 어우러져 대비를 이루니, 현란하고 화려한 것이 사람들의 눈길을 끈다."

남방의 초목은 종류가 복잡하고 많으며, 사계절 꽃향기 그득하여, 봄에는 꽃 피고 가을에는 결실을 맺어, 계절이 분명하다. 말 그대로 "회 칠한 담장에 검은 기와 대나무 그늘에 난초 향기(粉墻黛瓦, 竹影蘭香)"이니, 또 다른 운치가 있다.

▶ (5) 남쪽은 사가, 북쪽은 황실(南私北皇), 사회적 배경이 다르다.

북방에는 황실의 정원이 많은데, 황실의 은밀한 정원, 근교 궁 안의 정원, 원교 이궁(離宮) 등의 유형이 있다. 황실 정원의 배치 구조는 정무(政務) 활동구, 생활 주거구, 종교 제례구, 유람 관상(遊覽觀賞)구 등의 기능 소구역이 있어, 화려 웅장하고 기세가 웅대하다. 건축물은 대부분 가로지르는 축선이 있다. 정원 안에는 신선의 산, 선녀의 섬(神山仙島), 옥우경루(玉宇瓊閣), 극락범천(極樂梵天) 등이 있어서, 안녕과 장생불로를 추구하고, 탑, 패루, 영벽 등의 건축물과 건축 소품으로 꾸며져 있다. 건축물에는 산수, 화훼, 인물 등의 장쑤성 식 채색화가 있다. 남방에는 사가 정원이 많아, 깜찍하고 정교하며, 청담 우아하고, 변화가 많고 그윽하여, 문인의 정취와 학문적 풍치가 있다. 주 건축물은 모두 물가에 면하고 있거나 탁 트인 정당(庭堂)으로, 연회나 관상을 위한 것이다. 빈 복도, 격조 있는 창문, 병풍 등의 수법을 이용해서, 원내 경물들을 구획 지을 뿐만 아니라, 서로 조화를 이루어 하나로 어울리도록 만든다. 고요한 수면은 거울처럼 물 위로 그림자가 비춰, 공간감을 더욱 확대시킨다. 거기에 덧붙여 고상한 뜻을 지닌 기둥 위 편액, 정교하고 고졸한 장식, 고목과 꽃, 흔들리는 돌 그림자 등은 그 속에 시화의 의경을 더욱 깊게 한다.[26]

중국의 정원과 시화는 상통한다. 남북 정원은 마치 "북종 산수화는 금빛의 두꺼운 채색이 많고, 남종 산수화는 수묵의 옅은 채색이 많다."는 표현과 같다.

중국의 가옥을 살펴보자면, 북방에서는 추위를 막는 것이 주요 기능이고, 남방에서는 비를 막는 것이 주요 기능이다. 중국 가옥의 지붕 기울기는 남에서 북으로 갈수록 점점 완만해지는데, 허베이성 일대에 이르러서는 평평한 지붕의 가옥이 나타나게 된다. 남방은 지붕 기울기가 커서, 빗물의 누수를 막고, 강한 햇볕을 막아줄 수 있다. 북방의 지붕 기울기는 완만해서, 건축 재료를 절약하면서 동시에 작물의 건조장으로 쓸 수도 있다. 동북의 10대 명물 가운데 '담 끝에 둔 연통', '창 바깥쪽에 바른 창호지', '짚벽돌 집에 울타리' 등은 모두 방한과 관계있다. 온돌은 동북에서 추위를 막는 주요한 대책이다. 연통을 담 끝에 두는 것은, 연도가 집 전체를 가로질러서 담 밑 부분으로 빠져나와 열

---

(26)   金毅, 『中國文化槪論』, 中國廣播電視出版社, 1995, 1193쪽.

[226]

= 남북 정원 건축 비교[27]

항목	요점
남소북혈(南巢北穴)	남방은 소거, 천막의 건축 형태에서 비롯, 북방은 혈거에서 비롯
남창북실(南敞北實)	남방은 내외 공간이 트여 연결, 북방은 비교적 밀폐, 공기 소통이 적음
남수북석(南水北石)	남방은 물과 태호석이 많고, 돌그림자가 아름답다. 북방은 석가산, 석회암이 많아 중후하다.
남화북백(南花北柏)	남방은 사계절 수목, 북방은 송백 위주의 상록수
남사북황(南私北皇)	남방에는 사가 정원이 많고, 북방에는 황실 정원이 많다.

에너지를 충분히 이용할 수 있기 때문이다. 실내외의 온도차가 크고 실외 온도가 낮기 때문에, 창호지를 창 바깥쪽에 발라놓으면 계속 언 상태가 되어, 쉽게 훼손되지 않는다. 만약에 창 안쪽에 발라놓으면, 실내의 온기 때문에 서리가 녹아서, 창호지가 훼손되기 쉽다.

남북의 도시 도로의 구조에도 커다란 차이가 있다. 남방은 구릉과 산맥이 많고 물길이 종횡해서, 도시가 산과 물길의 구애를 받아, 도로가 대부분 자연 환경에 따라 구불구불하다. 더욱이 "남방은 비가 많고 음습하고, 들판이 망망하다. 만약 나침반을 지니고 있지 않다면, 대체로 하늘이 맑아, 태양을 보고서, 동서남북을 쉽게 판별해 낼 수 있는 북방과는 사뭇 다르다."[28] 따라서, 남방인이 길을 가르쳐줄 때는 전후좌우를 써서 설명한다. 북방은 지세가 비교적 평탄하고, 도로가 정사각형으로 되어 있고, 궁묘를 중심으로 바둑판처럼 이루어져 있어 '동서남북 방위가 도로의 종횡을 통해서 사람들에게 인식되어 있기 때문에'[29] 북방인이 길을 가르쳐줄 때는 동서남북을 써서 설명한다.

『홍루몽』에 나오는 대관원(大觀園)이 도대체 어느 지방에 있었는

---

(27)　　陳從周, 『中國園林』, 廣東省旅游出版社, 1996, 251~252쪽.

(28)　　韓少功, 「陽臺上的遺憾」, 『北人與南人』, 中國人事出版社, 1997, 73쪽.

가는『홍루몽』연구자들의 관심사이다. 위도 지대성에 관한 지식에 의하면, 대관원은 남북의 경관이 혼합되어 있는, 작자의 실제 생활에 근거하면서도 실제 생활에서 벗어나고, 허구 속에 사실이 있으면서도 사실 속에 허구가 들어 있는 이상 환경이다.

소설 전체를 살펴보면, 대관원과 두 영국부가 징두(京都)에 있었음이 확실하며, 종루나 운하 등이 이를 뒷받침한다. '백설의 유리 세계에 붉게 핀 매화 한 떨기(琉璃世界白雪紅梅)'는 전형적인 북국의 풍광이다. 작품 속에 묘사된 인문 배경은 북방 위주이다. 제6회에서 유로로(劉老老)가 영국부에 들어가려다가 문을 찾지 못한다. 가슴 펴고 배 내민 사람이 유로로에게 "멀찌감치 저쪽 담 모퉁이에서 기다리면, 조금 있으면 그 집에서 사람이 나올거요."라고 말해 준다.[30] '로로'와 '담 모퉁이'는 베이징어 냄새가 짙다.

작품 속에 묘사된 '넓은 잎의 파초' 등은 전형적인 아열대 풍광이다. 제37회「추상제(秋爽齋)에서 해당사(海棠社)를 결성하다」에서, 주인공 보옥(寶玉)이 이름을 짓는 것에 대해 일단의 고견을 펼친다.

"'거사'나 '주인'은 도무지 고아하지도 않고 거추장스러워. 여기 오동나무 파초도 있는데, 이런 게 들어가는 이름이면 좋으련만."

탐춘(探春)이 웃으면서 말한다.

"있어요, 나는 파초를 좋아하니까, '초하객(蕉下客)'이라고 부르죠 뭐."[31]

베이징 지역에서는 크게 자란 파초를 찾아볼 수 없다.

---

(29)　위의 글

(30)　曹雪芹, 高鶚, 『紅樓夢』, 人民文學出版社, 1981, 71쪽.

(31)　위의 책, 445쪽.

(32)　陣從周, 앞의 글, 80쪽.

천충저우는 베이징 공왕부(恭王府)와 대관원의 관계에 대하여 고증한 뒤 "대관원은 남북의 이름난 정원의 종합체로, 공왕부 이외에 조설근이 경물을 묘사할 때는, 쑤저우(蘇州), 양저우(揚州), 난징(南京) 등의 정원을 참고로 한 부분이 있는데, 이를 가지고 예술적 개괄을 이루어내고 있다."[32]고 말한다. 이는 대체로 대관원의 원적에 관한 고증에서 가장 완벽한 결론이라 할 수 있을 것이다.

6. 정치 중심은 왜 북방에 위치하는가

북방에서 군사 활동이 활발하고, 남방에서 경제·문화가 발달

남북 사회 차이 가운데, 가장 중요한 차이는 북방에서 군사, 정치가 활발했다면, 남방에서는 경제 문화가 발달했다는 점이다. 중국의 정치 중심, 군사 활동은 주로 북방에 있었다. 남방에서는 경제 문화가 사회생활의 각 영역에 깊이 스며들어 있다.

서양의 과학 문화가 먼저 동남 연해 지역으로부터 전해져 들어와 남쪽에서부터 점차로 영향력이 확대된 것은 중국 근현대 문화 흐름의 기본 방향이다. 그 가운데, 비교적 중요한 것은 아래에 열거된 바와 같다.

(1) 1594년 마카오에 중국 최초 서양식 대학 성 바울 대학이 설립됨.

(2) 1895년 캉유웨이(康有爲), 량치차오(梁啓超) 등이 백일유신운동을 이끌었는데, 이 두 사람은 광둥성 난하이(南海)와 신후이(新會) 사람이다.

(3) 1911년 민주 혁명을 이끈 쑨원(孫文)은 광둥성 상산(지금의 중산) 사람이다.

(4) 1980년대 개혁 개방의 중대 조치가 있었는데, 선전(深圳), 주하이(珠海), 산터우(汕頭), 샤먼(廈門) 등 4개 경제 특구가 화남 지방이다. 연이어 지정된 하이난(海南) 경제 특구 또한 화남 지방이다.

수도 변천의 특징

수도의 선정은 정치, 군사, 경제, 사회와 같은 요소의 제약을 받으며, 또한 자연 환경의 구속을 받는다. 수도는 일단 선정되면, 사회에 대하여 커다란 반작용을 일으킨다.

수도에는 두 가지 다른 역사적 배경 시기가 있다. 하나는 전국 통일 시기이고, 또 하나는 전국 분열 시기로, 양분 시기, 삼분 시기, 할거 시기 등을 포괄한다. 진대부터 청대(기원전 221~서기 1911) 사이에, 전국 통일과 기본 통일 시기로는 진, 한, 서진, 수, 당, 북송, 원, 명, 청 등의 아홉 왕조가 있고, 모두 해서 1595년간이며, 분열 시기는 모두 537년간이다.

2000여 년 간의 중국 수도 변천에는 네 가지 특징이 있다.

▶ (1) 전기에는 주로 시안(西安), 후기에는 주로 베이징이다. 진대에서 청대 사이를 대체로 두 단계로 나눌 수 있다. 당대 이전, 즉 1129년까지, 수도가 시안이었던 것은 진, 서한, 수, 당의 네 왕조 564년간이다. 오대 이후, 즉 1004년 이후, 수도가 베이징이었던 것은 원, 명, 청의 세 왕조 578년간이다. 시안에서 베이징으로 옮긴 것은 중국 2000여 년 동안의 수도 변천의 주요 궤적이다.

▶ (2) 기본적으로는 북방 중심이었다. 시안과 베이징은 북방에 있다. 짧은 기간 동안이나마 통일 국가의 수도였던 뤄양(洛陽)과 카이펑(開封) 역시 모두 북방에 있다.

▶ (3) 남방에 수도가 있었던 것은 일반적으로 남북 대치 시기였다. 삼국 시기의 오, 촉한, 동진, 남조, 십국, 남송 등은 모두 지방에 안둔해 있는 형세였다. 총체적으로 봤을 때, 대치, 정립(鼎立)과 할거는 역사적 지류에 해당한다. 후기에 이르러 통일 국면은 갈수록 두드러지고, 대치와 할거의 기간은 갈수록 짧아진다. 대치, 정립, 할거는 결국 하나로 통일되고 말았다.

▶ (4) '외래 민족'은 중국 수도 건립의 중요 역량이었다. 중국은 다민족 국가이며, 수도는 다민족 정치, 군사, 경제, 문화 융합의 중심이다. 원대와 청대에 이르러, 외래 민족이 통일의 주력이 되어, 수도 선택에 결정적 영향을 미쳤다. 베이징은 중원, 몽고 고원, 동북 등의 3대 지역의 결합 지점으로서 몽골족, 만주족의 발양지이며, 광활한 중원을 마주하고 있어 자연스럽게 수도 건립 최적의 위치가 되었다.

통일의 주요 역량은 북방에서

역사상 중국은 여러 차례의 분열을 겪었다. 분열의 주요 형세는 남북 분열이다. 분열이 오래 가면 반드시 다시 통일되었으며, 최후 통일 역량은 주로 북방에서 나왔다.

중국 최초로 중원을 통일한 통치자는 황제(黃帝)이다. 기원전 26세기 헌원(軒轅) 황제가 이끈 북방 부락이 줘셴(涿鹿) 일대에서 남방 부락의 수령인 치우(蚩尤)를 물리쳤다. 이 전쟁은 중국 민족의 기초를 다졌다.

이후로 남북 간의 분쟁에서 남방이 전쟁에서 승리한 기록도 있다. 예를 들면, 208년 손권과 유비의 연합군이 조조를 물리친 적벽 전투, 383년 동진이 전진을 물리친 비수 전투 등은 모두 군사상의 유명한 전투 사례이며 소수로 다수를 대적한 사례이기도 하다. 그러나 전략적으로 전국을 통일한 역량은 주로 북방에서 나왔다.

▶ (1) 기원전 211년 진시황이 6국을 멸하고 중화를 통일하였다. 진의 근거지는 산시(陝西)성 관중(關中)이다.

▶ (2) 기원전 202년 유방과 항우의 한·초 간의 전쟁에서 항우는 패하고 만다. 유방은 쉬저우(徐州) 부근의 페이펑(沛豊) 일대 출신으로 북방 세력을 대표한다. 항우는 강남 후이지(會稽), 지금의 쑤저우(蘇州) 출신으로 남방 세력을 대표한다.

▶ (3) 279년 진은 삼국을 통일시킨다. 삼국 가운데 위진(魏晉)은 북방을 대표하는데, 위의 수도는 허난(河南)성 쉬창(許昌)이었다. 유비는 쓰촨성 청두(成都)에 수도를 세워, 촉한이라고도 불린다. 손권은 난징에 수도를 세워, 오라 불린다. 유비와 손권의 남방 세력은 실패로 끝나고 만다.

▶ (4) 581년 수가 진(陳)을 멸함으로써, 200여 년 간의 동진과 남북조의 분열 국면을 종결짓는다. 수 왕조의 개국 황제인 양견(楊堅)의 본적은 산시(陝西)성 화인(華陰)으로 관롱(關隴) 집단의 핵심 성원으로, 산시(山西)성 타이위안(太原)에서 세력을 키웠다.

▶ (5) 960년 조광윤(趙匡胤)은 진교병변(陳橋兵變)으로 5대 10국의 50년간의 분열 국면을 끝낸다. 조광윤은 허베이(河北)성 줘셴(涿鹿) 사람으로, 근거지는 허난(河南)성 상추(商邱)이다. 상추의 옛 이름이 '송'이라서 국호를 대송이라 지었다.

▶ (6) 1279년 몽골족이 남송을 멸하고 원나라를 세웠다. 몽골족은 고비 사막 북쪽에서부터 남하하였다.

▶ (7) 1644년 만주족이 내륙으로 들어와 청조를 세웠다. 만주족은 동북에서 왔다.

▶ (8) 1949년 중국공산당이 백만 군대를 이끌고 강남으로 남하한 것은, 북쪽에서부터 남쪽으로 중국을 통일시킨 최근의 실례이다.

북방은 군사와 정치 활동에서 깊은 지리 환경의 기초를 가지고 있다. 자연 환경의 차이로 인해, 만리장성은 중국 고대 농경 민족과 유목 민족의 분계선이었으며, 중국 고대 민족 왕래, 민족 융합의 주요 접촉지대였으며, 또한 중국 고대 민족 충돌과 군사 활동의 주요 지대였다. 장성은 고대의 군사 방어선이자 군사 주둔지였다. 당 천보(天寶) 초년(742), 전국적으로 10대 절도사(오늘날의 '군구사령(軍區司令)'에 해당함)가 있었으며, 총병력이 49만 명이었다. 그 중 다섯 주요 절도사가 만리장성 일대에 주둔했으며 모두 32만 명이었다. 황제는 전국적 정치 지도자이자 전국적 군사 지도자였다. 대군의 사령부가 있는 곳에 수도를 세우게 되면 군대의 관할에 편리하고, 정국을 안정시키는 데도 유리하다.

남방은 물산이 풍부한데, 대체로 해산물과 미곡의 고장이다. 대치와 할거의 시기에는 남방이 지형이 복잡하여, 각 지방에 근거를 잡은 작은 왕조가 자주 출현하였다. 북방은 지형이 개활적이어서, 비교적 대규모의 군사 역량이 형성되기가 쉬워, 신속히 군사를 몰고 남하하게 되면, 남방의 작은 조정은 대항할 힘이 없는 경우가 많았다.

수도 건립의 법칙성과 명조의 천도

중국의 수도 변천의 특징에서 수도 건립의 주요 법칙성을 쉽게 발견할 수 있다. 정치 중심은 될 수 있는 한 군사 중심과 일치해야 한다. 군사 중심과 경제 중심이 같지 않을 경우에, 정치 중심은 종종 군사 중심에 가까운 위치를 선택하게 된다. 정치 중심과 군사 중심이 일치하게 되면, 외적에 대항할 수 있고, 또한 내란도 방지할 수 있다. 정치 중심과 군사 중심이 분리되면, 밖으로는 강적에 대항하기가 어렵고, 안으로는 반란을 통제하기가 쉽지 않다.

중국의 정치 중심이 시안에서 베이징으로 옮겨가게 된 것은 군사 중심의 이동과 관련이 깊다. 당 중엽, 만리장성의 동쪽 지역이 군사상의 지위에서 서쪽을 앞지르고 있다. 당 천보 초년에 열 명의 절도사가 있었는데, 베이징에 주둔한 범양(範陽) 절도사가 9만 1000명의 군사를 거느려, 거의 전국 병력의 20%를 차지했다. 755년 안녹산이 반란을 일으켰을 때, 기초가 되었던 것이 범양, 범려(진저우(錦州)에 주둔), 하동(河東) 지역(타이위안에 주둔)의 세 절도사였는데, 총병력이 18만

4000명으로, 전국적으로 두 번째 가는 군사 중심을 이루었다.[33]

주원장이 난징(南京)에 수도를 정한 것이 국가 통일 후 강남에 수도를 세운 첫 사례로, 기간도 짧았고 비극으로 끝나고 마는데, 원인은 정치 중심과 군사 중심의 분리 때문이었다. 주원장은 북방이 군사상 요지임을 알고, 넷째 아들 주체(朱棣)를 베이징으로 파견하였다. 주원장이 죽고 난 뒤, 손자 건문제(建文帝)가 옹립된다. 주체는 군사를 일으켜 남하하여 건문제를 쫓아내고, 스스로 제위에 올라 베이징으로 천도하게 된다.

주체가 베이징으로 천도한 후, '경군 3대영(京軍三大營)'을 만들었는데, 총병력이 70만 명에 달했다. 경군은 강대해서 변방을 안정시킬 뿐만 아니라 내란을 평정시킬 수 있었다. 고후(高煦)를 토벌했던 것도 경군에 의존했다. 정난 이후 명 황조가 241년간 유지되는 동안, 경기(京畿) 지역의 개발이 가속화되고, 다민족 사회와 문화 융합이 촉진되었는데, 이는 모두 정치 중심과 군사 중심이 결합된 결과이다.

2000여 년 간의 수도 변천을 돌아보면, 중요한 시사점이 적지 않다.

▶ (1) 수도 변천에는 법칙성이 있다. 수도는 편리한 교통, 개활된 지형, 양호한 지반, 충분한 수원, 편리한 보급로 등과 같은 일반 도시 위치 선정의 법칙에 부합될 뿐만 아니라, 정치상의 오랜 통치 안정의 요구에 적합해야 한다. 정치 중심과 군사 중심이 일치되면, 전국 통제 관리의 효과가 있으며, 지속적이고 안정된 통치의 근본이 된다. "밖을 중시하고 안을 경시하며, 꼬리가 너무 커 휘두르지 못하고, 말단이 강하고 근본이 약해지면(外重內輕, 尾大不掉, 强末弱本)" 반드시 정국 불안을 초래한다. 만약 군사 중심이 지역상의 중대한 이동이 있게 되면, 정치 중심도 반드시 상응하는 이동이 있게 된다.

▶ (2) 수도에는 비교적 적합한 위치가 있을 뿐이지, 절대적으로 이상적인 위치는 없다. 명대 276년을 살펴보면, 수도 선정에 관한 쟁론이

끊이지 않았는데, 원인은 완벽하게 적합한 곳이 없었기 때문이다. 베이징의 결점은 한쪽에 치우쳐 있어, 남쪽으로 보급원과 너무 멀고, 수상 운송이 불편하며, 수원이 부족하다는 점이다. 변방과 근접해 있어서, 안전상으로도 마땅치 않다. 주체가 천도에 성공한 것은 제반 모순 가운데 주요 모순을 장악했기 때문이다.[34] 주체는 연왕(燕王) 출신으로, 평생 동안 일곱 차례나 모베이를 정벌하였고, 그 가운데 네 차례가 천도 이전이었으며, 정치 중심이 군사 중심과 떨어져 있어서 초래하는 위험성을 깊이 체험하였다.[35]

▶ (3) 수도가 시안에서 베이징으로 이동한 것은 군사 활동 중심의 동천(東遷)이었으며, 사회와 경제 등도 또한 변천하게 된다. 수리 시설의 건설, 초원의 퇴화, 삼림의 소실, 토지의 사막화, 토사의 유실, 민족의 이동, 민족의 성쇠 등등이 모두 군사 활동의 이동을 배경으로 하고 있다. 자연-사회-경제-정치-군사의 전체 체계 속에서만, 정치 중심의 이동에 대한 비교적 전면적인 답을 얻을 수 있다.

▶ (4) 베이징이 정치 중심이 된 것은 역사 변천의 큰 성과이다. 중국 남북 경제 중심과 정치 중심이 분리된 형세는 이미 오래 되었다. 과학 기술의 진보와, 교통과 통신 수단의 발전에 따라, 경제 중심과 정치 중심을 연결해 주는 수단이 날로 완전해지고 있다.

7. 장원 분포의 지역 차이

과거는 중국 고대의 중요한 관리 선발 제도이다. 과거는 권문세가,

---

(33)   範文瀾, 『中國通史簡編』 수정본, 제3편 제1책, 人民出版社, 1965, 125~126쪽.

(34)   于敏中, 『日下舊聞考』, 5권, 北京古籍出版社, 1983, 78쪽.

(35)   閻崇年, 「明永樂帝遷都北京述義」, 『北京歷史研究(一)』, 北京燕山出版社, 1986, 11쪽.

세경세록(世卿世祿)의 독점 국면을 종결시키고, 각 계층의 인사, 특히 하층 문인이 관료로 진출할 수 있는 기회를 만들어주었다. 성적의 우열에 따라, 일정 수의 인재를 선발한다. 시험은 주로 향시(鄕試), 회시(會試), 전시(殿試)의 세 단계가 있다. 향시에 뽑힌 사람을 거인(擧人), 회시에 뽑힌 사람을 진사(進士), 전시에서 일등한 사람을 장원(狀元)이라고 한다. 과거 시험은 수나라 때에 시작되어, 1904년까지 1000여 년 동안 성행하여, 중국의 문화·정치·경제 생활에 중대한 영향을 미쳤다.

장원 분포의 특징

문헌 기록에 의하면 중국 역사상 모두 700여 명의 장원이 있었다. 그 가운데, 본적을 확인할 수 있는 것이 376명이다. 분포 특징은 다음과 같다.

▶ (1) 당대부터 청대까지 북에서 남으로 갈수록 옮겨 간다. 수대의 장원의 본적은 미상이다. 당에서 북송까지는 북방의 장원이 58%를 차지했다. 명·청 시대에 북방의 장원은 단지 11%밖에 안 되며, 남방의 장원이 절대 우세를 점하고 있다.

▶ (2) 상대적으로 집중되어 있는 지방이 있다. 장쑤성 쑤저우 및 그에 속해 있는 우셴(吳縣)에서 27명의 장원이 나와 전국 1위를 차지하고 있다. 저장성, 항저우(杭州), 샤오싱(紹興)에서 각각 7명의 장원이 나와, 그 다음을 차지하고 있다. 장쑤성 쿤산(昆山), 우시(無錫), 우진(武進), 저장(浙江)성 후저우(湖州), 푸젠성 푸톈(莆田), 허난성 카이펑(開封)에서 각각 5~6명의 장원이 나와, 밀집된 지방이다. 그 가운데, 카이펑을 제외하고는 밀집 지역들은 모두 남방에 있다.

▶ (3) 가족 우세가 분명하다. 한 가족 출신이 10여 쌍 있는데, 부자, 숙질간에 물려받은 경우도 있고, 형제간에 이어받은 경우도 있다. 출현

= 역대 장원 본적지 통계표

지역	소계	당	5대 북송	요·금·남송	원	명	청
허난성	37	15	16	1	2	2	1
산둥성	30	3	12	5	1	4	5
허베이성	29	11	1	9	2	3	3
산시(山西)성	10	4	3	3			
산시(陝西)성	9	4	2			2	1
간쑤성	3	3					
헤이룽장성	1			1			
랴오닝성	1			1			
북방 소계	120	40	34	20	5	11	10
장쑤성	80	7	5	4		17	47
저장성	54		2	11	1	20	20
푸젠성	33		9	11		10	3
장시성	29	2	4	3		18	2
안후이성	21	1	4	2	1	6	7
쓰촨성	13	4	6	1		1	1
후베이성	9		4			2	3
광둥성	6		1	1		3	1
광시성	5	2	1				2
후난성	4	1	1	1		1	
구이저우성	2						2
남방 소계	256	17	37	34	2	78	88
전국	376	57	71	54	7	89	98

자료 출처 : 『兩唐書』, 『新舊五代史』, 『宋史』, 『遼史』, 『金史』, 『元史』, 『明史』, 『淸史稿』, 『唐才子傳』, 『登科記考』, 『明淸進士提名碑錄』 및 송·원 이후의 주요 지방지

빈도가 비교적 높은 곳은 쑤저우 지역으로, 모두 세 쌍의 부자, 형제 장원이 있다.

장원 분포의 지리적 배경

장원의 본적지의 시공 변화와 지역 경제 발전 과정은 기본적으로 합치된다. 중국에서 가장 개발이 이른 지역은 황허강 중류 유역이다. 여기서 찬란한 중화 문명이 배태되었을 뿐만 아니라, 고대의 정치와 경제 중심이기도 하다. 동한 이후 북방에서의 빈번한 전란으로 황허강

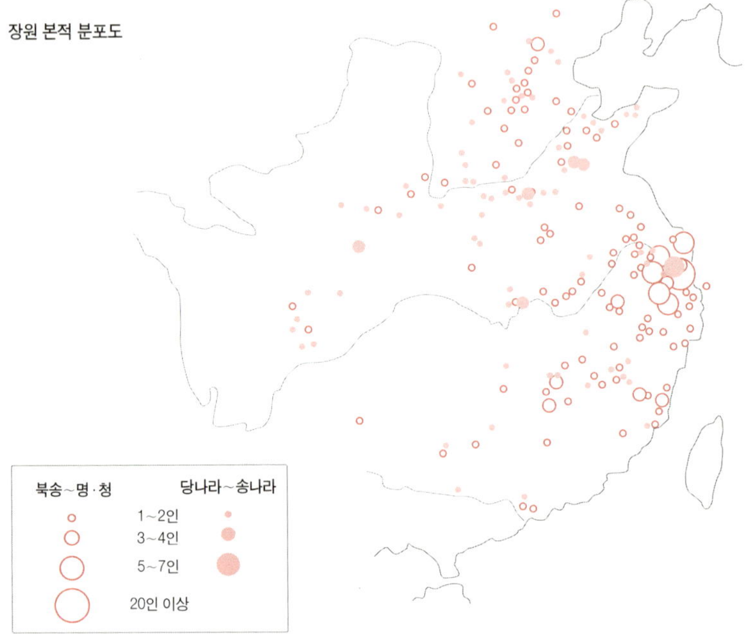

장원 본적 분포도

유역의 경제가 심각한 타격을 입었다. 당대 전기에 비록 회복, 발전되기는 하지만, 755년 안사의 난이 발발하면서 북방은 또다시 전란에 빠지게 된다.

북송 시기 전국 경제 중심이 남쪽으로 옮겨가는 형세가 이미 형성되었다. 송대 초 태평흥국 연간에 볜허(汴河)를 통해서 카이펑(開封)으로 운송되어 온 남방의 양곡이 400만 석이었는데, 전체 황허강 유역에서 후이민허, 광지허를 통해서 수도로 운송되어 온 양식은 단지 200만 석에 불과하다. 보증은 "동남 지방에서 재물이 나니 국가는 그 부의 근원을 존중하며 조절해 나간다(東南上游, 財富攸出, 乃國家仰足之源, 而調度之所也)."라 말하였다. 후베이성, 후난성, 쓰촨성, 푸젠성, 장시성 등지의 개발 정도 역시 제고되었다. 그 가운데, 쓰촨성과 푸젠성의 개발은 특히 두드러진다. 청두(成都) 메이저우(湄州)와 쯔

[238]

저우(梓州, 지금의 난충(南充))을 중심으로 하는 쓰촨 분지는 경제와 문화가 번영하기 시작한다. 푸젠성은 연해 평원에 인구가 집중되고, 해상 교통이 발달하여, 인재들에게 우수한 환경을 만들어주었다. 푸저우(福州)의 학문을 숭상하는 풍습, 싱화(興化)의 독서를 업으로 삼는 풍습, 취안저우(泉州)의 배우고 익히는 분위기 등의 문화적 배경이 장원의 밀집 지역을 형성하게 된 것이다.

명·청 양대에, 장원은 더욱 강남에 집중되며, 광둥성, 광시성 지역의 인재 역시 증가하기 시작한다. 주장강 유역의 개발은 비교적 늦었지만, 명·청 시기에는 이미 황허강 유역, 양쯔강 유역과 함께 하나의 중요한 경제 구역이 되었다. 청대 후기에는 친링 산맥 남쪽에서 나온 인재가 갈수록 많아진다. 캉유웨이, 량치차오 등은 장원 급제자일 뿐만 아니라, 중국 근대사 발전에 중대한 영향을 미쳤다.

교통의 요충지이면서 정보 유통이 빠른 것은 인재를 기르는 데 유리한 조건이다. 광시성에는 모두 5명의 장원이 있는데, 그 중 4명이 구이린(桂林)에서 나왔으며, 이는 교통과 밀접한 관련이 있다. 비록 친링 산맥 남쪽으로 연결되는 여러 개의 길이 있지만, 샹장(湘江) 링취(靈渠)를 지나서 리장(漓江)으로 내려가는 것이 량후(兩湖)에서 친링 산맥 남쪽으로 들어가는 지름길이다. 구이린은 요충지에 위치하고 있어, 오가는 행인과 관리들이 많아, 구이린에 짙은 문화적 분위기를 심어주었다.

지역 경제 기초 이외에도 교육 시책, 시험 제도, 수도 위치 등의 상부 구조 요소 또한 장원의 분포에 영향을 주었다.

장쑤성, 저장성, 푸젠성, 장시성, 쓰촨성 등지는 인재가 집중된 지역이면서, 고대 교육 기초가 비교적 양호했던 지방들이다. 송대에 저장성, 장시성, 장쑤성, 푸젠성의 주학(州學)의 보급률이 100%에 달했으며, 현학(縣學)의 보급률도 80%를 넘어, 이곳에 설립된 사학은 전국의 72%를 점하고 있다. 『대명일통지(大明一統志)』에 기록된 전국 서원은 308개소인데, 양쯔강 유역에 230개소가 있었다. 학문과 유학자를 중시하고, 시서에 애쓰는 것이 남방 민간 풍속을 이루었다. 문풍이 남방의 인재 성장에 은연중에 작용하였던 것이다.

과거 제도에서 향시 할당제와 회시에서 남북권제(南北卷制)는 장원의 지역 분포에 있어 평준화 조정 작용을 하였다. 지역 관계의 조정을 위해, 송나라는 각지의 거인 수를 규정하였다. 할당수의 차이는 별로 크지 않은데, 각지의 고시생 수는 달랐기 때문에, 구양수의 이른바 동남에서는 '100명 중에 1명을 취하고', 서북에서는 '1000명 중에 1명을 취한다'의 주장이 나오게 된다.[36] 송나라 사람들은 "쓰촨성, 저장성, 푸젠성, 강남 지역에는 천거 명단에 오른 이는 극히 적지만, 인재 아닌 자가 없다. 이에 비해 수도 동쪽 지방에서는 천거의 길이 넓어 쉽게 천거되어 자리를 얻는 자가 많다.(川, 浙, 福建, 江南, 今解名極少, 不無遺才; 其京東等路薦送之路太寬, 濫得者衆.)"[37]라고 생각했다. 명·청 시대에도 할당제를 계속해서 시행한다. 송대 철종(哲宗) 때부터 시작해서, 회시에서 남북권제를 시행했다. 명초 남권(南卷 : 잉톈, 장쑤성, 송저부, 저장성, 장시성, 푸젠성, 광둥성)은 50명이었고, 북권(北卷 : 슌톈, 산둥성, 산시성, 허난성, 산시(陝西)성)은 35명이었으며, 중권(中卷 : 쓰촨성, 광시성, 윈난성, 구이저우성, 펑양·루저우 등의 두 부(府), 취저우·쉬저우·허저우)는 10명이었다.[38] 회시를 통과한 사람은 전시에 참가하여, 진사와 장원이 나오게 된다. 만약 할당제와 남북권제가 없었다면, 장원 분포의 지역 불균형 상황은 더욱 두드러졌을

---

(36) (宋) 「論逐路取人札子」, 『歐陽修全集·奏儀』 제17권.

(37) (宋) 陸佃, 「乞添川浙福建江西等路進士解名札子」, 『陶山集』 제4권.

(38) 「選志卷」, 『明史』, 제17권.

것이다.

　수도의 위치는 장원이 나오는 데 유리한 요소이다. 이곳에는 완벽하게 설비된 교육 기구, 인재가 모여 있는 문화적 분위기, 실력 있는 권문세가 등이 있다. 적지 않은 장원의 본적이 다른 성에 있지만, 대대로 수도에서 생활해 와서, 사실상 수도의 환경이 인재를 길렀다고 하겠다. 예를 들어 당 원화(元和) 초년(806) 장원 무익황(武翊黃)은, 본적이 허난성 옌스난(偃師南)이고, 어려서부터 아버지 무원형(武元衡) 재상을 따라 수도에서 살았다. 원화 9년의 장원 장우신(張又新)의 본적은 허베이성이지만, 할아버지 아버지 양 대가 조정에서 관직을 지냈다. 청대 장원 숭기(崇綺)는 몽고 정남기인으로, 아버지 새상아(賽尚阿)는 호부상서(戶部尚書)라서 전 가족이 오랫동안 경성(京城)에 살았다. 이런 실례는 무수히 많다.

　앞에서 서술했듯이, 중국의 장원 분포는 불균형적이다. 이는 중국의 자연 환경과 사회·경제 환경의 불균형의 반영이다. 장원 지리 분포의 특징을 분석할 때, 두 가지 눈길을 끄는 점이 있다. 하나는 인재와 그 지역의 경제는 직접적 관련이 있으며, 지방 전통과 사회 풍속 역시 무시할 수 없는 요소라는 점이다. 한 지역에 형성된 인재 배양의 관념과 전통은 인재의 성장을 가속화시킨다. 둘째로는 인재 출현의 최고 조기는 종종 경제에 비해 뒤진다. 재력의 축적이 일정 정도에 다다른 후에야, 신분 변화와 가산 보호의 필요에 의해서, 투자를 중점적으로 교육으로 전향할 수 있기 때문이다.

❀　❀　❀

8. 인재 분포의 지역 차이

　『사해(辭海)』에는 인재를 '재능이 있는 사람'이라고 풀이하고 있다. 인재는 상당히 광범위한 개념이다. 각 분야마다 뛰어난 사람이나 인재는 있게 마련이다. 지식은 인재의 주요한 지표이다. 본문에서는 지식계의 대표적인 교수와 중국과학원 출신 연구 인력을 시작으로 해서, 기타 영역들을 다루기로 한다.

인재는 지역의 지속 발전 가능성의 중요 조건

동서고금을 통해서 경제와 인재 사이에는 상호 촉진 관계가 존재해 왔다. 경제 발전은 인재 배양에 좋은 토양을 제공한다. 인재의 배출은 또한 경제의 지속적인 번영을 추동한다. 제2차 세계 대전 이후 일본과 '네 마리 용'이 급부상하게 된 원인은 많은데, 인재는 결정적 요인 가운데 하나이다.

1997년 중국 동부 지역이 중국 국민총생산의 57.9%를 차지하였고, 중국의 인구 비중과 대비하면 15.6%가 더 높아진나. 그렇게 된 원인 가운데 하나는 인재가 우수하다는 것이다. 개혁 개방 후 동부 지역의 경제 성장이 비교적 빨라, 집체 기업(집단 소유 기업 : 역주)과 외자 기업의 덕을 입었다. 동부 지역의 집체 기업과 외자 기업은 모두 인재와 관련이 있다.

집체 기업은 아래로부터 위로 발전하는 경제로, 주로 개인의 관념, 개인의 문화 소질에 의존한다. 집체 기업이 가장 발달한 장쑤성, 저장성, 산둥성은 또한 중국 인재의 밀집 지역이다. 교수의 본적지 분포도와 집체 기업의 분포도를 대조해 보면, 이 두 가지는 놀랄 만큼 일치한다. 그들 간의 지리적 연계율은 89.9%에 달한다. 이렇게 긴밀한 관계는 기타 지리 현상 사이에서는 보기 드문데, 이는 인재의 우세함이 경제의 우세함으로 전화되는 것을 설명해 준다.

화남(華南) 지역 경제의 고속 발전은 위치와 연관이 있는데, 이 또한 인재의 이동의 덕택이다.

▶ (1) '공작은 남동쪽으로 날아간다(孔雀東南飛)', 수많은 기술 인재와 관리 인재가 중국 각지로부터 화남 지역으로 유입되었다.

▶ (2) 홍콩, 마카오, 타이완, 해외의 경영 관리 인재가 자금을 따라 유입되었다. 주장강 삼각주에서 일하는 홍콩 사람은 5만 명이나 된다.

1997년 7월 1일, 중국과 영국 양국 정부의 홍콩 반환식과 홍콩 특구 정부 성립 및 특구 정부 선서 취임식은 인재 이동의 중요성을 잘 보여주었다. 식장에서 간간이 장쑤식 억양의 표준 중국어가 들려왔다. 베이징 중앙 정부를 대표해 담화한 장쩌민(江澤民)은 장쑤성 양저우(揚州) 사람이고, 첸지천(錢其琛)은 상하이 자딩(嘉定) 사람이다. 홍콩 특구 수상인 둥젠화(董建華)와 임시 입법회 주석 판쉬리친(范徐麗泰)의 본적은 모두 상하이이다. 첸팡안성(陳方安生)을 포함해서 그들이 말하는 중국어는 모두 지방 억양이 농후했다. 1950년대 초, 상하이 재계의 인사들이 대거 홍콩으로 이주해 가서, 적지 않은 사람들이 당대의 엘리트가 되었다. 『홍콩회귀총서』에서 홍콩 경제계 110명의 대표 인물을 소개했는데, 23명의 본적이 장쑤성·저장성·상하이이다.[39] 대륙의 인재 배양과 인재 이동은 중국은 물론 홍콩에 이르기까지의 정치·경제 생활에 대하여 현저한 낙인을 남기고 있음을 알 수 있다.

인재 분포의 특징과 배경

중국의 인재 지리 분포의 주요 특징에는 세 가지가 있다. 첫째, 인재가 동쪽에 많고 서쪽에 적다는 점이고, 둘째, 인재가 남쪽에 많고 북쪽에 적다는 점이고, 셋째, 인재가 저장성 일대에 가장 밀집되어 있다는 점이다.

지역 비교를 쉽게 하기 위해서, 전국을 7개 인재 지역으로 나눠 보

---

(39)　尹崇敏, 曹寶光, 『香江回歸叢書-香江的經濟(一)』, 新華出版社, 1996.

자면 다음과 같다.

(1) **화동 지역** : 장쑤성, 저장성, 상하이

(2) **환발해 지역** : 베이징, 톈진, 허베이성, 산둥성, 라오닝성

(3) **화남 지역** : 푸젠성, 광둥성, 광시성, 하이난성

(4) **화중 지역** : 후난성, 후베이성, 장시성, 안후이성

(5) **중북부 지역** : 허난성, 산시(山西)성, 네이멍구(內蒙古) 자치구, 지린성, 헤이룽장

(6) **서남 지역** : 쓰촨성, 구이저우성, 윈난성, 시짱 자치구, 충칭

(7) **서북 지역** : 산시성, 간쑤성, 칭하이성, 닝샤 자치구, 신장 자치구

7개 지역 가운데, 앞의 세 지역은 동부 해안 지구에 속하고, 기타 네 지역은 중서부 지구에 속한다. 화동·화남·화중·서남 지역은 남부 지구, 기타 세 지역은 북부 지구이다.

1987년 전국 일반 대학 교수 가운데, 동부 지구 출신이 64.3%를 차지하였고, 광대한 중서부 지구는 단지 35.7%만을 차지했다.[40] 1955년 중국과학원을 졸업한 연구원들 가운데, 동부 지구가 74.8%를 차지하고, 중서부 지구는 단지 25.2%를 차지했다. 한편으로 남부 지구 본적인 교수는 69.1%이고 중국과학원 출신 연구원은 84.2%였다.[41]

화동 지역은 인재의 밀집도가 전국 평균치의 세 배 이상이다. "하늘에 천당이 있다면, 땅에는 쑤저우와 항저우가 있다(上有天堂, 下有蘇)."는 말은 경제적 풍요로움을 의미하기도 하지만, 문화적 번성에 대한 함의가 더 깊다. "물자가 풍부한 하늘이 내린 보고이며, 인재가 걸출한 영험한 지방이자, 명가가 수두룩한 지방이다(物華天寶, 人傑地靈, 名家輩出)." 화동 지역의 면적은 전국의 1/50이고, 인구는 전국의 1/9에 못 미치지만, 교수와 연구원의 출신지는 각각 전국 31%와

46%를 차지해, 1위를 차지하고 있다.

중국의 인재 분포는 화하 지역에 근거를 두고 있으며, 깊은 자연적 배경과 역사적 연원을 지니고 있다.

자연 환경 방면에는, 주로 기후, 지형, 해안선의 세 가지 요소가 있다. "봄바람 옥문관을 넘지 못하네(春風不渡玉門關)." 중국의 동부 지구는 동아시아 계절풍 지대에 속하고, 서북 내륙 지방은 건조하고 비가 적다. 남방의 벼농사는 비교적 높은 생산성과 비교적 강한 재해 저항력을 지니고 있다. 서부는 산이 많고, 교통과 통신이 불편하다. 험난한 산길은 문화와 경제의 번영에 영향을 미친다. 동남부는 바다에 면하고 있어서 해운에 유리하다. 서방의 선진 과학 기술은 우선 동남 연해로 전파되어 들어왔다. 해운에 힘입어, 동남 연해 지방의 화교, 해외 중국인, 홍콩·마카오·타이완의 친척 등이 비교적 많아, 혈연 관계를 통해 풍부한 정보가 흘러들어와 문화 번영과 인재 성장을 가속화시켰다.

역사상, 중국 문화 중심은 동남쪽으로 이동하는 추세를 보여준다. 인재 분포 역시 동남쪽으로 이동하는 추세를 보여준다. 타이완의 황딩화(黃定華) 교수는 중국 역사상의 유명 인물의 지리 분포를 다섯 시기로 나누고 있는데, 인재 분포 이동의 궤적을 반영하고 있다.

▶ (1) 중원기 : 기원전 551년 공자의 탄생에서부터 서기 400년 이전까지. 유명 인물은 주로 웨이허강, 황허강 중류 지역의 허난성, 산시(陝西)성, 산둥성 일대에 분포하고 있다.

▶ (2) 화북기 : 400~900년. 제1시기에 비해 유명 인물은 지역적으로 골고루 분포되었지만, 여전히 화북 지역을 위주로 한다. 허난성, 산시(陝西)성, 허베이성, 산시(山西)성, 산둥성 등 5개 성의 유명 인물이

---

(40)   『中國普通高等學校教授人名錄』, 高等教育出版社, 1988.

(41)   『中國科學院院士畵册』, 1995.

분류	교수	아카데미 회원	명 · 청 장원
연도	1987	1955	1370~1904
전국	16705	190	195
장쑤성	2300	42	61
저장성	2038	39	40
상하이	795	7	6
베이징	431	1	1
톈진	301	1	
허베이성	832	15	6
산둥성	867	4	9
랴오닝성	1042	1	2
푸젠성	728	17	13
광둥성	1107	15	4
광시성	223		2
하이난성			
후난성	946	9	1
후베이성	661	10	5
장시성	548	9	20
안후이성	597	5	15
허난성	628	6	3
산시성	220		
네이멍구 자치구	42		
지린성	282		
헤이룽장성	176		
쓰촨성	1163	5	2
구이저우성	115	2	2
윈난성	253		
시짱 자치구	1		
산시성	219	2	3
간쑤성	90		
칭하이성	6		
닝샤 자치구	5		
신장 자치구	13		

전체 유명 인물의 70%를 점한다. 저장성 출신의 유명 인물이 많아지기 시작한다.

▶ (3) 전환기 : 900~1400년까지의 오대, 송, 원에서 명대 초엽에 이르는 시기. 유명 인물의 지리 분포에서 근본적인 변화가 발생하여, 황허 강 유역의 우세가 사라지게 된다. 강남 지방이 유명 인물의 새로운 핵심으로 자리잡는다. 저장성을 위시해서 장쑤성, 안후이성, 장시성 등의 4개 성의 유명 인물이 전국 유명 인물 총수의 44.8%를 차지한다. 허난성을 중심으로 하는 중원은 유명 인물 분포의 두 번째 중심지로 하락한다. 쓰촨 분지는 상대적으로 안정적이어서, 유명 인물 분포의 또 다른 두 번째 중심지이다.

▶ (4) 강남기 : 1400~1900년. 북방에 전란이 비교적 많고, 강남의 수리 사업이 성행하여, 관개를 개선하고, 해안 방파제를 건설하고, 수공업과 상업이 흥성하며, 유명 인물이 고도로 집중된다. 장쑤성과 저장성의 유명 인물이 전국 유명 인물 총수의 51.3%를 차지한다. '부유한 동남 지방, 인문 향기 그윽한 장쑤 · 저장(東南財富地, 江浙人文藪)'이라는 말은 이 시기를 가장 잘 반영하고 있다. 동시에, 연해 발전의 추세가 분명해지기 시작한다.

▶ (5) 연해기 : 1900~1964년. 바다와 접한 허베이성, 산둥성, 장수성, 저장성, 푸젠성, 광둥성 등의 6개 성의 유명 인물이 전국 유명 인물 총수의 55.2%를 차지한다. 장쑤성 · 저장성이 유명 인물 제1의 핵심이라는 지위를 유지하기는 하지만, 비중은 27.7%로 하락한다. 환발해 지역과 광둥성 지역이 두 번째 중심지로 등장하게 된다.

　역사를 살펴보면, 타이후(太湖) 유역은 중국 근현대 인재의 제1 밀집 지역이다. 명 · 청 시대의 장원 가운데, 타이후 유역이 71명이다. 양대의 장원은 각각 27%와 36%를 차지하고 있다. 그 가운데, 쑤저우(蘇州)는 또한 타이후 유역에서도 핵심이다.[42] 타이후 유역의 면적과

= 중국 역사 유명 인물 분기별 분포

시기	제1기	제2기	제3기	제4기	제5기
연도	기원전 551~서기 400	400~900	900~1400	1400~1900	1900~1964
전국(명)	638	968	1731	2675	740
북방 소계	470	741	594	535	185
남방 소계	168	227	1137	2140	555
그 중 장쑤성	68	116	160	792	96
저장성	21	50	286	594	109
푸젠성		3	167	107	27
광둥성		10	20	71	81

자료 출처 : 黃定華, 「歷史名人的地理分布」, 《新竹師範學院學報》, 1985년 11기, 79~98쪽.

인구는 각각 전국 0.37%와 3.4%를 차지하고 있는데, 『대백과전서』에 기재되어 있는 전문가의 1/5이 타이후 유역 출신이다. 1955년 중국과학원 출신 연구원의 1/4 이상이 타이후 유역 출신이다.

인재 이동의 사회적 의미

인재는 이동률이 가장 높은 집단이다. 중국의 고대 관리들은 고향에서 먼 지역에 배치되는 제도와 정기적 순환 제도가 있어, 관원의 이동이 빈번했다. 1987년 통계를 보면, 교수가 본적지에서 교직을 하는 경우는 겨우 25.9%에 불과하며, 3/4가 멀리 떨어진 곳으로 가서 교직을 하고 있다. 본적지에서 교직을 하는 경우도, 대부분 성도나 비교적 큰 도시에 가 있는 경우이다.

인재가 본적지에서 떠나는 것은 주로 세 가지 단계에서 생겨난다.

▶ (1) 고등 교육 기관에서 교육을 받는 단계 : 현대 과학 기술 인재는

---

(42)   周亞非, 『中國歷代壯元錄』, 上海文化出版社, 1995.

엄격한 순서에 따른 교육을 필요로 한다. 우수한 교육 기구는 도시에 있다. 1854년에서 1953년까지 전국의 미국 유학생이 2만 606명으로, 모두 고등 교육 기구가 즐비한 대도시에서 선발된 사람들이다. 칭화 대학이 전국의 5.4%를 점하여, 최상위를 기록하고 있다. 연경 대학, 베이징 대학, 베이징 사범대학, 푸런(輔仁) 대학, 그리고 셰허(協和) 의학원 등의 유명 학교를 포함하면, 베이징이 전국적으로 월등히 앞선다. 상하이는 성 요한 대학, 교통 대학, 푸딴(復旦) 대학, 다퉁(大同) 대학, 광화(光華) 대학 등의 고등 교육 학교가 있어, 그 다음을 차지하고 있다. 이런 미국 유학생의 본적지는 전국에 산재해 있는데, 베이징과 상하이의 고등 교육 학교의 배양을 통해서 인재로 성장하게 된 것이다.[43]

▶ (2) 직업 선택의 단계 : 전문 업종 분포의 국한성으로 인해, 수요 지역 분포와 일치할 수 없다. 더불어 직업 선택은 우연적 요소의 영향을 받아서, 지역을 넘어선 대규모 조정이 불가피하다.

▶ (3) 취업 단계 : 특히 개혁 개방 이후, 시장 경제 체제에서, 인재는 기타 생산 요소와 마찬가지로 끊임없이 조직 개선이 이루어지기 때문에, 지역 이동 빈도가 매우 높다.

인재의 대규모 이동은 사회 발전을 추동하는 경제 요인이다.

▶ (1) 인재의 대규모 이동은 대도시의 성장을 가속화시킨다. 현대화 사회가 필요로 하는 인재가 밀집되어 있는 대도시는 확산 작용을 일으킨다. 대도시의 인재는 전국 각지의 지원을 필요로 한다. 인재의 대도시로의 집중은 확산 기능을 강화시키는 전제 조건이다. 인재 집중이 없이는 대도시의 확산 작용도 없다. 베이징, 상하이, 톈진의 3개 직할

---

(43)　　　繆進鴻, 鄭雲山, 『中國東南地區人才問題國際硏討會論文集』, 浙江大學出版社, 1993.

시를 예로 들자면, 보통 고등 교육 학교의 교수 가운데 90% 이상이 외지에서 왔다. 다시 베이징 대학을 예로 들자면, 1994년 박사 과정 지도 교수가 359명이다. 그 가운데, 베이징이 본적인 교수는 단지 7명뿐이고, 장쑤성, 저장성, 상하이에서 온 교수가 161명이다.[44] 전국의 지원이 없다면, 특히 화동 지역의 지원이 없다면, 베이징 대학을 제대로 꾸리기란 불가능하다.

▶ (2) 인재의 균형적 분포의 촉진은 경제 균형화를 가속시킨다. 3대 직할시를 제외하면, 서북, 서남, 산시(山西)성, 지린성, 헤이룽장성, 네이멍구 자치구는 모두 인재 순수입 지역이다. 중국의 북방에서 일하는 교수는 전국의 50%로, 남방과 같은 비율이다. 그들 대부분은 남방에서 왔다. 북방과 내륙 지방의 사회 경제가 오늘날의 성취를 이루게 된 것은 외지 인재의 지원에 힘입었음을 인정하지 않을 수 없다.

▶ (3) 전문직 인재의 과잉과 부족을 조정한다. 전문직 인재의 분업이 갈수록 세분화되어 가는 현대에는 어떤 한 지역이 각계 분야의 인재를 모두 배양해 낼 수는 없다. 일부 희소한 분야는 소수 지역에서 집중적으로 배양해 낼 수밖에 없다. 이 역시 인재 지역 조정의 필연성을 가중

= 베이징, 톈진, 상하이 교수의 본적 구성(1987)

도시	합계(명)	외지 본적(명)	외지 본적(%)
베이징	2761	2562	92.8
상하이	1665	1434	86.1
톈진	617	547	88.7
소계	5043	4543	90.1

자료 출처 : 《中國普通高等學校敎授人名錄》.

---

(44)　　北京大學硏究生院, 『燕園師林』, 제2집. 北京大學出版社, 1991, 1996.

시킨다. 인재가 가장 밀집된 저장성을 예로 들면, 외지에 본적을 둔 교수의 비중 역시 높아 43.7%에 달한다.

이 밖에도 교학 및 연구 단위의 거시적 분포상의 불균형은 인재 이동의 중요 원인이다. 중국과학원은 120여 개의 연구소와 분원을 설치하고 있는데, 저장성에는 하나도 없다. 1987년 국무원 학위위원회가 공포한 석사 평점과 박사 평점 가운데, 저장성은 겨우 12위를 차지하였다. 그 가운데, 석사 평점은 전국 2.6%로, 전국 3.7%를 차지하는 인구 비중보다도 낮다. 분포 불균형의 결과로, 저장성 본적인 과학원 출신의 연구원은 무수히 많지만, 저장성에서 일하는 과학원 출신의 연구원은 거의 찾아보기 힘들다. 말하자면, 인재 이동의 세 동인은 필연적이지만, 분포 불균형은 오히려 주관적 임의적 산물이다. 인재 이동의 세 동인은 모두 적극적 의의를 지니고 있지만, 분포 불균형은 소극적 의의만을 지니고 있을 뿐이다. 교학 및 과학 연구 기구를 배치할 때 어떻게 적절히 인재의 지리적 특징을 고려하느냐는, 인재의 불필요한 유동을 감소시키는 데 유리할 뿐만 아니라, 인재의 다배출 지역의 지속 발전 가능성에 유리하다.

시장 경제 진입 이후, 인재 유동의 자유가 더욱 커져, 각 성·시·구마다 좋은 물적 환경·인적 환경을 창출하여, 본지의 인재는 붙잡아두고, 외지의 인재는 끌어들이기 위해 애쓰고 있다. 주장강 삼각주에서 포산(佛山)의 경제력은 선전(深圳)과 광저우(廣州)에 버금 가는데, 이는 인재 유치의 결과이다. 일찍이 1980년대에, 포산은 3선에서 온 광둥성 출신의 기술 간부와 대학생을 주동적으로 받아들였다. 우수한 인재 집단이 포산 경제의 변화 발전을 촉진시켰다.[45]

---

(45)　　　陳傳康,「中國發展戰略的回顧和展望」,『重負的大地』, 人民教育出版社, 1994.

9. 남북 응집

중국이 하나의 통일된 정치 실체로서 동방에서 우뚝 서게 된 것은, 자연, 역사, 사회 등의 다방면의 원인으로 인해 조성된 것이다. 중국 남북의 차이는 매우 크다. 그러나 남북의 응집의 역량은 더욱 컸다.

자연 환경의 응집성

중국 대지의 특징은 내부의 완정성과 통일성, 그리고 외부와의 상대적 폐쇄성이다.

내부의 통일성은 중원이 동아시아 계절풍 지대 범위 안에 있고, 남북이 하나의 완정한 수계를 이루고 있다는 것을 의미한다. "한줄기 봄 강물 동쪽으로 흐르네(一江春水向東流)."라고 하여, 양쯔강, 황허강, 주장강 등이 서쪽에서 동쪽으로 흘러, 바다로 흘러든다. 중하류에 이르면, 서로 운하를 통해서 연결될 수 있다. 이런 상황은 동서남북으로 제각기 다른 방향으로 물길이 나 있는 유럽 중부의 수계의 상황과는 명확히 구별된다. 유럽 중부의 수계는 알프스 산에서 발원하여, 북쪽으로 발트해와 북해로 흘러가거나, 남쪽으로 지중해로 흘러가거나, 서쪽으로 대서양으로 흘러간다. 완정한 수계는 통일 정부의 관할하에서 치수 사업에 유리하다.

외부와의 상대적 폐쇄성의 지표는 서쪽으로 세계의 지붕인 파미르 고원, 북쪽으로 고비 사막, 동쪽으로 대양이다.

문화의 응집성

린위탕은 "같은 역사 전통, 같은 문자. 중국은 그 독특한 방식을 가지고 중국의 세계어 문제 및 같은 문화라는 문제를 해결하였다", "이러한 공통점은 중국으로 하여금 일종의 인류 박애라는 공통 기초를 가질 수 있도록 하였으며, 이는 바로 유럽에는 결핍된 점이다."고 말하였다.[46]

공자를 대표로 하는 유가 사상은 전국적으로 전파되었다. 진대부터 같은 문자를 써서, 전국적으로 하나의 문자가 교류의 매개로 형성되었다. 이는 유럽에서 거의 각 나라마다 자신의 문자를 형성하였던 점과 뚜렷한 대조를 이룬다.

중국 문화는 의식 형태, 사회, 경제 등의 방면에서 모두 비교적 높은 수준을 이루었으며, 주변에 대하여 비교적 강한 확산력을 지녀왔다. 역사상, 주변 민족이 중원에 들어와서, 적지 않은 민족 문화 요소를 가지고 들어와, 중국 문화의 내용을 매우 풍부하게 만들었다. 그러나 화하 문화의 기초는 동요되지 않았다. 사료가 설명해 주듯이, 거란, 만주 등의 민족은 중원에 들어오기 전에, 이미 광범위하게 중원 문화를 흡수하였고, 중원에 들어온 뒤로도, 중원 문화에 빠르게 융합되고 말았다. 전세계 각지의 유대 민족이 모두 유대 문화 전통을 유지하고 있지만, 유독 북송 시기에 카이펑으로 이주해 온 유대인만이 완전히 중국 문화라는 바다로 흡수되고 말았다.

군사·정치의 응집성

중원 사람들은 농경을 생업으로 삼아, 해 뜨면 일하러 나가고, 해가 지고서야 쉬며, 평화롭게 안주하여, 정착하여 옮기길 꺼려, 자고이래로 강한 고향 관념과 영토 관념을 지니고 있으며, 장성을 건축·보수하고, 장성을 경계로 하여 농경 영역을 보호해 줄 통일된 정부를 필요로 하였다. 만약 내부가 분열되면, 장성을 지킬 수 없고, 중원 전체의

---

(46)　　　林語堂, 「北方與南方」, 『北人與南人』, 中國人事出版社, 1997, 3쪽.

안정을 얻을 수 없다. 역사상, 대체로 내부 분열 시기는 국력이 쇠약해지고, 민생이 어려워졌던 시기이다. 주변 민족이 중원에 들어오게 되면, 응집을 통해 다민족이라는 대가정을 이루게 되고, 전국 통일의 국면은 더욱 거대해지게 되었다.

대운하가 남북 응집에 이바지한 공헌

북방의 군사력과 정치 활동은 양식, 포목, 잡화 등의 물자 지원을 필요로 한다. 북방 경제는 비교적 단순해서, 방대한 군수와 정치 구조를 지탱할 만한 능력이 없어서, 반드시 남방의 공급이 있어야만 했다. 현대화된 교통 수단이 없었던 고대에는, 운하가 유일하게 선택할 수 있는 교통 수단이었다. 남북 운하의 건설·수리는 역대 황조가 가장 관심을 기울였던 사업 가운데 하나이다. 기원전 214년 진사록(秦史祿)이 운하 건설에 착공하여, 샹수이를 리장강으로 끌어들어, 양쯔강과 주장강의 양대 수계를 연결시켰다. 612년, 수대에 대운하를 건설하였는데, 총길이 1780km로, 첸탕강(錢塘江), 양쯔강, 화이허(淮河)강, 황허강, 하이허(海河)강 등의 5대 수계를 연결시켜, 남북 교통의 대동맥을 이루었다. 운하가 생기고서, 남방 경제와 북방 정치, 군사가 하나의 정체로 연결되어, 국가의 통일을 보장할 수 있게 되었다. 운하 사업의 어려움으로 인해, 한동안 해상 운송로를 개척하였는데, 양쯔강 삼각주 일대의 항구에서 선적하여, 황해, 발해의 해상로를 지나, 톈진을 거쳐 베이징까지 운송되었다. 후에 산둥 반도 부근의 해상 풍랑이 비교적 커서, 해상 사고가 빈번해지자, 결국 해운을 포기하고, 운하 건설에 전력을 기울이게 된다.

지금에 이르기까지, 남북 운송은 국가 정치 안정, 경제 번역에 대하여 여전히 이루 헤아릴 수 없는 의미를 지니고 있다. 운하는 비록 이미 역사적 사명을 다하고서, 현재는 운하가 통하지 않게 되었지만, 징광

(京廣), 징주(京九) 등의 철로가 운행되고 있다. 더불어 남북 간의 해운, 신속히 발전한 항운, 곧 만들어질 남북 고속 도로망 등은 장차 중화 대지를 하나의 정체로 통합시킬 것이다.

마지막으로, 정치 지도자들의 남방 순시, 민정 관찰, 남방의 요인들과의 대화 등은 남북 결집의 중요 수단이다. 업적이 있었던 황제들은 일생 중 수 차례 남방 순시를 하고, 통일의 직무를 다하였다. 오늘날, 정치 체제가 근본으로 변화하고 있기는 하지만, 남방 순시의 정치적 의의는 여전히 소홀히 할 수 없다.

6장. 동서 차이와 빈곤 지역

six 동서 차이와 빈곤 지역

중국은 사회·경제 발전의 불균형 정도가 세계에서 가장 큰 나라이다. 동서 차이는 대단히 크며, 그 정도도 심각하다. 동서 지역의 빈부 차이는 현재 중국의 가장 심각한 문제가 되고 있다.

중국의 동서 지역 차이 중 가장 두드러진 문제는 동부 지역은 비교적 발달한 데 비해 서부 지역은 낙후되었다는 점이며, 이로 인한 빈부 차이의 문제이다.

중국은 사회·경제 발전의 불균형 정도가 세계에서 가장 큰 나라이다. 동서 간의 차이는 대단히 크며 그 정도도 심하다. 각 성이나 도시의 통계에 따르면, 발전 수준이 높은 지역은 모두 동부에 위치해 있으며, 낮은 지역은 모두 중서부에 위치해 있다.

중국 동서 지역의 사회·경제 수준의 큰 차이는 자연 환경과 사회 환경의 중복 결정에 의한 것이다. 일련의 중요한 자연 환경과 사회 환경이 모두 동부 지역의 발전에 유리했다.

❀　❀　❀

1. 자연 환경의 동서 대비

자연 환경의 측면에서 동서 지역을 대비할 때 중요한 것이 다음의 세 가지이다.

중국 동부, 중부, 서부 범위도

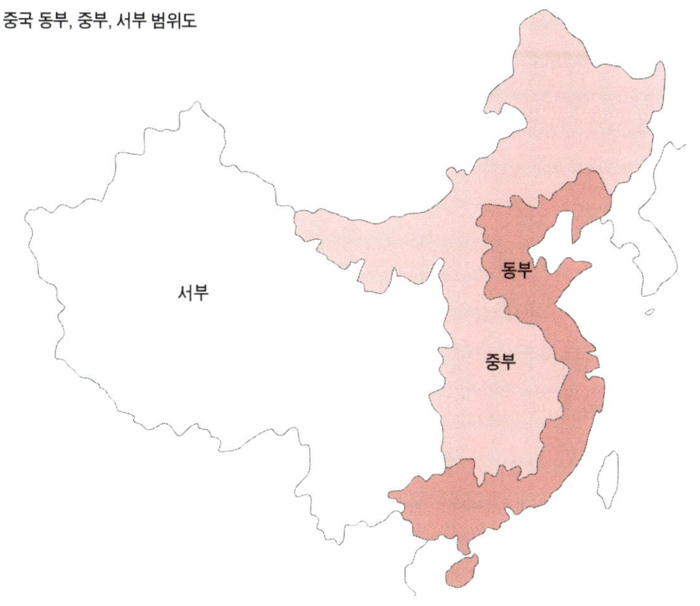

(1) **기후** : 계절풍은 중국 동부 지역에서 나타나는 가장 주요한 기후 현상이다. 계절풍의 영향을 받아 강수량은 동남 지역에서 서북쪽으로 갈수록 줄어들어, 서북 내륙 지역은 가물고 비가 적게 온다.

(2) **지형** : 중국의 지형은 서고동저형으로 세 개의 큰 계단을 형성한다. 서부 고원에서 발원한 하천들은 동부에 편편한 지대를 형성하여, 경작에 유리하고 비옥한 환경을 조성하며, 충적 평야와 삼각주 등이 발달한다. 이렇게 해서 동서 지역의 환경 차이는 더욱 심각해진다.

(3) **해안** : 동부 지역 바다를 향하고 있어 해양 운수에 유리하다. 이것은 개방형 경제를 발전시키는 데 중요한 조건을 제공한다. 1997년 중국 연해 지역 항구의 화물 물동량은 9억 톤이었으며, 2000년에는 10억 톤에 달할 것으로 예상된다.[1]

---

(1) 『中國統計摘要, 1998』, 中國統計出版社, 1998.

중국과 미국은 면적이나 위도상의 근접성 등에서 모두 대국이며, 명확한 경도 지대성을 갖고 있다. 제2차 세계 대전 이후에 미국의 서부 발전은 비교적 빨라서, 동부의 발전 추세를 따라잡는 수준에 이르렀다. 이 때문에, 중국과 미국 양국의 지대성 문제를 논할 때, 중국의 희망이 서부에 있으며, 서부에 중국의 캘리포니아를 건설해야 한다는 관점이 있다. 그러나 이것은 중국과 미국 양국의 동서 지대성의 근본적 차이를 무시하고 있다. 미국은 동서 양면이 바다에 접하고 있으나, 중국은 한 면만이 바다에 접해 있다. 미국의 서부 지역에는 서풍이 불어 사계절이 봄과 같은 지중해성 기후 지대로 얕은 하천과 계곡, 평원, 비교적 풍부한 담수 자원을 갖추고 있으며, 개발에 유리한 항구를 갖추고 있다. 그러나 중국의 서부는 험준한 고산 지대로 건조한 대사막이 펼쳐져 있다. 따라서 미국과 중국을 자연 지리적 측면에서 비교하고자 한다면, 반드시 전체 대륙을 놓고 비교해야만 할 것이다. 중국은 광활한 유라시아 동남쪽 가장자리에 위치하고 있다. 미국은 북아메리카 대륙 전체를 가로지르면서 동쪽과 서쪽으로 바다와 접하고 있다. 자연 환경으로 보자면 중국의 서부는 미국의 낙후된 산악 지구에 해당하며, 미국의 서부는 유라시아 대륙의 서유럽에 해당한다. 이처럼, 미국과 중국의 경도 지대성은 단순 비교가 불가능하다.

이상의 내용은 중국 서부 지역의 거대한 사회·경제적 발전 가능성을 부인하는 것이 아니라 미국식의 서해안 개발 모델을 모방할 수 없다는 것을 설명해 준다.

2. 사회 환경의 동서 대비

사회 환경의 동서 지역 대비는 다음의 네 가지 방면으로 표현할 수 있다. 이러한 대비점들은 동부가 바다에 접해 있다는 것과 서부는 산이 많은 자연 환경을 갖고 있다는 것과 밀접한 관련을 갖는다.

교통 불편, 정보 단절, 사회 발전의 지체

"촉으로 난 길은 푸른 하늘로 오르는 길보다 험하구나(蜀道之難難于上青天)", "황학이 날아오르고 원숭이들이 뛰어다닌다(黃鶴之飛尚不得過, 猿猱欲渡攀緣)." 이백의 「험난한 촉나라 길(蜀道難)」이라는 이 시는, 산시(陝西)성에서 쓰촨성으로 들어가는 길의 험준하면서도 수려한 형상을 생생하게 묘사하고 있다. 예부터 전해져 내려오는 걸작이기도 하며 산행의 험난함에 대한 절묘한 표현이기도 하다.

높은 산과 가파른 비탈길로 인해 산악 지대에 현대적 교통 노선을 건설하는 것은 평원 지대에 비해 대단히 어려운 일이다. 중국의 2km 이상 되는 터널의 2/3가 서남 산악 지대에 있으며, 청두(成都)에서 쿤밍(昆明)까지의 철도 노선의 전체 길이는 1085km로, 991개의 교량과 427개의 터널이 있다. 이 교량과 터널들의 전체 길이는 400km에 이른다. 10여 개의 역사 중 일부는 공중에 매달려 있거나 터널 안에 있다. 전체 길이 669km인 바오지(寶鷄)에서 청두까지의 철도 노선에는 1001개나 되는 교량이 있고 이것들 간의 간격 또한 좁아서 가히 세계 일색이라 할 만하다. 산악 지대의 비탈길은 경사가 심해서 기관차가 끌 수 있는 중량은 한계가 있다. 이 때문에 광시성에서 구이저우성으로 진입하는 열차들은 류저우(柳州)에서 해체, 재조립하여 열차를 견인하는 화차의 무게를 줄인 후에야 다시 전진할 수 있다. 여름철에는 빈번한 홍수와 토사 때문에 철로가 훼손되어 긴급한 보수 공사가 필요하다.

높고 가파른 산악 지형은 농업 기계의 작동이나 현대적 군사 장비의 작동 및 건설, 설치에 모두 영향을 미친다. 경사 8도의 경작지에서

군사 장비	다른 경사도에서의 속도(km/시간)				한계 경사도
	3~6도	6~12도	10~15도	15~20도	
지프차	20~15	15~12	12~8	8~5	20~30도
견인차(무한 궤도)	15~10	10~7	7~5	5~3	17~25도
탱크와 자주포	15~12	12~10	10~6	6~4	30~35도
보병	5~4	4~3	3~2.5	2.5~2	

주 : 건조하고 단단한 지면 위에서 지프차의 운송 속도이며, 지면이 습할 때는 운송 속도가 1/2~2/3으로 떨어진다.

작업을 할 때 트랙터의 연료 소비량은 12% 증가하고 효율은 14% 감소하게 된다. 경사 6도의 경작지에서 수확기의 효율은 절반으로 떨어진다. 대중형 트랙터의 작동 한도는 경사 15도이며, 수동 트랙터의 작동 한도는 경사 17도이다. 경사가 2~5도일 때, 건축물의 수직 배치 거리가 제한되며, 경사 5~7도일 때는 건축물은 일반적으로 등고선과 평행으로 배치되어야 한다. 경사 7도가 넘으면 대형 건축물은 경제적 효과를 보기 어렵다.

교통의 불편은 산악 지구의 자원 탐사에도 장애가 된다. 중국 서부 지역의 면적은 전 국토의 56.2%를 차지한다. 그에 반해 이 지역에서 탐사된 45종의 주요 광산의 잠재 가치는 전국 12조 달러의 21.2%에 불과해 면적 대비 가치에 어울리지 않는다. 이는 서부 광산 자원의 탐사 정도가 아직 낮아서 탐사된 광산 자원이 많지 않기 때문이다.

불편한 교통이 산악 지대 사회에 간접적으로 미치는 영향은 정보의 단절과 낙후된 풍습 등이다. 산악 지대에서 생활하는 두롱(獨龍)족, 누(怒)족, 먼바(門巴)족, 와(佤)족, 리수(傈僳)족, 징보(景頗)족, 벙롱(崩龍)족 등의 민족은 1950년대의 화전 경작 방식을 아직도 답습하고 있다. 사회 형태 방면에서도 야오족, 짱(壯)족, 동(侗)족, 창(藏)족, 다이(傣)족에 모두 모계 사회의 잔흔이 남아 있다.

원난 민족 중의 두 집단은 모두 산악 지역의 환경과 관계가 있는데, 그 하나는 리장(麗江)의 융닝(永寧) 마사인(摩梭)들의 '여인국'이다. 마사인들의 사회에서는 그 어미는 알 수 있지만 그 아비는 알 수 없다. 부녀자들이 가장의 책임을 맡고 전체 가족의 생산과 생활을 조직하며, 대외적인 사교 활동을 책임진다. 또 다른 하나는 누장(怒江) 리수족들의 원시 공산제적 촌락 조직인 '군자국'이다. 리수족의 가족은 촌락 조직 내에서는 공동으로 토지를 소유하고 공동으로 경작하며, 서로 돕고 채무를 나누어 갚는다. 또한 잡은 가축을 함께 먹고 술을 빚어 함께 마신다. 만약 당신이 리수 지역을 지날 때 지니고 있는 물건이 너무 많다면, 그것을 나무에 걸어두거나 길가에 놓아두고, 그 위에 작은 돌멩이로 간단한 표시를 해두기만 하면, 돌아오는 길에 그것을 다시 찾을 수 있을 것이다.

인류 사회의 살아 있는 화석이라 할 수 있는 이 두 가지 예가 지금까지 보존될 수 있었던 주요 원인은 험준한 산악 지대가 외부 세계와의 연결을 방해하고 있기 때문이다. 원난 마방(행상이나 마부용 숙박 시설 : 역주)의 몇 가지 금기를 통해 마방의 어려움을 미루어 짐작할 수 있다. 마방에서는 탁자 위에 놓여 있는 밥이나 음식 그릇을 마음대로 움직여서는 안 되며, 밥그릇을 들어올려 국에 말아서도 안 된다. 만약 그렇지 않으면 말이 뒤집어지는 재앙이 닥친다고 여겼다. 또한 두 손으로 문틀을 짚어서도 안 되고, 문지방을 밟아서도 안 되는데, 이런 행동은 '재물문'을 막는 행동으로 재물이 들어오지 못하게 하며, 도둑을 만나게 한다는 것이다. 험악한 교통 상황으로 인해 옛 풍속이 오래도록 보존되고 있다.[2)]

---

(2)　　　岳檀興, 徐歐光, 『孔雀之鄕的民俗與旅遊』, 旅遊敎育出版社, 1995, 34쪽, 163쪽, 240쪽.

역사상, 구이저우성은 "3척 이상의 평지가 없고, 3일 이상의 맑은 날이 없으며, 3푼 이상의 돈을 가진 사람이 없다."라고 일컬어진다. 현재 구이저우성의 경제 상황은 많이 개선되기는 했으나, 인근 성에 비하면 아직도 차이가 많다. 그 원인 중의 하나가 정보 두절이다. '우물 안 개구리(夜郎自大)', '하찮은 재주(黔驢枝窮)'라는 말은 모두 구이저우성과 관련이 있는 것들이다. 『사기(史記)』제116권에 다음과 같은 기록이 있다. "전(滇)나라 왕이 한나라의 사신과 이야기하기를, '나와 한나라 중 어느 것이 더 큰가?(及夜郎, 亦然. 以道不通故, 各自爲一州王, 不知漢廣大.)'"

야랑(夜郎)은 구이저우성 서남부에 위치한 전국 시대의 국가로, 그 중심부는 진관링(今關岭)현 일대였다. 중국의 성어는 4자로 이루어지는 연고로, 夜郎自大라는 성어를 이루게 되었다. 사마천은 이 역사를 기록하고 있을 뿐만 아니라, '막힌 길'이라는 해석을 덧붙여 학술적

= 산악 지역, 구릉 지역, 평원 지역의 지역 경제 지표 비교(1987)

지표	산악 지역	구릉 지역	평원 지역
현급 단위의 수(개)	936	625	797
향촌 인구(1만 명)	24716	26790	33541
경작지(아르/명)	1.38	1.66	1.87
식량 생산량(kg/명)	356	473	556
면화 생산량(kg/명)	0.4	1.8	10.6
기름 생산량(kg/명)	13.5	17.4	21.3
육류 생산량(kg/명)	23.3	26.0	21.0
농촌 총생산(위안/명)	729	1024	1478
사회의 농산물 구매(위안/명)	148	211	283

자료 출처 : 『中國分縣農村經濟統計槪要, 1980~1987』, 中國統計出版社, 1989, 598~605쪽.

가치를 겸비하게 된다. 검(黔)은 당나라 시대 구이저우성 동부에 있던 길 이름으로, 이 길에는 후난성 서쪽, 후베이성 서남부, 쓰촨성 동남부가 모두 포함된다. 이 지역은 모두 산악 지대로, 유종원(柳宗元)은 "검의 당나귀는 호랑이를 모른다."라고 묘사하고 있다. 이는 견식과 식견이 좁은 것을 비유하는 것이다.

산악 지역의 사회·경제가 상대적으로 지체되었다는 것을 보여주는 예는 사상과 의식이 낙후되었다는 것과 상품 관념이 희박하다는 것이다. 윈난성 더친(德欽)현은 1인당 평균 다섯 마리의 가축을 가지고 있어, 전체 성의 1위를 차지한다. 그러나 짱족 사람들은 기른 가축을 내다 팔지 않아서 현과 성의 식육품은 외지에서 조달해야 한다.

교육과 문화 지체

교통과 문화의 단절, 경제 및 생산의 낙후 등은 교육과 문화 발전에 직접적인 영향을 미친다. 또한 교육과 문화의 지체는 이 지역의 사회 번영을 가로막는 요인이 되고 있다. 1995년의 인구 조사 자료를 보면, 중국의 비교적 발달한 지역과 낙후한 지역 간의 교육 수준은 큰 차이를 보이고 있다. 15세 이상 인구 중 문맹과 반문맹 인구 비율에서 베이징, 상하이, 랴오닝성은 10%를 웃도는 반면, 시짱 자치구, 칭하이성, 간쑤성, 구이저우성 등은 30%를 상회한다. 시짱과 칭하이의 짱족 같은 소수 민족 집단 거주 지역은 주거지가 분산되어 있어 교육 여건이 비교적 어려운 형편이며, 구이저우성의 교육 지체는 불편한 교통과 경제적 낙후 때문이다. 또 다른 측면으로, 빈곤 지역은 높은 출산율로 인해 인구의 자연 증가율이 높은 편으로, 14세 이하 아동 인구의 비율이 전체 인구에서 차지하는 비율이 줄지 않아 사회 전체의 부담을 증가시키고 있다. 위에서 언급한 문맹, 반문맹 비중이 비교적 높은 지역들의 경우 출산으로 인한 인구의 자연 증가율이 높은 지역이기도 하다.

= 문맹, 반문맹, 출산율, 자연 증가율의 지역별 분포(1997년)

시 · 성 · 구	15세 이상의 인구에서 문맹, 반문맹이 차지하는 비율(%)	출산율(%)	자연 증가율(%)
전국	16.36	16.57	10.06
베이징	7.64	7.91	1.89
톈진	9.84	9.98	3.03
허베이성	14.30	13.11	6.29
산시(山西)성	9.87	16.18	10.12
네이멍구 자치구	16.78	15.21	8.25
랴오닝성	8.21	11.78	5.40
지린성	8.13	12.22	6.80
헤이룽장성	9.18	12.02	6.85
상하이	10.17	5.50	—1.30
장쑤성	19.28	11.43	4.59
저장성	18.38	11.41	4.93
안후이성	20.17	15.80	9.30
푸젠성	17.45	12.41	6.32
장시성	12.47	17.43	10.87
산둥성	22.64	11.28	4.63
허난성	14.88	13.97	7.67
후베이성	15.05	14.81	8.12
후난성	11.27	12.59	5.60
광둥성	9.61	16.90	11.50
광시성	15.12	15.93	9.53
하이난성	14.11	19.18	13.56
충칭	16.82	13.60	6.24
쓰촨성	18.00	15.75	8.75
구이저우성	25.88	22.15	14.48
윈난성	25.22	20.82	12.91
시짱 자치구	54.08	23.90	16.00
산시(陝西)성	17.34	13.91	7.62
간쑤성	26.77	17.22	11.02
칭하이성	43.62	21.50	14.85
닝샤 자치구	25.83	18.90	13.47
신장 자치구	11.52	19.66	13.11

· 자료 출처 : 『中國人口統計年鑑』, 中國統計出版社, 1998, 107, 116쪽.

역사적 배경과 순차적 개방의 영향

역사상 중국의 문화, 경제, 정치 중심은 모두 동쪽으로 이동하는 추세이다. 근 1000년 동안, 문화와 경제의 중심은 타이후 유역 일대로, 정치의 중심은 베이징으로 이동해 왔다. 동부 지역은 정치, 경제, 문화의 든든한 기초를 이루고 있다.

1842년 아편전쟁으로 중국은 개방을 강요당했고, 이후 연해 지역에서부터 내륙 쪽으로 점진적으로 개방을 추진했다. 서방의 선진 과학 기술은 연해 지역으로 먼저 전해져 들어왔으며, 자본주의 산업화 역시 연해 지역에서 먼저 발흥했다.

1978년의 개혁 개방 역시 연해 지역에서 내륙 쪽으로 이동하는 형식이다. 1980년에 설립된 선전, 주하이, 산터우, 샤먼의 4개 경제 특구

1978년 이후의 개방 형세

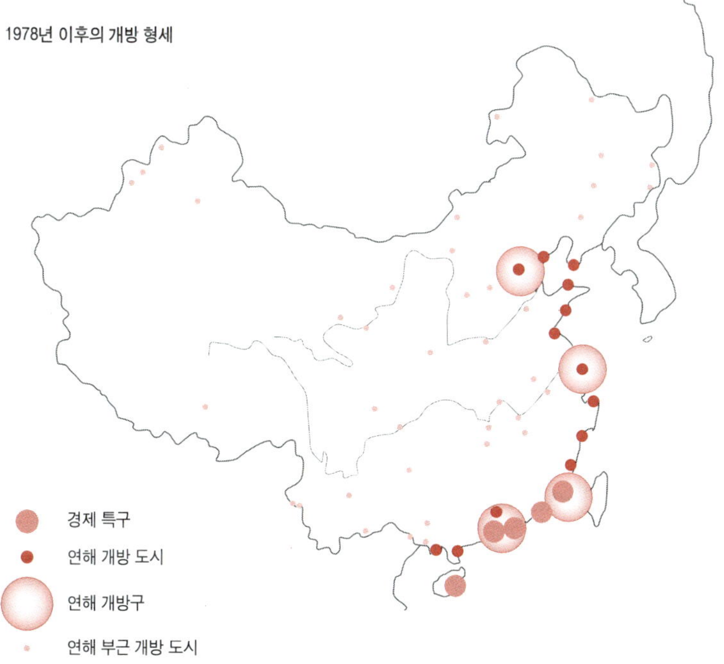

는 모두 동남 연해에 위치해 있다. 1984년에 설립된 14개의 개방형 도
시, 1987년에 개방된 양쯔강 삼각주, 주장강 삼각주 및 푸젠성 동남부
등은 모두 동부 지역에 위치해 있다. 산둥 반도와 랴오둥 반도는 1988
년에 개방되었고, 하이난성 경제 특구도 1988년에 설립되었다. 1990
년에 상하이 포동 지구를 건설하기 시작하면서, 동부의 개방의 지위는
한층 더 높아졌다. 1992년이 되어서야 내륙 지역은 점진적 개방을 시
작하는데 그것은 다음과 같다.

(1) 13개의 연육 변경 지역 개방   (3) 4개의 연안 지역 자치구의 수도

(2) 5개의 양쯔강 연안 도시 개방   (4) 11개의 내륙 지역 성의 도시

역사상 동남 연해 지역은 화교들의 본산지이기도 하다. 수많은 해
외 중국인, 홍콩과 마카오, 타이완 주민들이 풍부한 정보와 자금, 선진
기술, 현대적 경영 관리 경험 등을 가져와 이 지역의 사회·경제적 번
영을 촉진하고 있다.

경제 구조와 가격 정책의 영향

현재 중국의 주요 기업에는 국유 기업, 집체 기업, 외자 기업의 세
종류가 있다. 구체제의 영향을 많이 받는 국유 기업은 개혁 임무가 막
중하며, 발전이 상대적으로 지연되고 있는데, 중부와 서부 지역은 국
유 기업의 비중이 비교적 큰 지역이다. 집체 기업과 외자 기업은 구체
제의 제약이 비교적 적고, 활동이 활발하다. 동부 지역의 집체 기업과
외자 기업의 비중은 비교적 큰 편이다.

중서부 지역은 자원형 상품의 비중이 비교적 높다. 계획 경제 시기
에 자원형 상품의 가격이 낮게 책정되어 중서부 지역은 경제적인 면에

= 중국 동부·중부·서부 지역의 자연 자원 비교(%)

자원	동부 지역	중부 지역	서부 지역
경작지	28.2	55.2	16.6
유수량	28.8	40.1	37.1
석탄	6.1	77.1	16.8
석유	39.1	47.5	13.4

서 손실을 입었다. 가격 개혁을 통해, 자원형 상품의 가격은 약간 상승되긴 했지만, 여전히 이 지역에 불리하게 작용하고 있다.

3. 중서부 지역의 우위와 개발

중서부 지역의 발전을 가속화시키는 것은 중국 전체가 부유해지고, 민족 단결과 사회의 지속적 안정을 위한 길이며, 자원의 합리적 배치와 경제의 합리적 배치를 위해 필요한 일이다.

중서부 지역의 상대적 우위

중서부 지역이 상대적으로 우세한 점은 두 가지이다. 하나는 자원의 우위이다. 여기에는 풍부한 지하 광산 자원과 다양한 농업, 임업, 목축업 자원, 그리고 다채로운 관광 자원이 포함된다. 다른 하나는 중서부 지역의 경제 건설이 어느 정도 기초를 갖추고 있다는 점이다.

중서부 지역의 광활한 면적에는 중국 자연 자원 총량의 상당 부분이 보유되어 있다. 구체적으로 석탄 94%, 구리 70%, 보크사이트 80%, 인회석 80%, 유철광 60%, 개발 가능한 수자원 85% 등이 보유되어 있다. 중국 대륙의 석유와 천연 가스 접계 지역 및 농업 가능한

중국의 석탄, 석유, 천연 가스 자원 분포도

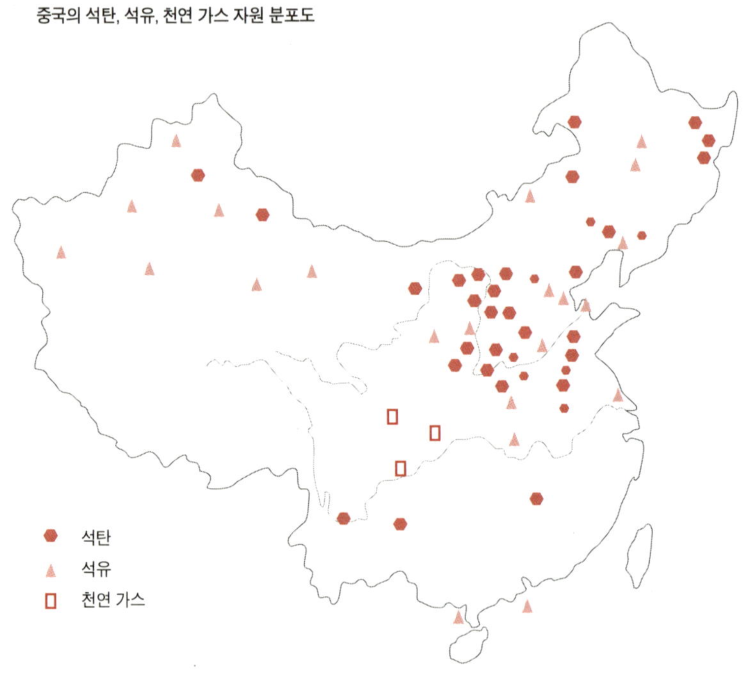

황무지와 초원은 모두 중서부 지역에 분포되어 있다.

1980년대에 동부 연해 지역을 우선 개방한 것이 당시의 전략적 돌파를 위한 선택이었다면, 중서부 지역의 자원 개발은 새로운 세기의 전략적 선택인 것이다. 2030년에 중국의 인구는 대략 16억 명에 달할 것이다. 이 엄청난 인구가 필요로 하는 식량과 자연 자원이 대부분 중서부 지역의 자원 개발에 달려 있는 것이다.

중서부 지역은 관광 자원이 밀집되어 있는 지역이기도 하다. 광활한 칭짱 고원과 신장 자치구 남쪽의 타리무(塔里木) 분지, 신장 자치구 북쪽의 준커얼(准喝爾) 분지 등은 기이한 자연 풍광과 독특한 민속 분위기, 찬란한 역사와 문화를 가지고 있다. 세계 제1의 봉우리인 에베레스트산, 깊고 수려하며 장엄한 야누짱푸장(雅魯藏布江)강의 대협

곡, 금빛 찬란한 티베트의 포달라 궁, 오래 된 지하 관개 수로인 관개용 우물, 위구르족의 풍부하고 다채로운 음악과 무용 등은 관광객의 발길을 끄는 힘이다.

이렇듯 중국 내륙에는 자연 관광 자원만 풍부한 것이 아니라 인문학적 관광 자원도 풍부해서 그 개발 잠재력은 대단히 크다.

반 세기 동안의 건설 과정을 통해 중서부의 공업 기초는 일정한 수준을 갖추고 있다. 특히 1965년부터 1975년의 기간에 중국은 전략적으로 후방을 중점적으로 건설해 나갔다. 그 당시 중국은 전략적 위치에 따라 전국을 1선, 2선, 3선으로 구분했다. 3선은 전국의 전략적 위치 중 가장 후방으로 쓰촨성, 구이저우성, 윈난성, 간쑤성, 칭하이성 전체 또는 일부 그리고 산시(山西)성, 허난성, 후베이성, 후난성 서쪽을 포함한다. 1966년부터 1970년까지의 제3차 경제 개발 5개년 계획

중국의 1선, 2선, 3선 지표도

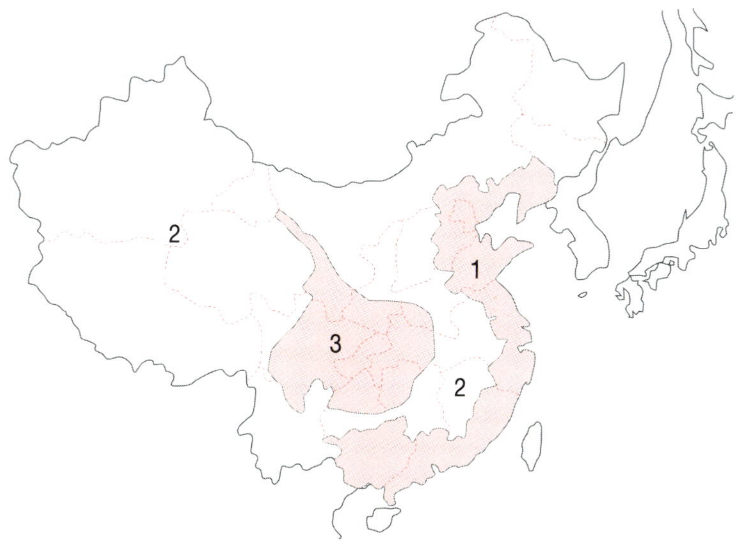

기간은 3선 건설이 최고에 달한 기간이었다. 5년 내 기본 건설 총 투자 액의 66.8%가 중서부 지역에 집중되었으며 그 중 3선 지역이 52.7% 를 차지한다.

3선 건설의 중점은 군수 산업으로, 1975년까지 3선 지역의 무기 산업 생산 능력은 전국 수준의 절반에 이르렀고, 항공 산업의 생산 능력은 전체의 2/3를 점하고 있었다. 핵산업, 항공 우주 산업 및 마이크로 웨이브 유도, 적진 항공 경계, 레이더 추적 산업 등의 전자 산업이 계속적으로 건설되었다. 전략 무기의 연구, 생산, 실험 기지들도 지속으로 조성되었으며, 국방 산업을 가능케 하는 에너지 산업, 원재료 산업 및 기계 산업 등이 커다란 발전을 이루었다. 이렇듯 충분한 국방 산업 은 민간 산업의 발전을 위한 훌륭한 기초를 제공하고 있다.

중서부 개발 가속화를 위한 조치

1966년부터 시작된 5개년 개발 계획과 2010년까지의 장기 발전 계획에는 중서부 개발을 위한 일련의 조치들이 포함되어 있다.

= 발달 지구와 미발달 지구의 자매 결연 관계

발달 지구	자매결연 관계인 미발달 지구
상하이	신장·시짱·닝샤 자치구, 윈난성
베이징	네이멍구 자치구
톈진	간쑤성
광둥성	구이저우성
장쑤성	광시(廣西)성
산둥성	칭하이성
랴오닝성	칭하이성
저장성	시짱 자치구
허베이성	구이저우성
후베이성	칭하이성

▶ (1) 중서부 지역에 우선적으로 자원 개발과 기초 설비 건설 프로젝트를 배치한다. 그 중 비교적 중요한 것은 다음의 일곱 가지 항목이다.

(1) **수리** : 양쯔강 싼샤댐 공사, 허난성의 뤄양 부근의 황허강 수리 시설 공사, 쓰촨성 판지화(攀枝花) 부근의 얼탄수이(二灘水) 전력 시설 공사, 싼샤에서 베이징으로 물길을 돌리는 남수북조(南水北調) 공사 등

(2) **에너지 자원** : 산시(山西)성, 산시(山陝)성 그리고 네이멍구 자치구 등 석탄 공업 기지, 응용 초고압 전력 송출 기술 및 서쪽의 수력 발전소와 화력 발전소의 전력 등을 동부로 송출하는 서전동송(西電東送) 공사 등

(3) **철도** : 광시성 난닝에서 윈난성 쿤밍에 이르는 난쿤(南昆) 철로, 시짱 우루무치에서 커선에 이르는 난장(南疆) 철로. 산시(山陝)성의 션무에서 허베이성의 황후아로 가는 제2 석탄 운송선 등

(4) **고속 도로** : 국방을 강화하고 변경의 고속 도로를 건설하고, 육지의 도로 설비를 개선하고, 중서부의 고속 도로 건설을 가속화하는 것 등

(5) **통신** : 광케이블 공사

(6) **농업** : 헤이룽장성, 신장 자치구, 황화이하이, 지린성, 간쑤성, 허시조우랑 등지의 면화, 식량 생산 기지 등.

(7) **임업** : 삼북(동북, 화북, 서북) 지방과 양쯔강 중상류 지역의 방호림, 수원림 그리고 방풍, 방림 공사 등

▶ (2) 가공업 단지의 지역 배치 조정, 원료 생산지에 적합한 1차 가공 산업 기업들의 원료 생산지로의 이전, 농축산품 가공업 기업들의 농축산업 지구로의 이전, 노동 집약형 가공업 기업과 원료 집약형 기업 및 운수량이 많은 기업을 동부 연안 지구에서 중서부 지역으로 이전.

▶ (3) 자원형 상품의 가격을 합리적으로 조정하여 중서부 지역의 발전 능력을 증강시키고, 중서부 지역의 자원 탐사 역량을 강화한다.

▶ (4) 중앙 정부의 재정 능력 증강에 따라, 중서부 지구에 대한 재정 지원과 국가 정책성 대출 비중을 높인다.

▶ (5) 중서부 개혁 개방의 행보를 가속화하기 위해, 외국 투자 기업의 내수 비중을 확대하고 국내 자금 대출 규모를 확대하여, 외국 자본이 중서부 지구에 더 많이 투자하도록 유도한다. 중국에 유입된 국제 금융 조직 및 외국 정부의 대출금의 60% 이상을 중서부 지역에 사용한다.

이 외에 중국은 제8차 경제 개발 5개년 기간에 연해 지역의 발달한 지역과 내륙의 미발달 지역을 상호 연결하는 자매 결연제를 조직하기 시작했다. 1997년 3월에 충칭이 직할시로 승격되면서 서부 지역 개발의 중대한 조치들이 가속화되었다.

4. 빈곤 지역의 형성

역사적으로, 중국은 가뭄과 홍수 등의 재해가 빈발하는 지역이다. 아래의 두 가지 기사는 대재난을 당해 도탄에 빠진 비참한 상황을 보여주고 있다.

『중국구황사』는 1929년 간쑤성의 가뭄에 대해 다음과 같이 묘사하고 있다.

봄, 여름으로 접어들면서 나무껍질, 풀뿌리, 밀겨, 기름 찌꺼기 등도 모두 먹어치웠다. 노인과 어린이를 데리고 목숨을 부지하기 위해 외지로 나간 사람들의 굶어 죽은 시체가 들판에 널려 햇볕에 말라가고 있지만, 누가 묻어주랴? 아직 굶어 죽지 않은 자들도 이리나 개에게 산 채로 먹혔다. 파리가 떼를 이루고, 눈, 코, 귀 등에 구더기가 가득하며, 파리와 구더기가 꿈틀거리며 빨

서부 지역		중부 지역		동부 지역	
성·구	부양현	성·구	부양현	성·구	부양현
쓰촨성	34	헤이룽장성	11	랴오닝성	9
구이저우성	48	지린성	5	허베이성	39
윈난성	73	네이멍구 자치구	31	산둥성	10
시짱 자치구	5	산둥성	35	저장성	3
산시(陝西)성	50	안후이성	17	푸젠성	8
간쑤성	41	장시성	18	광둥성	3
칭하이성	14	허베이성	28	광시성	28
닝샤 자치구	8	후베이성	25	하이난성	5
신장 자치구	25	후난성	10		
합계	307	합계	180	합계	105

자료 출처 : 『1997 中國區域發展報告』, 137~138쪽.

아먹어도, 굶주린 자들은 움직일 힘조차 없다. 더욱 참혹한 것은 아직 살아 있는 자들끼리 죽은 자의 시체를 식량으로 다투는 것이다.

미국 기자 화이트(White)는 『중국의 경악스러운 재난』이라는 책에서 1943년의 하이난성의 대가뭄에 대해 다음과 같이 묘사하고 있다.

어떤 여인이 자기 아이를 삶다가 체포되었다. 그 여인은 아이를 삶기 시작하기 전에 아이가 이미 죽었다고 주장했다. 귀신이나 다름없는 사람들, 이들은 연못의 말라붙은 물에서 건져 올린 푸른 이끼를 먹었다. 하이난성의 3000만 명의 주민 중, 성을 도망쳐 나간 사람의 수가 대략 300만 명이었으며, 기아와 질병으로 죽은 사람의 수가 200~300만 명에 달했다.

중국의 빈곤 지역은 서부, 그 중에서도 중부 지역에 집중되어 있다. 1987년 전국적으로 빈곤 부양을 받는 현의 수는 592개였는데, 그 중 307개가 서부에 있고, 180개가 중부에 있어서 전국의 83%를 차지한다. 이 빈곤현들은 대부분 자연 환경이 열악한 지역이며, 사회적 환경 역시 빈곤 문제에 중요하게 작용하고 있다.

극단적인 교통과 통신의 단절

서남 지역의 석회암 산지, 서북 지역의 황투 고원, 그리고 쓰촨 분지 지역은 중국 빈곤 인구가 집중되어 있는 지역이다. 이 지역들의 공통 특징은 교통과 통신의 단절 상황이 극심하다는 것이다.

간쑤성 빈곤 지역 두 개 촌에 대한 현지 탐방은 이 사실을 잘 보여 준다.

징위엔(靖遠)현의 마위엔(馬塬) 마을은 신비한 분위기의 산촌이다. 전체 촌의 규모는 14가구 80여 명으로, 큰 계곡이 이 마을과 산 건너편의 향 정부를 격리시키고 있다. 순풍이 불 때면, 향 정부에서 부는 큰 나팔 소리를 들을 수 있다. 건너가려면 3시간 반 정도 언덕을 기어올라야 한다. 고원 위에서 파종하고, 고원 위에서 먹으며 모든 생활이 3~4km²의 범위 안에서 이루어진다. 촌의 절반의 남자들이 80리 밖의 현으로 나가본 적이 없으며, 절반 이상의 여자들이 계곡 건너편의 향 정부에 가본 적이 없다. 78세의 한 할머니는 중화민국 초에 이곳으로 시집 와서 마위엔을 한 발짝도 벗어난 적이 없다. 이 시기에는 물이 귀했을 뿐 아니라 무엇이든지 부족했다. 먹을 물을 몇십 리 밖에서 끌어와야 했다. 현 정부는 5년 전에 비로소 전체 촌주민을 산지 바깥 지역으로 이주시킬 준비를 시작했다. 그러나 중씨 일가족 4명을

제외한 나머지 주민은 꼼짝도 하지 않았다.[3]

웨이위엔(渭源)현 도우디거우(陡地溝)촌의 60여 호 300여 인구는 후미지고 궁벽한 산간 지방에 살고 있다. 재해가 많고 음식물이 부족할 뿐 아니라 사람과 가축이 사용하는 지하수에 유해한 원소가 과도하게 함유되어 있어 대부분의 주민들이 모두 캐신백(Kaschin Beck : 중국 동북과 서북 지방의 풍토병 : 역주)병 같은 병을 앓고 있다. 이 때문에 한 지도부 인사가 마을을 살피고 간 후에 특별 비용을 보조하여 모든 촌민을 이주시키고자 했다. 이후 외부 조건이 모두 정비되었지만, 전체 촌민이 일치 단결하여 이주하지 않기로 했다. 이유는 여러 가지였지만, 그 중 하나가, "조상의 묘가 전부 이 마을에 있는데, 살아 있는 자들이 모두 떠나면, 그들은 어쩝니까?"라는 것이었다. 현 위원회와 단지 위원회의 10여 명의 간부들이 마을로 올라가 단호하게 동원 작업을 했지만, 전 촌민이 몽둥이와 삽을 들고 간부들을 모두 산 밑으로 내려보냈다.[4]

풍토병의 유행

열악한 자연 환경에 더해 빈곤 지역에는 설상가상으로 풍토병까지 유행하고 있다. 전국 질병 및 장애인 표본 조사에 따르면, 산악 지구의 지능 장애인의 비중이 대도시보다 10배나 높다. 황투 고원의 빈곤현들 역시 갑상선종, 풍토성 불소 중독, 캐신백병, 고산병 등의 발생이 잦은

---

(3)   揚柏等, 「貧困后的貧困」, 《中國靑年報》, 1987년 5월 30일.

(4)   麥天樞, 黎戈寧, 「難舍的祖宗之地 ― 西部貧困區訪問之二」, 《中國靑年報》, 1987년 10월 15일.

= 전국 지능 장애 아동 조사

지역		조사 인구수	병례수	환자(%)	조사 연도
산지	산시(陝西)성 자수이	1095	119	10.87	1981
	허베이성 라이수이, 주오루	2112	142	6.72	1981
	안후이성 대부분의 산지	1213	57	4.70	1979
	간쑤성 후이	4900	201	4.10	1982
평원	광둥성 포산의 가오푸췬 산지	6469	76	1.17	1982
	하얼빈 지역	41733	280	0.67	1980
도시	베이징 젠궈먼 밖의 대로	42362	83	0.20	1980
	상하이 난슈 지역	57359	70	0.12	1981

자료 출처: 全國殘疾人抽樣調査辦公室,『全國殘疾人抽樣調査手冊』, 1986, 176쪽.

지역이다. 동시에 빈곤 지역은 격리되어 있는 특성으로 근친 간의 혼인이 많다. 이로 인해 지능 저하와 저능아의 출산 비율이 평원이나 도시 지역보다 높다.

안후이성 위에시(岳西)현의 전형 조사에 따르면, 1982년 전체 현의 저능 및 반저능 인구는 3만 6000명으로 조사 인구의 13.3%에 이른다. 이런 지능 장애인들은 허약하고 눈빛에 생기가 없으며, 먹어도 배부른 줄 모르고 비를 맞아도 피할 줄 모른다. 가족 중에 이런 지능 장애인이 있다면, 그 가정은 빈곤에서 벗어나기 어려울 것이다. 저능 장애인의 비율이 높은 마을들은 모두 산간 구석에 위치해 있어서 외부와의 사회적 교류가 극히 드물다. 마흔이 넘은 어떤 사람은 영화를 한 번도 본 적이 없으며, 버스를 본 적도 없다. 이들은 모두 매우 좁은 지역 범위 내에서 혼인을 맺어 근친혼 관계를 이루고 있다. 이 때문에 유전병이 대물림되어 산악 지구의 저능 인구를 끝없이 증가시킨다.[5]

1993년에 베이징에서 베이징 교외 지역에 유행되는 유전병에 대한

---

(5)　　　　辛秋水,「禁止近親婚配, 提高山區人口素質」,《人民日報》, 1992년 6월 8일.

제1차 조사를 전개했다. 조사는 미윈(密云)현 방쯔파이(番字牌)·핑지아위(馮家峪) 두 곳의 산악 지구 향, 탄잉(檀營)·신농춘(新農村) 두 평원 지구 향, 창핑(昌平)현 라오위거우(老峪溝)향 등에서 진행되었다. 조사 결과, 산악 지구인 방쯔파이향에서 지능 저하로 인한 종합 증상을 앓고 있는 환자의 비율이 1.8%로 가장 높았다. 핑지아위는 0.72%, 두 개의 평원 지역 향은 훨씬 낮아서 0.4%와 0.11%였다. 이것은 교통이 불편한 산악 지구에 이미 격리된 군집이 형성되어 있다는 것을 설명하는 것이다.[6]

단순 구제의 부정적 결과

역사상 빈곤 지역이 심각한 자연 재해를 당하게 되면, 대부분은 수수방관하든지 소극적인 단순 구제 방식을 취해 왔다. 1949년 이후 사회주의 제도의 우월성을 발휘하여, 빈곤 재해 지역에 대한 대규모의 구제를 실시했는데, 이런 구제는 대체로 사회 구제, 자연 재해 구제, 위문(優撫) 구제의 세 가지가 있다. 대규모의 구제로 곳곳에 굶어죽은 시체가 널려 있는 참혹한 국면은 근절되었고, 수재민들의 생활이 안정되고 사회 생활의 질서가 안정되긴 했지만, 동시에 부정적 결과를 가져왔다.

첫 번째로 드러나는 부정적 결과는 장기적 도움으로 인한 의존적 사상이다. 농민이나 간부 모두, 향은 현에, 현은 성에 찾아와 도움을 요구한다. 사무실에 찾아와 도움을 요구하고, 담당자의 집에 찾아와 정에 호소하며, 상부에 보고하기를 요구한다. 어려움을 겪고 있는 척 가짜로 보고하여 정책 집행을 요구하는 것이 간부의 중요한 능력 지표가 된다.

---

(6)　　　「本市邊遠山區遺傳病患病率高」,《北京晚報》, 1994년 1월 5일.

두 번째 부정적 결과는 공으로 입고 먹는 부류가 생긴다는 점이다. 빈곤 산악 지역은 산이 높고 길이 멀어 행정 구획이 상대적으로 작으며, 각 관리 부문들은 통일적 조례에 따라 설립되었다. 그러나 규모는 작아도 있어야 할 것은 다 있어야 하기 때문에 크나큰 부담이 된다.

세 번째 부정적 결과는 국가가 빈곤 지역에 투입하는 자금의 상당 부분이 직·간접적인 형식으로 동부 발달 지구로 돌아간다는 것이다.

1987년에 한 기자가 간쑤성 허시(河西)의 이민 상황을 살핀 결과, 대부분의 이민들이 빈곤 상황을 벗어났지만 동시에 여전히 다소나마 구제금을 바라고 있었다. 기자는 「근심거리인 '우수성'」이라는 제목으로 장문의 글을 보도하고 있다.

안시현의 한 이주지에 일을 도우러 온 청년이, 한창 일할 때에 양지바른 담 밑에 모여 장기를 두고 있는 사람들을 보고 그들에게 물었다. "시간이 있으면, 땅을 파서 집을 수리할 준비를 하는 게 어떻겠소?" 그들이 대답하기를, "삽머리는 있는데, 삽자루가 없소." 길가의 다 자란 나무를 베어 삽자루를 만들면 그만인데, 상부에서 삽머리만 주고 삽자루를 주지 않아서 그저 기다리고만 있는 것이었다. "마을에 보리가 다 자랐는데, 어째서 거두어들이지 않는가?"라고 묻자, 그들은 "베면 또 자랄 텐데요 뭘!"이라고 답했다. 이는 정말 하느님이 알아서 할 일이다.

진타현의 다촹쯔 마을에는 '특수 이민' 한 가구가 있는데, 특수하다는 것은 이 집 다섯 식구의 여주인의 남편이 있기도 하고 없기도 하기 때문이다. 그녀의 이름은 장쥐잉으로, 1985년에 남편과 함께 세 자녀를 데리고 슈중에서 이사 왔다. 어렵게 구걸을 하며 지내던 이 여인은 다촹쯔 마을의 모습을 보고 반해, 이곳에 정착해 살기로 마음 먹었다. 그러나 남편은 '타향살이의 고생'을 받아들일 수가 없어 한사코 떠나고자 했다. 결국 의견 일치를 보지 못해 남자는 떠나버렸다. 장쥐잉은 남아서 3년간 어렵게 고생한 끝에 1만 3000여 근의 식량을 생산하여 이 중 4500여 근을 내다 팔고, 7마리의 돼지와 20마리의 닭을 기르고 있다. 현재는 6칸짜리 집이 있고 나귀 한 마리를 샀으며, 새로운 가구들도 장만했다.

오전에, 마침 농촌 사람들이 한참 일할 시기에, 기자는 후이닝 바이차오위엔 관취 이민 마을의 왕씨 집안을 방문하게 되었는데, 건장한 한 젊은이가 아직도 잠을 자고 있었다. 아들은 아직도 잠에 취해 눈을 비비고 있었고, 늙은이는 연말에 있을 보조금을 위해 마을의 간부에게 '어려운 사정'을 계속해서 이야기하고 있었다.[7]

일부 의존적 사상은 단순 구제가 빚어낸 폐해이다. 1994년 「게으름은 빈곤의 온상」이라는 제목의 기사는 다음과 같이 말하고 있다.

칭하이(靑海)성의 낭치엔(囊謙)은 가난하기로 유명한 마을이다. 그러나 이곳의 자연 자원은 대단히 풍부해서 가난을 벗어나 부유해지는 것은 매우 쉬운 일이다. 어떤 마을에서는 일련의 잉여 노동력을 공공 근로와 연계하고자 했으나, 누구도 일하러 가려고 하지 않았다. 도로 공사장에 사람들을 내보내기란 여간 어려운 일이 아니어서 사람들은 죽어도 힘을 쓰려 하지 않는다. 이들은 삽을 짚고 서서 일광욕을 하는 정도의 수준이 아니라 아예 몰래 집으로 돌아가 버린다. 말로는 이런 일을 해서 피곤해 죽겠

---

(7)　　　麥天樞, 黎戈寧, 「令人優慮的 '優越性'」, 《中國靑年報》, 1987년 10월 17일.

다는 것이다.

이 글의 결론은 이렇다. "어서 빨리 나태의 온상에서 내려와 들로 나가 땀을 흘리면서 노동을 하자. 노동만이 우리를 진정으로 빈곤에서 구제할 수 있다."[8] 이렇게 되려면 반드시 단순 구제의 빈곤 지원 방식을 개혁해야만 할 것이다.

5. 빈곤 지역 개발의 주요 유형

자연 조건과 사회 조건의 다양성으로 인해 빈곤 지역의 탈빈곤 방법 역시 다양하다.

초보적 탈빈곤 지역의 주요 유형

초보적 탈빈곤 지역은 대개 생산 요소가 풍부해서 개발에 유리한 지역들로서 대체로 세 종류로 나눌 수 있다.

▶ (1) 평원 유형 : 황화이하이(黃淮海) 평원을 예로 들면, 과거에 수리 시설 정비를 등한히 하여, 큰 비나 작은 비에 모두 침수 피해를 입었고, 비가 오지 않으면 가무는 등의 재해가 빈번했다. 더욱이 농업 구조가 취약해서 생산량이 적은 잡곡 위주였으며, 재해 통제 능력이 없어, 넓은 빈곤 지역을 이루고 있었다. 이후 수리 시설을 다시 정비하고, 우량 품종과 면화 등 경제 작물의 파종을 권장하고, 특히 농촌 경제 체제를 개혁하여 농민들의 적극적 생산을 유도하여 짧은 기간 내에 빈곤을 벗어나게 되었다.

---

(8)　　　古岳,「懶惰是貧窮的溫床」,《靑海日報》, 1994년 9월 5일.

▶ (2) 광산 자원형 : 비교적 개발하기 쉬운 광산 자원이 있는 지역의 부근에 사는 농민들이 광부로 직업을 바꿔 농촌의 면모를 바꿔놓는 경우이다. 산시(山西)성의 서북부 지역은 중국의 유명한 빈곤 지역 중의 하나이다. 개혁 개방 이후, 작은 광산이 있는 모든 농촌의 농민들이 빈곤에서 벗어나게 되었다.

▶ (3) 대도시 교외 지역과 인근 지역 : 도시의 경제가 번영하면서 농업·목축업 부산물에 대한 수요가 빠르게 증가하여 교외형 농업 발전이 촉진된다. 동시에 부근의 농촌 노동력이 2차 산업이나 3차 산업으로 흡수되면서 농민의 수입이 높아진다. 이것은 모두 도시 확산의 필연적 결과이다.

윈난성 석회암 산지와 황투 고원의 탈빈곤 노선

1994년에 광시성, 구이저우성, 윈난성 3성의 빈곤 인구는 전국의 31%를 차지했으며, 기본적으로 석회암 산지 및 그 주변 지대에 분산되어 있었다. 이 지역은 흙과 물이 부족하며, 산이 높고 계곡이 깊어 빈곤 부양이 집중적으로 이루어지는 지역이었다.

구이저우성은 빈곤 부양 과정 중에 경사지를 계단식 밭으로 바꾸고 비경작지의 자원을 개발하는 방식을 취하여 효과를 거두었다. 제8차 경제 개발 5개년 계획 기간에는 전체 성이 임금 대신 양식을 지급하여, 295만 ac의 경사지를 계단식 밭으로 바꾸는 일을 완성해 매년 3억 kg의 식량을 증산할 수 있게 되었다. 또한 지역의 생물학적 자원 우세성에 근거하여 경작지를 과수원으로 바꾸어 나갔다. 팥배나무나 은행나무 위주의 약재, 누에나 피혁 위주의 경공업 원료를 개발하고, 오배자나 향료 위주의 화공 원료를 개발하고, 광산 자원을 기초로 가공 기업을 건설했다.

황투 고원 빈곤 지역은 산시(山西)성, 산시(陝西)성, 닝샤 자치구,

간쑤성 4개 성에 분포되어 있고, 1994년 전국 빈곤 인구의 22.5%를 차지하고 있다. 이곳은 중국의 빈곤 집중 지역의 또 하나이기도 하다.

10여 년 간 수행한 개방형 빈곤 지원은, 닝샤 자치구 시하이구(西海固) 지역에서 일련의 효과를 거두었다. 주요 조치는 다음의 네 가지였다.

▸ (1) 물 웅덩이를 이용한 농업 : 웅덩이에 물을 가두는 것은 적게 투자하고도 쉽게 효과를 볼 수 있는 방법이다. 집집마다 물 웅덩이를 잘 관리한다면, 지표수를 충분히 이용할 수 있다.

▸ (2) 천수답 건설 및 계단식 농경지 개간 : 천수답을 건설하는 기본은 좁은 지역의 종합 치리의 핵심이다. 천수답 건설, 벌목을 금지하여 삼림을 육성하는 것 등은 생태 환경을 개선하고자 하는 중요한 조치들이다.

▸ (3) 산업화 작물의 발전 및 가공 : 대두는 시하이구 지역의 빈곤 문제를 해결하는 데 주요한 작물이다. 뎬펀(淀粉) 그룹은 대두 자원 이용을 위해 설립되었다. 가공된 완성품은 연해 지역과 동아시아 시장으로 수출된다.

▸ (4) 빈곤 지역에서 평원 지역으로 이주한 인구의 마을 형성과 노동력 수출 : 개혁 개방 이래, 21곳의 이주형 마을이 만들어져, 모두 26만 명이 이주했다. 이들은 기본적으로 1년 안에 안정된 기반을 마련하고, 2년이면 황무지를 개간하여, 3~5년 안에 빈곤을 벗어나 부유해졌다. 1996년에 시하이구 지역의 노동력 수출은 5만 2000명으로 3억 6000만 위안의 수입을 거두어들였다. 외지로 일하러 나간 가족이 있는 집은 모두 빈곤에서 벗어날 수 있게 되었다.

현재 시하이구 지역 빈곤 부양의 중요한 문제는 두 가지이다.

▸ (1) 인구 통제에 대한 것으로, 인구 소질 제고를 위한 강조가 부족하다. 제8차 경제 개발 5개년 계획 기간에 중국은 대량의 자금을 투입하여 이주형 마을로의 이민을 9만 명까지 완성시켰으나, 4년 후에 원적지

인구가 다시 11만 명 증가해서, 이주형 마을의 증가 속도보다 빨랐다.

▸ (2) 근시안적 사고로 지속적인 발전을 경시하는 것이다. 시하이구 지방에서는 지막옥수수 기술을 추진하여 확실히 증산 효과를 거두었다. 그러나 지막을 장기간 사용함으로써 백색 오염을 가져오게 되어 토지의 지속적 증산에 영향을 미치게 되었다.

새로운 땅의 개발

개혁 개방 20년간의 빈곤 부양 작업을 거치면서 이제 개발이 대단히 어려운 빈곤 지역만 남아 있게 되었다. 하나는 자연 자원이 비교적 곤궁하고 생태 환경이 취약하며 재해가 빈번히 발생하는 지역이며, 다른 하나는 인구 소양이 낮으며 인구 증가가 빠른 지역이다. 자원 생태와 인구 소양, 이 두 인자는 모두 단기간에 근본적인 개혁이 이루어질 수 없는 것들이다. 그 중, 자연 환경이 대단히 열악하고 필요 생산 요소가 결핍된 지역의 탈빈곤 임무는 매우 막중하다. 이런 지역을 '3무(三無)' 지역이라고 하는데, 3무란 토지, 물, 교통, 세 가지가 없음을 뜻한다. 전국에 약 500만 명 정도의 인구가 이런 지역에 사는 것으로 추정되는데, 해방 이후 이 지역에 투입된 막대한 양의 구제 조치는 별 효과가 없어 마침내 새로운 땅을 개발하는 길을 찾게 되었다.

광시성에서는 최근 약 500만 명의 빈곤 인구 대부분이 암용 산지 즉, 카르스트 지역에 살고 있다. 그 중 20만 명은 1인당 경작지가 20a가 안 되는 지역으로, 땅 위에는 심을 것이 없고, 땅 밑에는 광물도 없는, 교통이 불편하고 전력이 들어오지 않는 고산 지대에 살고 있다. 이곳의 식량 사정은 1인당 100kg이 안 되며, 1인당 연수입은 100~200위안밖에 되는 않는 극빈 상태이다. 한 사람도 먹여 살리기 어려운 수자원으로는 발전할 길이 없으며, 빈곤을 벗어날 수 있는 유일한 길은 산 아래로 내려가 새로운 땅을 개발하는 길뿐이다. 새로운 땅의 개발은 토지, 자금, 노동력 등의 자금과 요소가 광범위하고 효율적으로 결합되어야만 빈곤 지역 개발의 경제적 효과를 높일 수 있으며, 빈곤 부양 자금의 긍정적 순환과 회전을 가져올 수 있다. 이런 경험은 윈난성과 구이저우성의 빈곤 지역과 전국의 빈곤 부양 사업에서 하나의 귀감이 되는 사례이다. 세계은행은 광시성이 다른 땅을 개발하여 빈곤 지역을 부양하는 정책에 대단한 흥미를 표한 바 있는데, 세계은행의 중국 순방단장인 앨런 피츠는 이에 대해 '가장 의지할 만하고 가장 경제적인' 빈곤 부양 방식이라고 말하고 있다.

시짱 자치구 빈곤 지역의 특징과 탈빈곤 대책

개혁 개방 이래, 시짱 자치구의 경제는 고속의 발전을 이루고 있다. 1978년부터 1997년의 19년간, 시짱 자치구의 국내총생산은 연평균 8.3%씩 증가하고 있다. 이 기간은 시짱 역사 이래 가장 빠른 발전 시기였다. 그러나 자연 환경과 역사 등의 원인으로 인해 빈곤 문제는 여전히 시짱의 골칫거리 중의 하나이다. 빈곤 부양은 시짱 자치구의 사회·경제 발전을 위한 중요한 전략적 임무이다.

1) 자연적 빈곤 위에 형성된 문화적 빈곤

시짱 자치구에는 중점 빈곤 부양현이 18개에 이르고 면적과 인구는 각각 전체 시짱 자치구의 18.7%과 27.6%에 달한다. 1994년에 18개 빈곤 현의 농민 평균 순수입은 436.4원이었는데, 이것은 전체 자치구 평균 순수입의 79.3%에 해당한다.

시짱 빈곤 지역의 주요 특징은 자연 빈곤과 문화 빈곤의 상호 결합이며, 이는 자연 빈곤의 기초 위에 문화 빈곤이 더해진 형태라 할 수 있다. 자연 빈곤과 문화 빈곤이 상호 결합된 탓에, 빈곤의 정도가 심하고 빈곤 부양에도 어려움을 더하고 있다.

= 시짱의 중점 빈곤 부양현

지역	현	면적(km²)	인구(1만 명)
라싸(拉薩)	린저우(林周)현	4517	5.2
	모주공카(墨竹工卡)현	5512	3.8
나취(那曲)	자리(嘉黎)현	13238	2.1
	비루(比如)현	11456	3.9
	수오셴(索縣)현	5986	3.1
창두(昌都)	창두(昌都)현	10652	7.7
	바수(八宿)현	12564	3.3
	비엔바(邊壩)현	8894	2.7
	차야(査雅)현	8413	4.9
산난(山南)	치옹지에(瓊結)현	1030	1.7
	자차(加査)현	4504	1.7
르카쩌(日喀則)	딩지에(定結)현	5614	1.6
	싸자(薩迦)현	6495	4.1
	딩르(定日)현	14049	4.2
	런부(仁布)현	2130	3.0
	난무린(南木林)현	8133	6.6
아리(阿里)	가이저(改則)현	97437	1.5
린즈(林芝)	공부장다(工布江達)현	12886	2.2
합계		233510	63.3

자료 출처 : 西藏自治區測繪局 : 《西藏自治區地圖册》, 中國地圖出版社, 1996. 인구는 1993년 자료.

시짱의 빈곤현은 주로 높은 산의 산기슭에 분포해 있다. 딩르(定日)현, 딩지에(定結)현, 싸자(薩迦)현 3개 현은 히말라야 북쪽 기슭에 위치해 있다. 난무린(南木林)현, 런부현, 린저우현, 모주공카현, 공부장다현, 자차현과 같은 6개 현은 녠칭탕구라 산기슭에 있다. 이런 지역들은 대부분 농업과 목축업이 뒤섞여 있는 지대로서, 하천이 흐르는 골짜기 농업 지역과 고원의 목축업 지역이 결합되어 있다. 이런 지역은 기후와 토양 조건이 식물을 심기에 적당하지 않을 뿐 아니라 목축업

을 할 만한 넓은 목초지도 부족한 형편이다. 또한 이곳은 지세가 높고 험준하며, 서리가 내리지 않는 기간이 짧고, 건조, 홍수 및 침수, 우박, 병충해, 흙모래 사태 등의 자연 재해가 빈발한다. 긴 겨울 동안은 모래 바람과 건조한 날씨가 번갈아 찾아온다. 겨울이 지나고 봄이 오면, 눈 사태의 위험이 상존하고 있다. 이런 지역들은 모두 경제 중심에서 멀리 떨어져 있으며, 교통이 불편하고, 정보 전달이 순조롭지 못하여 폐쇄적인 자연 경제 방식을 형성하기 쉽다.

자연적 빈곤 위에 형성된 문화적 빈곤은 한 걸음 더 나아가 사회 경제적 발전을 구속하게 된다. 시짱 빈곤현의 문화 빈곤은 다음의 세 가지를 반영하고 있다.

▶ (1) 낙후된 교육 : 문맹과 반문맹의 비율이 높다. 자리(嘉黎)현의 빈곤 부양팀이 조사한 바에 따르면, 1994년에 전체 현 취학 연령 아동의 입학율은 22.5%였다. 그 중 자리현에 있는 아차(阿札)향의 경우 52%에 불과했는데, 이는 전체 자치구의 수준인 67%에도 못 미치는 것이

다. 전체 현의 문맹률은 77%이다.

▶ (2) 낙후된 의식 : 자기 폐쇄적이고, 가업을 이어가고, 토지를 떠나지 않고, 한곳에 머물러 지내며, 창고에 가득 쌓아둔 '비축 식량'을 먹고, 가축을 오래도록 사육하는 것이 습관이 되었다. 어떤 양은 7, 8년씩 방목하고도 아직 도축하지 않아 초원의 풀만 헛되이 낭비하고 있다. 심지어 마지막에 '방생'하기도 한다.[9) 농·목축민들은 일반적으로 행동을 신중히 하여 모험을 감수하려 하지 않는다. 현재의 상태에 만족하며 다른 사람보다 처지는 것은 감수하지만, 다른 이보다 앞서 나가는 것은 원하지 않는다.

▶ (3) 낙후된 풍습 : 전통적 행위 방식과 풍속이 사람들의 생활 전반을 지배하고 있으며, 종교의 영향 역시 대단하다.

　문화적 빈곤으로 인해, 사람들의 삶의 질은 오랫동안 낮은 수준에서 벗어나지 못하고 있다.

2) 구제 활동의 한계

　개혁 개방 이래, 시짱 자치구의 빈곤 부양 작업은 큰 성과를 거두었다. 1991년부터 1994년의 4년 동안 전 자치구의 각급 은행이 빈곤 부양에 투자한 대출금은 6300만 위안이며, 7만 5000여 명이 빈곤 부조를 받았다. 이 중 2만 4500명이 빈곤에서 벗어나게 되었다. 그러나 빈곤 부양이 진행되는 과정을 보면, 빈곤 문제 해결이 갈수록 어려워지고 있고, 빈곤 인구가 줄어드는 속도도 갈수록 느려지고 있다. 그 원인을 살펴보면, 빈곤 형성 메커니즘에 대한 전체적인 연구를 뒤로 한 채, '수혈' 위주의 빈곤 부양 방식을 채택하여 단기적인 효과, 즉 단기간 내에 빈곤 인구를 줄이는 것에 주력한 때문이다.

---

(9)　　　吳傳鈞, 《中國經濟地理》, 科學出版社, 1998, 379쪽.

문화적 빈곤의 중요성을 소홀히 여겨 단순히 물질적 구제에만 의존하는 것은 빈곤 지역 주민들이 자립 자강적인 창업 정신을 고취하는 데 방해가 되고 있다. 잘못하면, 단순 물질 구제 사업이 부정적 효과를 가져오게 되어 장기 빈곤을 초래할 수 있다.

3) 문화적 빈곤의 부양

역사적 경험과 빈곤 지역의 특징을 모두 감안하면, 시짱의 빈곤 부양 방식은 당연히 문화적 빈곤을 부양하는 데 중점을 두어야 하며, 생산 부조를 부수적인 방식으로 선택해야 한다. 이렇게 해서 주민들 스스로 자립할 수 있는 능력을 배양해야 한다.

생산 부조의 중심은 수리 시설 정비, 토지 정비, 과학 기술 보급, 농목업 생산 조건 개선 등이다. 동시에, 농·목축업 생산품을 원료로 하는 가공업의 발전이 있어야 한다. 창두(昌都) 같은 기초가 탄탄한 몇 개의 진들을 제외한 대부분의 빈곤 지역은 노동의 질과 경영 능력의 한계를 안고 있어서 일반적인 향진 기업의 발전 조건을 갖추지 못하고 있다.

문화적 빈곤 부양이 시짱 빈곤 지역 부양의 중점이 되어야만 한다. 문화적 빈곤 부양이란 주민들의 소양을 높이는 일을 말하며, 그 내용은 여러 가지이다.

▶ (1) 의무 교육을 보급하고 문맹률을 축소하며 취학 연령 아동 전체의 입학을 추진한다. 국내외의 경험에 의하면, 교육은 빈곤 지역 주민들의 소양을 높여주어 주민들이 빈곤에서 벗어날 수 있도록 돕는 중요한 기반이 된다.

▶ (2) 문화적으로 우수한 청년들을 선발하여 발달한 지역에서 연수토록 하여 문화적 소양과 노동 기능을 높이도록 한다.

▶ (3) 노동 이동을 적극적으로 유도하여, 일부의 청년들로 하여금 발

달한 지역에서 일하도록 하여, 지역 내 외부의 인적 자원과 정보 및 자금의 교류를 촉진한다.

▶ (4) 문화 시설과 매체 시설을 확충하여 주민의 시야를 넓히고, 사고 방식과 가치관을 개선한다.

▶ (5) 과학 지식을 보급하고 과학 기술을 전파하며, 농·목축업 수준을 높인다.

사람들의 소양이 높아지기만 한다면, 시짱 빈곤 지역의 탈빈곤과 부의 길은 매우 넓어질 수 있다. 광활한 시짱의 대지에는 풍부한 관광 자원과 온천 자원, 수력 자원, 야생 동물 자원 등이 담겨 있다. 시짱 영양의 양털은 전세계에서 가장 비싼 방직 원료이며, 이것으로 짠 직물은 황금보다도 비싸다. 이 영양을 잘 보호하고 번식시킨다면, 고가의 목축업 자원이 될 수 있다. 딩르와 딩지에현의 에베레스트산 자연 보호구는 전 지구 등산객들의 성지이자 과학 고찰지이다.

21세기로 접어들면서 관광업은 세계 여러 지역에서 주도 산업이 되고 있다. 세계 3극(極) 중의 하나로 치는 시짱 자치구의 관광 전망은 상당히 밝으며, 문화 관광 자원, 종교 관광 자원, 생태 관광 자원 등이 다른 곳보다 뛰어나다. 빈곤 지역 내에는 전국 중점 문물 보호 딴웨이와 치옹지에현 장왕묘지(藏王墓址) 21곳이 있다. '제2의 돈황'이라 불리는 싸자현의 살가사(薩迦寺), 풍부한 문물과 정교하고 아름다운 목조 조각, 무수히 많은 경서(經書) 등은 대단히 높은 문화 예술적 가치를 지니고 있다. 그 외에, 린저우현의 열진사(熱振寺, 오래 된 측백나무가 가득하고, 맑은 물이 흐르며, 풍경이 수려하여 가당파(嘎當派)의 제일 사찰이다 : 역주). 모주공카현의 직공제사(直孔提寺)는 시짱 자치구 전래 불교의 4대 교파의 하나인 백교(白敎)의 대표적 절이다. 자차현의 달포강사(達布崗寺)의 동쪽에는 시짱 자치구에서 가장 유명한 고천제대(古天祭台)가 있다. 빈곤 지역 주민들의 문화적 소양을 높이고 나면, 풍부한 관광 자원을 보호, 개발하여 새로운 세기의 관광업의 조류를 맞이하게 될 것이다.

구이저우성 야오족 빈곤 부양 조사

극빈 지역인 야오산(瑤山)향은 리보(荔波)현 서남부에 위치하고 있으며, 현 중심지에서 30km 정도 떨어져 있다. 전체 향의 면적은 109.18km²이며, 향의 북부인 장장(樟江)강 연안 지역은 얕은 하곡에 속하고, 그 나머지 대부분의 지역은 얕은 산지 지형에 속한다. 현재 인구로 계산하면, 1인당 평균 경작지는 0.63ac, 1인당 평균 토지 자원은 30.9ac, 임업 용지는 6만 5170ac로 토지 총면적의 37.75%이다. 이 중 삼림 면적은 3만 6266ac, 나무가 듬성듬성 나 있는 숲의 면적은 1868ac, 관목림 면적은 2만 6724ac, 목축업 용지는 5만 1760ac로, 30.01%를 차지한다.

1994년에 전체 향의 농민 평균 순수입은 163.1위안이었으며, 연평균 수입이 200위안 이하인 인구가 3801명으로 71.8%에 이른다. 식량 총생산량은 121만 1000kg으로 1인당 평균 228kg이다. 교통 면에서는 향 정부에서 왕멍(王蒙)으로 가는 8km짜리 도로가 유일한 도로이다. 전력 면에서는 향 정부가 있는 촌(130가구)에만 전기가 들어오고 있다. 위생 사업은 1985년부터 1994년까지 무료 의료 사업을 실행해 왔으나, 1995년에 무료 의료 사업이 취소되었다가 지금까지 해결되지 않고 있다. 교육 사업은 향 정부 소재지에 6년제 소학교가 하나 있으며, 3학년 이상의 학급은 야오족 거주지 네 곳, 2학년 이하의 학급은 촌마다 설치되어 있다. 야오산 중심지에 있는 소학교는 '삼포(三包)'를 실시하는데, 삼포란 학습 이외에 먹고 자는 것을 포함하여 여름에는 신발, 속옷, 양말을, 겨울철에는 솜옷을 사주는 것이다. 1993년에 왕멍에는 야오산 민족 중학교와 소학교가 개설되었는데, 학생 수는

478명이었다. 1989년에 62만 3000위안을 투자해 설립한 펄프 공장은 오염 배출 문제를 해결하지 못하고, 자금 부족 문제가 더해져서 생산에 들어가지 못했다. 1989년에 다른 지역에 세운 3개의 석탄 갱은 관리 부실로 인해 큰 이익을 보지 못했다.

야오산 지역의 극빈 촌락들은 모두 고산준령에 위치해 있어, 비탈이 많고 토지가 빈약하다. 조방 경작을 하고, 교육의 발전은 느리고, 문화적으로 낙후되어 있다. 이런 촌락들의 절대 다수가 바위산 지역에 있어서, 토지와 물의 유실이 매우 심각하다. 사람과 가축이 먹을 물이 부족하며 대부분의 주민들이 석탄, 석유로 점등하는 조명기를 살 수 없는 형편이며, 교육과 위생 조건 역시 매우 열악하다. 이들은 모두 해마다 국가의 구제에 의존하여 생계를 해결하고 있다.

극빈 농촌 지역의 농업은 화전 경작 방식이며, 파종하는 작목이 다양하고 거두는 것은 적다. 밭과 거주지가 멀리 떨어져 있는 편이어서, 어떤 경우는 10~20리나 된다. 심는 작물도 단일 품종으로 옥수수가 주가 된다. 벼가 있긴 하지만, 경제 작물은 대단히 적은 편이다. 기름이나 소금을 살 돈은 땔감이나 널빤지를 판 돈으로 사거나 조류 몇 마리와 교환하기도 한다. 아이들의 학비나 의복비, 의료비 같은 기타 지출은 해결할 방법이 없다.

일단 자연 재해를 당하게 되면, 흉작이 들어 곤란이 가중된다. 야오산의 동비에(董別) 마을은 모두 94가구 500명이 살고 있으며, 이들은 모두 초가집에 산다. 50가구의 사람들이 1년 내내 먹을 기름이 없으며, 15가구의 사람들은 먹을 소금이 없다. 30가구의 사람들은 낡고 해진 의복을 입고 있는데, 심지어 치부를 가리지도 못할 지경이기도 하다. 갈아입을 옷이 없어, 맑은 날 물가에 나가 빨아서 마르기를 기다렸다 입고 돌아오기도 한다.

의식주 상황을 보면, 야오족의 여자는 일생 동안 손수 지은 3~4벌의 의복을 닳도록 입는다. 옥수수가 주식이며, 옥수수를 빻아 만든 옥수수밥을 먹거나 물과 소금을 섞어 죽을 만들기도 한다. 쥐나 새도 이들의 주요 요리 재료이며, 귀한 손님이 와야 비로소 좋은 요리를 접대한다. 여자는 15~16세, 남자는 17~18세면 결혼을 한다. "이곳에는 도시와 같은 텔레비전이나 라디오 등의 소일거리가 없기 때문에, 날이 어두워지면 곧바로 잠자리에 든다." 이 때문에 아이를 많이 낳게 된다.(근래 2년 동안 가족 계획은 약간의 효과를 거두었다.) 사는 집은 초가집이나 판자집으로, 대나무 등으로 울타리를 친 누각 양식이다. 반은 허물어졌고, 아래층에서 돼지를 치고 있다.

소, 돼지, 양 등은 자연 방목하고, 어린 돼지, 큰 돼지들이 초원에 무리지어 다니며 자유롭게 먹어댄다. 어린아이들은 씻지 않으며, 날씨가 더울 때는 진흙탕 연못에 뛰어들기도 한다. 동시에 이 연못은 사람들이 분뇨통을 씻는 곳이며, 물고기를 키우고, 돼지가 목욕하는 곳이다.

향 정부에서 도로를 개통하였지만, 길이 매우 나쁘고 마을에 특별히 매매할 만한 물건이 없기 때문에 보통은 차가 이곳까지 들어오지 않는다. 10리 정도를 지나 샤오치콩(小七孔)에 가야 비로소 차를 탈 수 있다. 향 간부들은 오토바이를 이용해 현과 연락하며, 촌민들은 밖으로 나오는 일이 드물다. 생활이 어려워서 침대나 이부자리를 사용하지 못하며, 잘 때는 방바닥의 화로 곁에서 잔다. 학교에서는 먹고 잘 수 있기 때문에, 겨울철이 되어서 겨울 옷을 보내지 않으면, 돌아오지 않는다.

빈곤의 주요 원인으로 다음의 몇 가지를 들 수 있다.

1) 자연 조건의 제한

극빈 지역은 모두 산악 지대의 물이 부족한 지방이다. 이들은 돼지를 치던 유목민에서 정착 농민으로 전환한 지 얼마 되지 않는다. 첩첩

산중에 거주하고 있으며, 산 밑의 계곡도 협소하고 자원이 빈약하다.
또한 여기저기 흩어져 살고 있다.

2) 소농 생산 방식과 제한된 생활 방식

야오족들은 수렵 생활 습관이 있다. 새는 잡지 않으면 날아가지만,
땅은 씨를 뿌리지 않아도 그대로 있다고 여겨서, 옥수수가 다 여물어
도 어떤 때는 수확하기를 게을리 한다. 밀 한 그릇, 술 한 잔으로 야오
족들이 다 함께 모여, 하루 종일 먹고 마시다 다 함께 취하기도 한다.
어떤 사람들은 구제 식량과 의복을 술로 바꾸기도 한다. 수도관을 떼
내서 파는 일도 자주 발생한다. 임업국에서 무상으로 제공하는 밤나무
묘목과 잣나무 묘목도 가져다 심으려 하지 않을 정도이다. 어떤 경우
에는 묘목을 받아와서, 화로 곁에 두어 말려서 땔감으로 사용한다. 심
은 몇 그루마저도 제대로 돌보지 않아, 소나 돼지들이 먹어댄다. '자
기 집의 돼지가 다른 집의 것을 먹는 편이 자기 집의 것을 먹는 것보다
낫기' 때문이다.

오랫동안의 자급 자족적인 자연 경제의 결과로 상품 경제 관념이
희박하다. 지에파이(界排)에 있는 톨게이트는 석탄 운송 경로와 야오
마을의 도로 중간에서 요금을 받는 곳으로 전체 시의 무역 발전에 대
단히 유리하다. 그러나 가서 일하려는 사람이 아무도 없다. 외국인이
나 외지인들이 샤오치콩으로 여행을 오면 항상 야오족 민속 관광지로
간다. 그러나 공예품이나 민족 특색의 기념품이 없어서 야오족들에게
조금의 이익도 주지 못하고 있다.

야오족은 전통적인 습관이 완고한 편인데, 예를 들어 다른 민족과
통혼하지 않는다. 따라서 선진적인 생산, 생활 경험이 유입될 수 없으
며, 노동력의 소질을 높이기도 어렵다. 야오족 중에는 초·중생이 25
명, 중·고생이 2명, 전문대생이 2명, 대학생이 2명뿐이다.

3) 기초 설비의 낙후, 인재의 부족

물과 전력이 부족하며, 교통에 많은 투자가 필요하다. 본래 가지고 있는 자원이 빈약하여, 개발할 수 있는 경제적 아이템이 적다. 빈곤 부양 방식도 수혈 위주여서 자립 능력이 약하다. 해방 이후, 각종 방식을 통해 지원된 자금(실물 보조 포함)은 1인당 평균 약 1000위안쯤 되지만, 빈곤 문제는 여전히 존재한다.

근 몇 년 동안의 빈곤 부양 작업의 효과를 분석해 볼 때 고려할 만한 것은 다음 두 가지이다.

▸ (1) 노동력 수출이다. 1994년 6월에 10명의 야오족 처녀들이 구이저우성의 션치 제약 공장에 취업했으며, 연말에 그들이 받은 임금 총액은 1만 8944원이었으며, 순수입은 1만 1794원이었다.

▸ (2) 황무지 같은 비경직지의 사용권을 팔거나 빌려주거나 세를 주는 방식으로 녹색 공정을 일으키는 것이다. 이로써 비경작지 자원의 합리적 개발이 가속화되었다.

베이징 핑구현의 이주식 빈곤 부양 조사

베이징 동쪽 끝에 있는 핑구(平谷)현은 시에서 70km 떨어진 거리에 있다. 산악 지대나 반산악 지대가 총면적의 62%이다. 1986년부터 핑구의 5개 향이 베이징의 중점 빈곤 부양 변경 산악 지대로 지정되었으며, 전체 65개 마을, 1만 7000가구 5만 4000명이다. 현에서 채택하고 있는 빈곤 부양 방식은 여러 가지인데, '전체적 이주'는 그 중 중요한 것이다. 이 방식은 산악 지구와 평원 지구의 우세한 점을 상호 결합하는 방식으로, 산악 빈곤촌의 행정 조직을 철수시켜 평원의 부촌으로 편입시키고, 산악 지역 인구를 부촌으로 이주시키며, 부촌 조직으로 하여금 산악 지구를 개발토록 하는 것이다. 위에거좡촌과 루오자고우촌, 구거좡(賈各庄)촌과 다두안와(大段洼)촌의 결연은 전형적인 방식이다.

빈곤 부양에서 평원과 산지의 결합 방식을 채택하는 전체 이주 방식이 제기된 배경은 다음 세 가지이다.

1) 산악 지구 주민의 요구

건국 이후, 정부는 산악 지구에 대단히 많은 노력을 투입했으나 근본적으로 산악 지구의 빈곤을 개선할 수 없었다. 산악 지구의 자연 상황은 주로 열악하고, 집단 거주에 적합한 지역이 없어 몇몇 가구가 하나의 자연촌을 이루고 있다. 촌과 촌이 멀리 떨어져 있고, 향이나 현과 연락이 불편하여, 그 유명한 '다섯 가지 어려움', 즉 교통난, 식수난, 교육난, 의료난, 결혼난을 형성하게 되었다. 거리가 멀리 떨어져 있고, 교통 시설이 낙후하고, 도로가 다니기 어려워서, 산악 지구에 아픈 사람이 있으면, 참고 견디다가 도저히 견딜 수 없는 정도가 되어야 병원에 간다. 이런 식으로 작은 병을 큰 병으로 키우고 결국 치료 시기를 놓치는 경우가 자주 있다. 결혼 문제 역시 오래 된 난제이다. 산악 지구의 인구가 원래 적고, 각 자연촌의 경우에는 더욱 적어서, 근친상간이 자주 발생하고 이로 인한 저능아의 비율이 높다. 게다가 산악 지구의 여성들은 대부분 산 위에서의 어려운 생활을 원하지 않고 산 아래로 시집 가려 한다. 산 위의 청년 남성들은 결혼 문제로 인해 자발적으로 산 아래로 이주하거나 데릴사위가 되어 산을 내려가는 경우가 자주 있다. 산 위에 남아 있는 남성들의 대다수가 많은 돈을 들여야 외지에서 여자를 얻어 결혼할 수 있다. 이는 그다지 부유하지 못한 산악 지구 사람들에게 어려움을 가중시키는 일이다.

산 위의 비교적 부유한 가정이나 산 아래에 친분이 있는 사람들은 산 아래에서 중매를 넣어 혼처를 찾는다. 루오자고우를 예로 들면, 전체 촌 인구가 400명쯤 되는데, 이후 계속해서 이주하여 전체가 이주할 때까지는 42가구 139명만 남아, 약 3/4이 이주했다. 이주한 사람들이 촌에서는 '능력 있는 사람'들이었기 때문에, 산 위에 남아 있는 주민들의 생산력 발전은 더욱 어려워졌고, 노동력 역시 현저하게 부족하게 되었다.

2) 평원 지역의 요구

핑구현의 평원 지역 경제는 상대적으로 발달한 편이다. 향촌 공업의 발전으로 토지 점용 면적이 비교적 많다. 구거좡촌의 경우 현재 인구의 평균 경작지가 0.25ac 정도인데, 자연 자원이 상대적으로 빈약하고, 노동력 부족 현상이 나타나 자연 자원 영역의 확대와 외래 노동력의 유입이 절박한 실정이다.

3) 경제 규율의 요구

원래 빈곤 지원 대출금의 대부분은 농민의 생활 개선을 위해 사용되었다. 농민의 주거가 극도로 분산되어 있기 때문에, 투자 수익은 매우 미미하다. 20만 위안을 들인 고압선은 6~7가구의 전기 문제를 해결할 뿐이며, 30만 위안을 들인 우물은 20~30가구의 식수 문제를 해결할 뿐이다. 1987년부터 1990년까지 핑구현은 천뤄잉(鎭罗营), 황송구(黃松峪), 시융얼자이(熊耳寨) 3개의 향에 2500만 위안을 투입했지만, 이 지역들의 경제 상황 및 생활 상태는 나아지지 않았다. 만약에 이 자금들이 평원 지역에 투입되었다면, 의심의 여지 없이 큰 효과를 거두었을 것이다. 산악 지구의 자원 자원이 풍부하긴 하지만, 자연 자원을 개발하는 정도에서는 여전히 '하늘에 의존하는' 단계에 머물러 있어서, 시장 경제의 요구에 적응하지 못하고 있다. 예를 들어 다두안와촌 산악 지구에서는 과수의 품종이 잡다한데다가 질도 떨어진다. 사과, 붉은

배, 흰 배 등은 오리알보다도 크고, 붉은 대추만큼 작기도 하여 근본적
으로 내다 팔 수 있는 상태가 아니며, 이것으로는 생계를 해결하기도
어렵다.

　평원 지역과 산악 지역을 결합하는 조치인 전체 이주 방식은 위에
서 내려오는 것으로 정부가 나서서 조직하는 것이다. 농사, 토지, 공안
(치안) 등에 종사하는 산악 개발 및 건설 영도 소조는 산악 지역과 평
원 지역의 작업과 구체적인 사항에 대해 책임진다. 동시에 일련의 우
대 정책을 제정해야 한다.

▶(1) 산악 지구 마을이 평원 지역으로 일차적으로 합병하여 이주한
후에, 집체 재산이나 채무 채권은 합병을 받아들이는 평원 지역 마을
이 인수하며, 산 위의 자원은 평원 지역 마을이 개발한다.

▶(2) 산악 지구에서 평원 지역으로 이주해 온 농민에게는 주민세를
면제해 준다.

▶(3) 평원 지역에 정착한 산악 지구 농민들은 일정 기간 동안 여전히
국가에 식량을 매도할 수 있는 대우를 받는다.

▶(4) 평원 마을들은 새로운 촌민들에게 주거지를 제공하며, 사용료를
면제해 준다.

▶(5) 평원 지역 마을에 정착한 새로운 촌민들은 평원 마을 주민과 동
등한 대우와 권리를 지닌다.

▶(6) 평원 지역의 조림 사업은 국가의 육림 보조금 혜택을 받으며, 산
위의 황무지에 남아 있는 옛 과수원 개조와 신 과수원 개발은 모두 정
부의 보조 및 보상을 받도록 한다.

　우대 정책은 산악 지구 농민들의 걱정을 해결하고, 받아들이는 평
원 지역 마을의 적극성을 더해 줄 수 있다. 일례로 다두안와촌은 시융
얼자이향 동부의 해발 1000m 고지에 위치해 있고, 현으로부터 32km
떨어져 있다. 모두 41가구 91명으로, 그 중 60세 이상의 노인 인구가

1/3 이상을 차지하며, 저능 및 장애아가 11명이다. 18세에서 50세 사이의 노동 능력을 지닌 사람은 10명이 되지 않으며, 산의 면적은 1만 1000ac, 집체 고정 자산은 3만 위안이다. 사람들의 생활은 대단히 어려워서, 근근이 먹고살고, 구제금에 의지하여 생활하며, 경기가 나쁠 때에는 전혀 수입이 없다. 구거좡촌은 현의 규획 범위 내에 위치해 있어, 교통이 편리하고 지리적 위치가 우세하며, 현 동쪽에 있는 개발구와 길 하나를 사이에 두고 있다. 전체 촌의 경작지는 450ac이며, 648가구 2209명의 인구(그 중 농업 인구 1538명, 그 외 인구 626명)가 있다. 촌 집체 경제의 발전이 비교적 양호해서, 1993년 말에 집체 고정 자산은 2380만 위안, 농공업 총수입은 6020만 위안, 기업 이윤 490만 위안, 1인당 경제 순수입이 5412.4위안이었다.

1991년 9월에 현의 협조를 받아 구거좡촌과 다두안와촌은 협의서에 서명하여, 다두안와촌이 전체 이주 방식으로 구거좡으로 전입하기로 하였다. 자산 및 부채 정리 등의 작업을 진행하는 동시에, 구거좡촌은 다두안와의 이주하지 않은 촌민에 대해 적당한 조처를 취해 이들이 구거좡 소학교 뒤편에 연결식 건물을 지어 모여 살 수 있도록 해주었으며, 택지 사용비도 면제해 주었다. 본래 산 위에 있던 집에 대해서는 개인의 의사에 따라 철거하거나 매입해 주도록 했다. 취학 아동들은 전학이나 입학 처리했으며, 고아나 과부, 노인들은 양로원 등에 보내주고, 노동 능력이 있는 사람은 촌에서 운영하는 기업에 취업토록 조치했다. 생활이 아주 어려운 가구에 대해서는 매년 적당한 보조금을 지급했으며, 집을 지을 능력이 없을 정도로 빈곤한 가구에 대해서는 집체에서 출자하여 집을 지어주기도 했다. 이주해 온 촌민과 원주민은 동등한 대우를 누릴 수 있는데, 60세 이상의 노인은 매월 15위안의 생활비를 지급받았으며, 상수도 및 전기가 가정마다 설치되었다.

인수 인계 작업을 순조롭게 진행하는 동시에, 산 위의 황폐해지지 않은 자원으로 수입을 증가시킨다는 원칙에 입각해서, 마을에 전문가를 초빙하여 과학적 계획을 진행하고 개발 계획을 제정하며, 과수업 위주의 발전 방향을 확정하여 발전에 적합한 품종(왕밤과 은행)을 찾도록 하였다. 30명의 건장한 노동 인력을 파견하여 산을 개발토록 하고, 과수업 전문가를 초빙하여 장기적 기술 지도를 받았다. 몇 년 간 수십만 위안을 투자하여 왕밤나무, 은행나무, 아가위나무 등 5만 그루, 팥배나무 1만 그루를 심었고, 묘목지 5ac를 조성하고, 700마리의 산양을 사들였다. 계획대로라면, 2000년의 과수 연수입은 400만 위안에 달할 것이다.

몇 년 간의 실천으로 볼 때, 평원 지역과 산악 지역의 결합인 전체 이주 빈곤 부양 방식은 다음과 같은 뚜렷한 효과를 보여주고 있다.

1) 산악 지역 주민들의 생활 개선

과거에 산악 지역 주민들을 괴롭히던 다섯 가지 어려움이 순리적으로 해결되었다. 깊은 산 속의 농민들이 평원 지역으로 이주해 내려온 후, 100여 명의 취학 적령기 아동들이 더 이상 멀리 걸어서 학교에 갈 필요가 없어졌으며, 마을 밖으로 나가지 않고도 등교할 수 있게 되었다. 결혼 문제 역시 해결되었는데, 구거촹이 받아들인 10여 명의 산악 지구 청년들이 1년이 못 되어 결혼 상대를 찾았거나 결혼을 하게 되었다. 의지할 곳 없는 노인들은 양로원에 들어갔으며, 생활이 특별히 어려운 가구는 식사나 의료 등 다방면의 보살핌을 받고 있다. 현재 산 아래 사람들은 전기를 사용하고, 아스팔트 길을 다니며, 상수도 물을 마시는 등 생활 수준이 현저히 높아졌다.

2) 평원 지역의 경제 발전 공간의 확대, 산악 지구 개발의 가속화

전체적 이주를 통해, 평원 마을은 광활한 산을 획득했으며, 과수업, 목축업, 관광업 같은 산업을 발전시킬 수 있는 여지가 생겼다. 이로써 평원의 경작지 감소 문제, 땅과 인구의 불균형 문제, 발전 공간이 협소한 문제 등을 완화할 수 있게 되었다. 평원 마을은 자신의 경제적 우위를 이용하여 산악 지구 개발 속도를 가속화할 수 있다. 종합적 고찰과 세세한 계획을 통해, 각지의 구체적인 실정에 맞게 적절한 대책을 세워, 어떤 곳은 과수업을 위주로, 어떤 곳은 목축업을 중심으로, 어떤 곳은 관광 개발을 중심으로 개발하여, 과거와 같은 수준 낮은 중복 개발을 방지할 수 있다. 평원 마을은 우선 건장한 정예 노동력을 구성하여 산악 개발대를 파견하였다. 이들 중 일부는 현지의 경험 있는 사람이고, 일부는 외지에서 고용된 사람으로, 산 위의 노약자 및 병자들의 상황을 개선시키고, 노동 생산율을 제고시킨다. 2년이라는 짧은 기간 내에 평원 마을은 인수한 과수원을 정비하여 개조하는 작업을 진행했을 뿐 아니라, 황무지를 개간하고 새롭게 표준화된 과수원과 경제림을 개발하여, 밤나무, 우량사과, 팥배나무 등을 심고, 양을 키웠다.

헤이구위는 황투리양과 합병을 실시한 후, 기이한 자연 경관과 사계절 물이 마르지 않는 특징을 이용하여 바이지산좡 관광지를 창설했다. 1994년에 관광 수입은 50만 위안에 달했으며, 1995년 또다시 1000ac의 산장을 베이징 신세기 광고 회사에 세를 주어 야생 동식물원을 설립했다. 구거좡은 다두안와와 합병한 후, '과수 공원' 건설 공사를 시작했으며, 황산거우(荒山溝)를 경제 이익 구역, 생태 이익 구역으로 만들고 있다.

이주해 내려온 사람들의 반응을 살펴보면, 젊은 사람들은 보통 대단히 찬성하는 편이지만, 노년층은 이견이 많다. 노인들은 산 위에는 많든지 적든지 작물을 재배할 수 있는 땅이 있었으나, 산 아래에는 채소를 키울 땅이 없을 뿐 아니라 일을 할 수도 없어, 할 일 없는 사람이 되었기 때문이다. 그러나 젊은 사람이나 노인이나 할 것 없이 모두 등교가 쉬워진 점 등, 아이들에게는 좋은 일이라고 여기고 있다. 산 속의 아이들은 현재 양호한 교육 조건을 누리고 있으며, 여기에 미래의 희망이 있는 것이다.

6. 중서부 지역 발전과 빈곤 부양에 대한 동부 지역의 공헌

중국의 개혁 개방 이래, 동부 지역과 중서부 지역 간의 관계에 관한 문제를 관통하는 주요 논조는 상호 협조적이고 규율에 맞는다는 것이었다. 20년이 흐르면서, 동부 지역의 발전 속도가 중서부보다 빨랐으며, 동부 지역과 중서부 지역의 차이의 폭도 확대되었다. 근본적으로 말하자면, 이것은 동부 지역의 잠재적 우위점이 우선 발현하여 현실적으로 우세한 결과를 빚은 것이라 할 수 있다. 따라서 장기적인 관점에서 살펴본다면, 이런 현상은 일시적인 것이다. 중요한 것은 동부 지역의 발전이 중서부 지역의 성장 발전에 영향을 미치고 있다는 점이다.

개혁 개방 이래, 동부 지구의 국내총생산은 매년 평균 10.4%씩 성장했고, 이것은 중부 지역에 비해서 14%, 서부 지역에 비해서는 16% 높은 것이다. 그러나 중부 지역과 서부 지역의 매년 평균 성장은 각각 9%와 8.8%로, 매우 높은 속도이다. 동부 지역의 선도가 없었다면, 중서부가 이룩한 이런 높은 속도의 성장은 불가능한 것이다.

중서부의 광대한 빈곤 인구의 탈빈곤 과정에 동부 지역은 지대한 공헌을 하고 있다. 1978년에 중국은 2억 5000만 인구가 먹는 문제를 해결하지 못한 상태였으나, 1998년에 빈곤 인구는 5000만 명으로 줄어들었다.[10] 국가의 재정 지원이 탈빈곤의 주요 자금원이었는데, 동부 지역의 경제가 발전한 덕분에 국가의 재정 수입이 증가한 것이다. 1998년에 빈곤 부양 자금의 총량은 138억 위안에 달했으며, 주로 빈곤 지역의 농지 건설, 도로 건설, 사람과 가축의 식수 문제 해결과 과학 기술 보급 및 농민 기술 교육에 사용되었다.

동시에, 국가는 빈곤 지역에 대해 특혜 정책과 우대 정책을 실시하였으며, 빈곤 가구에 대해 식량 주문 매입 의무를 면제해 주고, 농업세와 농림 특산세를 감면해 주었으며, 빈곤 지역에서 새로 창업한 기업에 대해서는 3년간 소득세를 면제해 주고, 빈곤 부양 대출 자금의 사용 기한을 연장해 주었다.

개혁 개방 후 출현한 여러 빈곤 부양 방식, 예를 들어 기업이 가구마다 지원하는 '광채 사업(光彩工程)', 과학 기술로 빈곤을 부양하던 '로켓 사업(星火計劃)', 교육 사업을 보조하는 '희망 사업(希望工程)' 등은 모두 동부의 경제력과 떨어뜨려 생각할 수 없는 것이다. 동부 지역이 발전하면, 곧 많은 양의 자금, 기술, 정보 등이 중서부의 빈곤 지역을 지원하게 되는 것이다.

선전(深圳)시가 빈곤 부양에 미친 공헌은 매우 설득력 있는 실례이다. 선전은 경제 합작 기금을 만들어, 1990년 8월부터 1995년 말까지 자금을 회전 발전시켜 5억 위안 이상을 광둥성 메이저우(梅州), 허위엔(河源), 원관(韻關), 칭위엔(淸元) 북쪽 산지, 쓰촨성 아베이(阿壩)의 짱족·창족(羌族) 자치주, 광시(廣西)성의 징강산(井岡山), 산시(陝西)성의 연안, 양쯔강 싼샤 지역 등 모두 140여 곳에 투자하였다. 선전의 빈곤 부양 조치 중 중요한 것은 다음과 같다.

---

(10)　　　楊鍾,「中國消除貧困的形勢和對策」,《中國貧困地區》, 1995년 1기, 18쪽.

(1) **직접적 구인** : 중서부에서 선전으로 온 노동자는 150만 명으로 그중, 빈곤 지역으로부터 온 노동자가 80만 명이다.

(2) **직접적 부조** : 광둥성은 선전이 성 내의 다푸, 우화, 즈진, 평순 4개 현을 지원하기로 결정하고, 국가는 선전이 직접적 부조의 일환으로 구이저우성을 지원하도록 결정했다.

(3) **간부 양성** : 1993년부터 자금을 출자해 양성한 내륙 지역 간부는 18기, 2000여 명이다.

(4) **초등학교 건설 지원** : 11개 지역에 초등학교 142개를 건설하고, 64만 위안을 보조해 학업을 중단한 아동을 복학시켰다.

7. 산악 지역 발전의 단계성

평원 지역과 비교하면, 산악 지역의 사회 · 경제 발전은 다른 길을 걸어왔다. 이는 대체로 다음의 4단계로 나눌 수 있다.

농업 사회인 산악 지역과 평원 지역의 발전이 상대적으로 비슷한 단계

농업 위주의 자급 자족적인 시기에는 소농 경제가 절대 우위를 점하게 된다. 산악 지역과 평원 지역 모두 육체 노동에 의존해서 토지로 생계를 꾸린다. 산악 지역과 평원 지역의 경제 발전 수준이 물론 차이가 있긴 하지만, 전체적으로 보면 비교적 비슷하다. 농업 사회가 오래 지속되는 경우, 평원 지역은 전쟁으로 훼손되기 쉬워 인구와 경제에 큰 손실을 입을 수 있는 반면, 산악 지역의 사회 · 경제는 비교적 안정적이다. 극히 드문 시기이긴 하지만, 몇몇 산악 지역이 평원 지역보다 번영하기도 해서, 별천지를 이루기도 했다. 송 왕조에서 청 왕조 중엽까지, 후이저우(徽州) 산악 지역은 중국 남방의 상업 중심지였다. 남송 시기에 푸젠성의 서쪽 우이 산맥(武夷山脈)은 중국 이학(理學) 활동의 중심이었으며, 저명한 이학자인 주희가 학문을 가르치던 지방이었다. 이것은 모두 중국의 농업 사회 시기에 번영했던 산악 지역의 실례이다.

산업화 과정 중 산악 지역의 상대적 쇠퇴 단계

산업화로 접어들면서, 경제 구조의 변화는 인구 취업 구조와 지역 구조에 변동을 가져온다. 2차 산업과 3차 산업이 눈에 띄게 밀집된 지역이 나타나게 되며, 도시는 교통이 편리한 평원 지역에서 발흥하게 된다. 2차 산업과 3차 산업의 발흥과 밀집은 필연적으로 인구 이동을 가져온다. 이는 높은 곳에서 낮은 곳으로, 농촌에서 도시로, 산악 지역에서 하천이나 평원 지역으로, 교통이 불편한 곳에서 교통이 편리한 지역으로 이동하게 된다.

저장성 원청(文成)현의 1985년 조사에 따르면, 해발 고도와 경제 발전의 수준 간에는 반비례 관계가 성립한다. 가장 가난한 몇 개의 향들은 모두 해발 600~800m의 고지에 위치해 있는 반면, 비교적 부유한 촌들은 모두 해발 100m 이하의 하천에 위치해 있었다. 전체 현의 12만 노동력 중의 2만 명이 다른 성에서 건축이나 벌목 등의 노동에 종사하고 있다. 해발 고도가 비교적 낮은 마을들은 교통이 편리하고 노동력 수출 비중이 높아서 경제 조건이 비교적 좋은 편이다. 산악 지구에 공장을 설립할 경우 운송이 어려워, 원청현의 몇몇 마을들은 하천가로 내려와 기업을 설립했으며, 소수의 사람들만이 산악 지역에 남아 농업이나 임업에 종사한다.

산악 지역 발전의 전기 단계

산악 지역이 농업, 임업, 목축업 등에만 의존한다면, 산업 및 서비스업에 의존하고 있는 평원 지역의 경제 수준을 따라갈 수 없다. 농업 및 목축업에서 평원 지역은 대규모의 기계화·전기화 작업을 실현하여, 노동 생산율을 높일 수 있다. 그러나 산악 지역은 지형적인 제약으로 인해 대규모의 현대적 농·목축업을 발전시키기 어렵다. 이 때문에 산악 지구는 현대화된 농·목축업 영역에서 막대한 경쟁력 부족을 안고 있다. 산악지 경제에 전기를 가져올 수 있는 것은 경제림에 의존하거나, 2차, 3차 산업, 특히 산악 지구의 풍부한 광산 자원과 관광 자원에 의존하는 것이다.

프랑스의 알프스 산지를 예로 들면, 19세기 중엽부터 20세기 중엽까지의 100년 동안 인구가 3/4 으로 줄었고, 많은 사람들이 도시로 유입되었다. 제2차 세계 대전 후, 프랑스의 알프스 산지 인구는 다시 늘기 시작했는데, 그 주요 원인은 산지의 관광업이 엄청난 노동력을 흡수했기 때문이다. 현재 알프스 산지에는 각종 관광거리가 가득하다. 산지에서 양을 키우는 목적 중의 하나는 산지의 경관을 개선하고자 하는 것인데, 온통 푸른 녹지에 흰색의 양떼는 관광객을 끌어들이기 때문이다. 현지 정부는 양의 마릿수에 따라 농민에게 일정한 보조금을 지급하고 있다.

중국의 산시(山西)성 북부는 유명한 빈곤 산지인데, 개혁 개방 이래 산시성 북부의 적지 않은 빈곤현들이 빈곤에서 벗어나기 시작했다. 그 주요 원인은 지방의 석탄 광산의 개발이다.

산악 지역 사회·경제 번영 단계

산업화 이후, 산지의 대부분 지역들이 평지보다 낙후되었지만, 때로는 산악 지역도 고도의 번영을 실현할 수 있다. 결정적인 조건은 교통 조건을 개선하는 것이고, 교통 단절을 해소하고, 운송을 가로막는 골목길을 바꿔 사거리로 변화시키는 일이다.

현재, 스위스는 산업화 국가 중 국민총생산이 가장 높은 국가이다. 15세기와 16세기에 스위스는 유럽의 단절된 산지로, 인구가 밖으로 흘러나가 다른 나라의 군인이나 용병이 되던 나라였다. 바티칸의 교황이 16세기 초부터 경호병을 고용하기 시작했는데, 모두 스위스 산악민 일색이었다. 스위스 산악민들이 직무에 충실한 탓에 교황 경호병을 도맡아 하는 전통이 지금까지 변하지 않고 있다. 19세기 말에, 유럽의 철도 노선이 스위스 알프스 산맥을 가로지르면서, 스위스는 남북 왕래의 교차로가 되었다. 항공업이 발달하면서 스위스는 유명한 국제 공항이 되었다. 관광 자원 개발에 더해 중립국의 우위를 발휘하여 스위스의 사회·경제는 고도로 번영하게 되었다.

산악 지역 개발은 불리한 요소를 충분히 고려해, 급하게 서둘러 짧은 기간 내에 발달 지역과의 차이를 없애겠다는 욕심을 버리고, 산악 지역의 유리한 점을 예견하여 역량을 준비하고 전기를 마련해야 한다. 산악 지역 발전의 객관적 순서에 따라야만 산악 지역의 낙후 상황은 조금씩 개선될 수 있을 것이다.

[308]

7장. 도시 발전의 법칙과 관점

seven   도시 발전의 법칙과 관점

사회주의의 영향으로 중국에서는 **도시화가 지체되었다**. 도시화란 도시와 농촌의 대립의 산물이며, 자본주의의 비조직적익 비계획적인 발전의 결과로 여겨졌다. 개혁 개방 이후 중국의 도시들은 빠르게 성장하고 있으며, 도시 인구는 **매년 평균 6.2%씩 증가하고 있다.**

---

1. 도시, 사회 진보의 지표 ❀

도시는 2차 산업과 3차 산업의 밀집 지역으로, 인류 문명의 결정체이다. 도시는 물질 문명과 정신 문명 건설의 중심이다.

"도시와 문명은 한 가지 사물의 서로 다른 면이다." 도시는 "지식, 사상, 경험 등을 축적한 후 이것을 정리, 가공하여 대중적인 새로운 생활의 질서를 만들어낸다. 동시에, 이 새로운 생활 질서를 인근 지역으로 전파시킨다."[1] 마르크스가 말한 대로, '육체 노동과 정신 노동의 1차 최대 분업은 바로 도시와 농촌의 분리'[2]이다.

영어의 문명(civilization)이란 단어의 기원은 라틴어의 시민 생활(civitas)이다. 여기서 볼 수 있듯이, 서구에서 시민 생활과 문명이라는 두 개념은 밀접한 관계가 있는 것으로, 동의어의 성질을 지닌다.

도시화란 농촌 인구가 도시로 집중되는 과정을 말한다. 도시화 과정에서 명확하게 나타나는 현상은 다음과 같다.

---

(1)   傳築夫, 『中國經濟史論叢』(下), 三聯書店, 1980, 386쪽.

(2)   『마르크스·엥겔스 전집』, 제3권, 人民出版社, 1960, 56~57쪽.

(1) **도시의 증가**: 새로운 도시가 우후죽순처럼 생겨난다. 드문드문 분포되어 있던 도시가 하늘의 별처럼 사방에 생겨나기 시작한다.

(2) **도시 규모의 끝없는 확대**: 도시화 이전에는 인구 수십만 명이면 세계적인 대도시였으나, 도시화 이후 인구 100만 명 정도의 도시들이 출현하기 시작하고 인구 1000만 명이 넘는 도시도 적지 않다.

(3) **인구 중 도시 인구 비중의 상승**: 인구 지표 중 도시 인구 점유율은 도시화 수준을 가늠하는 중요한 지표이다. 국제적 표준에 따르면, 도시화의 초보 단계는 전체 인구 중 도시 인구의 비율이 60% 이상이어야 한다. 몇몇 선진국의 도시 인구는 전체 인구의 80% 이상이 된다.

중국에는 소농 경제적 사고의 영향을 받아 도시화 법칙의 보편성을 의심하고 부정하는 사상이 유행이었다.

1960년대에 출현한 '중국 사회주의의 특징은 농촌을 위주로 한다'는 사상으로 인해 사회주의와 도시화는 대립되기 시작했다. 이 관점의 핵심은 도시화란 도시와 농촌의 대립의 산물이며, 자본주의의 비조직적이고 비계획적인 발전의 결과라는 것이다. 따라서 도시화는 사회주의의 필연적 길이 아닌 것이다. 1960년대 후기에 이러한 관점이 악화되면서 도시화와 국방 건설이 대립하기 시작했다.

1980년대 말에 일군의 농민들이 농업 계층으로부터 분화되기 시작했다. 이 때의 "토지는 떠나도 고향을 떠나지 않으며," "공장에는 들어가도 도시에는 들어가지 않는다."는 생각은 농촌 노동력의 이전을 주장하는 것들이다. 그러나 토지는 떠나도 고향은 떠나지 않는다는 관점은 농촌 내 공업 발전의 측면에서 규모의 효과를 살리지 못했고, 토지 자원의 낭비와 환경 오염 등을 초래했다.

도시화를 억제하려는 사상의 영향을 받아 제정된 일련의 정책들 역시 (도시화의) 객관적 규칙에 위배되는 것들이었다. 1967년부터 1976

년까지 전국의 1500만 명의 도시 지식 청년들이 지방으로 내려갔으며, 2000만 명의 노동자와 의사 및 그 가족들이 농촌으로 보내졌고, 또한 1500만 명의 도시 주민들이 농촌으로 이주해 갔다. 10년간 정책에 따라 이주한 인구는 모두 5000만 명이며, 반(反)도시화 현상이 나타나 도시 인구는 현저히 감소했다.

이론상으로 보자면, 도시화와 근대화, 공업화는 동전의 양면으로 도시화는 경제 근대화로 인한 주거 형태의 필연적 반영이다.

1차 산업과 토지의 결합은 분산된 거주 형식을 만들어내고, 이것이 농촌식이다. 1차 산업이 주도적 위치를 차지하는 시기에 인구의 대부분은 농촌에 거주하게 된다. 현재 세계의 여러 낙후한 농업 국가의 도시 인구는 10%에 미치지 못하고 있다. 중국도 얼마 전까지 대다수가 농업 지구였으며, 도시 인구 비중이 10%에 미치지 못했다. 이런 자연 경제 상황은 낙후의 표현이며, 정치·군사적으로 무시당하게 되는 근원인 것이다. 2차 산업과 3차 산업은 집중해서 분포한다는 특징을 갖는다. 산업 생산은 광범위한 협조를 요구하는데, 여기에는 공예품, 부속품, 조립 부품, 용수, 전력, 교통, 통신 같은 기초 설비, 정보, 금융, 실험, 수리, 공급 같은 생산적 서비스업, 교육, 위생, 문화 오락, 상업 등 생활 서비스 등의 협조가 모두 포함된다.

협조는 집중을 필요로 한다. 한 지점에 하나의 공장만이 존재한다면, 여러 방면의 협조 요구를 스스로 해결해야만 한다. 이는 필연적인 과정으로 크든 작든 모든 것을 다 갖추고 있는 반폐쇄적인 생산 체계와 사회 체계를 형성하게 된다. 결과적으로 노동 생산성과 경쟁력이 떨어지게 되고, 경제적 효과도 떨어진다. 직원들의 물질 방면의 생활 보장 수준과 정신적 생활 보장의 수준 역시 저하된다. 이렇게 생산성·효율·경쟁 능력이 떨어지고, 생활 수준과 보장 수준이 낮은 공장은 중국에서 흔히 볼 수 있다. 다른 측면에서 설명해 보자면, 자원 분포의 제약을 받는 채굴 산업 및 부분적 원자재 가공업을 제외하고 일 반적인 산업 모두 집중의 원리가 적용된다.

금융, 보험, 무역, 과학 기술, 문화 교육 등 3차 산업들의 집중 정도 는 대단히 높다. 세계 각국의 대형 은행이나 보험 회사 들은 모두 주요 경제 중심지에 밀집되어 있다.

도시화와 농촌 근대화 및 농업 근대화는 상보적으로 이루어지는 것 이다. 도시화의 과정은 도시와 농촌의 차별, 농업과 공업의 차별, 육체 노동과 정신 노동의 차별을 줄여가는 과정이기도 하다. 세계의 중요한 농업 대국들, 즉 농산품 수출 대국들인 미국, 캐나다, 오스트레일리아 등은 모두 대단히 높은 도시화 수준에 도달해 있으며, 이 국가들에서 도시와 농촌의 격차, 공업과 농업의 격차, 정신 노동과 육체 노동의 격 차는 이미 확연하게 줄어들었다.

도시화는 세 가지 방면에서 농촌 및 농업 근대화를 가속화시킨다.

(1) 도시는 선진적인 농업 기계, 화학 비료, 농약 등을 제공하여 농업의 기계 화, 화학화, 전기화를 촉진시킨다.

(2) 도시는 선진적 농업 생산 지식을 전달하여 농업의 지식화를 추진한다.

(3) 도시 발전은 거대한 농산품 소비 시장을 형성하여, 농업의 상품화와 고 부가 가치 농업을 촉진시켜 농촌 경제의 번영을 가져온다.

중국 내부의 실제 사례는 도시화가 농촌 및 농업 근대화와 서로 상 치되는 것이 아니라는 점을 보여준다. 베이징 교외에 있는 슌이(順 義)현은 1980년대 초에 20만 명 정도의 노동력이 나무 심는 일에 종사 했다. 10여 년이 지나면서 슌이는 초보적 농업 기계화를 이루어 농업 기계의 총동력이 60만 kW에 달한다. 모두 분무식 관개로 하여 용수를

50% 절약할 수 있었고 토지 이용률을 20% 높일 수 있게 되어 농업 노동의 강도를 줄이게 되었다. 1995년에 이르러 슌이에는 1만 4000명만이 농사일을 하게 되었으며, 이들의 연간 생산량은 3만 kg으로, 이것은 150명이 1년간 먹을 수 있는 양이다. 슌이의 농업 근대화와 농업으로부터 떨어져 나온 93%의 노동력이 슌이와 베이징의 도시화를 이끌게 되었다. 도시화와 농촌 및 농업 근대화는 양성적으로 상호 순환한다. 사회 발전의 전체 과정에서, 도시화가 도시와 농촌 대립의 근원이라고 여기는 것은 기우이다.

개혁 개방 이후 중국의 도시들은 빠르게 성장하고 있다. 1978년에 중국의 도시 인구는 17.9%였으나 1999년에는 30.9%로 증가하여 매년 평균 6.2%씩 증가하고 있다.

개방 후 중국의 도시화 속도와 미국의 고속 성장기의 도시화 속도는 서로 대등한 수준이다. 미국의 도시화가 가장 빨랐던 시기는 1880년에서 1910년까지의 시기이며 도시화 수준은 28.2%에서 45.7%로, 매년 평균 5.8%씩 성장한 것이다.[3] 미국의 도시화가 고조되기 시작한 것은 도시 인구의 비중이 30% 전후가 되기 시작한 때부터이다. 미국의 도시화 실적은 중국의 도시화 고속 성장 기간이 일정 정도 계속될 것이라는 것을 말해 준다. 왜냐하면 중국은 1997년에야 비로소 30%에 다다를 수 있기 때문이다.

예측에 따르면, 21세기 중엽에 중국의 도시 인구는 전체 인구의 60%로 초보적인 도시화를 실현할 수 있다. 즉, 반세기 내에 중국의 도시화 수준은 두 배가 되는 것이다. 인구 성장 요소를 따져보면, 반세기 내에 중국의 도시 인구가 5억 명 이상으로 늘어나는 것으로, 이런 대규모의 도시화 과정은 엄청난 사회 변혁인 셈이다.

---

(3)　　　『英, 法, 美, 德, 日 百年統計提要』, 中國統計出版社, 1958, 133쪽.

　1999년 말에 중국 전체에는 667개의 도시가 생겨나게 되는데, 이중 직할시가 4개, 지방급 시가 236개, 현급 시가 427개이다. 중국 전체 인구의 도시화에 따라 도시 역시 대폭적으로 증가한 것이다.

2. 대·중·소도시의 협조 : 도시 체계 발전 법칙

　도시의 등급은 서로 다르지만, 도시들은 모두 공통적 구성 체계를 갖추고 있다. 중국의 도시는 인구 100만 명 이상의 특급 도시와 50~100만 명의 대도시, 20~50만 명의 중급 도시, 20만 명 이하의 소도시로 나뉜다.

　도시 규모의 빠른 증가로 인해, 국제 관례상 인구 100만 명 이상의 도시는 대도시로 분리된다. 중국의 진(鎭)은 2차 산업과 3차 산업 인구의 집중지로서 국제적 기준에 비추어보면, 진도 도시, 즉 하위 도시라 할 수 있다.

각각의 기능을 가진 대·중·소도시

　그 동안 소농 경제의 영향을 받아 중국은 소규모 도시를 선호해 왔다. 즉, 소규모 도시 선호와 소농 경제는 일맥상통하는 것이다.

　이론적으로 '소규모 도시 발전이 중국 도시화 발전의 유일한 길'[4]로 여겨져 왔다. 소규모 도시 위주의 도시화는 중국 사회주의의 우월성의 표현이며, 중국 특색의 도시화의 실현이라고 생각했던 것이다.

　정책적으로도 1950년대부터 소규모 도시화에 치중해 왔다. 1955년 6월에 중국공산당 중앙은 '비농업성 건설 억제 표준 조치'를 발표했

---

[4]　　周一星, 『城市地理學』, 商務印書館, 1997, 308쪽.

고, 같은 해 9월에 국가건설위원회는 중앙의 이 지시를 관철시키기 위해 중앙에 다음과 같은 보고서를 제출했다.

"새로 건설할 중요 공장들은 분산해서 배치하여 집중되지 않도록 한다", "이후 건설될 도시는 원칙상 중·소규모의 노동자의 도시로 하며, 가능한 조건에서 소수의 중급 도시를 건설토록 하며, 특별한 이유가 없는 한 대도시를 건설하지 않는다."

도시 정책은 건설 방침의 필연적 연장이다. 1978년 제3차 도시공작회의에서는 대도시의 규모를 통제하고, 소규모 도시를 활성화한다는 도시화 건설 방침을 확립했다. 1980년에 국무원이 비준한 전국도시회의에서는 '대도시 억제, 중소 도시의 합리적 발전, 소규모 도시의 적극적 발전'이라는 방침이 제출됨으로써 중등 도시 부분이 보충되면서 형식적으로 정비된다. 1990년에 제정된 도시 계획법의 규정에는 "대도시 규모는 엄격히 통제하고, 중등 및 소도시를 합리적으로 발전시킨다."라고 하여, 전통적 사상을 지키면서 한편으로 중소 도시의 지위를 약간 끌어올리고 있다.

도시 체계의 발전 법칙에 따르면, 대도시·중소 도시·소도시는 모두 공통의 구성 요소를 지닌 도시 체계이다. 때문에, 대·중·소도시 간의 관계는 아래와 같은 세 가지 특징을 갖는다.

> (1) 각급 기구를 설치하고, 각자 서로 다른 기능과 서비스 지역을 갖춘다.
> (2) **상호 보충, 협조** : 대·중·소도시는 상호 협조를 유지하여 다 함께 국가 또는 지역 발전에 복무토록 한다.
> (3) **상호 대체 또는 배척 불가** : 대·중·소도시 간에 어느 하나를 지나치게 강조하거나 폄하하는 것은 도시의 객관적 실제에 어울리지 않는다.

대·중·소도시의 관계는 관개 수로에서의 주수로와 지수로의 관계이며, 모두 합쳐 관개 체계를 구성하는 것이다. 어느 하나가 부족하면, 관개 기능을 발휘할 수 없다. 또한 나무의 기둥, 가지, 이파리와 같은 관계로 이 모두가 합쳐져야 완전한 나무를 이루는 것과 같다.

모든 도시의 규모는 내륙 지역의 수요를 반영하고 있다. 웨이랴오즈는 "토지의 비옥함을 파악하여 마을을 이루니, 마을은 곧 땅이요 땅이 곧 사람이며 사람이 곧 곡식이다(量土地肥饒而立邑建城, 以城稱地, 以地稱人, 以人稱粟)."라고 말했는데, 이는 도시 인구의 규모와 내륙 지역의 토지 면적, 농업 생산 수준은 서로 의존 관계에 있다는 뜻이다. 오자서는 "땅을 지키는 것은 도시에 달려 있고, 도시를 지키는 것은 병사에 달려 있으며 병사를 지키는 것은 사람에 달렸고, 사람을 지키는 것은 양식에 달렸다."[5]라고 말한 바 있다. 이 말 역시 도시의 기초는 최종적으로 내륙 지역의 농업 경제라는 말로, 양식이 있어야 사람과 병사를 기를 수 있고 성을 견고히 할 수 있다는 의미이다. 객관적으로 대도시를 필요로 하는 지방은 도시 규모가 소규모 도시 단계에 머물러 있을 수 없다.

중국의 중부와 동부 성들에 있는 일급 도시들은 모두 인구 100만 명이 넘는 대도시들이며, 전구(專區, 중국 행정 구역의 한 단위, 성과 현의 중간에 위치함 : 역주) 소재지는 모두 중소 도시이다. 시장 경제의 조건에서 인구 4000~5000만 명의 성은 규모 100만 명 이상의 중심 도시들이 필요하다.

공업화 전기, 대도시 초전 발전의 통계 법칙

공업화가 시작되고 나서 대도시의 발전 속도는 더욱 빨라졌다. 과거에 사용되던 '맹렬하게' '폭발적으로' 등의 형용사는 대도시 발전의

---

(5)　　　孫宗文, 「我國歷史上的城市規劃學說」, 『中國城市科學硏究』, 貴州人民出版社, 1986.

양적 개념을 제대로 표현하지 못하고 있다. 대도시 발전에 대해 설명할 때, '초전(超前) 발전'이라는 개념은 양적 개념을 비교적 강하게 드러내 주고 대도시의 인구 증가의 속도를 도시 인구 및 대도시 인구 증가에 비교하여 설명해 준다.

일정한 역사 발전 단계에 이르면 대도시 초전 발전 현상은 개별적이거나 우연한 현상이 아니다. 이것은 반복적으로 나타나는 현상이며, 보편성을 띄고 있는 것으로 수없이 많은 통계 수치가 이를 증명하고 있다.

미국의 통계와 예측에 따르면, 1990년부터 2020년까지 세계 도시 인구가 전체 인구에서 차지하는 비율이 13.6%에서 62.5%로 증가할 것이며, 그 중 100만 명 이상의 인구를 가진 도시가 전체 인구에서 차지하는 비중은 1.6%에서 27.1%로 증가할 것이다. 이 120년간 세계 총인구는 매년 평균 1.36%의 성장을 하는 것이며 도시 인구의 평균 증가율은 2.66%, 인구 100만 명 이상 도시의 평균 성장률은 3.78%에 이른다. 이로 보아서 전세계적으로 2020년 전에 도시 인구는 초전 발전 상황에 놓이게 된다.

아편전쟁 당시 중국에는 인구 100만 명이 넘는 도시가 하나도 없었

= 세계 도시화 추세

연도	총인구(1억 명)	총인구 점유율(%)		
		농촌	인구 100만 명 이하의 도시	인구 100만 명 이상의 도시
1900	16	86.4	12.0	1.6
1950	25	71.1	21.4	7.5
1985	49	55.7	27.5	16.8
2020	81	37.5	35.4	27.1

자료 출처 : Jerome, Fellmann, Arthur Geits, Judith Getis, 《人文地理》, Wm. C. Brown Press, US, 1990, p. 345.

으나, 1949년에 상하이, 톈진, 선양, 베이징, 광저우 등 5개의 도시가 100만 명 이상의 인구를 가진 도시가 되었다. 1980년에는 타이위안, 다롄, 장춘, 하얼빈, 난징, 우한, 충칭, 청두, 시안, 란저우 등 10개의 도시가 인구 100만 명을 넘어, 인구 100만 명 이상의 도시는 모두 15개가 되었다. 또한 1995년에는 스자좡, 탕산, 바오터우, 안산, 우슌, 지린, 치치하얼, 항저우, 난창, 지난, 칭다오, 치보, 정저우, 창사, 선전, 구이양, 쿤밍, 우루무치 등 18개 도시가 인구 100만 명 이상이 되어, 중국에 인구 100만 명 이상의 도시는 모두 33개가 되었다. 개혁 개방 이래, 중국에는 인구 100만 명 이상의 대도시가 매년 평균 1개씩 생겨나고 있다.[6] 2000년에는 푸저우, 한단, 쉬저우, 허페이, 뤄양 등의 도시가 인구 100만 명 이상의 도시 대열에 합류하게 된다.

대도시 성장의 메커니즘은 집중 효과에 있다. 몇몇 기업들이 규모가 커짐에 따라 도시의 대형화를 촉진시키는 역할을 하기도 한다. 미국에서는 1만 2000명의 직원을 가진 한 철강 공장이 15만 9000명의 고용 기회를 창출하면서 도시 인구 30만 명을 유입시켰다. 이런 연쇄 반응을 '승수(乘數) 효과'라고도 한다. 중국의 안산, 바오터우, 탕산, 치보 등의 대도시는 바로 이 기업 승수 효과의 산물들이다. 집중 효과는 3차 산업에서 더욱 두드러지는데, 3차 산업의 맹렬한 발전이 대도시의 발전에 미치는 영향은 갈수록 분명해지고 있다.

운송 기술의 발전은 대도시의 확대 발전을 확실하게 보장하고 있다. 초고압 원거리 송전술, 초대용량 및 대중량 운송 도구의 출현은 도시 집중을 통해서 얻을 수 있는 경제적 이익이 물류 비용 절감을 넘어서게 만들어주고 있다. 일본의 연해에 위치한 대형 철강 기업들은 오

---

(6)　　1949년 도시 인구는 中國城市規劃設計研究院編, 『全國設市城市, 人口一覽表』, 1980년과 1995년의 도시 인구는 구역 및 근교 비농업 인구를 근거로 하였다.

스트레일리아와 브라질에서 원료 및 연료를 들여다가 이를 가공해 다시 이 지역으로 되팖으로써 이윤을 보고 있다. 이는 저렴한 해운 기술 덕분이다.

중국의 대도시 발전은 사회·역사적인 측면에서 특수한 원인을 가지고 있다.

▶ (1) 집권적인 정치 체제로 인해 행정 중심이 종합형 도시와 대도시에 치중해 있다는 점이다.

▶ (2) 중국의 재정 체제의 문제인데, 중국의 주요 재정 수입원은 상업과 공업 소득세로 이것으로 도시의 공업 발전이 이루어진다. 즉, '공업으로 도시를 키우는' 발전 역사를 가지고 있다. 행정 중심과 종합형 도시는 대량의 재정 지원을 필요로 하기 때문에 공업을 발전시켜야 하는 이해를 가지게 된다. 이 때문에 중국의 성들은 도시 규모를 지속적으로 확대해 나가며 공업을 집중시키게 되었다. 지난, 청두, 후허하오터, 난닝 등 몇몇 도시만이 제2 공업 중심지로 남아 있다.

중국은 경작지가 부족하여 경작지를 절약하는 문제가 도시 이익의 중요한 지표로 되고 있다. 도시 규모와 사용 가능한 토지량은 반비례하여, 도시 규모가 커질수록 1인당 평균 사용 면적은 줄어들게 된다. 인구 200만 명 이상의 도시의 사용 면적은 인구 20만 명 이하의 도시와 비교하면 절반에 지나지 않는다.

도시의 규모가 커질수록 오염물의 정화 문제도 갈수록 심각해지고 있다. 이는 대도시의 환경을 열악하게 만드는 요인이기도 하다. 게다가 환경의 질은 오염원, 경제 기술 수준 등의 요소에 좌우된다. 오염원이 있는 도시는 규모가 크지 않다고 하더라도 환경 문제가 첨예할 수밖에 없다. 경제·기술 수준이 비교적 높고, 특히 환경 보호 기술의 수준이 높은 도시는 도시 규모가 크다 할지라도 살기 좋은 환경을 조성할 수 있다. 인구 300만 명의 화원 도시인 싱가포르가 그 예이다.

마지막으로 엥겔스가 런던에 대해 설명한 도시 발전의 원인을 인용해 보자.

"도시가 커질수록 이주해 오는 것이 더욱 유리한데, 그것은 도시에 철도와 운하, 도로 등이 있기 때문이다. 또한 고용 가능한 숙련 노동자들이 갈수록 많아지고 있다. 건축업과 기계 제조업의 경쟁으로 인해 일체의 조건이 편리한 지역에 새로운 기업이 들어섰고, 비교적 멀리 떨어진 지방에서 건축 자재나 기계를 들여오는 일이 적은 비용으로 가능하게 되었다. 도시에는 고객이 밀집하는 시장과 거래소가 있고 원료 시장과 완제품 판매 시장이 직접적으로 연결된다. 이는 대규모 공장이 있는 도시가 놀랄 만큼 빠르게 성장할 수 있도록 하고 있다."[7]

도시 발전 법칙과 도시 억제 정책의 연관성과 차별성

도시 발전의 법칙과 도시 억제 대책은 상호 연관되는 동시에 서로 구별되는 두 가지 범주이다.

대도시 초전 발전 법칙은 객관적 범주로서, 공업화 초기 단계나 도시화 과정에서 대도시가 객관적으로 비교적 빠른 속도로 발전해 가는 것에 대한 법칙이라 할 수 있다.

도시 발전 억제 대책이란 주관적 범주로서, 대도시에 채택하고 있는 방침, 정책, 조치 등을 일컫는다. 대도시 초전 발전 규칙은 대도시 발전 억제 대책의 근거가 된다. 만약 대도시의 발전이 정체되거나 상당히 느리게 진행된다면 억제 대책은 필요가 없다. 바로 대도시 발전이 신속하게 이루어지는 상황에서야 억제 대책이 거론되는 것이다.

대책이 법칙을 바꿀 수는 없으며, 소멸시키거나 대체할 수는 더더욱 없다. 대책은 법칙을 이용할 뿐이다. 대도시 억제 정책이란 대도시

---

(7)　　　『마르크스·엥겔스 전집』 제2권, 人民出版社, 1957, 301쪽.

발전 법칙을 이용한 사회 서비스이며, 대도시 발전의 법칙을 사회적으로 유리하도록 이끄는 것이다. 물이 높은 곳에서 낮은 곳으로 흐르는 것이 객관적 법칙이라면, 둑을 만들고 관개 수로를 만들고 전기를 만드는 것은 대책에 해당하는 것으로, 객관적 법칙을 이용하여 홍수와 같은 재난을 막아 인류에 유익토록 하는 것이다. 과일 나무의 성장이 법칙이라면, 가지치기는 영양을 과일 나무 가지에 집중시켜 잎이 마르는 것을 방지하여 수확량을 높이고자 하는 대책이다. 대도시 억제 대책이란 대도시 발전의 법칙에 의거하여 대도시 성장의 속도를 완만하게 하여 대도시의 규모와 구조를 사회 전반적 발전 방향에 유리하게 하는 것일 뿐, 근본적으로 대도시 발전 추세를 되돌릴 수는 없다.

법칙과 정책의 경계선은 명확하지 않아서, 정책이 법칙을 대체하여 실제 상황에서는 피동적이 될 수도 있다. 1980년대에 항저우, 정저우, 스자좡 등의 도시 계획을 수립할 때, 이 도시의 장기 인구 목표를 100만 명 이내로 정했으나 실제는 이와 달랐다. 이 도시들의 실제 인구는 일찍부터 100만 명을 넘기 시작했으며, 이에 따라 모든 도시 계획이 객관적 형세의 요구에 맞게 바뀌어야만 했다. 법칙과 정책 간의 불분명한 경계는 객관적인 법칙을 탐색하는 과정에서 잘못된 정책을 수립하는 오류를 빚기도 한다.

법칙과 대책은 서로 다른 범주에 해당하기 때문에 대도시 발전 법칙에 대한 고려와 대도시 억제 정책에 대한 고려가 서로 모순 되는 것은 아니다. 근래에 중국이 대도시 규모 억제 방면에서 성공적인 성과를 거두고 있지만 여전히 개선해야 할 부분이 적지 않다. 예를 들어 대도시의 확장을 억제하는 한편으로 대도시에 대규모로 투자함으로써 도시 기능을 확산시켜야 하는 문제이다. 즉, 교외 지역이나 소도시에 일련의 투자를 하는 것은 계획 지체와 완벽한 서비스 체계의 부족으로 인해 제대로 된 도시의 모습을 갖출 수 없게 한다. 이 때문에 적지 않은 근로자들이 잠은 거주지 도시에서 자고 출근은 교외로 하게 되어, 시계추처럼 아침저녁으로 인구가 몰려다니는 중국 특유의 현상을 만들어 거주지 도시의 압력을 증가시키고 있다.

도시 억제 정책은 대략 세 부분으로 이루어져 있다.

(1) **경제적 보상** : 세금이나 복지, 보상금 등을 이용하여 사람들로 하여금 대도시를 떠나도록 유인

(2) **각종 계획** : 지역 계획, 국토 계획, 도시 계획 등 각종 관련 계획을 이용하여 합리적 도시 시스템 건설

(3) **행정 제재** : 호적 관리 등의 방법을 통해 도시로의 전입을 금지

전체적으로 놓고 본다면, 중국은 행정 제재에 치중하고 있으며, 경제적 보상이나 각종 계획 수단 등에 대한 관심은 그리 크지 않은 실정이다.

억제와 발전은 상호 제약적 개념이다. 억제의 목적은 맹목적 발전이 아닌 더 나은 발전을 위한 것이다. 때문에 모든 도시는 억제와 발전의 필연성이 존재하는 것이다.

대도시는 억제의 문제에 더 많은 주의를 기울여야 한다. 반면 중소 도시는 발전의 문제에 치중할 수 있다. 물론 이것이 대도시가 발전하면 안 된다는 이야기는 아니다. 발전하지 않는 것, 그것은 곧 도시의 생명이 다했다는 이야기이다. 또한 중소 도시가 억제의 문제를 신경 쓰지 않아도 된다는 이야기도 아니다. 도시 계획의 수정은 곧 이에 어울리는 적당한 억제가 필요하다는 것이다. 우량용(吳良鏞)이 말한 대로 "억제는 당연히 발전을 못 하도록 억누른다는 것이 아니다. 기술적인 면에서 보자면 발전해서는 안 되는 측면을 억제한다는 것이며, 적극적인 측면에서는 발전이 꼭 필요한 부분에 대한 견인차 역할을 한다

는 것이다."[8] 이는 바로 모든 도시에 보편적으로 적용되는 억제와 발전의 통일적 관념이자 변증법적 관념인 것이다.

마지막으로 지적할 것은, 대도시 초전 발전의 법칙에는 단계가 있다는 점이다. 이것은 급속한 도시화 과정에 나타나는 현상으로서, 후기 공업화 단계에 이르러 인구 규모가 안정되고 도시화의 기본 과정이 완성되면, 대도시 초전 발전 법칙은 역사의 무대에서 사라지게 된다.

3. 현대 도시 발전의 기본 추세

현대 도시 발전의 기본 추세는 도시 기능의 국제화 및 서비스화, 도시 환경의 쾌적화, 생태화, 도시 공간 구조의 교외화 및 탈중심화라고 할 수 있다.

국제화와 서비스화 : 도시 기능의 발전 추세

도시 기능의 국제화는 세계의 범위가 축소되고 전 지구화되면서 도시에 부과되는 기능이다. 도시 기능 국제화의 주요 목표는 다음과 같다.[9]

(1) **높은 경제 개방도** : 국내총생산에서 대외 무역이 차지하는 비중이 높음
(2) **높은 문화 개방도** : 광범위한 국제 문화 교류 및 전람회, 시연회 등으로 국제적 문화 특색을 갖춤
(3) **높은 국제 인력 교류** : 광범위한 초국적 인력 교류를 통해 대규모의 외국인이 비즈니스와 문화 방면에 활동

역사적 배경의 영향을 받아 중국 도시의 국제화 수준은 매우 낮다.

개혁 개방 이후 적지 않은 도시들이 국제화의 목표를 위해 노력하고 있으며, 방향도 명확하다. 게다가 40개 이상의 도시들이 설정하고 있는 국제적 대도시 목표치는 현실적이기도 하다. 국제적 대도시는 전세계적으로도 손가락으로 꼽을 정도이다. 중국의 최고 도시를 국제적 대도시와 비교해 보면, 각 항목의 지표가 보여주는 차는 명확하다.

도시의 서비스화는 경제 구조 전환의 결과이다. 선진국이든 개발도상국이든 상관 없이 도시의 3차 산업화 경향은 뚜렷한 추세이다. 1990년대로 들어서면서 국제 경제의 중심 도시들에서 3차 산업이 국민총생산에서 차지하는 비중과 도시 취업 인구에서 차지하는 비중 모두가 70%를 넘고 있다.

도시의 서비스화의 중요한 원인은 다음과 같다.

(1) 지식 경제 시대에 문화, 교육, 연구 개발(R&D) 등이 도시 경제에서 차지하는 비중의 상승

(2) 정보화 시대에서의 통신, 정보, 매체 영역의 신속한 팽창

(3) 사회 생활에서 정부가 차지하는 지위 상승, 도시에서 정부 구성원이 차지하는 비중 상승

(4) 제조업의 생산 자동화, 생산 효율 제고, 고용 인원 수 절감

(5) 제조업의 생산과 관리 분리. 관리의 중심은 헤드 쿼터로 불리며 도시에 집중되어 있으며, 생산은 세계 각지로 분산.

1980년대 이래로 미국에서는 탈공업화(Deindustrialization)가 제기되었다. 이것의 요점은 전통적인 제조업 중심 도시들이 차츰 쇠퇴해

---

(8) 吳良鏞, 『吳良鏞城市研究論文集(1986~1995)−迎接新世紀的來臨』, 中國建築工業出版社, 1996, 45쪽.

(9) 周八駿(香港), 「國際性城市及深圳未來發展方向」, 『深圳國際性城市論文集』, 中國經濟出版社, 1993, 96~103쪽.

= 세계 주요 도시들의 3차 산업 취업자의 비중

도시	연도	비중(%)
뉴욕	1993	88.8
홍콩	1993	78.3
도쿄	1991	76.3
모스크바	1986	69.6
싱가포르	1992	65.8
서울	1991	57.8

가고 있다는 것이다. 몇몇 제조업 중심 도시들은 서비스업으로 전환하는 데 어려움을 겪기도 했다. 몇몇 회사들의 헤드 쿼터가 집중되어 있는 제조업 중심 도시들은 생산적 서비스에 대한 대량의 수요로 인해 도시 기능의 전환이 순조롭게 이루어지고 도시 경제는 지속적으로 번영하게 된다.

1980년대 중기에 노엘과 스타인벡이 지적한 대로, 탈도시화는 생산 자동화와 노동력 구조 변화, 국외 경쟁, 낙후된 공장 설비의 폐쇄, 기업 재조정 등에 의해 만들어진 것이다. 탈도시화 과정에서 전통적 공업 도시가 지속적으로 발전하기 위한 관건은 헤드 쿼터를 갖추는 일과 3차 산업을 발전시키는 일이다. J. O. 베이커가 미국의 20개 대도시에 대한 자료를 분석한 결과, 12개 도시에서 제조업 종사자 수가 줄어들면서 헤드 쿼터와 서비스업화로 인해 서비스 산업 종사자의 수가 증가했고, 지속적인 발전 국면을 맞이하게 되었다.[10]

쾌적한 자연 생태 : 도시 환경의 발전 추세

쾌적화는 1950~1960년대의 영국에서 유래한다. 그 당시 영국에서는 쾌적한 환경(Amenity)과 쾌적한 환경 계획(Amenity Plan) 등의 개

넘이 잇따라 출현했으며, 1967년에는 '도시쾌적환경법(Civic Amenity Act)'을 반포했다. 이 개념의 기본 내용은 아래와 같다.

(1) 위생 환경 개선, 쓰레기 처리, 전염병 환경 개선
(2) 조화롭고 아름다운 환경을 창조하여 편안하고 유쾌한 분위기로 사람들의 정신적 수요 만족
(3) 자연 환경 보호, 우수한 생태 환경 및 대자연과 협조, 일치되는 기초 위에 도시 건설
(4) 역사 환경 보호, 역사 문화적 요소를 보호하여 환경의 문화적 소양 제고

1992년에 브라질 리우데자네이루에서 통과된 「21세기 의정서」에는 '인간의 주거 환경 건설'에 관한 여덟 가지 항목이 포함되어 있다.

(1) 충분한 주택 공급
(2) 계획, 건설, 관리, 보수, 경영 등을 포함한 주거 환경 관리 개선
(3) 지속 가능한 발전을 위한 토지 이용 계획과 경영 관리
(4) 생활 수도, 배수, 환경 위생, 쓰레기 처리장 같은 주민 기초 시설 제공
(5) 주거 환경의 지속적 발전을 위한 에너지 체계와 교통 체계
(6) 재해 발생 취약 지역 주민들의 환경 계획과 경영 관리 추진
(7) 지속적으로 발전 가능한 건축업
(8) 주거 환경 건설 추진에 필요한 인력 자원 개발과 능력 배양

쾌적화와 생태화는 서로 다른 각도에서 제시된 이상적 환경 개념이

---

(10)　　威勒, 格林,「加州的停滯的興旺」, 胡兆量摘譯,《地理知識》, 1996년 10기.

다. 쾌적화란 인간 거주의 사회학적 각도에서 출발한 것으로, 그 중심은 편리하고 편안하고 안전한 환경이다. 구체적으로 주거지, 학교, 산업체가 3위 일체인 도시라 할 수 있다. 생태화란 자연 과학적인 각도에서 출발한 것으로, 그 중심은 인간과 자연의 조화, 자연과 자연의 조화이다.

도시 지역이 협소해 사람들의 활동이 크게 제약을 받게 되면서 도시 구역 이외의 지역이 고도로 개방된다. 이 때문에 도시 생태 시스템은 일반적인 생태 시스템에 비해 훨씬 복잡하다. 도시 생태 시스템은 자연과의 조화, 고효율의 추구, 인문적 특색의 세 가지 특징을 지닌다.

1) 자연과의 조화

도시 생태 시스템의 조화란 다음의 두 가지 방면을 말한다. 우선 도시와 자연의 조화로, 가능한 최대로 산, 하천, 호수, 바다, 식물 등의 자연 경관과 조화를 이루어야 한다. 웨이하이(威海)시는 도시 건설 목표를 다음과 같이 결론짓고 있다.

"푸른 바다·푸른 하늘·붉은 기와·녹색 나무, 저밀도 저층 아파트, 각기 특색 있는 건물, 들고 나며 높고 낮음, 옅은 벽 색깔, 흰색의 창문, 지역에 맞게 구체적인 대책을 세우는 것." 이 규정은 웨이하이 특유의 환경에서 자연과 사람의 합일을 실천하고자 하는 것이다. 구이린의 산수는 천하 제일이다. 푸른 산, 맑은 물, 기묘한 동굴, 기이한 바위 등은 계림 산수의 기초를 이루고 있다. 끝없는 파란 봉우리 가운데 사는 사람들, 전원, 경관, 주택과 산수는 혼연일체를 이루어, 구이린은 사람과 자연이 함께 어우러진 아름다운 경관을 만들어낸다.

다음으로는 도시 지역과 도시 밖 지역의 조화이다. 도시 안팎으로의 사람과 물자 등의 이동이 그 양과 정보 면에서 정체 현상을 띠게 되면 도시 생태 시스템은 곧 혼란한 지경으로 빠져들게 된다.

2) 고효율의 추구

도시 생태 시스템과 일반적인 생태 시스템을 구분해 주는 것은 생산력이다. 도시 생태 시스템은 대단히 작은 지역 범위 내에서도 막대한 액수의 재화를 창출할 수 있다. 몇몇 발달한 금융 중심 도시들은 1000m²당 연간 총생산이 100억 달러 이상으로 추산된다. 또한 도시 생태 시스템의 발전 속도는 일반적인 생태 시스템보다 훨씬 빠르다. 현대 도시의 경제 구조가 끊임없이 조정되고 있고, 생산 효율 또한 계속해서 높아지고 있기 때문에 도시 생태 시스템 역시 끊임없이 새로운 균형을 만들어가고 있는 중이다. 도시 생태 시스템의 양호한 순환 과정은 높은 효율을 추구하며 또한 고도의 발전 속도를 추구하고 있다.

3) 인문적 특색

도시 생태 시스템은 사람을 중심으로 하며 구체적으로는 문화적 요소를 내포하고 있다. 사람은 도시 생태 시스템의 중요한 창조자이다. 또한 문화의 민족성과 지역성은 생태 시스템의 특색을 결정짓는다. 그 문화적 특성을 보호하거나 뒤바꾸는 것은 도시 생태 시스템의 중요한 구성 부분이 된다.

정리 정돈을 거친 안후이성 둔시(屯溪)의 라오가(老街)는 안후이성 특색 건축 양식과 문화가 융합된 정수를 보여준다. 라오가에서 서양인은 동방의 풍치를, 북방인은 남방의 경치를, 그리고 현대인은 고대의 정신을 볼 수 있다. 라오가는 이미 황산(黃山) 관광지의 중요한 구성 부분이 되었으며, 사회적 이익과 경제적 이익을 모두 얻고 있다.

교외화와 탈중심화 : 도시 공간 구조 발전 추세

모든 도시의 공간 구조는 끊임없이 조정되고 있다. 도시의 공간 구조 조정에는 단계가 있는데, 현재 중국 도시의 단계를 분석해 보면, 주요 조정 방향은 시장 기능을 강화하는 것으로 그 표현 방식은 담을 허물고 경관을 복원하는 것이다.

봉건 사회에서 도시의 기능은 비교적 단순해서 주로 행정 관리 업무를 담당했다. 관아가 전체 도시의 중요한 기능을 독점하며 전체 도시의 중심을 차지했던 것이다. 중국은 전통적인 봉건 사상의 제약을 받아 높은 울타리 안에 행정 중심이 둘러싸여 있어 도시 중의 도시가 되었다. 전통 가옥들은 높은 담을 두르고 있어 도시의 경관은 담과 그 안에 서 있는 나무뿐으로, 보이는 것은 온통 담뿐이다.

계획 경제 시절에도 봉건제적인 높은 울타리가 여전히 성행하여 새로 만들어진 거주지의 길가에는 주택이 들어서고, 상가나 서비스 시설은 그 지역의 중심에 세워졌다.

계획 경제에서 시장 경제 체제로 넘어가면서, 길거리에 붙어 있는 담들은 장사하기에 좋은 장소가 되었다. 그러면서 담벼락들이 잇따라 무너지고 3차 산업을 위한 점포들이 생기면서, '담장 허물기 운동'이 등장했다. 도시의 번화가를 차지하고 있던 건물과 공장, 창고 등이 외곽의 한적한 장소로 이전해 갔다. 시장 경제 체제는 도시의 공간 구조를 대규모로 바꾸고 있는 중이다.

중국은 인구가 많고 토지 자원이 부족한 국가이기 때문에, 도시 용지를 절약하는 것이 국가의 정책이다. 이 때문에 중국의 도시 발전과 건설 용지는 조정 과정에 있으며, 가능한 최대로 토지 이용률을 높여야 한다.

'산간이나 농촌 등으로의 이주'는 토지 이용률을 높이기 위한 중요한 조치들이다. 건물을 높이 올리고(上天) 지하 공간을 개발하는 것(入地)은 세계의 보편적인 도시 건설 방침이다. '상천'이란 도시 계획이 허용하는 범위 내에서 더 높이 건축하여 건축 용적률을 높이고 건물 위의 공간을 이용하는 것이다. 이것은 벌써 광범위한 주목을 받고 있는 것으로 중국의 도시에서 높은 건물은 보편적인 경관이다. 요즘은 주변 환경과 어울리지 않는 높은 건물이나 과도한 용적률을 제지하는 추세이다. '입지'란 지하 공간을 개발하는 것으로, 이것은 아직 충분한 주목을 받고 있지는 않다. 그러나 장기적으로 보았을 때, 지하 공간의 개발은 인구 밀집 지역에서의 토지 부족과 교통 정체를 해결할 수 있는 중요한 수단이다. 따라서 지하 공간의 합리적 개발은 총체적 대도시 계획 시스템의 일부로 포함되어야 한다.

'산과 바다를 개척하는 것(進山和下海)'은 중국같이 산이 많은 자연 환경에서는 특별한 의의를 지닌다. '진산(進山)'이란 광활한 산악 지대를 이용하여 도시를 건설해 평원 지역을 절약하는 방식이다. '하해(下海)'란 바다를 막아 육지를 조성하는 것이다.

장기적으로 보면 도시의 공간 구조 조정의 주요한 방향은 교외화와 탈중심화가 될 것이다. 이것은 후공업화 사회 도시 발전의 기본 동태이다.

교통 수단 혁명, 교통망 형성, 편리한 통신 등은 교외화의 주요한 동력이 된다. 1시간 이내의 출근 시간은 비교적 합리적이라 할 수 있다. 1시간 이내에 걸어서 갈 수 있는 거리는 5km이고, 버스로 이동할 수 있는 거리는 15km이다. 고속 도로망이 형성된 후에는 승용차로는 50~70km를 갈 수 있게 되었다. 이 때문에 교외화와 승용차 보급률은 같이 움직인다. 미국은 승용차 보급이 가장 빨랐으며 이 때문에 교외화 역시 가장 빨라서 1920년대에 벌써 교외화의 전조가 시작되었다. 교외화의 특징 중의 하나는 시 중심의 주민들이 주거지를 교외로 옮기고 도심으로 출근하는 현상이다. 이 때문에 도심은 낮에는 북적거리지만 밤에는 적막하고 고요하다. 시민들이 아침에 도시로 들어왔다가 저녁에 도시를 빠져나가면서 24시간 내의 시계추식 이동을 하고 있다.

교외화 후의 도시 공간과 구조는 탈중심화로 나아가게 된다. 탈중심화는 탈도시화라고 불리기도 하는데 그 특징은 대도시 지역 인구 증가가 비교적 빠르다는 것이다. 탈중심화는 고속 도로망이 완비되고 나서 출현하는 현상으로 사람들의 통근 거리가 더욱 늘어나게 된다. 이 때문에 근로 시간은 단축되지만, 경제적 수입은 증가하여 환경에 대한 요구가 점점 높아지게 되면서 탈중심화를 촉진하게 된다. 탈중심화 과정에서 대도시를 둘러싸고 있는 농촌 지역이 도시 주민들의 우선적인 거주지가 된다. 이곳의 조용한 전원 분위기와 신선한 공기, 녹색의 환경 등은 도시 주민의 전입을 유인한다. 이 때문에 탈도시화 과정에서 대도시권 내에 위치한 농촌 마을들의 성격은 근본적인 변화를 겪게 된다. 즉, 대부분의 주민들이 2차 산업이나 3차 산업 종사자가 되어 실제 농업에 종사하는 사람의 수는 줄어든다.

탈중심화는 도시의 쇠퇴가 아니라 도시 발전의 새로운 단계이다.

▶ (1) 탈중심화의 본질은 전원 도시화로서, 도시에 전원 도시의 기초 설비가 세워져 이제 사회는 도시와 농촌이 하나가 되는 단계로 진입하

= 미국 대도시 중심 구역, 비중심 구역 및 비도시 구역 인구 변동(%)

연도	미국 평균	대도시 중심구	대도시 비중심구	비도시 구역
1900～1910	19.3	29.3	32.8	15.4
1910～1920	14.3	23.1	28.6	9.4
1920～1930	14.6	19.6	35.6	7.4
1930～1940	7.0	5.0	14.1	6.3
1940～1950	13.5	13.0	30.4	5.8
1950～1960	16.9	10.2	29.5	7.6
1960～1970	12.5	6.2	23.7	11.7
1970～1980	10.8	─0.1	16.6	14.4

자료 출처 : 《美國統計提要》, 美國商業部.

[332]

게 된다. 탈중심화 시기에, 대도시 주위의 촌락들은 주거지가 분산된
것 이외에 물질적인 생활 방면에서 도시와 조금도 다를 바가 없으며,
환경면에서는 도시보다 나은 혜택을 받을 수 있다.

▶ (2) 탈중심화 과정에도 밀집 효과는 여전히 존재한다. 많은 기업들
이 문제가 발생했을 때 빠른 해결을 원하기 때문에, 적지 않은 기초 시
설과 산업들이 여전히 대도시에 입지해 있다.

▶ (3) 탈중심화 과정에서 대도시의 교통 노선 방향은 양측으로 확산되
어 대도시와의 연결 지대를 형성한다. 도시 연결 지대는 전국의 정화
지대로서 도시 시스템 발전의 수준 높은 형식이다.

❀　　❀　　❀

4. 산수 도시 : 중국 문화 전통을 살리는 도시관

도시 이념의 새로운 시각

1990년 이전에 중국과학기술협회 주석 첸쉐선(錢學森)이 제시한
산수 도시의 개념은 '중국과 외국의 문화가 유기적으로 결합된 것'이
다.[11] 이것의 기초는 중국 문화의 비옥한 토양으로 뚜렷한 민족 특색
을 지니고 있다. 또한 동시에 현대 도시학의 철학 이론과 융합되어 보
편적인 과학성을 띄고 있다.

중대한 과학 개념의 공헌은 짧은 기간 내에 분명해지는 것이 아니
라 역사적 증명을 필요로 한다. 우량용(吳良鏞)은 산수 도시에 대해
중요한 평가를 한 바 있다.

"과학자인 첸 선생은 예리한 관찰력과 통찰력을 갖추고 오랫동안
도시 문제에 관심을 가져왔다. 첸 선생은 유도탄에서부터 도시 문제까

---

(11)　　　錢學森, 「社會主義中國應該建山水城市」, 《城市科學》(新彊), 1993년 2기.

지, 기술 과학에서부터 인문 과학까지 폭넓은 연구를 해왔다. 지난 세 기를 회고해 보면 도시 학술 발전의 역사에서 이것은 그다지 이상한 현상은 아니다. 1898년 전원 도시 개념을 제안한 영국의 하워드(E. Howard)는 원래 사회적 이상을 가지고 있던 평범한 직장인이었으며, 도시 역사 이론에 대한 저술을 한 디킨슨(R. E. Dickinson)은 사회학자 였다. 도심 공원 시스템을 제창한 사람은 다양한 경험을 가진 여행가 였다. 이는 도시 발전에 대한 중요한 견해를 제시하는 사람들의 경우 광대한 경험과 풍부한 상상력을 지닌 사상가인 경우가 많다는 것을 설 명해 준다."[12]

역사가 어떤 정설을 만들어낼지와 상관 없이 산수 도시 개념의 출 현은 의심할 여지 없이 세계 도시 과학 발전의 보편적 규칙에 부합한 다. 산수 도시는 이미 현실적 과학 기초를 갖고 있으며 또한 초전 단계 의 낭만적 색채를 지니고 있는 것으로 도시 과학에 하나의 새로운 시 각을 확장시켜 주는 것이라는 점은 확실하다.

도시 과학에서 산수 문화의 승화

산수 도시 개념을 제안할 당시, 다음과 같은 의견이 제시되었다.

"중국의 산수를 시로 만들고, 중국의 고전 정원 건축과 산수화를 함께 합쳐 산수 도시 개념을 만들어낼 수 있을까?"[13]

처음의 생각을 잘 파악한다면 발전이란 어려운 일이 아니며, 산수 문화 전통을 계승 발전시키는 것이 산수 도시 개념의 출발점이다.

중국은 산과 물이 많은 국가이다. 중국 육지의 평균 고도는 전세계

---

(12)   吳良鏞, 「山水城市與二十一世紀中國城市發展縱橫談」, 『城市科學與山水城市』, 中國建築工業出版社, 1996, 247쪽.
(13)   1990년 7월 31일 錢學森이 吳良鏞에게 보낸 편지, 위의 책, 1996, 47쪽.

평균의 두 배이다. 산들이 무리지어 있고, 하천이 가로지르며, 인구가 몰려 있는 동남부의 산수 경관은 매우 뛰어나다. 선구자는 아침 저녁으로 산과 강을 만나, 시시각각 산과 강의 정기, 정서, 사상, 이념을 받아들인다. 중국의 철학, 종교, 시가, 회화, 서예, 정원 등의 모든 영역이 산수의 영향을 받고 있다. 모든 중국 문화는 산수의 색채를 짙게 깔고 있다.

"지혜로운 사람은 산을 좋아하고 인자한 사람은 바다를 좋아한다(智者樂水, 仁者樂山)."[14] 공자 이래 중국의 전통 문화는 모두 산수를 정신, 도덕과 연결시켜 왔다. 산수에서 이성을 깨닫고, 산수에서 인격을 발견했다. 청대의 화가 석수(石濤)는 이에 대해 매우 명쾌하게 이야기하고 있다.

"산의 꿈을 키우는 것이 인이요, 산을 공경하는 것이 예요, 산의 여유로움이 화요, 산의 어우러짐이 근이며, 산의 정기가 지이다(山之蒙養也以仁, 山之拱揖也以禮, 山之紆徐也以和, 山之環聚也以謹, 山之虛靈也以智)."

산중에서 그는 인, 예, 화, 근, 지 등 도덕 규범을 본 것이다.

"무릇, 넓은 도량과 이해가 덕이요, 겸허히 예를 따르는 것이 의요, 아침 저녁으로 쉬지 않는 것이 도요, 소용돌이 치던 물이 평온해지는 것이 법이요, 멀리 내다보는 것이 찰이며 넓고 깊게 스며드는 것이 선이며, 동쪽을 향해 베푸는 것이 지이다.(夫水, 汪洋廣澤也以德, 卑下循禮也以義, 潮汐不息也以道, 決行激越也以勇, 瀠洄平一也以法, 盈遠通達也以察, 泌泓鮮浩也以善, 折施朝東也以志.)"[15]

산중에서 석수는 덕, 의, 도, 용, 법, 찰, 선, 지 등의 의식 형태를 발

---

(14)　　　「雍也」, 『論語』.

(15)　　　(淸) 石濤, 「資任章」, 『畫語錄』.

견한 것이다.

"산중에서는 원한이나 애통함이 없으며, 물소리를 들으며 잠에 빠져든다(山中別恨和脹斷, 水帶離聲入夢流)."[16]

"산수의 아름다움은 예부터 모두가 이야기하던 일이다(山水之美, 古來共談)."[17]

산수의 모습을 깊이 깨우친 선인들의 미학 개념은 자연미, 의경미 같은 미학 이론들을 만들어냈다.

"산은 물을 만나야 활기가 있고, 물은 산을 만나야 매혹적이다(山得水而活, 水得山而媚)."[18]

"산수의 사물, 타고난 수려함, 해와 달의 조화, 맑고 흐림, 추위와 더위, 아침 안개와 저녁 달무리, 시시 각각의 변화, 부족함 없는 정취."[19]

아름다운 산수에 감흥되어 산수 시가와 산수화가 발전되었고, 고시와 회화의 주요한 영역 중 하나가 되었다.

"시는 산천을 장소로 해서 만들어진다."[20]

"높고 험준한 산, 깊고 맑은 물, 천천히 적셔드는 한 필의 경작지, 풀과 나무가 자라나는 신명(山峥嶸, 水泓澄, 漫漫汗汗一筆耕, 一草一木栖神明)."[21]

산수는 영원한 찬양의 대상이며, 영원한 창작의 소재이다.

'연못 하나 산 세 개', 이것은 진한 이래로 중국 황실 정원 건축에

---

(16) (吳越) 羅隱, 『錦谷回寄察氏昆仲』.

(17) (南梁) 陶弘景, 『答謝中書書』.

(18) (宋) 郭熙, 「山水訓」, 『林泉高致』.

(19) (元) 『畵鑒』.

(20) (明) 董其昌, 「詩評」, 『畵禪室隨筆』 卷三.

(21) (唐) 沈佺期, 『範山人畵山水歌』.

자주 나타나는 양식이다. 산과 물, 건물, 나무와 꽃은 중국 정원의 4대 요소이다. 이 4대 요소 중 산과 물을 강(綱)이라 한다면 건축과 꽃, 나무는 목(目)이라 할 수 있다. "누각정자, 그것이 바로 산수의 요점이다 (樓閣亭宇, 乃山水之眉目也)."[22) 말하자면 산수와 건축의 관계는 강목(綱目)의 관계인 것이다. 중국 정원 건축의 한 가지 중요한 원칙은 산수와 어울려야 한다는 것이다. 따라서 정원에 산수의 아름다움을 반영하는 것은 중요한 일이다. 범성대(範成大)는 개인 저택 정원의 모범적인 전형이라고 평가받는 쑤저우(蘇州) 창랑정(滄浪亭)에 대해 다음과 같이 간략하게 묘사하고 있다.

"10무의 저수지가 있고, 그 옆에는 작은 산이 있으며, 위아래로 굽이쳐 꺾이고, 그 주위를 물이 흐르고 있다."[23)

강희(康熙) 황제는 황실 정원의 걸작이라고 할 수 있는 청더(承德)의 피서 산장에 대해 다음과 같이 기술하고 있다.

"고도는 평지와 비슷하며, 탁 트인 봉우리의 기세, 소나무에 기대어 노여움을 푼다(度高平遠近之差, 開自然峰嵐之勢. 依松爲齋)."[24)

'산수 도시'는 산수의 사유를 충분히 빌어와야 한다. 첸쉐선은 「정원에 나가보지 않으면, 봄기운이 어느 정도인지 어찌 알겠는가」라는 문장에 다음과 같이 적고 있다.

"이허위안(頤和園)에서부터 쿤밍(昆明)호의 동쪽 지춘정(知春亭) 서쪽 봉우리들을 바라보면, 전체 이허위안의 경치가 서쪽 산의 모습까지 같이 들어오면서 풍광의 한 부분을 이루게 된다. 이런 위대한 기개는 전세계 어떠한 지역에서도 보기 드문 것이리라."[25)

---

(22)   (淸) 鄭績, 『夢幻居畫學簡明』.

(23)   (宋) 範成大, 『吳郡志』.

(24)   (淸) 康熙, 『御制避暑山莊記』.

(25)   錢學森, 「不到園林, 怎知春色如許」, 『城市學與山水城市』, 3쪽.

범성대와 강희 황제에서부터 산수 도시까지 산수와의 절묘한 조화 사상은 일맥 상통하게 형성되어 온 것이다.

산수 도시와 산수 철학, 산수 시화, 산수 정원, 이 모든 것은 중국 문화의 오색찬란한 교향곡이다.

현대 도시학의 기본 이념과의 융합

현대 도시학 이념의 핵심은 체계 사상, 인본 사상 그리고 생태 사상이다. 산수 도시 개념은 이 세 가지 사상을 포용하면서 현대 도시학의 기본 이념과 모순 되지 않고 병행하고 있다.

체계 사상은 현대 도시학의 중요한 기초이다. 1898년에 하워드가 쓴 『내일의 전원 도시』에 이미 완전한 체계관이 나타나고 있다.

"도시는 반드시 전체적인 계획을 이루고 있어야 한다." "즉, 하나의 꽃, 한 그루의 나무, 하나의 동물과 마찬가지로 모든 성장 단계마다 통일성과 조화, 완전함을 유지해야 한다. 발전이 꼭 통일성을 희생하고 이루어지는 것은 아니며 훨씬 더 완벽한 아름다움을 더할 수 있는 것이다."[26]

근 1세기 동안 도시 이론은 계속해서 새로워졌으나 체계 사상의 핵심은 변함이 없다. 산수 도시의 개념 중 나타나는 체계 사상은 완벽한 아름다움으로, "도시는 하나의 거대한 체계로 체계 전체에 대한 고려가 없으면 안 된다."는 것이다. "우리는 단순히 건축물의 아름다움을 말하는 것이 아니라 도시와 도시 전체의 풍광, 전체적인 아름다움을 말하고 있는 것이다."[27]

인본 사상은 후기 도시학론의 정수로 '후기 근대 도시' 이론에 매우

---

(26)　하워드, 『내일의 전원 도시』, 金經元 譯, 中國城市規劃設計研究院印.

(27)　1994년 7월 28일, 錢學森이 鮑世行에게 보낸 편지, 『城市學與山水城市』, 463~464쪽.

잘 반영되어 있다. 인본 사상은 역사적 문맥을 강조하고, 공중의 참여, 다원성을 강조하며, 복잡성과 감성을 중시한다. 찰스 젠커스는 『신고 전주의와 원칙』이라는 책에서 이렇게 말했다.

"후기 근대는 마치 중국의 정원 공간과 같다. 명확한 최종적 결과를 허공에 걸어두고, 이리저리 굽은 길을 따라 영원히 도달하지 못할 목표를 따라가는 것과 같다."

이 서양 학자는 중국 전통 문화의 시각으로 후기 근대 이론을 분석하고 있으며, 서방의 입장에 서서 동서양 문화를 잇는 다리 역할을 하고 있다. 산수 도시는 정반대로 중국식 동양 문화의 기초 위에서 서양 도시학의 최고 경지에 도달한 것이다. "고대 제왕들이 즐기던 건축과 정원을 현대 중국의 일반인들이 즐기도록 하는 것', '모든 사람이 편안하고 즐겁게 지내도록 하는 것이다."[28] 사람 거주 중심의 사상 그리고 인본주의의 정신이 '산수 도시' 개념에 스며들어 있으며, '후기 근대 도시'와 방법은 다르지만 같은 효과를 가지고 있는 것이다.

생태 도시에 대해, 첸쉐선은 명확하게 말하고 있다.

"생태 도시는 사실 내가 말하는 산수 도시의 물질적 기초이다."[29] 사람은 자연을 떠났지만, 다시 자연으로 돌아가야 한다.[30] 산수 도시는 도시 정원과 도시 수목의 결합체이다. 현대 도시 건축물 밀도와 고도 상승이라는 측면에서부터 시작해 보면, 입체 녹화에 대한 한층 발전된 생각을 제안해 볼 수 있다.

"건축물의 서로 다른 고도 배치는 식물을 심은 지역과 함몰 면적에 적합해야 하며, 건축 설계와 동시에 고려되어야 한다. 오래 된 소나무

---

(28)   錢學森, 「社會主義中國應該山水城市」, 《城市科學》(新疆), 1993년, 2기.

(29)   1995년 10월 22일 錢學森이 高介華에게 보낸 편지, 『城市學與山水城市』, 617쪽.

(30)   錢學森, 「社會主義中國應該建山水城市」, 《城市科學》(新疆), 1993년 2기.

와 측백나무가 솟아오른 높은 건물은 어메이산이나 황산의 자연 경관을 도시에 옮겨놓은 듯할 것이다."[31]

이 절묘한 경관 설계는 도시를 '하나의 커다란 정원'으로 여기고 설계해야 하는 것이다.[32] 생태 도시에 대해 찬성하면서 첸쉐선은 「생태 도시에 대한 탐색—선전 화교 도시의 교훈」이라는 글을 《화중건축(華中建築)》 잡지에 실었다.[33] 이 글이 실린 《화중건축》 1993년 3기를 받아 보고 난 후 첸쉐선은 다시 "이 간행물에 후자오량(胡兆量)이 생태 도시 문제에 대해 쓴 글을 먼저 실었더라면 좋았겠다."라고 하여,[34] 산수 도시 개념에서 생태 문제가 차지하는 중요성에 대해 다시 한 번 강조하고 있다.

5. 문화 유산 계승과 관련된 두 가지 관점

문화 유산 계승과 관련해서 비교적 중요한 것은 다음의 두 가지 관점이다. 첫째는 문화 유산의 가치를 정확하게 인식하는 것으로, 문화 유산의 지체 효과, 간접성 그리고 사회성을 인식하는 것이다. 둘째는 계승과 창조의 통일에 관한 관점이다.

문화 유산 가치의 지체 효과, 간접성, 사회성

문화 유산의 가치는 일반 상품처럼 명확한 숫자로 가격을 매기기 어렵다. 문화 유산의 가치를 발견하는 일은 대단히 어려운 일이다. 문화

---

(31)　　1990년 7월 31일 錢學森이 吳良鏞에게 보낸 편지.

(32)　　1992년 10월 2일 錢學森이 孟潮에게 보낸 편지, 『城市學與山水城市』, 77쪽.

(33)　　1995년 4월 2일 錢學森이 《華中建築》 편집부에 보낸 편지, 위의 책, 575쪽.

(34)　　1995년 10월 22일 錢學森이 高介華에게 보낸 편지, 위의 책, 573쪽.

[340]

유산을 평가할 때 의견이 일치되기란 좀처럼 쉽지 않은데, 그 가치를 평가하는 데 서로 다른 시각을 가지고 있기 때문이다.

문화 유산의 가치를 평가하기 어렵고 복잡한 것은 지체 효과, 간접성, 사회성으로 나타난다.

지체성은 이중의 함의를 갖고 있다.

▶ (1) 골동품 효과로, 세월이 흐름에 따라 경제가 발전하고 사람들의 문화 유산에 대한 애호와 수요도 상승하게 된다. 그러면서 문화 유산의 가치는 극대로 증가한다. 전체적으로 놓고 보자면, 골동품의 가치 상승이 일반 상품보다 빠르다. 문화 유산은 본질상 거대한 골동품인 것이다.

▶ (2) 서로 다른 문화적 소양으로 인해 하나의 문화 유산에 대해서 서로 다른 느낌과 평가를 갖고 있다는 것이다. 루쉰이 말한 대로, 『홍루몽』의 초대(焦大)는 임매매(林妹妹)를 사랑할 수 없다. 사람들의 교육 수준이 끊임없이 높아지면서 감상 능력도 계속해서 발전하고 있다. 문화 유산의 가치도 사람들에 의해 계속해서 인식되어지고 있다. 역사상 적지 않은 미술가들이 생전에는 평생 가난한 생활을 하다가 죽은 후에 작품의 가치가 치솟았는데 그 원인이 바로 문화 유산 가치 평가의 지체성 때문이다.

간접성은 관리와 이익의 탈구 현상으로서 경제상으로는 양성 순환을 만들어내지 못한다. 적지 않은 관리 부문이 문화 유산으로부터 직접적인 이익을 거의 보지 못할 뿐 아니라 심지어 전혀 이익을 내지 못하기도 한다. 그러나 문화 유산의 장식으로 인해 도시의 문화적 분위기가 더해지고, 여행업이나 주택 소비에서의 수익이 적지 않다. (따라서) 정부는 경제적 수단을 이용하여 이익을 조정, 분배하여야만 한다. 홍콩은 현대적인 도시로 역사적인 문화 유산이 많지 않은데, 이곳에 세계적 수준의 해양 공원을 세웠다. 경영의 측면에서 볼 때 해양 공원은 밑지는 장사이다. 그러나 해양 공원은 중요한 관광지가 되어 여행객들을 홍콩에 머물게 하는 작용을 해서 전체 홍콩 여행업에 지대한 공헌을 하고 있다. 정부는 경제적 수단을 이용하여 홍콩 마사회가 해양 공원에 보조를 하도록 했고 마사회는 갈수록 잘하고 있다. 경제적 양성 순환이 있고 나서야 도시의 문화 유산 보호는 물질적 기초를 가질 수 있는 것이다.

문화 유산의 사회성은 의식 형태 방면에서 나타난다. 남아 있는 몇 개의 궁전이나 사원들은 문인 묵객들의 무한한 감정과 감흥을 불러일으킨다. "큰 강은 동쪽으로 흘러가고, 파도는 말라버리지만, 풍류 인물은 천고에 빛난다. 사면의 옛 성벽, 사람의 도란 삼국의 붉은 벽이다.(大江東去, 浪濤盡, 千古風流人物. 故壘西邊, 人道是, 三國周郞赤壁.)" 이는 소동파의 호방한 사상이다. 청나라 때의 황실 정원이었던 웬밍위안(圓明園) 유적지에 남아 있는 서양식 돌기둥에는 민족의 영광과 수치, 흥망성쇠가 교차하면서 사람으로 하여금 깊은 생각에 잠기게 하기도 하고 갑자기 깨닫게 하는 생동감 있는 애국주의 교육장이다.

1997년 9월, 홍콩 중원(中文) 대학은 홍콩 시민들에게 설문 조사를 실시한 바 있다. 이 조사에 따르면, 만리장성에 대해 자부심을 가지고 있다고 응답한 경우는 78.8%, 중국 국가에 대한 자부심은 41%, 중국 국기에 대한 자부심은 30.1%를 차지하는 것으로 나타났다. 만리장성에 올라가 본 중국의 후손들은 모두 중국인에 대한 자부심을 갖고 있었으며, 외국인들 역시 중국 민족에 대해 탄복했다.[35] 만리장성은 중국 민족을 결집시키는 가치를 가지고 있으며, 중국 민족 5000년 역사의 풍모를 보여주는 것으로 그 가치를 측량할 방법이 없다.

1996년 베이징의 여행객 수입은 22억 5000만 달러였는데, 이것은

---

(35)   「回歸后港人認同中國人身分者上昇」, 《南報》(香港), 1998년 2월 4일.

[342]

유형적인 것으로 화폐로 계산할 수 있다. 200만 명의 여행객들이 베이징의 문화 경관을 관람하면서 중국에 대한 이해를 증가시켰고, 이것은 무형의 가치로 화폐 가치로 측량하기 어려운 것이다. 동시에 1100만 명의 해외 중국인들이 세계 각지에서 중국의 수도로 관광을 오면서 그들의 국가 관념이 상승되었고, 이것의 사회적 효과 역시 적지 않다.

계승과 창조의 통일

계승과 창조는 도시 계획과 건설의 영원한 주제로 보편적인 주제를 가지고 있다.

모든 도시는 각자의 역사를 지니고 있으며 역사를 존중하고 현재를 파악하며 미래를 예측하여야 한다. 역사 문화적으로 유명한 도시는 계승과 통일의 원칙을 관철하는 것이 특별히 중요하다.

도시는 발전하고, 도시의 기능은 혁신되고 있으며, 공간 배치는 조정되고 있고, 도시의 사회 구조와 인간 관계는 개선되고 있다. (이처럼) 도시는 끊임없이 새로운 면모를 조성할 것을 요구하고 있다. 건축 재료, 기술, 사상의 진보는 도시 창조에 물질적인 보장을 마련해 주고 있다.

창조 없이는 시대에 발맞춰 나갈 수 없다. 역사가 남긴 모습 역시 옛 사람들 당시에는 창조의 산물이었다. 100여 년 전 파리에서 에펠탑을 만들 당시 격렬한 논쟁이 있었다. 작가인 모파상, 음악가 구노 등의 문화인들이 연합하여 에펠탑 건축에 대해 항의했다. 지금, 에펠탑은 파리의 상징이 되었다. 논쟁의 구호는 이제 사라졌지만, 에펠탑 논쟁의 교훈은 영원히 간직할 만한 가치가 있다.

계승이 없다면 역사와 문화는 단절되고, 도시는 개성을 잃게 된다. 그러나 계승과 창조의 통일 관계를 정확히 어떻게 파악해야 할지는 상당히 어려운 문제로 계속해서 생각하고 논증해서 신중에 신중을 기해야 할 일이다. 베이징을 예로 들면 모든 발전 단계마다 계승과 창조의 문제에 부딪히고 있다. 1950년대에는 행정 중심을 옛 도시 구역에 둘지, 서쪽 교외 지역에 둘지에 대한 논쟁이 있었다. 이후 옛 도시 구역에 두기로 결정이 되었고, 이 지역의 개조가 가속화되었다. 1960년대에는 성벽을 허무는 것에 대한 논쟁이 있었는데, 결과는 몇몇 흩어져 있는 성벽을 제외하고 모두 철거하기로 했다. 동시에 성벽 밖의 해자도 모두 메워졌다. 성벽과 해자가 있던 자리에는 제2 순환로와 도심 순환 지하철이 건설되었다. 패루(牌樓, 예전에 중국에서 도시의 아름다운 풍경과 경축의 뜻을 나타내기 위해 세웠던 시설물 : 역주), 문동(門洞, 중국식 저택의 대문에서 집 안까지 이르는 지붕이 있는 통로 : 역주) 등의 철거는 뜨거운 논쟁거리였다.

베이징이 계승과 창조의 문제를 처리한 경험을 회고해 보면, 다음의 두 가지로 종합해 볼 수 있다.

▶ (1) 옛 것을 철거하는 데는 아주 신중해야 한다. 옛 것을 하나 허는 것은 하나가 없어진다는 것이다. 모든 것은 앞으로의 가치도 포함하여 적당한 보호를 받아야만 한다. 베이징의 성벽을 예로 들면, 대규모의 철거 후 남은 4개의 성문과 2군데의 끊어진 성벽은 웅장한 분위기를 만들어내지 못하고 있다. 만약 좀 긴 성벽을 집중적으로 남겨 보호했더라면 사람들은 옛 도시 성벽의 웅장한 분위기를 체감했을 것이며, 거대한 관광 가치와 사회적 의의를 지니게 되었을 것이다. 80km가 넘는 해자를 메워버린 것은 도시 생태나 경관으로 보아 커다란 손실이다. 베이징의 기후는 건조한 편인데, 해자를 남겨두었더라면 북해와 중남해 규모의 호수가 늘어나 그 빛을 더했을 것이다. 해자를 막아서 생긴 또 다른 문제는 물 조절 능력을 상실해 어려움이 가중되었다는 점이다.[36]

▶ (2) 옛 건축물을 모방하여 새로운 건축물을 세우는 것 역시 신중을

기해야 한다. 베이징 근처에 인공으로 조성된 40여 가지의 건축물들은 옛 것을 모방하여 만들어졌으나 그 이익은 신통치 못하다. 2억 3000만 위안을 들여 건축된 베이징 축소 공원은 베이징의 주요 고 건축물인 태화전과 친왕부(親王府)를 15 : 1의 비율로 축소한 것으로 면적이 1100ac나 된다. 그러나 개업한 지 2년 만에 파산 상태에 빠져 입장 수익이 많은 경우 몇백 위안에 지나지 않았고, 적은 경우에는 겨우 2명의 관광객뿐이었다. 또 다른 예로 2억 위안 이상을 투자한 명나라 황제 밀랍 인형궁 역시 신통치 못한 경우였으며, 옌칭 바다링 아래의 진시황 예술궁, 중국 제왕궁, 성길사한궁, 소태후궁 등은 모두 불경기로 인해 1997년에 전부 용도를 변경하였다. 이 때문에 베이징에는 인조 공원 39개가 1개만 못하다는 말이 있는데, 그 뜻은 인위적으로 건립된 39개의 관광지의 수익이 세계 공원 한 개만 못하다는 뜻이다. 그러나 근본적인 원인은 옛 것을 모방하여 만든 인조 관광지들의 관광 가치와 사회적 가치가 진정한 고건축물에 비견할 만한 것이 못 되기 때문이다. 명대의 진품 도자기는 몇백만 달러에도 살 수 없지만, 그 모조품은 단 몇 달러면 살 수 있다. 사람들이 천리를 마다 않고 베이징까지 와서 보고자 하는 것은 만리장성, 자금성, 십삼릉 지하 궁전 같은 세계적인 문화 유산인 것이다. 만리장성에 올라보고, 자금성을 둘러보고 나면 사람들은 현대인들이 인위적으로 만들어놓은 곳이나 예술 수준이 낮은 가짜 물품 따위에는 흥미가 없어지게 된다. 관광지 가치 규칙을 어기면 실패를 면하기 어려운 것이다. 만약에 39군데의 인조 관광지를 건축하고 수리하는 데 드는 비용을 베이징의 고건축물을 보호하는 데 사용했다면, 그 경제적·사회적 효과는 분명 더 나았을 것이다. 옛 도시의 풍모를 계승하기 위해 베이징은 한때 빌딩의 꼭대기를 정자 모양

---

(36)　　　張敬淦, 『北京規劃建設縱橫談』, 北京燕山出版社, 1997, 251쪽.

으로 하는 방법을 마련했다. 그러나 경제 원칙과 미학적인 측면에서 보았을 때 이는 훌륭한 대책이라고 할 수는 없다.

베이징의 옛 성들의 개조 속도는 빨라지고 있다. 첫째는 구역 기능 조정으로 거주 지역과 공업 용지들이 3차 산업을 위한 용지와 도로, 녹지 등으로 바뀌고 있다. 둘째, 옛 성내에 살던 주민의 60% 정도가 철거의 문제에 직면해 있다. 역사적으로 중요한 가치가 있는 거리나 베이징의 특색이 농축되어 있는 거리, 전통적 가옥이 많이 남아 있는 거리 등을 보호하는 것이 현재 베이징 계획 및 건설의 급선무이다.

6. 지리적 위치의 역사적 변천이 도시에 미치는 영향

도시의 연이와 전이

지리적 위치의 역사적 변천은 도시 변천의 주요한 원인이다. 도시가 공간 배치 측면에서 변천하는 것은 연이(蠕移)와 전이(轉移) 두 가지 종류가 있다.

연이는 도시가 원래 위치해 있던 기초 위에서 점점 새로운 생산점을 향해 나아가는 것으로, 신시가지와 구시가지가 하나로 연결되어 신시가지가 생겨나는 동시에 구시가지는 쇠락할 수 있다. 안후이성 푸양(阜陽)시는 20세기로 들어선 이후 외부와의 교통 면에서 세 차례의 중요한 변천이 있었고, 도시 역시 세 차례의 연이를 겪었다. 1920년대 이전에는 화물 창고, 전당포, 점포 등이 전부 푸양의 북하천 남쪽 항구 일대에 집중되어 있었으나 지금 이곳은 아주 적막한 조그만 포구에 지나지 않는다. 이제는 길거리의 형식과 건축물의 외모로 당시의 영화로운 모습을 어렴풋이 식별할 수 있을 뿐이다. 제1차 연이는 1920년대 이후에 발생했다. 하천이 진흙으로 막혔기 때문에 대외 교통 항구가 잉허(潁河) 서안으로 옮겨졌다. 이곳은 푸양의 옛 동대문으로부터 3리나 떨어져 있어서, 싼리허(三里河)로 불리기도 한다. 현재는 싼리허와 동대문 사이에 위치한 만펀디(滿坋地)가 푸양의 중심이며, 1958년 이후에 새롭게 만들어진 부두(선창), 창고, 공장 등이 이 일대에 집중되어 있다. 제2차 연이 과정은 1958년에 시작되었다. 당시 싼리허 남쪽의 잉허 위에 잉허 대수문이 건설되었다. 수문 위로 배가 지나갈 수 있는 시설을 갖추기는 했으나, 화물 운송에는 불편이 따랐다. 싼리허 항구의 항로 단축에 덧붙여 토지의 한계로 인해 1958년 이후 새로 세워지는 공장들이 대수문 이남의 치리(七里)만 일대로 옮겨갔다. 치리만은 옛 성터에서 7리 떨어져 있는 데서 유래한 이름으로 1960년대에 치리만 일대에는 신공업 지구가 형성되었다. 제3차 연이는 1972년 이후로, 1972년에 화이허강 이북에서 푸양까지 철로가 개통되었다. 잉허 동쪽에 기차역이 들어섰고 기차역 부근에는 하류 동쪽 공업 지구와 창고 지역이 형성되었다. 연이어 푸양에서 화이허강 이남까지 철로가 건설되었고, 징주(京九) 철도가 남북을 관통하면서 푸양은 거대한 철도 요지가 되었고, 기차역 북쪽에는 철도 부속 역이 형성되었다. 기차역 부근은 앞으로 푸양의 새로운 성장 근거지가 형성될 것이다.

전이란 도시가 옛 자리에서 새로운 자리로 옮겨가는 것을 말하는 것으로 마치 공이 한 지점에서 다른 지점으로 굴러가는 것과 같다. 새로운 도시는 옛 도시 기초 위에 만들어지며, 옛 도시의 기능을 수행하고, 그곳의 내지를 사용한다. 역사상 화이허강 유역 중부의 경제 활동 중심지는 린화이관(臨淮關)이다. 1908년에 진푸(津浦) 철도가 방부(蚌埠)에서 하천을 통과하면서 500가구밖에 안 되는 작은 농촌인 방부는 화이허강 유역의 경제 중심으로 발전하게 되었고, 린화이관의 기능을 대체하게 되었다. 신안장(新安江)의 저수지가 건설된 후에 젠더(建德)현의 중심은 메이청(梅城)에서 부근의 평지인 바이사(白沙)로 옮겨졌다. 남북 대운하가 사라진 후에, 산둥 둥핑(東平)현의 중심은 저우청(州城)에서 둥핑진(본래 后屯村)으로 옮겨졌다. 이런 모든 것이 도시 전이의 실례인 것이다.

배가 커지고 항로가 막히면서 하구 도시들은 상류에서 하류 방향으로 이동했다. 예를 들어 톈진은 당구 방향으로 이동했고, 상하이는 우송커우(吳淞口) 와이가오차오(外高橋) 방향으로, 원저우는 양푸(揚府), 치리(七里), 황화(黃華) 방향으로 푸저우는 마웨이(馬尾), 민장 강 어귀 방향으로, 광저우는 바이윈산(白雲山) 남쪽 기슭에서 주장강 입구 방향으로 이동했다. 이런 모든 것이 하구 도시 이동의 법칙이 실현된 예이며, 하구 도시 법칙은 반드시 이런 규칙으로 순환하게 된다.

중심 위치와 관문 위치

도시의 구역 내 배치와 분업에 중요한 영향을 미치는 두 가지 개념이 중심 위치와 관문 위치이다. 각각의 역사적 시기마다 중심 위치와 관문 위치의 작용은 다르다. 봉건 사회에는 중심 위치가 주도적인 작용을 한다. "옛 왕들은 천하를 가려 나라를 세웠다(古之王者, 擇天下之中而立國)."[37] 개방 사회에서는 관문의 위치의 중요성이 상승한다. 적지 않은 지역에 두 개의 중심 도시가 있다. 그 원인 중의 하나는 중심 위치와 관문 위치의 분리이다. 러시아 유럽 지역의 모스크바와 상트페테르부르크(레닌그라드)는 두 개의 중심 도시로 하나는 중심 위치에 있고, 다른 하나는 관문 위치에 있다. 산둥성의 지난은 중심 위치에 있고, 칭다오는 관문 위치에 있다. 칭다오는 부두를 개방하기 이전에는 어촌 마을이었고, 지난은 역사적으로 유명한 도시였는데, 개항 이후, 칭다오는 지난을 따라잡고 있다. 이러한 경험은 해방 이후 반복되

---

(37)　　　「愼勢」, 『呂氏春秋』.

[348]

고 있다. 즉, 개혁 개방 이전에는 지난의 발전 속도가 빨랐으나, 개혁 개방 이후에는 칭다오의 발전이 훨씬 빨라지고 있다.

제2차 세계 대전 이후, 식민지였던 많은 나라들이 독립하면서 천도가 시작되었다. 식민지 정부가 관리하던 시기에는 행정 중심이 대부분 관문 위치에 있었는데, 그것은 식민지와 모국의 관계에 편리했기 때문이다. 독립 후, 신정부는 종족 모순을 조절해야 했고, 내륙 지역의 개발을 가속화해야 하는 이유로 중심으로 도시를 정했다. 말라위의 정치 중심은 좀바에서 릴롱궤로 옮겨졌으며, 나이지리아는 라고스에서 아부자로, 탄자니아는 도도마에서 다르에스살람으로, 코르디부아르는 아비장에서 야무수크로로 수도를 옮겼다. 이 모두 관문 위치에서 중심 위치로 옮긴 것이다. 어떤 국가든지 두 개의 경제 중심이나 두 개의 관문이 있는 경우에, 그 중 한 도시는 협조 기능을 수행할 필요가 있다. 인도, 오스트레일리아, 브라질, 캐나다의 수도는 모두 협조 기능을 수행한다. 인도의 수도인 뉴델리는 아라비아해의 뭄바이와 벵골만의 캘커타와 협조 관계에 있다. 오스트레일리아의 수도 캔버라는 시드니·멜버른과, 브라질의 수도 브라질리아는 상파울루·리우데자네이루, 캐나다의 수도 오타와는 몬트리올·토론토와 협조 관계에 있고, 불어 사용 구역과 영어 사용 구역을 조정하는 기능을 한다.

중심 위치와 관문 위치는 언제나 역사적인 변천을 거친다. 교통 조건의 개선은 역사적 변천의 주요한 원인이 된다. 허난성의 성도는 본래 카이펑이었으나 정저우가 룽하이(隴海) 철도와 징광(京廣) 철도가 교차하는 십자로의 구실을 하게 되면서, 허난성의 성도는 카이펑에서 정저우로 옮겨졌다. 허베이성의 성도 역시 바오딩(保定)이었으나 일순간에 톈진으로 옮겨졌다. 이후 톈진이 중앙 직할시로 승격되면서 다시 징광으로 되었다가 스타이와 스더 철로의 교차점이 스자좡으로 되면서 스자좡은 작은 농촌 마을에서 인구 100만 명의 대도시로 발전하였고, 허베이성의 성도가 되었다. 이것은 모두 철도 건설의 혜택인 것이다. 광시(廣西)성은 관문 위치 변천의 전형적인 예로서, 긴 봉건 사회 기간에 광시성의 주요 연락 방향은 후난성을 거쳐 중원으로 나가는 것이었다. 구이린이 일차적인 관문이었고, 경제·문화적으로 비교적 번영했다. 다섯 군데의 통상 항구, 광저우의카이부(開埠), 시장(西江) 등이 광시성에서 바다로 나가는 주요한 통로가 되었고, 우저우(梧州)는 광시성 제일의 관문 승격했다. 개혁 개방 후에 북해만의 베이첸팡(北欽防) 싼강(三港)은 광시성에서 세계로 나가는 대문이 되었다.

지리적 위치와 역사적 조건이 변하면서 중국의 적지 않은 구역의 경제 중심과 정치 중심이 한곳에 위치하지 않게 되었고, 이로 인해 경제 발전에 적지 않은 애로 사항을 가져오게 되었다. 저장성의 원저우를 예로 들자면, 핑양(平陽)현의 정치 중심은 쿤양(昆陽)이고 경제 중심은 아오장(鰲江)이다. 창난현의 정치 중심은 링시(靈溪)이고 정치 중심은 룽강(籠港)이다. 또한 용시(永嘉)현의 정치 중심은 샹당(上塘), 경제 중심은 칭수이부(淸水埠), 러칭(樂淸)현의 정치 중심은 러청(樂城), 경제 중심은 류슈(榴市)이다. 이런 모순을 해결하는 방법은 정치 중심을 경제 중심으로 이전하는 것이다.

7. 광업 도시 발전의 법칙성

광업 도시는 특수한 유형의 도시 부류이다. 세계 전체를 놓고 보면, 광업 도시 발전에는 두 가지 공통점이 있다.

> (1) 광산 자원이 도시 발전 주기와 분산성을 결정
> (2) 우수한 구조화가 광업 도시가 지속적으로 발전할 수 있는 주요한 방향

중국에서 광업 도시 발전 역시 나름의 특수성을 갖고 있는데, 이는 곧 체제와 정책 환경이 광업 도시 전형에 어려움을 더하고 있다는 점이다.

광산 자원이 도시 발전 주기성과 분산성을 결정

광업 도시는 광산으로 인해 만들어진다. 광산 자원이 도시 발전의 자연적 기초이다. 탐사 기술의 진보로 광물의 매장량을 알 수 있지만, 매장량을 늘릴 수는 없는 일이다. 자원 가공 기술의 진보 역시 과거에는 가공할 수 없었던 저등급의 광석을 가공해서 상품으로 만들 수 있게 해주지만, 광물질 함량이 전혀 없는 돌덩이를 광석으로 바꿀 수는 없는 일이다. 광산 자원의 재생 불가능성은 광업 도시의 주기를 결정한다. 이는 전세계 광업 도시의 보편적 법칙이다. 북아메리카, 유럽, 그리고 중국의 광업 도시들 중 어느 것도 예외 일 수 없다. 미국의 지리학자 후버트(M. K. Hubbert)는 광업 도시의 생산 주기가 '∩' 모양으로 분포한다고 주장한다. 일반적으로 광업 도시의 생명 주기 분포는 다음의 네 단계를 이룬다.

(1) **준비기** : 자원 개발 전의 준비 단계

(2) **성장기** : 전면적인 투자와 생산이 계획 규모까지 이르는 단계

(3) **성숙기** : 생산이 계획 규모를 넘어서 계속해서 발전하는 단계, 주도 산업과의 전후방 연계를 이용하여 관련 산업이 발전되고, 도시의 종합 발전 정도가 날로 높아지는 단계

(4) **전형기 또는 쇠퇴기** : 광업 위주의 산업 지위가 하락하는 단계, 만약 새로운 산업이 발전한다면 도시의 성격과 기능이 바뀌게 되고, 일반적으로는 종합적인 상공업 중심으로 전환하게 된다. 새로운 산업이 발전하지 않는다면, 도시는 쇠퇴하기 시작하여 소멸되게 된다.

과학 기술의 진보와 전 지구화의 영향으로 광업 도시의 변화는 가속화되고 있다.

기술의 진보가 광업 도시에 미치는 영향은 다음의 세 가지이다.

▸(1) 새로운 자원과 에너지의 개발로 이전의 자원과 에너지의 지위가 하락한다. 핵에너지, 천연 가스, 석유의 광범위한 이용 등은 에너지 구조에서 석탄이 차지하는 지위를 하락시키며, 석탄 도시의 쇠퇴를 가속화시킨다.

▸(2) 신재료의 개발은 과거의 재료 산업을 곤경에 빠뜨린다. 염료와 유색 금속 재료의 발전은 세계 철강 공업을 정체 상태에 빠뜨렸다.

▸(3) 상품의 고부가 가치화, 전자 산업의 발흥과 컴퓨터의 보급은 상품의 고부가 가치화 추세를 가속화하고 있다.

경제의 전 지구화와 다국적 기업의 발전은 또 다른 측면에서 광업 도시에 압력을 가하고 있다. 다국적 기입은 자원이 풍구하고 노동력이 싼 지역에 생산 조직을 건설하고 선진 기술을 이용하여 생산 비용을 낮추어 광업 도시의 쇠퇴를 가속화시키고 있다.

자원 분포의 분산성, 자원 채취 및 가공으로 인한 폐기물의 증가 역시 광업 도시 건설에 어려움을 더하고 있다. 대다수의 광산 자원은 불연속적으로 분포되어 있어서, 광업 도시 분포 범위는 넓고 규모는 작은 편이며 서로 떨어져 있다. 지상의 건축물이 광산에 위치하는 것을 피하기 위해 지역은 지하 광산을 피해 건설되어야 한다.

광업 생산에서 버려지는 폐기물은 양도 엄청나고 차지하는 면적도 비교적 많아서 도시 오염의 정도를 악화시키고 있다. 광업 도시의 생태 환경은 취약해서 도시 경제 전환에 많은 어려움을 더하고 있다.

이 때문에, 세계적인 범위에서 보면 광업 도시는 대부분 어려움을 겪고 있고, 전체 사회의 관심을 필요로 하고 있다.

[352]

구조 전환 : 광업 도시가 지속적으로 발전해 나갈 수 있는 주요 방향

세계 광업 도시의 보편적 법칙에 따르면, 구조 전환은 광업 도시 발전의 주요 방향이다. 단일한 광업 경제를 종합적인 도시 경제로 바꾸는 것만이 광업 도시가 지속적으로 발전할 수 있는 길이다.

구조 전환의 핵심은 산업 구조 전환이다.

> (1) 단일 주도 산업을 다원화된 산업 구조로 바꾼다.
>
> (2) 중공업형의 산업 구조를 경공업형의 산업 구조로 전환한다.
>
> (3) 2차 산업을 발전시키는 동시에 1차 산업을 함께 발달시켜 식량 문제를 해결한다.

특별히 중요한 것은 3차 산업의 발전을 촉진하여 직원들의 생활을 개선하고 광범위한 취업 문제를 해결하는 것이다.

산업 구조 전환의 핵심 중 하나는 상품 구조의 전환이다. 광업 도시의 상품은 자원형이나 원재료형으로 저급한 상품과 저가공 상품 위주인데, 이것을 점차로 바꾸어 첨단 기술 상품과 가공도가 높은 고부가가치 상품으로 점차 전환해 나가야 한다. 예를 들어, 탄광 도시는 오랫동안 석탄 채취와 운송 및 상품에서 단순한 구조를 취하고 있다. 화력 발전소나 석탄 가공 산업, 합성 암모니아, 화학 비료 농약 같은 화공 상품의 개발은 상품 구조를 개선시킬 수 있다.

동시에 광업 도시의 공간 구조 역시 개선되어야 한다. 광산 하나에 마을 하나를 만드는 식의 분산된 건설 방식은 지양되어야 하며, 광산 도시를 집중 배치, 개발하는 것이 도시 주거 환경을 개선할 수 있고 기초 설비 건설과 이용 수준을 높일 수 있는 길이다. 일본과 독일이 구조 조정을 실시하여 광산 지역의 지속 가능한 발전을 이룬 경험은 귀중한 귀감이 되고 있다.

1962년 일본은 지역진흥정돈공사를 설립하여, 광산 지역 공업 단지의 진흥 사업을 담당토록 했다. 1994년 말에 이 회사가 건설한 공업 단지는 133군데로, 면적은 36km²였다. 이 공업 단지에는 5530개의 기업이 입주했고, 14만 명의 고용 창출이 있었다. 그 중, 광부와 그 자녀의 취업이 6만 명이었다. 다방면으로 노력한 끝에 1960년부터 1993년까지 광산 지역의 연평균 공업 생산액은 전국 수준보다 높았다.

독일의 유명한 노엘 광산 지역의 산업 구조 전환은 이미 순조롭게 완성되었다. 노엘은 이미 3차 산업이 발달한 종합적 중공업 지역이 되었다. 도르트문트를 예로 들면, 산업 전환의 관건은 이 도시에서 카셀까지 가는 철로를 보수하는 것이었다. 이 철로가 건설된 후 독일 동부와 서부의 연결이 가속화되었고, 도르트문트는 철도 교통의 남북 왕래의 교차로가 되었다. 이로써 이 도시는 전국의 도매 무역 중심이라는 새로운 기능을 갖게 되었다.

체제와 정책 환경이 광업 도시 전환에 어려움을 더하고 있다.

중국의 광업 도시는 대부분 계획 경제 체제 당시에 만들어졌다. 광업 도시의 주체인 기업들은 채광업과 원재료 가공업에 종사하고 있다. 절대 다수의 채광업과 원재료 가공 기업이 소유제로 보면 국유 기업이며 규모로 보면 대형 기업들이다. 계획 경제 체제의 약점은 국유 기업 개혁 중에 나타나고 있는 문제이며, 광업 도시들을 통해서 드러나고 있다. 이는 중국 공업 도시의 특수성이다.

▶ (1) 계획 경제 영향을 받아 기업의 규모가 크고 효율은 낮다.

광업 도시의 주체 기업은 대부분 계획 경제 모델에 따라 건립된 것으로, 생산, 경영, 인사, 분배의 자주성과 활력이 저조하며, 생산의 현대화 수준도 높지 않고 노동 생산성도 낮아 서비스 인원의 비중이 크다. 기업의 전체 경영 관리 수준도 낮아서, 사람과 재원, 물자 등의 낭비가 심하다.

▶ (2) 기업이 사회 전체를 책임져야 하기 때문에 부담이 크다.

광부 및 그 가족들의 생활, 진학, 취업 등의 문제를 해결하기 위해 기업은 학교와 병원을 짓고, 복리·치안 등을 담당하는 작은 사회를 이루게 된다. 분산 배치로 인해 정부의 관리 수준과 서비스업의 발전 수준 역시 떨어진다. 기업이 사회 전체를 책임지는 현상이 극심하다.

▶ (3) 기업이 크고 정부는 작은 상황에서는 협조가 쉽지 않다.

광공업 기업과 중앙의 주관 부문으로부터 수직적인 관리를 받아온 관리자는 나름의 체계를 이루고 있어 지방과 협조하면서 어려움을 겪는다. 기업과 정부 간의 관계를 조정하는 데는 두 가지 조직 방식이 있는데, 그 하나는 '정부와 기업의 합일형'이다. 대규모 건설 시기에는 이런 조직 방식이 건설의 속도를 높일 수 있었다. 그러나 기업의 규모가 커지고 동시에 갖가지 사업이 생겨나면서 '정부와 기업의 합일형'은 비교적 모순이 많아지게 된다. 둘째는 '정부와 기업의 분리형'이다. 기업과 도시는 발전의 목표가 서로 다르기 때문에 취하는 전략도 서로 다른데, 이 때문에 정부와 기업의 분리형도 새로운 모순에 처하게 된다. 즉, 기업은 생산의 전문화를 추구하고 규모의 집약화, 경영의 고효율화, 이윤의 극대화, 주력 상품 중시 등을 목표로 한다. 도시는 상품의 다원화를 추구하고 기능의 종합화, 양호한 주거 환경 조성 등을 목표로 한다는 것이다.

▶ (4) 계획 경제로 인해 오랫동안 낮게 책정된 가격은 기업과 도시 경제의 양성 순환에 제약이 되고 있다.

계획 경제에서 중국의 석탄, 석유 등 광물 자원의 가격은 오랫동안 저평가되었다. 즉, 가치를 반영하지 않았고, 수요 공급 관계도 반영하지 않아 기업과 도시의 경제적 효율에 엄중한 영향을 미쳤으며 심지어 생산이 많을수록 손해를 보는 지경에까지 이르렀다.

▶ (5) 노동력 구조는 경제 발전과 경제 구조 전환에 제약이 된다.

중국 광업 도시의 핵심 노동력은 농촌에서 온 사람들로 문화와 교육 수준이 낮다. 광산 지역의 학교 시설 역시 형편없어서 교육 수준이 비교적 낮으며, 이는 모두 광업 도시의 경제적 전환에 불리한 요소로 작용한다. 광업 도시는 남성 노동력의 취업률이 높고 여성 노동력의 취업률은 낮아서 음성 실업률이 비교적 높다. 이것 역시 광업 도시 경제 발전에 불리한 요인이다.

8장. 중국의 주요 도시

eight

중국의 주요 도시

도시는 역사 발전의 결정체이다. 도시의 위치를 정하는 것은 내륙 지역을 거시적으로 파악하는 시각에서부터 시작해야 하며, 각 도시의 발전은 세계적 · 전국적 · 역사적 시각에서 다루어야 한다.

---

1. 베이징 발전의 거시적 분석 ✳

도시의 위치를 정하는 것은 내륙 지역을 거시적으로 파악하는 시각에서부터 시작해야 한다. 베이징과 같은 도시의 위치 정립은 세계적 · 전국적 · 역사적 시각에서 다루어야만 한다.

세계와 베이징

1991~2010년까지 베이징 위치 정립 방향에 대해 다음 두 가지로 정리할 수 있다.

> (1) 2010년까지 베이징의 사회 발전과 경제 기술의 종합적 위상을 몇 가지 방면에서 중등 발전 국가의 수도 수준 이상으로 끌어올린다.
> (2) 21세기 중엽에 베이징을 일류 수준의 현대적 국제 도시로 만든다.

이 두 가지는 장 · 단기적으로 분투 노력해야 할 목표를 기술해 놓은 것이다. 부족한 것은 이 두 가지 목표가 좀 두리뭉실한 편이라는 것이다. 일류 수준의 현대적 국제 도시라는 것은 다양한 방면을 포함하는 것으로 국제 경제 중심, 금융 중심, 국제 정치 중심, 국제 문화 중심 등이 있을 수 있다. 베이징을 일류 수준의 현대적 국제 도시로 건설한다는 것은 대체 어떤 국제 도시로 건설한다는 말인가? 또한 무엇을 돌파구로 선택할 것인가? 이 점은 앞으로 더 명확하게 연구해야 할 부분이다.

베이징의 현실에 근거해 생각해 보면, 일류 수준의 현대적 국제 도시 건설의 돌파구는 문화가 되어야 한다. 세계 도시 시스템에서 베이징은 문화 중심의 위치를 차지하고 있고 최고 수준에 다다를 가능성이 있다. 루브르와 베르사유 궁전이 있는 파리는 서방 세계 문화가 녹아들어 있는 국제적 문화 중심의 도시이다. 만리장성과 자금성을 가지고 있는 베이징도 당연히 동방 문화가 녹아들어 있는 국제적 문화 중심 도시가 되어야 한다. 문화적 자산과 대중 문화 사업 등에 비추어 보면, 베이징은 세계 일류 수준의 문화 중심 도시가 되기에 충분하다.

베이징의 정치 중심으로서의 지위와 문화 중심으로서의 지위를 비교하는 것은 단순한 비교이다. 다극화된 세계에서 각각의 극에는 정치 중심이 있다. 중국은 여러 차례 밝힌 대로 패권 국가가 아니며, 앞으로도 영원히 패권을 잡지 않을 것이지만, 베이징은 충분히 한 극의 정치 중심이 될 수 있는 기량을 가지고 있다.

베이징의 경제 중심으로서의 지위는 훨씬 떨어진다. 전 지구의 경제가 하나가 된 이 시기에 한 도시의 국제화에 영향을 미치는 주요한 요인은 전 지구 경제에서 그 도시가 차지하는 위치이다.

경제의 전 지구화는 다음의 세 가지 방면으로 표현된다.

(1) 생산의 전 지구화

(2) 무역의 전 지구화

(3) 금융의 전 지구화

이 기준에 비추어 생각해 보면, 베이징은 국제적 경제 중심과 상당히 거리가 멀다. 베이징에는 아직 전세계에 영향을 미치는 다국적 기업의 헤드 쿼터가 없으며, 국제 금융 중심의 기능도 갖추지 못했다. 특별히, 국제적인 역외 금융 중심의 기능을 갖추지 못해서 대외 무역 방면에서의 규모 역시 제한적이다. 1998년 베이징의 수출 총액은 282억 위안으로 홍콩의 1/6에 불과하다.[1] 경제 수준을 고려한 1인당 국내총생산으로 비교해 보아도 1999년에 베이징은 2395달러 수준이다. 이것은 홍콩의 1/10 수준으로 세계 평균 수준의 절반에도 미치지 못한다.[2] 세계은행의 기준에 따르면, 베이징은 겨우 하중등(下中等) 수입 국가 수준에 다다른 것이다.[3]

여기에서 볼 수 있듯이, 세계의 기타 도시와 비교해 보아 베이징의 최대 비교 우위는 바로 문화이다. 베이징이 현대적인 국제 도시가 되기 위한 가장 중요한 입지는 문화인 것이다.

계획 경제 기간에 문화와 경제는 종종 대립되었는데, 그것은 문화가 비영리적인 사업으로 재정 수입을 늘릴 수 없으며 심지어 재정 보조를 필요로 하는 것으로 여겨졌기 때문이다. 시장 경제 체제에서 문화와 경제의 대립관은 응당 문화와 경제의 통일관으로 바뀌어야만 한다.

문화와 경제의 관계는 대체로 다음 세 가지로 구분할 수 있다.

▶ (1) 문화 사업은 주로 다음의 다섯 가지 부문을 포함한다.

(1) **교육** : 정규 교육, 사회 교육, 가정 교육 등

(2) **연구 개발**

(3) **문화 예술, 미술, 체육**

(4) **대중 매체** : 영화, 방송, 신문, 정기 간행물, 서적 등

(5) **자문 서비스** : 법률, 회계 등

국제적으로 문화 예술, 미술, 체육, 매스 미디어 등의 업계에 종사하는 무수한 인원과 고등 교육 기관 및 연구 단체의 핵심 인원들은 중간 계급에 속한다. 베이징에는 텔레비전 방송, 문화 체육, 연구 자문과 같은 영역에 종사하는 인원이 적지 않다. 중국이 세계의 행보를 따라가는 속도가 빨라지면서, 베이징으로 찾아오는 외국인들 역시 점점 증가하고 있으며, 이들이 파생시키는 경제적 수익 역시 낮게 평가할 수 없다.

▶ (2) 문화를 기초로 하는 사업, 문화적 파생 산업 : 베이징에서 고도의 첨단 기술이 발전할 수 있는 우선적인 조건은 인재와 문화이다. 베이징은 전국의 2/3나 되는 연구 기술 인력과 1/3 이상 되는 중요 실험실이 집중되어 있는 전국 고등 교육의 중심이며 첨단 기술 인재의 요람이다. 1996년 베이징 첨단 기술 산업의 총생산은 260억 위안으로 전체 시 공업 총생산의 15%, 전국 과학 기술 교역량의 1/3을 차지한다.[4] 지식 경제 시대에 문화적 우위점을 충분히 발휘하고 첨단 기술 산업을 한 걸음 더 발전시키는 것은 베이징의 의무이다. 베이징 대학을 중심으로 대학 경제권이 형성되고 있으며 1997년 현재 약 500여 개의 기술형 기업이 등록되어 있다. 베이다팡정의 중문 파이반(排版) 인쇄 시스템이 차지하는 시장 점유율은 80%에 달하고 칭화(清華) 즈광(紫光)의 스캐닝 계열의 상품의 시장 점유율은 40%에 달한다.

문화 관광은 베이징 관광의 기둥이다. 사람들이 베이징에 오는 주요 목적은 천년 고도의 문화적 풍모를 감상하기 위해서이다. 만약 베이징이 뉴욕과 같이 높은 건물과 차량의 홍수를 이루고 있다면, 사람들이 굳이 이 먼 곳으로 여행하러 올 이유가 있겠는가? 1998년에 베이

---

(1)   『中國統計年鑑, 1998』, 中國統計出版社, 1998, 635쪽.

(2)   『中國統計摘要』, 中國統計出版社, 2000, 19쪽.

(3)   世界銀行, 『1997年 世界發展報告』, 中國財政經濟出版社, 1997, 206쪽, 214쪽.

(4)   李志賢, 鄭波, 姜波, 「北京的定立 : 服務與輻射」, 《經濟日報》, 1997년 3월.

징을 찾은 국내 관광객은 220만 명이고 해외 관광객은 9000만 명이었다. 관광업은 이제 베이징의 지주 산업이 되었으며, 관광 외화 수입은 전국의 1/5을 차지한다. 그러나 베이징의 관광 잠재력은 아직도 엄청나며, 현재의 관광으로 인한 외화 수입은 홍콩과 싱가포르의 1/5~1/6에 지나지 않는다.

▶ (3) 경제에 광범위하게 침투한 문화 : 경제 생활의 절대 다수 부문이 신기술을 응용하고 있으며, 문화를 떠날 수 없다. 이런 의미에서 문화는 경제적 진보를 이끄는 기관차와 같다.

중국과 베이징

중국 전체와 비교하면 도시는 일부분이다. 도시의 일부분은 국가 전체의 제약을 받는다. 이는 모든 도시의 공통점이다. 베이징은 전국의 일부분이기는 하지만 또한 전국의 핵심이기도 하다. 전체 중국과 베이징의 관계는 다른 도시와 비교해서 훨씬 밀접하다. 이것이 베이징의 특성이다.

1) 전국을 상대로 한 도시 기능

베이징의 첫 번째 특성은 정치 중심 도시라는 것이다. 또한 베이징은 제1의 도시 기능을 한다. 즉, 전국적인 정치 중심의 위상을 가지고 있어 전국적 서비스를 수행한다. 엄격히 말해 베이징이 가지고 있는 다른 기능은 모두 정치 중심 기능으로부터 파생된 것이다. 정치 중심 기능이 있고 나서야 비로소 다른 도시 기능이 있다.

중국의 문화 전통에 따르면 수도는 가장 좋은 곳으로, 황제는 정치적 영수일 뿐 아니라 문화적 지도자로서, 태학(太學)은 반드시 수도에 세워져야 한다. 문화 중심은 베이징의 두 번째 도시 성격이다. 베이징이 경제를 관리하는 중심이라는 것은 사회주의 국가가 전국의 경제 생활의 수요를 관리한다는 의미이다. 정치 중심과 경제 관리 중심을 유지시켜 주는 것은 정보와 교통의 중심이다. 국제적 왕래 중심은 정치 중심과 경제 관리 중심의 필연적 연장이다. 국제 정치 활동과 국제 경제 활동과 관련된 중요한 결정들은 모두 베이징에서 이루어진다. 베이징의 중요한 관광 자원과 오래 된 도시로서의 지위는 서로 떨어질 수 없다. 베이징이 관광 중심 도시가 될 수 있는 것은 역사적으로 정치 중심이었던 것에 기인한다.

베이징이 전국 제2의 공업 중심 도시가 된 것은 정치 중심과도 역시 밀접한 관계가 있다. 1958년 6월에 개정된 베이징 건설 총 계획 방안에는 다음과 같은 내용이 있다.

"만약 베이징에 대형 공업 시설을 건설하지 않고 중앙 기관과 고등 교육 기관만 세운다면, 이는 우리의 수도를 단순히 소비 수준이 대단히 높은 소비 도시로 만드는 것으로, 두터운 현대 산업 노동자 대중의 기초를 결핍하게 되는 것이다. 이것은 분명 수도의 지위와는 어울리지 않으며 과학 연구와 생산을 상호 결합시키는 것에도 불리하다."[5]

이 원칙은 30년 동안 베이징 건설을 지도해 왔다.

종합해 보면, 베이징은 전국의 8대 중심, 즉 정치 중심, 문화 중심, 경제 관리 중심, 교통 중심, 정보 중심, 국제 왕래 중심, 관광 중심, 공업 중심 도시로서 전국적인 수요를 갖는다. 베이징의 8대 중심 기능은 모두 전국적인 서비스를 하고 있는 것이다.

2) 전국에서 몰려든 인재

도시가 생겨나면 사방에서 인구와 인재가 몰려든다. 이것은 대도시 발전의 보편적 법칙이다. 베이징은 수도로서 전국에서 유입되는 인구

---

(5)　　　　『建國以來的北京城市建設資料』, 第1卷, 北京建設史書編輯委員會, 1987, 24쪽.

와 인재 상황 역시 특출하다.

역사상 베이징은 각 민족의 영웅을 포함하여 사방에서 인재가 모여드는 지방이었다. 베이징이 수도로 정해질 때마다 인구와 인재가 대규모로 모여들었다. 요 천경(天慶) 3년(1113)에 15만 8000명이었던 베이징의 인구는 금 태화(泰和) 7년(1207)에 40만 명이 되었다. 94년 만에 인구가 2.5배로 증가한 것인데, 해마다 자연 증가로 늘어난 인구 수준을 고려해 보면 대부분 각지에서 전입한 인구이다. 명 홍무(洪武) 2년(1369)에 베이징의 인구는 9만 5000명이었고, 명 정통(正統) 13년(1448)에는 9만 6000명으로 늘어났다. 1979년에는 인구가 10배로 늘어났는데, 이는 주로 전국 각지에서 전입한 인구이다.[6)]

인구 통계에 따르면, 현재 베이징 지역 인구의 3/4 이상이 1949년 이후 외지에서 이주해 온 사람들과 그 자녀들이며, 베이징에서 나고 자란 베이징 토박이는 1/4에 지나지 않는다. 베이징은 인재의 전입률 역시 높다. 베이징이 전국을 이끌고 있기는 하지만, 실제로는 베이징에 있는 전국의 인재들이 전국을 이끌고 있는 것이다.

1987년 10월에 베이징의 교수 2679명에 대해 본적 조사를 실시한 결과 60%가 친링 산맥 화이허강 이남에서 온 사람들이며, 베이징이 원적인 사람은 불과 6.9%인 185명이었다. 장쑤성과 저장성 두 성에서 온 사람이 각각 408명과 315명으로 본적이 베이징인 사람보다 많았다.[7)] 1955년에 첫 배출된 중국과학원 출신의 연구원 190명 가운데 베이징이 본적인 사람은 단 1명뿐이었고, 장쑤성과 저장성이 각각 42명, 39명이었고, 대부분의 연구원들이 베이징에 취업했다.[8)] 1994년 베이

---

(6)　　　韓光輝,『北京歷史人口地理』, 北京大學出版社, 1996, 58쪽, 65쪽, 104쪽.

(7)　　　胡兆量,『大城市高層知況分子遷移特征』,《城市問題》, 1992년 2기, 27~28쪽.

(8)　　　中國科學院學部聯合辨公室,『中國科學院院士畫册』, 1995.

징 대학의 박사 과정 지도 교수의 수는 425명으로 그 중 본적이 베이징인 사람은 겨우 7명에 불과했다.[9] 전국에서 인재가 모여드는 이러한 상황은 정치 영역에도 반영되고 있다. 1997년 중국 공산당 15기 전국인민대표대회에서 선출된 24명의 정치국 위원 중, 15명이 남방에서 온 사람이며, 본적이 베이징인 사람은 단 한 사람도 없다.

3) 베이징의 발전 수준은 전국적 수준의 제약을 받는다

베이징의 도심 건설은 베이징의 경제 수준과 의식 수준의 제약을 받을 뿐 아니라 전국의 경제 수준과 의식 수준의 제약을 받기도 한다. 1997년 베이징의 1인당 평균 국내총생산은 중하등(中下等) 수입 국가 수준으로, 전체적으로 말하자면 베이징은 그 수준의 국가 재정력에 걸맞은 사업만을 할 수 있는 것이다. 1997년 전국의 1인당 국내총생산은 730달러로, 저수입 국가 수준에 머물러 있다.[10] 전국의 이런 낮은 수준은 베이징의 발전에 일정 정도의 제약을 가져온다.

1980년 4월에 중국공산당 중앙 서기처는 수도 건설 방침에 관한 다음과 같은 지시를 내린 바 있다.

"베이징을 전 중국, 전세계에서 사회 질서, 사회 치안, 사회 기풍, 도덕 기풍이 가장 좋은 도시로 만들자."

"베이징을 전국에서 환경이 가장 청결하고 위생적이며 아름다운 일류 도시로 만들어, 세계에서도 비교적 훌륭한 도시로 만들자."

희망을 품는 것은 좋은 일이나 그것을 실현하는 것은 어려운 일이다. 베이징의 도시 건설과 도시 생활 곳곳에서 전국의 낮은 경제 수준의 흔적을 볼 수 있다. 하수도 덮개가 유실되고, 공중 전화가 고장나

---

(9)　　　　『燕園師林』, 北京大學出版社, 1991.

(10)　　　　『中國統計提要』, 中國統計出版社, 1998, 18쪽.

있고, 공중 화장실이 파손되어 있는 것 모두 전국의 낮은 수준을 반영하는 것이다. 1993년에 베이징은 300여 개의 하수도 덮개와 4000여 개의 빗물막이 망을 잃어버렸다. 1994년에 하수도 덮개가 유실되어 발생한 사상 사고는 200여 건이나 된다. 이런 현상의 근본적인 원인은 중국에 아직 교육 수준이 낮은 빈곤 인구의 수가 상당히 많기 때문이며, 이런 인구가 베이징에 들어온 이후 일정 기간 생활 수단이 없어 하수도 덮개를 훔쳐 고철로 팔아넘기고 있기 때문이다. 이런 현상에 대해 베이징이 취한 방법은 하수구에 자물쇠를 채워 도난을 방지하는 것이었다. 이런 도시 기초 시설마저 보호하기 어렵다면, 사회 질서, 사회 치안, 사회 기풍, 도덕 기풍의 목표 수준에 어떻게 도달할 것인가?

연료 구조에서 석탄이 차지하는 비중이 비교적 높고, 환경 보호 기술과 환경 예산 투입의 정체로 인해 중국의 환경 상황은 상당히 심각하며 이것은 베이징도 예외가 아니다. 세계은행의 연구 보고에 의하면, "중국의 도시 공기 오염은 개발 도상국의 (오염) 수준을 고려해 보더라도 높은 수준이다."[11] 1998년 4월 17일 베이징의 공기 오염 지수는 29개 도시 중 타이위안보다도 낮아서 끝에서 2위를 차지했으며, 46.67%의 지역이 중간 오염 지구(IV급 공기 오염 지수)에 속했다.[12] 베이징의 환경은 세계의 '비교적 환경이 좋은 도시'와 상당히 거리가 있는 상황이다.

4) 발전 전략 중의 전국관

종합해서 말하자면, 베이징의 도시 계획과 발전 전략을 제정하는 데는 전국적인 관점이 필요하며, 전국과 상호 협조해야 한다.

---

(11)   世界銀行, 『2020年的中國』, 中國財政經濟出版社, 1997, 72쪽.

(12)   張勇, 「我們呼吸着什 嗎样的空氣」, 《經濟日報》, 1998년 5월 15일.

▶ (1) 전국적인 발전 동력 : 국가가 흥해야 베이징이 흥한다. 즉, 베이징의 발전 동력은 전국으로부터 오는 것이다. 전국 어떠한 지역의 발전도 베이징에 대한 요구를 내포하고 있으며, 베이징 발전의 동력을 포함하고 있다. 예를 들어, 주장강 삼각주의 발흥, 상하이의 번영, 텐진의 발전, 이 모든 것이 베이징의 발전과 일치한다. 전국 각 지구의 번영이 있어야 베이징의 번영이 있는 것이다.

▶ (2) 전국적 서비스 : 베이징이 전국에 서비스를 제공하는 기능은 전국에서 유일무이한 기능으로 다른 도시가 대체할 수 없는 기능이다. 베이징은 전국에 서비스를 제공하는 이 기능을 더욱 완벽하게 해서 다른 도시와 유사한 종류의 산업에서 상호 경쟁하는 것을 피해야 할 것이다. 전국적 서비스는 전국의 사회·경제 발전을 추진하는 데 유리하며, 베이징 도시 계획과 도시 건설의 시작점이 된다.

▶ (3) 전국과의 협조 : 베이징은 전국에서 가장 우수한 지역이다. 베이징의 도시 계획과 도시 건설은 전국에 선구적이고 시범적인 작용을 한다. 그러나 베이징의 건설 수준은 전국의 실질적인 수준을 넘어설 수 없다. 베이징의 도시 건설 계획의 원칙은 전국의 실질적인 수준을 살펴서 수립해야 한다.

▶ (4) 전국과의 분업 : 베이징은 기타 지역이 운영할 능력이 없는 산업을 발전시켜야만 한다. 다른 지역에서 경영 가능한 산업은 그 지역이 경영하도록 해야 한다. 베이징은 종종 다른 지역이 경영할 수 있는 산업을 주력 산업으로 정하는 경우가 있는데 이것의 실제적인 결과는 그다지 이상적이지 않다. 예를 들어, 자동차 산업, 일반 전자 산업 등은 베이징의 주력 산업으로 꼽힌다. 1990년부터 1996년 사이 베이징의 자동차 생산량이 전국에서 차지하는 비중은 17.2%에서 9.3%로 떨어졌다. 1990년부터 1995년까지 베이징의 전자·통신 설비 제조업 총생산은 전국의 6.8%에서 5.5%로 그 비중이 떨어졌으며, 이후 푸젠성과

저장성에 추격당했다.[13]

역사와 베이징

도시는 역사 발전의 결정체이다. 5000년 문명사의 천년 고도로서의 베이징은 그 역사적 환경이 특별히 중요하다. 베이징에 수도를 세운 것은 역사적 필연으로, 전국의 정치 형세와 군사·지리적 변천의 필연이다.

중국은 다민족 국가이다. 베이징은 화북 평원, 몽고 고원 그리고 동북 평원 3대 지구의 중심지에 위치해 있으며, 1000년 가까이 민족 왕래의 요충지이자 군사 활동의 근거지가 되어왔다. 거란족, 몽골족, 만주족 등이 중원으로 들어와 베이징에 터를 잡았으며, 한족 역시 베이징의 군사 중심의 기초 위에 정치 중심으로 택하였고, 군사 중심과 정치 중심이 서로 합쳐져 국가의 장구한 안정의 기초가 되는 것이다.

세계 대부분의 도시와 마찬가지로, 베이징의 도시 공간 구조는 단계를 거쳐 발전해 왔다.

제1단계에서 도시 공간 구조는 권력을 중심으로 재편된다. 봉건 사회에서 도시의 중심은 권력 부문이 장악한다. 중국은 행정 권력을 위주로 하여 도시의 중심에 궁전, 관아, 황실 정원, 호화 저택 등이 건설되었다. 신권이 강대한 유럽에서는 교회가 도시 중심에 위치해 있다. 1949년 이래 엄격한 계획 경제 체제에서 베이징의 도시 공간 구조는 크게 변하였다. 베이징은 시장이 활력을 잃은 가운데 내향성을 유지하면서 대저택 식의 건축물과 폐쇄적인 소형 주택들이 어우러지게 되었다.

제2단계에서 도시 공간은 자본을 중심으로 짜인다. 도시의 중심에는 우선 자본이 밀집된 고층 건물군이 들어서고 중심 상업 지구가 자리 잡게 된다.

---

(13)　　　葉裕民,「論北京跨世紀發展中支柱産業的選擇」,『北京規劃建設』, 1998.

[368]

　　현재 베이징은 제1단계에서 제2단계로 이행하고 있다. 제1단계에서 만들어진 공간 구조는 시장 경제의 수요에 적합하지 않기 때문에 조정 작업이 진행되고 있는 것이다.

　　제3단계에서 도시 공간은 사람을 중심으로 이루어진다. 후기 산업화 단계에 이르면서 도시 중심의 구조는 주로 시민을 위한 서비스를 위한 공간으로, 청결하고 아름다우며 쾌적한 장소가 된다.

　　천년 고도인 베이징에서, 제1단계에서 만들어진 도시 중심 공간 구조와 제3단계의 사람을 중심으로 하는 공간 구조는 서로 통하는 점이 있다. 대문을 열기만 하면, 황제 한 사람을 위한 모든 시설이 모든 시민을 위한 시설이 될 수 있다. 도시 중심의 광활한 공간과 풍부한 문화적 결정체들이 시민들의 수요에 맞는 형식인 것이다. 이 때문에 비록 현재 베이징 도시 중심 공간 구조 제2단계가 서로 조화롭지 못한 일면을 보이고 있긴 하지만, 제3단계와는 훨씬 더 어울리는 모습을 볼 수 있는 것이다. 베이징의 중심 공간 구조가 자본을 중심으로 하는 제2단계로 전환하게 되면, 제3단계인 사람을 중심으로 하는 기초를 무너뜨려야만 한다.

　　베이징의 역사적인 면모의 주요 특색을 살펴보자. 베이징은 통일적 계획 건설에 의한 건축의 정수이다. 베이징의 정체적인 구조와 풍모는 다음과 같은 요소로 구성되어 있다.

(1) 규칙적인 대칭, 웅장하고 장엄한 대칭축, 톈탄, 셴농탄에서부터 쳰먼, 톈안먼, 구궁(자금성), 징산, 구로우를 거쳐 젠로우까지. 1980년대에는 북쪽의 야윈춘까지 확장되고 있다.

(2) 도시 내·외부 조직의 凸자형 윤곽

(3) 동서와 남북을 연결하는 바둑판 모양의 도로 구조와 골목 구조

(4) 전통적인 민가 형식의 사합원(베이징의 전통 주택 양식, 동서남북으로 가옥

이 배치되어 있음 : 역주)어우러지는 탁 트인 공간 형태

⑸ 구궁과 톈탄 등 주요 문물 보호 장소

⑹ 궈즈젠, 리유리창, 다사랄, 루오구강 등 역사, 문화의 거리

⑺ 베이징의 연혁과 밀접한 관련이 있는 하류 체계

2. 홍콩 : 국제 경제 중심의 회고와 전망

국제 경제 중심의 하나

홍콩의 면적은 1092m²이고, 인구는 694만 명(1999년 기준)에 불과하다. 그러나 홍콩은 명실상부한 국제 경제 중심지이며, 전 지구의 경제 생활에 뉴욕, 런던, 도쿄 다음으로 영향력을 미친다.

오늘의 세계에서 한 도시의 경제 실력을 측정하는 주요한 지표는 서비스업이며 여기에는 금융, 무역, 정보, 교통, 관광업 등이 포함된다. 도시만 놓고 비교해 보자면 홍콩의 서비스업 수준은 세계 제일의 수준이다. 1994년 국민총생산에서 서비스업이 차지하는 비중은 83.4%였다. 1996년 홍콩의 서비스업 수출은 389억 달러로 전세계 서비스업 수출의 3.1%, 9위를 차지한다.

홍콩은 세계 5대 금융 도시의 하나이며, 이 막대한 자금력은 아래 다섯 가지 홍콩의 특성을 반영하고 있다.

⑴ **세계 3위의 국제 은행 도시** : 홍콩에는 모두 182개의 은행이 있고, 이 중 90% 이상이 외국계 은행이다. 전세계 100개의 대형 은행 중 85개가 홍콩에 지점을 설립했으며, 아시아에 있는 국제 은행의 재무 조직 대부분이 홍콩에 사무소를 두고 있다.

⑵ **세계 5위의 외환 시장** : 1996년 하루 평균 외환 거래량은 910억 달러였으며,

외환 관련 상품의 하루 처리량은 560억 달러였다.

(3) 세계 5대 주식 시장 : 1996년 6월 상장된 주식의 가치는 5515억 달러였다.

(4) 세계 4대 금융 시장 : 그 규모는 런던, 뉴욕, 파리 다음에 해당한다.

(5) 세계 3대 황금 시장

홍콩은 세계적으로 유명한 무역의 중심지이며 해운 및 항공 운송 중심지이다. 1997년의 국제 무역액은 세계 7위로, 미국, 독일, 일본, 프랑스, 영국, 이탈리아 등의 6개 공업 대국 다음에 해당하는 순위이다. 전세계 700개의 유명한 다국적 기업들이 홍콩에 헤드 쿼터를 두고 있다. 해운업과 항공업의 발달은 홍콩의 국제 무역을 보장해 주고 있다. 1999년 홍콩에 적재된 컨테이너량은 기본 규격 1620상자로 세계 1위를 차지하고 있으며, 홍콩 공항의 화물 운송량 역시 200만 톤으로, 도쿄 나리타(成田) 공항을 넘어서 세계에서 가장 바쁜 국제 화물 운송 공항이다.

홍콩은 세계 정보의 중심으로 평균 100명당 52개 라인의 전화선이 있으며, 4개 라인의 팩스 전화선을 갖추고 있다. 또한 광케이블 네트워크와 위성을 통해 전세계와 연결되어 있다.

홍콩은 세계 10대 관광 시장 중의 하나이다. 1998년에 전체 홍콩 관광객 수는 1068만 명을 돌파했다. 1997년에 홍콩에서 치러진 국제 회의의 수는 세계 5위이고, 아시아 1위였다. 국제 회의에 참가한 비즈니스 관광객의 1인당 평균 소비액은 보통 관광객의 2.8배에 달하여 영향 면에서 훨씬 크다. 국제 회의와 비즈니스 관광은 홍콩을 국제 금융 중심지로 만드는 중요한 지표가 되고 있다.

국제 경제 중심을 지탱시켜 주는 중요 조건

홍콩이 국제 경제 중심으로 발전할 수 있었던 것은 자연 환경과 사회 환경이 상호 조화를 이룬 결과이다.

▶ (1) 특별히 우수한 지역적 위치와 수심 깊은 항구가 홍콩을 성장시킨 자연적 기초가 된다. 홍콩은 중국의 남쪽 대문인 주장강 입구의 동쪽에 있다. 빅토리아 항은 세계 4대 천연 항구 중 하나이다. 홍콩은 사면이 산으로 둘러싸여 있고, 동쪽의 리위먼(鯉魚門) 입구는 좁고 협소하며, 서쪽의 지수이먼(汲水門)에는 다위산(大嶼山)과 부근의 작은 섬들로 가로막혀 풍랑을 막아주고 있다. 항구의 수심은 14.5m이며, 10만 톤 상당의 대형 화물선이 자유롭게 드나들 수 있다.[14]

▶ (2) 고도로 개방된 자유 항구 체제로, 정부는 경제 활동에 대한 불간섭 정책을 적극적으로 시행하고 있다. 홍콩 자유항 체제의 주요 내용은 다음과 같다.

(1) **자유 무역** : 담배와 술 같은 몇 가지 상품에 관세를 부과하는 것을 제외하고, 95% 이상의 수출입 상품에 면세가 적용된다. 홍콩에서는 상품 판매에 세금이 매겨지지 않는다.

(2) **자유 투자** : 홍콩에 투자하는 외국계 은행과 기업에 대해 '국민 대우'를 적용하여 동등한 대우를 보장한다.

(3) **자유 경영** : 홍콩 항구는 전세계에서 유일하게 정부의 항구 관리국 관할이 아닌 민영화된 관리 기구를 두고 있다.

(4) **태환 및 융자 자유** : 자금 및 황금의 수출입이 자유롭고 태환이 자유롭다. 1983년 10월 17일 1일부터 홍콩은 연동 환율제를 실시하였다. 홍콩 달러 환율과 미국 달러를 연계하여, 1 미국 달러 대 7.8 홍콩 달러 환율을 지키고 있다. 연계 환율은 홍콩이 국제 경제 중심의 지위를 차지하는 데 힘을 실어주고 있다.

(5) **인력 수출입 자유** : 다수의 선진국과 적지 않은 개발 도상국, 그리고 홍콩이 협정서 서명을 면제하고 있다.

(6) **낮은 세금** : 홍콩 내 공업 및 상업 소득세는 16.5%이다. 영토주의 원칙에 따라, 홍

▶ (3) 근면하고 지혜로운 주민 역시 홍콩 발전의 원동력이다. 홍콩 주민의 90% 이상이 중국인이며, 이들은 근면하고 진취적인 우수한 소질을 갖추고 있고, 국제 경제 활동에 참여한 풍부한 경험이 있으며, 우수한 영어 능력을 갖추고 있다. 또한 홍콩에 있는 44만 명의 외국 국적자들 역시 홍콩의 사회·경제적 번영에 중대한 공헌을 하고 있다.

▶ (4) 중국 대륙의 광활한 내륙 지역 역시 홍콩 발전의 밑바창이다. 조그마한 어촌에서 국제 경제 중심지로 발전하기까지, 홍콩은 험난한 길을 걸어왔으며, 그 발전의 걸음 뒤에는 대륙이 있었다. 홍콩 주민들이 마시는 물과 식품의 대부분이 대륙에서 온 것이다. 1995년 홍콩에서 사용된 물은 9억 1900만 m³인데, 이것의 75%가 광둥성 둥장(東江)강에서 공급된 것이다.

자유항 체제와 완벽한 법률 시스템, 고효율의 청렴한 정부, 이 모든 것이 결합되어 홍콩의 특별히 우수한 환경을 만들었으며, 홍콩 사회·경제의 양성 순환을 보장해 주고 있다. 권위 있는 국제 평가 기구들의 평가에서 홍콩은 항상 선두를 달리고 있다.

▶ (1) 1995년과 1996년 세계 경제 논단과 스위스 국제 관리 발전 연구소가 발표한 『세계 경쟁력 보고』에서 홍콩은 미국과 싱가포르 다음에

---

(14)　　　彭琪瑞, 薛鳳旋, 蘇澤霖, 《香港, 澳門地區地理》, 商務印書館, 1991, 131쪽.

이어 3위를 차지하고 있다.

▶ (2) 1995년부터 1997년까지 연속 3년 동안 《월스트리스 저널》에 의해 세계에서 가장 자유로운 경제 시스템으로 평가되었다.

▶ (3) 1997년 《경제 인물 소식》 잡지는 홍콩을 전세계 11개 대도시 중에서 가장 뛰어난 쇼핑 도시로 평가했다. 수출입 면세와 판매세 면제로 인해 홍콩에서 외제 물건을 사는 것이 원제조지에서 사는 것보다도 더 싸다. 홍콩의 관광 수입에서 쇼핑이 차지하는 비중은 절반 가까이 된다. 홍콩은 쇼핑의 천국이라 할 만하다.

▶ (4) 1998년 《아시아 · 태평양 비즈니스 관광객》은 홍콩을 전세계에서 가장 아름다운 상업 도시로 평가했다.

대륙 개혁 개방의 적극적 영향

1978년 대륙의 개혁 개방 이후 홍콩과 대륙의 경제적 연계는 나날이 밀접해지고 있다. 대륙의 요소가 홍콩의 경제와 사회의 번영을 촉진하고 있다.

▶ (1) 매장과 공장 일체형의 모델이 형성되어 가고 있다. 생산 요소의 합리적 배치가 최대 이익을 낳는다는 원칙에 따라, 홍콩은 대륙의 저렴한 노동력이라는 비교 우위를 충분히 이용하여 노동 집약형 공장을 대륙으로 이전하고 있다. 1995년에 홍콩의 시계, 완구, 녹음기, 의류 등의 제품 중 대륙에서 가공된 제품의 비중은 각각 99%, 97%, 95%, 94%였다. 대륙에 있는 홍콩의 합자 기업 및 독자 기업의 수는 5만 3000개다. 광둥성에서만 6만 4000명의 홍콩인들이 상주하면서 경영 업무에 종사하고 있다. 생산 업무가 대륙 쪽으로 옮겨 가면서 홍콩의 업무도 헤드 쿼터화, 서비스화 되어가고 있으며, 상품 설계, 제조 공정 배열, 원자재 구입, 품질 관리, 상품 판촉 및 운수, 융자와 보험 등의 모든 업무를 포함하여 상품 가공의 전 과정을 책임지고 있다. 매장과

공장 일체형은 대륙과 홍콩 양쪽 공업 일체화를 포괄적으로 상징하는 말이다. 국제적으로는 이런 일체화 현상을 '광둥·홍콩 공업'이라고 부르기도 한다. 세월이 흐르면서 매장과 공장 일체형의 구체적인 내용에도 변화가 생겼다. 대륙의 관리 수준이 높아지고 기초 시설이 개선되면서 품질 관리와 상품의 해외 운송 업무를 책임질 수 있게 되었고, 홍콩은 대외 무역 중심으로 한 걸음 더 발전하게 되었다.

▶ (2) 대륙 상품을 홍콩으로 실어와 수출하는 일이 대외 무역의 주요한 부분을 이루고 있다. 홍콩이 반환되기 직전인 1997년 상반기에 홍콩 항구에서 대륙 물건이 차지하는 비중은 원산지별로는 58%, 항목으로는 37%에 달했다. 컨테이너 박스나 항공 운송의 60%가 대륙에서 온 것이며 대륙 전체 수출입의 30%가 홍콩을 이용하고 있다. 홍콩은 외부와 연락하는 가장 중요한 길이 되고 있다.

▶ (3) 홍콩에 있는 중국 자본의 지위도 상승하고 있어서 홍콩 경제를 안정시키는 데 중요한 역량이 되고 있다. 중국 은행은 전체 홍콩 저축량의 1/4을 차지하고 있으며, 화룬(華潤) 그룹은 홍콩 무역 거래의 1/5을, 그리고 중국보험공사는 홍콩 보험 시장의 1/5을 통제하고 있다. 1995년 말 홍콩 금융 기구의 대륙에 대한 채권 및 채무는 5000억 홍콩 달러를 넘는다. 대륙에서 유통되고 있는 홍콩 화폐는 총 발행량의 1/4이다. 홍콩 주식 시장에 상장된 회사의 40% 이상이 대륙과 관련된 업무를 하고 있다. 내륙에서 통제하고 있는 홍콩 증시에 상장된 회사는 다음의 세 가지 종류이다.

(1) H주로 불리는 중국 내륙 기업

(2) 창구 기업 : 홍콩에 회사를 설립했지만 주요 자산은 중국 내륙에 있는 기업

(3) 배경 기업 : 홍콩에 등록되어 있지만 주요 자산은 홍콩과 해외에 있는 기업

이 세 가지 주식이 상장 주식 가치에서 차지하는 비중은 9%이며, 창구 기업과 배경 기업의 주식은 우량주로 평가받는다.

▶ (4) 대륙은 홍콩 관광업의 중요한 손님이다. 중국 대륙의 경제가 고속으로 발전하면서 해외 관광업이 빠르게 발전하고 있다. 홍콩은 대륙인들의 해외 관광 1순위 장소이다.

세계 경기가 불경기였던 1980년대에 홍콩이 지속적으로 번영할 수 있게 한 동력이 바로 중국 대륙이었다. 1978년에 홍콩의 1인당 국내총생산은 3041달러였으나, 1989년과 1994년에는 각각 1만 달러와 2만 달러를 넘어섰다. 1999년에는 2만 3000달러에 이르러 적지 않은 선진국 수준을 넘어서고 있다.

1980년대 홍콩에는 '믿음의 위기'가 있었는데, 1980년부터 1996년까지 전체 홍콩에서 65만 명의 사람이 해외로 이주했으며, 최고조에 달했을 때는 매년 5만 명 이상이 이주하기도 했다. 국가가 불경기에 접어들면 취업이 어려워진다. 캐나다의 토론토를 예로 들면, 현지인들의 실업률이 11%일 때, 중국계 이민자들의 실업률은 21%에 달했다. 이 때문에 많은 이민자들이 되돌아왔다. 이민 당시 모든 물건을 팔았던 사람들이 나갔으나 돌아와서 다시 그 물건을 구입할 때는 그 가격에 구입할 수 없는 상황이 발생했다. 이 때문에 홍콩인들은 다음과 같은 결론을 내렸다. "믿음이 있으면 부자가 되지만, 믿음을 잃으면 재난에 처하게 된다."

1980년대 말에 전체 홍콩에는 250개의 이민 상담 회사가 있었으나, 홍콩이 반환되기 직전에는 5개 회사만이 남았고, 업무도 중국 대륙과 타이완 이민으로 전환했다.

반환 후의 전망

홍콩의 주권 반환은 중국 민족 자강의 끊임없는 정신의 발현이다.

아편전쟁 이래 중국은 330만 km²의 국토를 잃었다. 잃어버린 땅은 단 두 차례 반환되었는데, 그 중 하나가 제2차 세계 대전 이후의 타이완 이고, 다른 하나가 홍콩이다. 홍콩 반환은 평화적인 담판으로 이루어 져 더욱 값진 것이다.

홍콩 반환은 중국의 국력을 신장시켜 주었다. 1999년 세계은행의 통계에 따르면, 홍콩의 국민총생산은 1600억 달러로 중국 대륙의 16%에 해당한다. 홍콩의 국민총생산은 북방의 잃어버린 330만 km² 토지의 국민총생산과 비교하면 6배가 넘는다. 1997년 말 홍콩의 외환 보유량은 881억 달러로 일본과 중국 대륙 다음으로 세계 3위를 차지 한다.

세계 경제 발전 추세, 대도시 발전 법칙과 홍콩의 특수한 상황 등에 따르면, 홍콩 반환 후 내륙과의 경제적 연결은 한층 강화될 것이며, 선 전(深圳)과의 일체화 과정도 더욱 심화될 것이다. 홍콩 경제가 앞으로 더욱 강화해 나갈 관련 업무로는 다음과 같은 것들이 있다.

(1) 금융	(5) 기초 설비 건설 후 지원
(2) 무역 운송	(6) 설계 및 특허
(3) 정보 통신	(7) 오락 상품 개발
(4) 국제 관광	(8) 다국적 기업들의 헤드 쿼터

지식 경제의 발전 추세에 따라, 홍콩은 대륙과의 협조로 서비스 업 무의 비교 우위를 발휘할 것이며, 대륙과 공통으로 첨단 기술 산업을 만들어낼 것이다. 첨단 기술 산업의 설립은 홍콩 경제가 지나치게 서 비스업에 치중하는 것을 막아주며, 경제적 위험을 극복하는 역량을 강 화시켜 줄 것이다.

토지 자원의 부족은 홍콩 발전의 억제 요인이다. 전체 홍콩의 건축

면적은 151km²로 1인당 면적은 대륙의 도시 계획 기준의 1/4에도 미치지 못한다. 토지 부족은 부동산 가격을 상승시켜, 거주 환경을 악화시키고 교통 정체를 일으키며 주민들의 생활의 질을 개선하기 어렵게 만든다. 모든 경작지와 양어장, 저수지, 목장을 모두 이용한다 해도 122km²로, 홍콩 토지 자원 부족 문제를 해소하기 어렵다.

토지 부족은 홍콩의 부분적 기능을 대륙으로, 특별히 선전으로 이전시키도록 하고 있다.

홍콩의 도시 계획사인 팡궈룽(方國榮)은 선전에 홍콩인들이 퇴직 후 갈 '실버타운'을 건립할 것을 제안했다. 홍콩 북부 지역의 집값은 1평방자(尺)당 4000홍콩 달러에 달하는데, 이것은 선전 집값의 10배에 해당하는 것이다. 홍콩인들이 퇴직 후 선전에 거주하게 되면 경제적 부담을 줄일 수 있고, 생활의 질도 높일 수 있다.

홍콩의 컨테이너 선적항 기능은 조금씩 선진으로 옮겨지고 있고, 날마다 상승하고 있는 중이다. 현재 홍콩의 치용(葵涌) 컨테이너 부두는 이미 포화 상태이다. 대륙에서부터 온 컨테이너들은 원진(文錦)에서 치용까지의 40km를 지나오는 운송비가 하역비보다 더 비싸다. 날마다 수만 대의 차량이 홍콩과 선전을 통과하면서 공기 오염과 교통 혼잡을 일으키고 있다. 선전 옌텐 항의 건설 비용은 홍콩 계획상의 신부두 건설 비용의 1/10에 불과하며, 건설 기간 역시 비교적 짧다. 옌텐과 치용을 합쳐 '1항구 2구(區)'를 만든다면 항구 비용을 낮출 수 있으며, 홍콩의 무역 중심지로서의 지위도 유지할 수 있다. 현재 더욱 절박한 문제는 컨테이너 상자들을 쌓아두는 데 너무 많은 토지를 사용하고 있다는 것이다. 만약 이런 하역 장소를 선전으로 옮긴다면, 훨씬 많은 토지를 주택 건설에 사용할 수 있게 되어 홍콩인들의 주거 환경을 개선할 수 있다.

일체화를 가속화시키기 위해서는 반드시 정보, 금융, 교통의 연계를 원활히 해야만 한다. 1997년부터, 홍콩과 선전은 전자 화폐와 당일 어음 교환 결산제를 실시하고 있다. 홍콩에서 발행된 ATM 카드로 선전에서 인민폐와 홍콩 화폐로 현금을 찾을 수 있으며, 선전에서 발행된 ATM 카드로는 홍콩에서 홍콩 화폐로 거래할 수 있다. 홍콩의 수표도 선전에서 사용 가능하다. 선전은 외국 무역 수출 경영권을 가지고 있으며, 신용이 좋은 홍콩 화폐 어음은 홍콩에서 유통 가능하다.

1997년 홍콩과 내륙의 유동 인구는 연인원 6865만 5000명이었으며, 그 중 뤄후 항구를 거쳐 간 사람은 연인원 4980만 명, 자동차, 여객선, 비행기 등을 이용한 연인원은 각각 930만 명, 675만 명, 280만 5000명이었다. 원활한 왕래를 위해, 두 가지 사항이 현재 계획 중이다. 그 중 하나는 홍콩의 웬랑(元朗)에서부터 퉈장강 입구까지 서부에 도로를 개통하는 것으로, 여기에는 4.9km의 선전 만을 가로지르는 대교가 포함된다. 다리의 길이만 23km, 다리 입구 부분이 4km로 세계 최고라 할 만하다.

환경 보호, 물과 전기 공급, 통신 연락 등의 방면에서 앞으로 양쪽 지역의 합작은 강화될 것이다.

1997년 7월의 아시아 금융 위기는 홍콩 경제에 막대한 충격을 주었다. 전 동아시아 경제가 쇠퇴하고, 시장이 위축되고, 여행객이 줄어들었기 때문에, 홍콩의 관광업과 전체 경제는 수십 년 만에 마이너스 성장을 기록했다. 전에 없던 아시아 금융 위기 속에서 대륙 경제의 번영 유지는 홍콩을 안정시키는 데 중요한 작용을 했다. 예를 들어 홍콩을 찾는 동아시아 관광객 수가 대폭 줄어들었지만, 기본적으로 대륙의 새로운 여행객이 있었기 때문에 이것을 보충할 수 있었다. 1998년 상반기에 홍콩 관광객 중 중국 대륙 인구가 차지하는 비중은 26.6%였으며, 이것은 1996년에 비해 8% 증가한 것이다. 1998년 7월 1일부터 대륙의 관광 배당액은 하루 1100위안에서 1500위안으로 증가했다. 대륙 관광객의 비중은 앞으로 한층 상승할 것이다. 중국 대륙 관광객의 소비 특징은 쇼핑 위주로 관광을 한다는 것으로서 소비 총액 중 쇼핑이 차지하는 비중은 65.1%이다. 이것은 기타 지역 관광객의 49.2%에 비하면 적은 것이지만, 대륙 관광객을 개발하는 것은 홍콩의 소매업 번영에 커다란 공헌을 할 것이다.

상하이와의 분업과 협조

세기가 바뀌면서, 중국은 홍콩과 상하이라는 밀접하게 연결되어 있는 경제 중심 지역을 가지게 되었다.

"홍콩은 중국 내륙에서 서방을 내다볼 수 있는 창문이며, 서방 입장에서 말하자면, 중국으로 들어오는 창구이다."[15] 홍콩은 자유항 체제로 국제 금융의 중심지이다. 이것은 대륙의 어떤 지방도 대체할 수 없다.

상하이의 금융 시장은 이제 막 시작된 상태로, 홍콩의 수준에 다다르려면 오랜 시간이 필요하다. 상하이의 우수한 점은 과학 기술과 문화 교육, 그리고 공업 기초가 비교적 두텁다는 것이다. 주변의 양쯔강 삼각주는 전국에서 문화와 경제가 가장 발달한 뛰어난 지역이다. 양쯔강 유역은 또한 대륙에서 물자가 풍부한 지역이기도 하다. 내부 확산 방면에서 상하이는 앞으로 으뜸의 작용을 발휘할 것이다. 상하이는 앞으로 내륙의 금융 업무를 처리하게 될 것이며, 내륙의 은행과 투자자를 위해 주식 시장과 채권 시장을 발전시킬 것이다.

상하이가 한층 더 발전하기 위해서는 홍콩의 도움을 얻어야만 한다. 1940년대 말과 1950년대 초에 상하이의 인재와 자금이 홍콩으로 유입되어 홍콩의 번영을 촉진시켰다. 현재 상하이에 부족한 것은 국제

---

(15)　　　　邁克爾·恩賴特 등, 『香港的優勢』, 옥스퍼드 대학출판사, 1997.

[380]

경제 무역 활동을 잘 아는 홍콩의 인재와 풍부한 자금이다. 홍콩의 인재와 기술, 자금은 상하이의 번영을 가속화할 수 있다. 홍콩은 물가와 임금이 높기 때문에 홍콩의 몇몇 기능이 상하이로 이전될 수 있다. 이러한 전이는 경제적 이익 원칙에 따라 진행되는 것으로 홍콩의 경제 구조를 상승시키는 데도 유리하다.

제2차 세계 대전 전에, 상하이는 극동 아시아 경제의 중심이었다. 당시 상하이의 금융과 경제적 지위는 극동 아시아의 어떤 도시보다 우위를 점하고 있었다. 반 세기 전의 상하이의 지위를 지금 간단히 되찾을 수는 없다. 반 세기가 지나는 동안 세계의 교통 구조와 극동 아시아의 경제 형세에는 커다란 변화가 있었다. 교통 수송 방면에서 제2차 세계 대전 전에는 해운 수송 시대였다. 상하이는 연해 선박 운송과 양쯔강 운하 수송을 겸비한 우위점이 있었다. 당시 중국의 주요 수출 상품은 차, 생사, 오동나무 기름, 계란 등으로 주로 양쯔강 유역에서 생산되었다. 홍콩의 배후지는 주장강 유역으로, 경제 상황은 양쯔강 유역 아래 지역만 못하다. 오늘날은 육지, 해운, 항공의 입체적 교통 시대이다. 고속 도로와 고속 철도의 출현은 홍콩과 내륙의 연계 상황을 개선해 주고 있다. 항공 운송은 운송 지역의 지리적 위치에 제한받지 않는다. 홍콩의 우수한 점인 깊은 수심의 항구는 제2차 세계 대전 후 대형 선박들의 출현과 맞아떨어지게 된다. 홍콩은 비단 양호한 소프트웨어 환경뿐 아니라 인프라 방면에서도 상하이보다 낫다. 동시에 동쪽으로는 일본의 경제적 발흥지인 도쿄가 있는데, 도쿄는 세계의 3대 금융 중심 중의 하나이다. 또한 싱가포르, 서울 등의 도시들도 국제화된 대도시를 향해 약진하고 있다.

세기가 바뀌면서, 홍콩과 상하이는 각각 국제적 경제 및 금융 중심 도시와 대륙의 경제 중심 도시가 되었다. 이 둘은 서로 보완, 협조하여 전국의 경제가 지속해서 높은 성장을 하도록 하고 있다. 홍콩과 상하이의 두 어깨에 중국 번영이 달려 있다는 것은 두말할 필요도 없다. 미국은 뉴욕 이외에도 시카고 등의 경제 부중심지가 있다. 너무나도 큰 중국에 서로 다른 특색을 가진 홍콩과 상하이가 함께 전국적인 발전을 가져오는 일은 매우 중요하다. 홍콩의 지속적인 번영이 홍콩 시민의 이익에 부합되는 것과 마찬가지로 전체 중국의 이익에도 부합되는 것이다.

도쿄 및 싱가포르 비교

동아시아에는 도쿄, 홍콩, 싱가포르 세 곳의 세계적 경제 중심지가 있다. 세 개 도시는 서로 하나의 선으로 연결되어 있어, 마치 삼두 마차처럼 동아시아 경제를 이끌고 있다.

현재의 경제적 영향력을 보자면, 도쿄는 국제적으로 뉴욕, 런던 다음 가는 세 번째 경제 중심이며, 홍콩과 싱가포르는 이에 미치지 못한다. 이 때문에, 홍콩과 싱가포르는 파리나 프랑크푸르트와 동급의 부차적 국제 경제 중심과 금융 중심 반열에 포함되기를 기대하고 있다. 결정적 원인은 일본의 경제 기초가 탄탄하다는 것이며, 현재 세계에서 두 번째로 큰 경제 실체라는 점, 그리고 외환 보유율이 세계 1위라는 점이다.

그러나 장기적으로 고찰해 보면, 상황은 홍콩에 유리하게 바뀔 수도 있다.

▶ (1) 배후 잠재력이 홍콩에 유리하다. 도쿄의 배후 지역은 일본을 위주로 한 동북 아시아로, 이미 후기 공업화 단계로 접어들었다. 이 지역은 현재 경제 규모가 커서, 빠른 발전이 불가능하다. 싱가포르의 배후 지역은 주로 동남 아시아 일대이다. 중국 대륙을 배경으로 하는 홍콩은 배후 지역의 인구가 일본의 10배나 되며, 동남 아시아의 2.5배나 된다. 중국 대륙은 이제 막 공업화 단계로 접어들어 발전 속도가 빠르며,

경제 규모도 머지않아 일본을 따라잡을 수 있다.

▸(2) 홍콩은 세 도시의 중심에 있어 지리적으로 우세하다. 실제로 동남 아시아의 필리핀과 베트남은 홍콩의 영향권 내에 있다. 현재 필리핀 금융 고객의 대부분이 홍콩에서 왔다.

▸(4) 홍콩은 '일국양제(一國兩制)' 방침을 관철하여, 자유 무역항 체제의 우수한 점을 발휘하고 있다. 금융 개방 정도에서도 도쿄를 앞질러 국제 경제 활동에서 비교적 큰 흡인력을 갖고 있다.

▸(4) 홍콩과 중국 내륙은 모두 같은 주권 국가로 내륙과의 관계로 인해 내륙의 우수한 점인 낮은 비용을 충분히 이용하여 경쟁력을 높일 수 있다. 예를 들어, 1998년 3월에 중앙 정부의 동의를 거쳐, 홍콩과 광둥성 정부는 양쪽에 고위급 합작 연석 회의를 설립했으며, 이로 인해 홍콩과 마카오 양쪽 지역 합작에 새로운 돌파구를 마련했다. 중앙 정부는 전력을 다해 홍콩이 내륙에서 가장 중요한 금융 중심, 무역 중심, 운송 중심이 되도록 해주고 있으며, 홍콩이 아시아·태평양 지역의 으뜸 가는 상업 도시의 기능을 발휘하도록 보장해 주고 있다. 이러한 환경은 싱가포르에는 없는 것이다.

이상에서 볼 수 있듯이, 홍콩의 현재 국제 경제 및 국제 금융에서의 지위는 흔들리지 않고 있을 뿐 아니라 오히려 더 상승하고 있다. 동아시아 경제의 '3검객' 중, 홍콩이 새로운 세력으로 떠올라 아시아의 뉴욕, 런던이 될 것이다. 홍콩의 '지리적 우위'는 이미 갖추어져 있는 것이고, 그 적절한 때도 도래했다. 이제 관건은 협력이다. 중국 대륙과 홍콩의 정국이 안정되고, 정책이 수정되고, 한마음으로 협력하면, 홍콩의 앞날은 밝을 것이다.

❀   ❀   ❀

3. 마카오의 변화

21세기가 도래하기 전날 밤, 마카오에는 두 가지 근본적인 변화가 있었다. 하나는 1987년 4월 30일 베이징에서 조인된 '마카오 문제에 대한 중국과 포르투갈 정부의 연합 성명'에 따라, 중국 정부가 1999년 12월 20일, 마카오에 대한 주권을 행사하게 되었고, 이로써 마카오에는 일국양제 방침이 실행되게 되었다는 것이다. 다른 하나는 모든 중대한 기초 설비 건설 항목이 앞으로 마카오의 도시 성격을 향상, 전환시키게 되었다는 것이다.

16세기 이래, 마카오의 토지, 인구 및 도시 성질에는 커다란 변화가 발생했는데, 이런 변화의 배후에서 마카오의 사람과 땅(자연)의 관계 변화의 법칙을 발견할 수 있다.

바다를 메워 다리를 놓는 대규모의 환경 개조

간척 사업 총면적의 비중을 따져보면, 마카오는 의심할 여지 없이 세계 최대이다. 네덜란드가 바다를 메워 육지를 만든 면적이 전체 국토 면적의 30%이다. 그러나 마카오는 50%에 달한다. 1840년 마카오의 총면적은 10.37km²에 불과했으나, 1995년에는 20.45km²로 반 세기 만에 면적이 두 배가 되었다.

마카오 간척 사업 과정에서 가장 위대한 것은 마카오 국제 공항이다. 1.15km²의 활주로는 두 개의 떨어져 있는 섬의 동쪽을 메워 만든 것으로, 전체 마카오 면적의 6%를 넓혀주었다. 활주로의 길이는 3360m, 폭은 45m로 보잉 747 여객기가 뜨고 내릴 수 있다. 마카오 국제 공항은 일본 오사카(大阪) 국제 공항에 이어 바다를 메워 만든 두 번째 대형 공항이다.

[384]

= 마카오 육지 면적의 증가(km²)

연도	마카오 전체	반도(半島)	섬
1840	10.37	2.78	7.59
1985	16.92	6.05	10.87
1992	18.00	6.70	11.30
1995	20.45	7.00	13.45
1840~1995 총증가분	10.08	4.22	5.86

마카오가 대규모 간척 사업을 할 수 있었던 것은 그 특수한 지리적 배경과 과학 기술 발전 덕분이다. 지리 환경 방면에서 마카오는 침강 해안으로, 해안선이 복잡하고, 수심이 얕은 만이 많고, 조석 간만의 차가 크지 않으며, 물살이 급하지 않아, 바다를 메우기에 수월하다. 마카오의 경제가 발전하고 인구가 많아지면서 땅이 부족하게 되었는데, 간척 기술의 발달은 마카오의 대규모 간척 사업을 가능하게 해주었다.

1998년 마카오의 인구는 43만 명으로 90%가 반도에 살고 있다. 인구 밀도가 가장 높은 알메이다 리베로 거리는 1km²당 10만 명 이상으로 대단히 혼잡하다. 1998년 마카오의 1인당 국민총생산은 1만 6000달러로, 아시아의 네 마리 용과 비교해 보면 타이완과 한국보다 높은 수준이다. 경제적 수입이 넉넉해진 후, 사람들은 주거 환경을 개선하고 활동 공간을 넓히고자 하는 절실한 요구를 갖게 되었다. 현대의 간척 기술은 비용이 낮고 효과가 높아, 현저한 이익을 보여준다. 북쪽 지구의 간척을 예로 들면, 21만 9000m²의 면적을 메우는 데 드는 투자 비용은 10억 홍콩 달러, 조립 공정 투자에 3억 홍콩 달러로, 1m²당 5936홍콩 달러의 비용이 드는 셈이다. 1992년 북쪽 부근 토지의 거래 가격은 1m²당 6만 3000홍콩 달러 이상으로, 간척 사업으로 인해 엄청난 경제적 이익을 볼 수 있게 된다. 지리적 환경, 사회적 요구, 그리고 과학 기술의 결합으로, 마카오의 간척 사업은 활기차게 전개되었다.

긴 다리는 마카오 경관의 큰 특색이다. 떨어져 있는 섬들의 토지 개발을 위해, 반도와 섬 사이에 순차적으로 2개의 대교를 세웠다. 1974년 건설된 제1 대교의 길이는 2600m, 폭은 9m로, 양방향 1차로이다. 대교가 만들어진 후, 곧 포화 상태가 되어, 1994년에 만들어진 다리는 4380m의 길이에 15m 폭으로, 양방향 2차선의 아시아에서 가장 큰 다리 중 하나가 되었다. 마카오의 총면적은 20km²이고 남북 직선 거리는 11.88km이다. 이 두 대교가 마치 무지개처럼 가로놓여 있다. 이외에, 이 두 섬 사이에 간척지를 연결하는 2.1km 길이의 도로가 있다.

바다를 메워 만든 땅과 긴 다리는 현대 과학 기술을 이용하여 환경을 개조한 결실이며, 마카오 사회·경제 발전을 보장해 주고 있다.

마카오-포르투갈인

마카오에 존재하는 특수한 사회 집단이 바로 마카오-포르투갈인이다. 마카오-포르투갈인은 마카오 역사의 중요한 창조자 중 한 사람으로, 마카오가 지속적으로 번창하는 데 중요한 역량이 된다.

마카오-포르투갈인은 세 가지 조건이 있다. 첫째, 마카오 상주 인구, 둘째, 포르투갈 혈통, 셋째, 포르투갈 국적. 포르투갈 법률은 이중 국적을 허용하고 있으나, 중국의 법률은 이를 허용하지 않는다. 마카오의 특수한 상황에 따라, '마카오 기본법'은 포르투갈 국적자가 마카오에 영구히 거주할 수 있도록 하고 있다.

아래의 세 가지는 마카오-포르투갈인과 관련된 것이다.

▶ (1) 마카오-포르투갈인 : 1991년 마카오 제13차 인구 조사 자료에 따르면, 마카오 총인구 중 27.9%가 포르투갈 여권을 가지고 있으며, 68.2%가 중국 국적, 1.8%가 영국 국적, 2.1%가 기타 국적 또는 무국적자였다.[16] 이 비율에 따르면, 마카오-포르투갈인은 10만 명 이상이

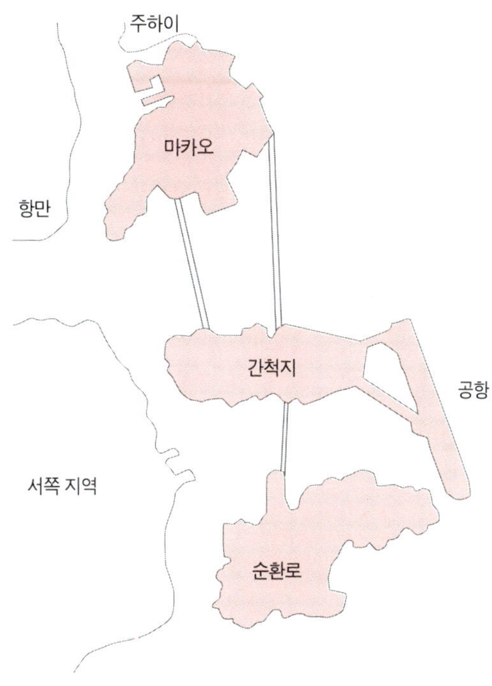

마카오 약도

된다. 이들은 대부분 포르투갈 혈통이 아닌 중국인에 속하는 사람으로 마카오의 원주민들이다.

▶ (2) 마카오 태생 포르투갈인 : 마카오 태생 포르투갈인에는 포르투갈인과 중국인 및 기타 민족이 결혼하여 생긴 후대도 포함된다. 18세기 이전에, 마카오의 포르투갈인은 중국인보다 많았다. 1743년에는 3400명의 포르투갈인이 있었는데, 이것은 총인구의 63%에 해당한다. 1839년에도 포르투갈인은 여전히 총인구의 43%나 된다.[17] 포르투갈인이 마카오에 대대로 거주하면서 가장 긴 경우는 8대나 된다. 여기에 결혼을 통해 마카오 사회와 일체된 마카오 태생 포르투갈인 집단을 만들어

---

(16)　　澳門政府新聞社,《澳門資料》, 1994년 6월.

내게 되었다. 이것은 마카오와 홍콩이 구별되는 점이다. 마카오 태생 포르투갈인이 마카오-포르투갈인의 주체이긴 하지만, 마카오-포르투 갈인 전체를 포함할 수는 없다. 『마카오 총람』은 마카오 태생 포르투 갈인의 수를 1만 1000명으로 잡고 있으며,[18] 기타 저자들은 1만 명에 서 1만 2000명으로 추산하고 있다.

▶ (3) 포르투갈어를 구사하는 마카오인 : 1991년의 조사에 따르면, 3세 이상의 마카오인 중 광저우 말을 구사하는 인구가 86.3%, 중국 표준 어가 1.1%, 기타 중국 방언이 9.2%, 포르투갈어 1.8%, 영어 0.6%를 차지한다. 당시 마카오의 총인구는 35만 6000명으로, 약 6400명이 포 르투갈어를 구사하는 것이다. 적지 않은 마카오 태생 포르투갈인들이 두 가지 언어를 구사할 수 있으므로 실제 이 수는 훨씬 많을 것이다.

종합해 보면, 마카오인, 마카오-포르투길인, 마카오 태생 포르투갈 인, 포르투갈어를 구사하는 마카오인, 이 모두가 서로 다른 개념이다. 마카오-포르투갈인 개념이 전형성을 갖춘 것이라면, 마카오 태생 포 르투갈인이란 개념은 보편성을 갖는다.

마카오-포르투갈인은 명확한 사회적 특징을 갖고 있다. 그들은 포 르투갈어나 두 가지 언어를 구사하면서 포르투갈 풍속·습관·음식 문화를 유지하고, 태어나면서부터 천주교를 믿고 서로간에 밀접한 사 교 생활을 한다. 또한 포르투갈 학교를 세우고, 몇몇 가정은 아이들을 포르투갈에 보내어 교육하기도 한다. 이들은 붉은색의 회벽과 창문을 에워싼 긴 복도가 있는 포르투갈 건축물을 좋아하고, 마카오에 남아 있는 포르투갈 문화 유적지를 소중히 여긴다. 이들은 자신들만의 절기

---

(17)   彭琪瑞, 薛風族, 蘇澤霖, 「香港」, 『澳門地理研究』, 商務印書館, 1991, 251쪽.

(18)   吳志良, 黃强漢, 『澳門總賢』, 澳門基金, 1994, 8쪽.

[388]

가 있다. 예수상과 성모 마리아상이 유행하며, 신도들이 줄지어 다니고, 경찰이 지휘하는 장엄한 광경을 마카오에서는 볼 수 있다. 포르투갈 가정에서는 혼례나 절기 등의 방면에서 중국과 포르투갈 문화를 모두 포용하고, 인도, 말레이시아 색채가 침투하기도 한다.[19] 다시 말해, 마카오-포르투갈인은 특수한 문화적 배경을 지닌 집단으로서, 일반적 민족이 아닌 나름의 민족 특색을 지니고 있는 집단이다. 중국 56개 민족과 비교해 보면, 인구수에서 시짱 자치구의 먼바(門巴)족, 동북과 내몽고의 어룬춘(鄂倫春)족, 허저(赫哲)족, 윈난성의 두룽족, 신장 자치구의 타타얼족보다도 많다.[20]

어떤 사회 집단을 평가할 때에는 현재와 역사를 함께 고려해야 한다. 마카오-포르투갈인들은 서구의 과학 기술 문화를 전파하고, 중국의 전통 문화를 서구에 소개하고 있으며, 대륙의 상품 경제 발전을 촉진하고 있다. 또한 마카오를 남쪽의 보배로 만들어가는 것과, 역사적으로 인재를 보호하고 발전시키는 데에 모두 중요한 공헌을 하고 있다. 마카오는 적지 않은 근현대 진보적 인사들의 활동지였고, 쑨원의 혁명 사업도 마카오에서 시작되었다. 1895년의 광저우 궐기가 실패한 후, 쑨원이 청나라 조정에 의해 지명 수배되어 마카오에 숨어 있을 때에도 마카오 태생 포르투갈인의 도움을 받아 위험에서 벗어날 수 있었다.

1차적으로 정리를 해보면, 마카오-포르투갈인은 문화적으로 네 가지 우수한 점이 있다.

▶ (1) 비교적 높은 교육 수준과 문화적 소양, 높은 정치 참여, 높은 사회·경제적 지위 : 마카오에서 포르투갈어로 가르치는 학교가 중국어

---

(19)   施白帝, 「澳門土生――介身分問題」, 《澳門研究》, 1993년 9월, 127~131쪽.

(20)   國務院 人口普查辦公室, 『中國第四次人口普查的主要數据』, 中國統計出版社, 1991, 26~27쪽.

학교보다 훨씬 일반적이다.

▶ (2) 포르투갈과의 폭넓은 사회·경제·문화적 연계로 대륙과 포르투갈을 이어주고, 포르투갈을 통해 유럽과 연결될 수도 있다.

▶ (3) 포르투갈어는 세계와 광범위하게 연결되어 있어, 대륙과 포르투갈어의 연계는 세계로의 다리가 되어 스페인어권과 이어줄 수도 있다. 마카오 태생 포르투갈인들은 라틴 아메리카로 많이 이주하는데, 이것은 마카오와 라틴 아메리카 사이에 귀중한 친분 관계를 만들고 있다.

▶ (4) 동서양을 결합하는 마카오의 특색을 지속시켜 주는 중요한 역량 : 400여 년의 역사를 되돌아보면, 포르투갈인과 중국인들은 서로 융화되어 왔다. 이런 역사적 배경은 두 사회 집단 간의 협조적 접착제가 되고 있다.

특수한 역사적 배경을 반영하여, 마카오 '기본법'은 명확한 규정을 두고 있다.

> 제6조, 마카오 특별 행정구의 행정 기관은 중국어 이외에 포르투갈어를 사용할 수 있으며, 포르투갈어 역시 공식 언어로 한다.
>
> 제41조, 마카오에 사는 포르투갈 후손들의 이익은 법에 따라 마카오 특별 행정구의 보호를 받으며, 이들의 풍속과 문화 전통은 마땅히 존중되어야 한다.
>
> 제99조 제1항, 마카오 특별 행정구는 마카오의 이전 공무원 또는 마카오 특별 행정구의 영주 신분증을 가진 포르투갈 국적자와 기타 포르투갈 인재를 각급 공무원으로 임용할 수 있다. 마카오에 본래 있던 각종 학교는 그대로 수업할 수 있다. 각급 학교들은 계속해서 마카오 특별 행정구 밖에서 직원을 채용할 수 있고, 교재를 채택할 수 있다.

이런 조항들은 마카오-포르투갈인들의 권익과 문화적 전통을 계속해서 보호해 주고 있다.[21]

[390]

중국과 서방 교류의 교량

인간과 자연의 관계가 변천되면서 마카오의 도시 기능과 성질은 세 가지 서로 다른 단계를 거쳐 변화해 왔다.

(1) 중국과 서방의 경제·문화 교류의 교량

(2) 홍콩의 교외 휴식지

(3) 세계로 나가는 중국의 관문

16세기 중엽부터 아편전쟁까지의 300년간, 마카오는 중국과 서방의 문화와 경제 교류의 교량이었다. 마카오의 공헌은 한·당 시기의 실크로드의 공헌에 필적할 만하다.

마카오가 어촌에서 중국과 서방 교류의 교량으로 도약할 수 있었던 것은 우선 마카오의 우수한 지리적 환경 때문이다. 마카오(澳門)의 한자 표기에서 澳는 선착장, 항만이라는 의미이며, 門은 그 지역과 마주하고 있는 바다를 이어주는 골짜기라는 뜻이다. 만 안의 물이 수정같이 맑고, 이 지역에서 대합이 나기 때문에, 방징아오(蚌鏡奧)라 불리기도 한다.

국제 상품 무역이 발흥한 이후, 포르투갈인들의 요청을 명나라가 받아들여 마카오는 중국 최초로 외국인이 거주할 수 있는 항구가 되었다. 쇄국을 실시했던 명·청 시대 전기에 마카오는 유일한 대외 개방지로 중국의 대외 무역의 집산지였다. 말라카에서 중국을 거쳐 일본의 나가사키로 가는 무역을 독점하였으며 또한 마닐라로 가는 대부분의 무역을 관할했다.[22] 마카오에서 남태평양과 유럽으로 운송되는 화물

---

(21) 胡兆量, 「澳門葡葡牙人 —寶貴的人文資源」, 《城市問題》, 1995년 2기.

은 명주, 도자기, 차, 황금, 사향 등이고, 말라카에서 마카오로 들어오는 물건으로는 후추, 상아, 단향목, 면화, 공예품 등이다. 마카오를 거쳐 일본으로 가는 주요 물품은 비단이고, 일본의 나가사키에서 싣고 돌아오는 주요 품목은 백은이었다. 동시에 마카오를 거쳐 파인애플, 고추, 담뱃잎 등의 농작물이 들어오게 되어, 마카오는 극동 아시아의 무역 중심이 되었다.

1594년에 설립된 성 바울 대학의 역정은 마카오가 동서방 문화 교류에서 차지하는 위치를 잘 설명해 준다. 이 학교는 중국 최초의 4년 제 대학일 뿐 아니라 극동 아시아에서도 최초이다. 이 학교는 1308년에 설립된 포르투갈의 대학을 모범으로 해서 중국에 필요한 것을 결합하여 한어, 라틴어, 음악 등의 인문 과학과 수학, 천문, 물리, 의학 등의 자연 과학 및 철학, 신학 등의 과목을 개설하였으며, 1597년부터 박사 학위를 수여하기 시작했다.[23] 대학으로 승격되기 이전인 1581년에 마테오리치(1552∼1610)가 이곳에서 중국어를 배웠다. 마테오리치는 중국 문학에 정통하였으며, 동양의 문화 습관을 잘 알아, 중국 문화계와 정치계, 평민을 융합하여, 동서방 문화 교류의 모범이 되었다. 강희 황제는 일찍이 "이제부터 마테오리치의 규칙을 따르지 않는 서양인은 앞으로 중국에 거주할 수 없다."고 규정하였으며, 또한 중국어를 하지 못하는 자에게는 마카오에서 중국어를 배우라고 하고 있다.[24] 중국 정부에서 성 바울 대학의 사람을 등용할 때는 학위에 따라 관직을 부여했다. 이 대학은 아담 샬(1592∼1666), 페르비스트(1623∼1688), 페레이라(1645∼1708), 카스틸리오네 등 역사에 길이 남을 문

---

(22)   何芳川, 『澳門與葡萄牙大商帆－葡萄牙與近代早期太平洋留易網的形成』, 北京大學出版社, 1996.

(23)   多明哥(Domingos Mauricio), 『澳門, 遠東的第一所大學』, 里斯本, 1968.

(24)   劉羨冰, 『漢語精英與文化交流』, 澳門基金會, 1994, 19쪽.

[392]

화 교류의 거장들을 배출했다. 이들은 이후 천문, 지리, 기하, 측량, 수리, 화기 등의 과학을 중국에 소개했다. 마테오리치와 서광개(徐光啓), 이지조(李之藻) 등의 공동 저서인 『건곤본의(乾坤本義)』, 『기하원리(幾何原理)』, 『측량법의(測量法義)』, 『동문산지(同文算指)』, 『곤여만국전도(坤與萬國全圖)』 등은 그 영향력이 매우 큰 저서들이다. 아담 샬은 명나라 조정을 도와 역법을 고쳤으며, 서양 음악, 회화, 의학 및 망원경, 프리즘 등의 도구를 들여왔다.[25] 대학이 성립될 당시의 마카오는 단지 도의적으로 중국 영토의 일부였을 뿐 아니라 법률적으로도 중국 영토였다. 당시 명나라와 청나라 정부는 마카오에 행정, 사법, 세관 등의 권리 기구를 두고 있었다. 1572년부터 1849년까지 마카오-포르투갈인들은 매년 중국 조정에 515량의 백은을 지세로 납부했다. 중국 영토에 건립되어 동서양 문화 전파에 크나큰 공헌을 한 이 대학은 당연히 중국 역사책에 기록되어 중국 교육 발전의 이정표가 되었다.[26]

마카오를 기초로 배출된 교사들은 중국 전통 문화에 대해 깊은 조예가 있었다. 트리고 신부, 인토르체타 등은 사서오경을 번역했고, 『본초강목(本草綱目)』 역시 번역되어 서방에 소개되었다. 이들의 노력으로 중국의 고전 철학 중의 민주 사상은 유럽의 민주 혁명 사상 체계와 융합되게 되었다. 다윈의 『종의 기원』에는 『본초강목』을 언급하고 있는 대목이 100여 군데나 된다.

도시 경관상으로도 마카오는 유럽의 지중해식 풍경과 중국 남방 도시의 풍경을 겸비했다. 16, 17세기에 마카오에서는 기독교의 발전이

---

(25)   楊允中, 『澳門與現代經濟增長』, 澳門經濟學會出版社, 1992, 17~20쪽.

(26)   胡兆量, 「我國第一所四式大學－澳門聖保羅學院四百周年紀念」, 《地理知識》, 1994년 11월.

매우 빨라, 마카오의 초기 건축물들은 모두 종교적 색채가 농후하다. 상업 지구, 교회, 거주지, 그리고 공공 시설 건축물들 모두 지중해 연안의 르네상스 시기 건축물의 특색을 담고 있다. 교회, 시장, 방사형 도로 들은 모두 광장을 중심으로 교차되며, 그 둘레로 밀도 높은 주거 건축물들이 있는 것이 이런 도시들의 전형적인 특징이다. 마카오의 포대와 싼바먼(三巴門), 다탕(大堂) 앞과 슌펑탕(順風堂), 화왕탕(花王堂) 부근이 모두 이런 경관을 지니고 있어 극동의 종교 중심인 마카오의 지위를 반영하고 있다. 이안지에(宜安街) 일대에는 중국 특색을 갖춘 중국인 생활, 상업 중심지가 형성되어 있다. 칭펑쮀위엔(칭펑 극장)과 리유궈차로우(리유궈 찻집)는 당시의 중심지로, 각종 건축물들이 모두 비스듬한 지붕, 푸른색 벽, 목제 구조, 개방된 창문 등의 전형적인 중국 건축물로 거주와 상업 기능이 혼합되어 있다. 이곳의 도로는 불규칙하고 협소하지만, 생명력 있는 상업 중심이 되고 있다.[27]

홍콩의 교외 휴식지

1842년의 아편전쟁 이래, 마카오의 도시 기능과 성질은 홍콩의 교외 휴식지로 전환되었으며, 홍콩과 사회·경제적으로 밀접하게 연결되게 되었다. 마카오에서 홍콩의 영향은 도처에서 발견된다. 마카오 노동력의 약 30%가 술집이나 오락장, 교통 음식 등의 관광 서비스업에 종사하고 있다. 전체 시의 호텔 객실은 1만 개로, 80% 이상이 3, 4, 5성급 호텔이다. 번창하고 있는 카지노 사업과 관광업이 마카오 본토 생산 가치의 40% 이상을 차지하고 있으며, 카지노 사업은 관광업 및 관련 호텔, 음식, 보석 세공, 무도장, 나이트 클럽, 사우나, 가라오케 등의 오락 서비스업을 선도하고 있다. 관광객의 80%는 홍콩인들이며,

---

(27)　　　李邨, 「淺議澳門的城市發展」, 『人文地理』, 1992년 3월.

[394]

신 홍콩–마카오 여객 부두는 시간당 3600명의 관광객을 맞을 수 있다. 마카오는 세계에서 가장 큰 해상 활주로, 30여 척의 항공모함과 4척의 호버크라프트(hover-craft)를 보유하고 있으며, 대형 쾌속선을 이용하는 여행객은 모두 홍콩을 경유하게 된다. 마카오로 오는 해외 여행객들 역시 홍콩을 거쳐야 한다. 마카오의 주요 산업 대부분은 홍콩인들이 장악하고 있으며, 대부호들은 주로 홍콩에 살고 있다. 또한 유통되고 있는 홍콩 화폐의 비중은 마카오 화폐보다 많다. 1994년 마카오 장거리 전화의 41.8%가 홍콩과의 통화로 기타 지역과의 통화보다 많았다.

마카오가 홍콩의 교외 휴식지로 전환된 것은 지리적 환경, 항공 운송 기술, 홍콩의 부흥 등 다방면의 원인이 있다.

마카오는 주장강 입구의 서안에 위치해 있다. 지구의 자전으로 인해 주장강의 진흙이 대량으로 서쪽에 침전되었고, 수심이 깊은 동쪽이 주요 선박길이 되었다. 마카오의 가장 깊은 수역은 겨우 4m밖에 되지 않는다. 내항의 수심은 겨우 1m로, 모래를 파낸 후에도 겨우 3∼3.5m밖에 되지 않아 2500톤 이상의 선박은 들어갈 방법이 없다. 외항 역시 준설을 거친 후에도 수심이 5m밖에 되지 않아 여전히 높은 준설 비용을 지불해야만 했다. 선박이 대형화된 20세기에 마카오 항구는 소규모의 종합 항구가 되어 홍콩의 화물과 여객이 늘어나게 되었다.

육지와 항공 운송 방면에서도 마카오는 불리하다. 마카오와 광저우 사이에는 그물처럼 펼쳐진 방해물 지대가 있고, 나루터도 많으며, 도로에서의 속도 제한도 있다. 홍콩 뒤에는 낮은 언덕들이 있고, 징주 철도와 고속 도로가 대륙 중심부까지 통하고 있다. 홍콩 공항은 세계에서 가장 바쁜 승객과 화물 운송 비행장 중의 하나로, 세계 각지와 빠르게 연결되고 있다. 1995년 전에 마카오에는 공항이 없어 세계의 여객과 화물은 모두 홍콩을 거쳐 들어왔다. 홍콩과의 경쟁에서 마카오는 분명히 열세에 있다.

이에 대해 마카오 카지노 업계 관련자는 깊은 유감을 표한다.

"나는 50년간 마카오에서 12명의 총독관을 섬겨왔고, 거의 모든 총독관이 내게 말했다. '방법을 생각해 보시오. 우리가 지나치게 도박 사업에 의존할 수는 없지 않소.' 그러나 현재의 총독관을 포함해 한 명도 성공한 적이 없다. 현재 15분마다 홍콩에서 배가 들어오고 있다. 사람들에게 어떤 새로운 의미를 부여한다 해도, 사람들은 결국 카지노로 향하게 된다. 마카오를 부양하려면 해마다 정부에서 60억을 지출해야 하는데, 카지노말고 어디서 그 돈을 충당하겠는가? 방법이라고는 더 많은 도박판을 여는 것뿐이다."[28]

한마디로, 마카오는 카지노사업을 지주 산업으로 하여 홍콩의 휴식지 기능을 담당하고 있는 것이다.

세계로 나아가는 또 하나의 관문

결론적으로 세계 도시 발전 규칙이 마카오의 400년 역사와 연계되어, 교통이 쇠락했다가 다시 흥하게 된 것이다. 마카오의 주권이 반환되기 전날 밤, 세계의 육지와 하늘 길이 세계를 향해 전면적으로 펼쳐졌고, 바다 길도 전기가 마련되어, 현재 마카오는 다시 한 번 교통의 부흥 시기를 맞고 있다.

(1) **항공로** : 1995년에 국제 공항이 개항되면서 마카오로 오는 국제 여행객들이 홍콩을 거쳐오는 역사의 마침표를 찍게 되었고, 수출입 무역으로도 빠른 길이 열리게 되었다. 타이완과 대륙 간에도 마카오를 통과하는 직항 편이 생겼다.

(2) **육로** : 선전-광저우 간 고속 도로의 광주-주하이 구간이 곧 완성되면 주하이(珠海)에서 광저우까지의 146km의 거리를 1시간 30분 만에 도달할 수

있게 된다. 계획에 따르면, 광주(廣珠) 철도와 장먼-신싱 철도, 카이핑-주
하이 철도 등이 잇따라 건설되면 주하이 삼각주 서부 철도망을 구성하게
되어 징광(京廣) 철도(베이징-광저우), 징주 철도(베이징-주룽), 산우 등을
경유해 전국의 철도와 연결되게 된다.

(3) **해로** : 섬 순환 도로의 동쪽 끝에 있는 주아오 항구(九澳港)의 1기 공정이
1991년에 건설되었고, 2기 공정은 1997년 7월에 건설되었다. 7m 이상
을 파내는 준설 사업을 거쳐, 주아오 항구는 5000톤급의 화물 운송선을
정박시킬 수 있게 되었다. 주하이 서쪽에 현재 건설 중으로, 합자, 임대,
책임 건설 등의 방식을 통해 건설되고 있는 가오조우션수이 항구는 마카
오를 세계적인 부두로 만들어내고 있다.

(4) **정보 방면** : 1981년에 설립된 마카오 전기통신회사는 마카오의 전기·통
신 시설을 새롭게 바꾸었고, 국제 위성 조직과 176개 국가와 직접 전화,
TV, 컴퓨터, 영상 팩스 등의 쌍방향 정보 교류를 제공하고 있다. 1992년
마카오에 설립된 '오우공티 컨설팅 센터'와 기타 유럽의 210개 컨설팅
센터는 컴퓨터로 상호 연결되어 쌍방향에 발전 계획, 정책, 법률, 대출,
무역, 과학 기술, 사회 및 경제 방면의 자료들을 제공하고 있다. 이런 컨
설팅 센터는 극동 아시아에서 첫 번째이다.

마카오는 세계 역사상 유구한 역사를 지닌 자유항 중의 하나이다.
현재 마카오에서는 외국계 은행을 설립할 수 있으며, 해외로부터 자금
을 끌어들여 이 자금을 해외 시장에 운용하거나 황금, 외환, 주식, 증
권 등의 무역 서비스를 개척할 수도 있다. 또한 수출입 물품 중 담배,
술, 자동차, 연료, 시멘트 같은 법률로 규정된 소수의 상품 이외에 일
률적으로 면세가 적용되고 있다. 기본법은 "마카오 특별 행정 구역의
자유항으로서의 지위를 보호하며, 법률로 규정된 경우를 제외하고 세

---

(28)　　《資本雜誌》(香港), 1993년 9월.

금을 징수하지 않는다", "자유 무역항 정책을 시행하고, 화물을 보호하며, 무형의 재산과 자본에 대한 자유로운 유동을 보장한다", "외환관리 정책을 시행하지 않으며, 마카오 위안화를 자유롭게 태환할 수 있다."라고 규정하고 있다.

마카오와 홍콩은 서로 인접한 두 개의 자유항이다. 홍콩과 비교해 보면, 마카오에는 다음과 같은 세 가지 우세한 점이 있다.

▶ (1) 생산 요소 비용이 상대적으로 저렴하다. 홍콩과 비교해 보면 마카오의 노동 비용은 30~40% 정도 낮고, 토지 비용은 60~70% 정도 낮다. 마카오의 기업 소득세는 15%로 홍콩보다 대체로 낮다.

▶ (2) 라틴 문화를 배경으로 가지고 있다. 영어 배경은 홍콩을 세계로 나아가게 하는 무형의 재산이다. 포르투갈어 배경은 마카오를 포르투갈어권과 라틴어권 세계로 나아가게 하는 귀중한 자원이다. 경제가 발전하고 수출이 증가하면서, 대륙의 대외 무역은 반드시 다원화의 길로 나아가게 될 것이다. 라틴 아메리카 지역은 중국이 개척한 무역 다원화의 주요한 방향 중의 하나이다. 포르투갈어를 사용하는 브라질은 세계 경제 강국 중의 하나이며, 이 외에도 앙골라, 기니비사우, 적도 기니, 상투메 프린시페 등의 국가들이 있다.

▶ (3) 유럽공동체(EU)와 특수하게 연계되어 있다. 마카오는 40개 가까운 국제 경제 조직에 직접 참가 및 포르투갈을 통한 간접 참가 방식으로 가입해 있다. 마카오는 포르투갈을 통해 유럽공동체의 우대 정책인 방직품 협의와 보편적 우대 제도를 얻어냈다. 유럽공동체는 마카오에 23종류의 방직품 할당액을 부여했고, 이 할당액 중에서 유럽으로 수출되는 것에 대해 면세 조치를 취하고 있다. 보편적 우대 제도에 따라 일정 수량의 수출에 대해 면세가 적용된다. 마카오에서 유럽공동체로 가는 상품의 80%가 우대 혜택을 받는 방직품이며 이중 13%가 보편적 우대 제도 우대 정책의 적용을 받는다. 1992년 마카오와 유럽공동체

가 함께 조인한 협정서는 무역에서 쌍방에 최혜국 대우를 부여하는 것을 보장하고 있으며, 경제, 기술, 자금 컨설팅, 트레이닝 등의 방면에서 광범위한 합작과 마카오에 투자하는 기업에게 우대 대출과 무이자 대출을 실시할 것을 보장하고 있다. 1995년에 설립된 마카오-유럽공동체 기업 합장 중심은 유럽공동체의 기업들이 마카오에 투자하는 것을 장려하고, 마카오가 대륙과 유럽공동체 간의 중개 역할을 발휘하도록 격려하고 있다.

마카오는 전형적인 면적과 인구가 적은 대표적인 소형 경제이다. 소형 경제는 자원이 적고 규모가 작아 국제 사회에 미치는 영향이 크지 않다는 특징이 있다. 그러나 소형 경제는 체제가 민첩하여 전환이 편리하며, 국방과 외국 원조 등의 부담이 적어 무역 우대와 원조 등을 받는 데 편리하며, 특수한 발전 경제 전략을 채택하기에 편리하다는 등의 우세한 점이 있다. 모든 성공한 소형 경제를 보면, 경제 수준과 국민총생산 모두 이웃의 큰 나라들보다 높다. 룩셈부르크는 벨기에, 프랑스, 독일보다 높고, 리히텐슈타인은 오스트리아와 스위스보다 높으며, 버뮤다는 미국과 영국보다 높다. 카지노 관광, 낮은 세금 그리고 역외 금융 모두가 마카오 경제를 유지시켜 주는 지주 산업들이다.

마카오는 극동 아시아의 소형 경제로서 국민총생산은 네 마리 용의 중간 수준에 속한다. 적절한 정책을 실시한다면, 마카오도 고부가 가치 부문을 향해 나아갈 수 있을 것이다. 자유항은 전형적인 자유 상업 제도로 관문 기능은 마카오의 가장 유리한 자원 집중 방향이다. 관문의 기능과 관계 있는 산업은 다음의 여섯 가지이다.

▶ (1) 운수업 : 대규모의 상품과 사람의 유통을 보장해 준다.

▶ (2) 정보 전달 및 자문 서비스 : 세계 정보 네트워크와 한 걸음 더 가깝게 만난다.

▶ (3) 금융 보험업 : 자금 및 황금, 증권 거래 등이 24시간 운영되게 되

면, 홍콩 금융업의 보조 센터가 될 수 있다.

▶ (4) 과학 기술·문화 산업 : 동서양의 과학 기술과 문화 교류의 교량 역할을 하던 역사적 풍모를 재현한다.

▶ (5) 관광 : 카지노 관광은 현재 마카오의 지주 산업 가운데 하나이다. 관광업은 다음과 같은 것들을 향상시켜야 한다. 첫째, 문화적 색채를 더하여 서구 여행자들은 동방 문화의 운치를 깨닫게 하고, 동양 여행 객들은 서방 문화의 풍채를 체험하게 하여 현대 여행객들이 400년간 의 동서양 문화 융합의 과정을 느끼도록 해준다. 둘째, 국제 회의 여행 이나 쇼핑 관광 같은 항목을 개발시키는 등의 새로운 영역을 개척한 다. 셋째, 관광업을 화남 지역 관광 루트와 융합시켜 여러 방면에서 비 교적 우수한 환경을 제공함으로써 숙박률을 끌어올린다. 현재 관광객 중 3/4이 숙박객이다.

▶ (6) 첨단 기술, 고부가 가치 : 좁은 면적을 점유하면서도 오염 물질을 적게 배출하는 가공 공업을 발전시키고 하이 브랜드 상품을 개척한다. 현재 마카오의 가공업은 6만 명의 직원을 고용하고 있으며, 국민총생 산의 40%를 담당하고 있다. 가공 산업의 양식 전환을 가속화하는 것 이 특별히 중요하기 때문에, 중국 대륙과의 협조 분업을 강화하는 것 이 마카오의 공업을 한층 성숙시키는 데 중요한 경로가 된다. 이 협조 관계에서 마카오는 상품 개발, 상품 설계, 생산 공정 기술, 상품 무역, 시장 개척, 고객 서비스 및 소량 생산 등에서 충분히 우수한 역량을 발 휘할 수 있으며, 대륙은 과학 연구와 대량 생산에서 우세한 점을 발휘 할 수 있을 것이다.

　홍콩의 세계 금융 중심으로서의 지위와 중국을 세계로 향하게 하는 주요한 관문으로서의 지위를 마카오로서는 따라갈 수 없다. 게다가 마 카오는 홍콩의 상황에 완전히 종속되어 있어 앞으로 개선되어야 할 부 분이 있다. 그러나 홍콩과 마카오는 함께 협력하여 중국을 세계로 이

[400]

끄는 두 개의 견인차가 될 것이며, 대륙 경제와 세계 경제의 융합을 가속화할 것이다.

마카오가 경제 전환 과정에서 겪는 장애 가운데 하나는 인재와 기술이 부족하다는 것이다. 이에 대해서는 여전히 국제적 인재와 과학 기술 시장에서 빌려올 수밖에 없으며, 가장 빠른 방법은 중국 대륙의 잠재력을 발굴하는 것이다.

4. 선전의 특징과 기능

선전(深圳)시의 핵심은 경제 특구라는 점이다. 선전 경제 특구는 세 가지 특수한 점이 있다.

> (1) 특수한 위치
> (2) 특수한 기능
> (3) 특수한 정책

선전의 기능은 다음 네 가지이다.

> (1) 창구 기능   (3) 확산 기능
> (2) 실험장 기능   (4) 홍콩과의 연결 기능

이 중 가장 중요한 것은 홍콩과의 연결 기능이다. 도시학의 각도에서 보면 선전과 홍콩은 공통적인 대도시권을 구성하고 있으며, 국제 수준을 갖춘 대도시로, 한쪽으로는 전체 대륙을 향해, 다른 한쪽으로는 세계를 향해 그 영향력을 확산시키고 있다. 이것이 선전의 개괄적

인 도시 특성이며, 홍콩과 떼놓고 선전의 문제를 분석할 수 없다.

경제 특구를 둘러싼 세 차례 논쟁

개혁 개방 이래, 선전 경제 특구를 둘러싼 논쟁은 끊임없이 터져 나왔다. 대규모의 논쟁은 세 차례 있었다. 1980년대 초 벌어진 1차 논쟁의 주제는 "특구를 설치할 필요가 있는가?"였다. 2차 논쟁은 1980년대 중엽에 제기된 것으로, "특구를 제대로 해낼 수 있을지?"에 대한 것이었고, 1990년대 중반에 있었던 3차 논쟁은 "특구를 계속해서 시행할 것인가", "계속한다면 어떻게 할 것인가"에 관한 것이었다. 세 차례의 논쟁은 '경제 특구의 끊임없는 발전 과정을 이루어내고, 사람들의 사상을 점차로 심화시켜 특구에 새로운 희망을 부여하는 인식 과정'[29]이었다.

3차 논쟁의 내용과 형식은 비교적 격렬하여 쌍방의 주장이 첨예하게 대립되었다. 한쪽은 '특구불특(特區不特)'을 주장하였는데, 이들의 중심 사상은 특구의 감면세 같은 경제적 우대 정책을 폐지하고, 지대 추구(rent-seeking) 이론을 채용하고 특권과 독점권 같은 개념에 대해 토론해 나갔다. 다른 한쪽은 '특구경특(特區更特)'을 주장하는 쪽으로, 앞으로 모든 특구를 자유항으로 만들 것을 건의했다. 동시에, 「천박한 학자와 방망이」이라는 제목의 글을 발표하여, 상대방이 방망이를 가지고 당 중앙을 두드려댄다고 비판하고 있다. 학술 논쟁이 정치와 도덕적 색채를 띠게 된 것이다.

세 차례의 논쟁을 본질적으로 분석해 보면, 선전의 도시 성질 및 도시 기능과 떨어질 수 없다는 것을 알게 된다. 선전의 도시 성질과 도시 기능에 대해 통일된 인식을 갖게 되면, 논쟁을 쉽게 해결할 수 있다.

---

(29)　　　趙憶宇, 「柳孝華談特區」, 《瞭望》, 1995년 10월 9일.

[402]

선전에 대한 분석은 전국적인 시각에서 시작해야 한다

선전 경제 특구의 도시 성질과 도시 기능에 대한 분석은 반드시 전국, 심지어는 세계적인 시각에서 시작해야 하며, 중국 사회·경제 발전의 특수 단계와 세계 경제 일체화의 대추세에서 시작해야만 한다.

선전은 주장강 삼각주 도시들 중의 하나이다. 그러나 선전의 도시 성질과 기능 분석은 주장강 삼각주 범위 내에만 국한될 수 없다. 주장강 삼각주에 있는 도시들 가운데 선전은 기껏해야 삼각의 하나일 뿐이다. 선전은 광둥성의 도시 가운데 하나이지만, 선전의 도시 성질과 기능 분석은 역시 광둥성에 국한될 수 없다. 광둥성에서 선전의 지위는 성도인 광저우에 비해 한 등급 낮다. 강력한 행정 경제의 전통하에 도시의 지위와 행정 지위는 밀접한 관계에 있으며, 성도는 지도적 지위를 포기할 수 없다. 선전이 그 지역의 경제·금융 중심이 된다는 구호도 광저우에는 통하지 않는다. 광저우의 입장에서 보자면, 지역의 경제·금융 중심은 당연히 성도가 되어야 하는 것이다.

선전의 입장에서 중요한 것은 전국의 남쪽 대문에 위치해 있다는 것과 전국 개혁 개방의 창구 및 교량의 위치에 있다는 것이다. 전국의 개혁 개방은 선전이라는 대문과 교량을 필요로 한다. 국제적으로 일반적 가공 수출 구역과 다르게 중국의 특구는 성립 당시부터 전국을 염두에 두고 시작했다. 이 때문에 중국 특구의 범위와 규모는 협소하지 않으며 기능 역시 단일하지 않다. 선전 경제 특구는 전국을 이끌어갈 사명을 짊어지고 있는 것이다. 성립 초기에 선전 경제 특구는 비교적 큰 규모로 계획되었으며, 선전 경제 특구 건설 과정에서 인재, 자금, 기술 등이 전국 사방에서 모여들었다. 선전은 마치 전국 인재 박람회 같아서 각지의 모든 방언을 다 들을 수 있다. 광둥성 방언 세력이 비교적 강한 광둥성 주장강 삼각주에서 선전은 표준 중국어가 걸림돌 없이 통용되는 언어의 섬이다.

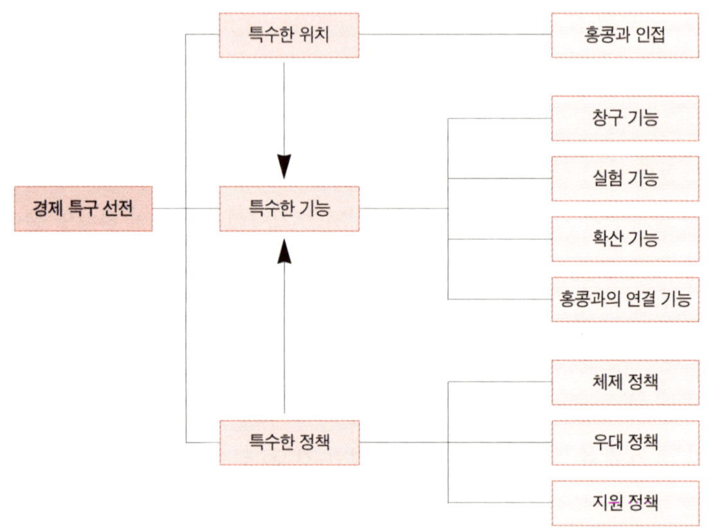

또 다른 방면으로, 선전의 흥기는 홍콩 발전의 필요와 세계 경제 일체화 필요에 의한 것이다. 홍콩의 자본, 정보 및 기술은 선전을 통해 대륙으로 들어간다. 동남 아시아 화교 경제권의 자본과 기술 역시 선전을 통해 대륙으로 들어간다.

특수한 위치가 특구의 기초

선전 경제 특구의 기초는 홍콩과 이웃해 있다는 위치이다. 이것은 다른 지방이 대체할 수 없는 점이다.

간단한 모델을 들어 정리해 본다면, 개혁 개방이 홍콩에 이웃해 있는 선전을 경제 특구로 끌어올린 것이다. 개혁 개방은 선전이 가지고 있는 잠재적 우수성을 현실화시켜 주었다. 선전 경제 특구는 개혁 개방과 특수한 지리적 위치가 결합되어 만들어진 것이다. 역사를 회고해 보면, 1978년 12월의 당 11기 3차 중국공산당 전체 회의는 개혁 개방의 신호음을 울렸고, 당시 국무원이 제출한 구상은 광둥성 바오안(寶安)현(지금의 선전)을 농업과 공업이 결합된 상품 생산 기지로 만들어 홍콩과 마카오의 관광객을 끌어들이는 새로운 형태의 도시로 만든다는 것이었다. 1년 반의 준비 기간을 거쳐, 1980년 8월 제5기 전국인민대표대회 상무위원회에서 이 결의안이 통과되어 선전, 주하이, 산터우(汕頭) 3개의 경제 특구가 만들어졌다. 그리고 얼마 후 샤먼(厦門)도 경제 특구로 추가되었다.

개방 초기, 계획 경제 체제에서 시장 경제 체제로 넘어가는 과정에서 경험, 자금, 정보, 기술 등이 부족했다. 겹겹이 쌓인 어려움 앞에서 전진의 행보를 가속화하기 위해 모범이 될 만한 우선 발전 지역이 필요했다. 우선 발전 지역으로 선정되기 위해 필요한 조건은 먼저 그 지역의 위치였다. 선전은 홍콩과 매우 가깝고, 주하이는 마카오와, 샤먼은 타이완과 가깝다. 그리고 산터우는 화교들의 본산지이기도 하다. 선전이 이 조건에 부합되었다. 두 번째 필요한 조건은 자금이었는데, 중앙 정부의 재정이 곤란해 출자할 수 없었기 때문에 우대 정책을 통해 국내외 자금을 끌어들여야 했다.

4개의 경제 특구 중 선전은 군계일학이라 할 수 있다. 1996년 선전의 국내총생산은 다른 3개 경제 특구 총액 합계의 1.2배에 달했다. 선전 연안의 연간 유동 인구는 5000만 명이 넘어 전체 육지 연안 유동 인구의 절반에 이르며, 차량 유통량은 1000만 대를 넘어 전국의 3/4을 차지한다. 1997년 수출액은 450억 달러로 전국 1위이다. 이런 성적은 선전 특구가 가진 지리적 우수점의 산물이다.

이론적으로 분석하자면, 위치적 우위는 일종의 위치 에너지라고 할 수 있다. 홍콩과 선전 사이에 존재하는 경제 수준의 차이는 위치 에너지이다. 마치 물이 높은 곳에서 아래로 떨어지면서 수량과 낙차로 인해 수력 에너지를 발생시키는 것과 같은 효과를 낼 수 있다. 수량과 낙차의 곱이 수력 에너지의 크기가 된다. 홍콩의 막대한 경제 실력과 홍콩과 대륙 경제 수준 및 경제 구조의 커다란 차이가 선전의 잠재력을 발전시켜 가장 뛰어난 경제 특구로 만든 것이다.

몇몇 학자들은 선전 경제 특구에 특별 통행증 제도를 실시하는 것을 이해하지 못하고, (이 제도를) 특구 주변에 철망을 둘러쳐, 이 지역을 국가 안의 국가로 만들어 공정한 경쟁을 막으며 사회 질서의 정상적 운행을 방해한다고 여긴다.

이런 특별한 조치를 취하는 것은 선전 특구의 위치로 인한 것이며 홍콩과 대륙의 차이가 지나치게 크기 때문이다. 선전의 완충 작용이 있어야 그 위치의 이점을 충분히 발휘할 수 있다. 경제적 차이로 인한 위치 에너지가 비교적 작은 지역에서는 2선(二線) 관리 조치를 취할 필요가 없다. 현재와 같이 엄격한 2선 관리 체제하에서도 수십만 명의 사람들이 갖가지 방법으로 통행증 없이 선전 특구로 들어와 도시 관리 및 사회 치안에 적지 않은 어려움을 가져오고 있다. 만약 2선 관리제를 폐지한다면, 훨씬 더 많은 사람들이 맹목적으로 흘러들어 정상적인 사회 생활에 커다란 충격을 가져올 것이다.

선전 특구의 이선 관리는 하류의 2급 개발과 매우 비슷하다. 하류의 낙차가 지나치게 클 때, 2급 개발 조치를 취하는 것은 수력 에너지 이용의 좋은 방법이다. 선전 경제 특구는 홍콩으로 통하는 뤄후 항구, 황강 항구, 먼진두 항구, 샤터우자오 항구 등을 건설, 발전시켰으며 또한 2선 항구 밖에는 푸지에 바오안 같은 현대화된 도시가 건설되고 있는 구역이 있다. 이것이 곧 전형적인 2급 개발 현상이다.

결국, 중국 대륙이 세계를 향해 개방하려면 선전 지방이 발전되어야 할 뿐만 아니라 주하이, 샤먼, 산터우에 비해서도 빠르게 발전해야 한다. 경제 특구 정책의 실행만이 잠재적 우위점을 현실적 우위점으로 바꿀 수 있는 것이다. 경제 특구 정책을 실행하지 않은 상태에서 10년에 할 수 있는 일을 이제는 5년 또는 더 짧은 시간에 해낼 수 있다.

총체적으로, 선전의 특수한 위치가 선전의 출발점이며 경제 특구 존재의 기초가 되는 것이다. 또한 이것이 선전의 도시 성질과 도시 기능의 중요한 근거가 되며 우대 정책 및 특수 정책을 제정하게 된 원인이 되는 것이다. 홍콩은 세계에 단 하나뿐이다. 홍콩의 정책은 복제 가능하지만, 홍콩의 위치는 복제할 수 없다. 대륙에 선전은 한 곳뿐이며 선전의 위치 역시 복제할 수 없다는 특징을 가진다.

특수한 기능이 특구의 본질

도시의 본질은 기능에 따라 결정된다. 선전에는 네 가지 중요한 기능이 있다.

▶ (1) 창구 기능 : 교량 기능이라고도 하며, 자금, 기술, 선진적 경영 관리, 인재 등을 끌어들여 대외 무역을 발전시키고, 국제 시장을 개척한다.

▶ (2) 실험장 기능 : 중국이 사회주의 시장 경제 체제를 건립하는 필요한 개혁 조치들은 선전에서 먼저 시행된다. 인재 초빙, 노동력 고용, 토지 경매, 부동산 개혁, 물가 조절, 증권 시장 개방 등의 영역에서 선전은 유익한 실험 탐색의 장이 된다. 중국이 국제적 관례를 실행하기에 앞서 선전에서 먼저 실험해 보게 된다. 중국이 세계무역기구(WTO)에서의 지위를 회복하기 위해 필요한 조정 정책도 선전에서 먼저 적용된다.

▶ (3) 확산 기능 : 자금, 기술, 관리 등의 방면에서 선전의 영향력은 전국에 대규모로 확산된다. 1996년 선전에는 이미 내륙과 관계된 기업이 600여 개 있었으며, 투자액은 100억 위안에 육박했다. 선전의 기업은 전국 88개 지역에 1390개 항목, 약 150억 위안을 투자하고 있다. 특구에서 성장한 적지 않은 인재들이 북쪽으로 진출하거나 고향으로 진

출하기를 시작했다. 선전에서 단련된 많은 임시직 노동자들이 고향으로 돌아가 기업을 창업하고 있다. '캉자 모델'은 목단강(牧丹江), 시안(西安), 추저우(滁州)의 3개 텔레비전 공장과 함께 선전이 가져온 전국의 가장 전형적인 실례가 되었다.

▶ (4) 연결 기능: 홍콩이 반환되는 과도기에 선전은 홍콩과 연결되어 순조롭게 반환될 수 있게 해주었다. 특구는 홍콩의 경제적 번영을 유지시켜 주는 중요한 요인이다. 특구 건설의 결과가 좋았기 때문에 홍콩 주민들이 반환에 대한 믿음을 가질 수 있었던 것이다. 선전은 홍콩의 번영 유지를 보장해 주는 연결 기능을 한다. 앞으로 선전의 이런 기능은 더욱 두드러지게 될 것이다.

이 4대 기능 중 가장 중요한 것은 연결 기능이다. 연결 기능이 있는 연후에야 창구 기능, 실험장 기능, 확산 기능이 있는 것이다. 신전이 이 4대 기능을 갖출 수 있었던 까닭은 무엇일까? 그것은 선전이 홍콩과 연결될 수 있고, 홍콩 역시 선전과의 연결을 필요로 하기 때문이다. 그렇다면, 왜 다른 지방은 이 4대 기능을 갖지 못하는가? 그것은 다른 지방은 홍콩과 연결될 방법이 없기 때문이다.

연결 기능의 크나큰 위력은 선전의 도시 계획에 강하게 반영되어 있다. 선전의 도시 계획은 선전 항을 둘러싼 항구를 개발·발전시키는 것이다. 여러 번에 걸친 도시 계획 수정은 항구의 발전에 따라 진행된 것으로, 선전 전체의 공간 구조는 모두 선전 항 개발의 흔적이다. 선전은 고질적인 문제를 가지고 있는데, 항구를 오가는 대형 차량들의 유통량이 많아 시내 교통이 교란되어 도로 계획의 어려움이 가중된다는 것이다. 그러나 다른 한편, 대형차들의 유통량이 선전에 전에 없는 번영을 가져다 주기도 한다.

특구의 지표는 특수한 정책에 있다

만약 선전이 단지 특수한 위치와 기능만 가지고 있다면, 경제 특구가 될 수 없었을 것이다. 기능과 상응하는 특수한 정책이 있었기 때문에 선전은 비로소 완전한 경제 특구가 된 것이다.

선전의 특구 정책은 대체로 다음의 세 부분이다.

(1) 특구의 항목 심사권, 인사 관리권, 행정 체제권의 확대를 포함한 체제 정책. 시장 경제 체제로 목표를 개혁하고 투자 환경을 개선하여 선전이 선도적으로 나아가도록 보장

(2) 외국 투자자나 투자 기업의 자본 및 물품에 대한 세금 징수 면제, 15%의 기업 소득세 징수 등을 포함한 우대 정책

(3) 중앙 재정이 대량으로 투자할 수 있는 여력이 없고 현지 정부의 재력 역시 부족한 상황에서 세금을 유보하는 정책을 사용하여 특구 개발 자금을 모으도록 하는 부양 정책

이런 정책은 선전 경제 특구 성장의 촉진제가 되었다. 정책은 시간적인 문제를 가진 것이기 때문에 경제 특구가 성장함에 따라 정책의 내용도 조정되어야 한다. 1985년과 1988년에 해관에서 징수하는 상업과 공업 소득세의 구성 비율이 조정되었고, 상업과 공업 소득세 유보 정책이 폐지되었다. 또한 1988년에는 외환 정책이 조정되었다. 선전의 재정력이 이미 자기 스스로 개발해 나갈 만큼의 능력을 갖추었다고 판단된 1995년에는 세금 유보 정책이 폐지되었고, 이미 만기가 도래한 외국 투자 기관의 투자 자본 화물에 대한 세금 징수 면제 정책과 외환 유용 정책을 더 이상 연장해 주지 않았다. 현재 선전에 남아 있는 주요 정책은 15%의 기업 소득세율로 이것은 전국의 통일적인 33% 기준 세율보다 낮은 것이며 홍콩과 마카오의 세율과 같은 수준이다.

우대 정책을 줄이고 보조 정책을 폐지한 것이 선전 전체의 특수한
정책을 폐지한 것은 아니며 이것은 선전 특수 정책의 구조 전환으로
특수 정책의 단계적 변화인 셈이다. 일례로, 선전에는 세 곳의 보세구
가 있다. 푸톈 보세구, 샤터우자오 보세구, 옌톈 항 보세구. 이것은 전
국에서 유일한 것이다.[30]

선전-홍콩 연계

선전과 홍콩의 산업 연결은 대륙과 홍콩 경제 발전의 필요로 경제
발전 법칙에 부합되는 것이다. 또한 선전과 홍콩 두 도시 발전 필요이
기도 하며, 도시 발전 규칙에 부합되는 것이기도 하다.

예견해 볼 수 있는 선전과 홍콩의 산업 연결은 주로 다음의 네 가지
방면이다.

1) 첨단 기술 산업 연계

노동 집약형 공업의 연결 과정은 홍콩이 반환되기 이전에 기본적으
로 완성되었다. 지식 경제 시대의 발전 추세에 따라 첨단 기술 산업은
선전과 홍콩 양쪽 모두에 공통적인 지주 산업이 되어야 한다. 첨단 기
술 산업 위에 단단히 토대를 두어야만 비로소 선전, 홍콩 두 지역은 생
명력을 가질 수 있다. 선전-홍콩 두 지역은 서로 돕고 서로 결합하여
첨단 기술 산업 단지를 만들어낼 수 있다. 홍콩은 자금, 정보, 관리, 판
매 및 설비 수입 등의 방면에서 우수성을 발휘할 수 있고, 선전은 대륙
의 인재와 과학 연구의 성과를 들여오는 방면에서 역량을 발휘할 수
있을 것이다.

---

(30)　　　于祖堯, 「1997年以后實行深港 ‘一體兩制’」, 《開放導報》, 1996년 2기.

2) 대형 기초 시설 연계

선전-홍콩 두 지역의 대형 기초 시설은 긴밀히 연결되어 있어, 협력적으로 분업되어야 훨씬 큰 경제적 효과를 발휘할 수 있다.

항구 방면에서 홍콩 항의 대형 컨테이너 적재량은 홍콩의 시내 교통과 도시 환경에 무거운 부담이 된다. 선전의 옌톈 컨테이너 항을 홍콩 항과 나누어 쓰게 되면 하나의 항구에 두 군데 작업 구역을 만들게 되어 세계 제1의 컨테이너 항의 지위를 계속해서 유지할 수 있다.

선전의 황톈(黃田) 공항은 대륙의 5대 공항 중의 하나이고, 홍콩의 신공항은 이미 운영에 들어갔다. 이 두 개의 인근 공항이 적당한 분업을 이루게 되면 각자의 우세한 점을 발휘할 수 있을 것이다. 홍콩 공항은 더 많은 장거리 국제 항공 노선을 담당할 수 있게 되고, 선전 공항은 낮은 비용이라는 우수한 점을 이용하여 더 많은 단거리 국내 항공 노선을 담당할 수 있게 될 것이다. 두 공항의 협력을 강화할 수 있는 전제 조건은 홍콩 서부의 도로와 선전 만의 대교 건설이다.

홍콩 생활 용수의 80%는 광둥성에 의존하고 있고, 선전은 전력이 부족하여 홍콩에서 보충하고 있다. 하나의 통일된 전력 및 용수 공급망 건립은 두 도시 모두의 필요이다.

3) 금융업을 첫째로 하는 서비스업 연계

홍콩의 땅값과 집값, 그리고 노동 비용 상승 압력을 완화하기 위해, 3차 산업 중 노동 집약형 산업은 선전으로 점차 옮겨가, 선전은 대륙을 향한 서비스업의 기획 지점이 된다. 본래 홍콩에서 완성된 상품 거래, 결산, 배송 업무 등은 점차로 선전으로 옮겨가게 될 것이다.

선전과 홍콩의 발달한 금융업과의 협력은 커다란 잠재력이 있다. 자금 시장과 증권 시장, 외환 시장, 선물 시장 등의 방면에서 전면적인 연계가 가능하며, 상호간에 대리 관계를 만들어 공동 대출 투자, 합자 경영, 상호 융자, 금융 인재의 합작 배양 등이 가능하다.

홍콩은 세계 10대 관광 지역 중의 하나지만, 여기서 한 걸음 더 발전하는 데는 관광 자원 부족이라는 제약이 있다. 선전 관광업에 대해서는 홍콩-선전-내륙 관광망을 형성하는 것이 관광업 발전의 중요한 방향이다.

4) 거주 지역 연계

선전-홍콩 거주지 연계의 주요 근거는 다음과 같다.

(1) **대도시 교외화 법칙과 부합** : 현대 대도시의 통근 반경에 비추어 보면, 선전은 홍콩의 교외 기능을 담당할 수 있으며, 홍콩의 베드타운 기능을 담당할 수 있다. 선전의 푸톈, 뤄후, 옌톈에서부터 강다오까지 차로 가는 거리는 웬랑에서 강다오까지 가는 거리와 엇비슷하다.

(2) **현실 생활의 요구에 부합** : 현재 수만 명을 헤아리는 홍콩 사람들이 선전에 취업해 있다. 어떤 홍콩인 자녀들은 날마다 세관(海關)을 넘어 홍콩으로 등교하고 있어 대단히 고달픈 실정이다.

(3) **경제 법칙과 부합** : 선전 특구의 집값은 홍콩의 1/5에 불과하며, 바오안, 롱강 일대의 집값은 홍콩의 1/10밖에 되지 않는다. 홍콩에는 100만 명의 퇴직 노인들이 있고, 이들의 70%가 연수입 3만 홍콩 달러 이하이다. 이런 중하층 수입 수준의 노인들에게 선전은 비교적 이상적인 퇴직 양로 환경을 제공해 줄 수 있다.

이상에서 기술한 객관적인 요구에 따라, 선전에 홍콩인 신주거지, '홍콩 노인 아파트', '홍콩 초등학교' 등을 건립하려는 구상이 신문과 잡지에 끊임없이 발표되고 있다. 옌톈에 근래 개발된 7000여 개의 상업용 건물의 절반을 홍콩인들이 매입했다. 그 중 하이타오 화원 1100

여 개와 샤터우자오 내의 500여 개는 전부 홍콩인들이 매입했다. 낮에는 홍콩으로 출근하고, 밤에는 선전으로 돌아와 사는 것이 앞으로 홍콩인들의 생활 방식 중 하나가 될 것이다.

하나의 도시, 두 개의 중심지

도시학의 각도에서 분석하면 홍콩과 선전은 실제로 하나의 대도시권에 속해 있다. 선전은 홍콩의 합리적 확대이다. 선전과 홍콩은 함께 홍콩 대도시권을 이루고 있는데, 이것은 일본의 가와사키, 요코하마와 도쿄, 그리고 미국의 조지타운과 뉴욕의 관계와 같다. 홍콩 반환은 선전-홍콩 양 지역 협력에 중요한 정치적 장애를 제거해 주었다. 도쿄 도시권 및 미국 도시권과 다른 점은 선전-홍콩 두 곳이 서로 다른 체제를 가졌다는 점이다. 이것은 세계적으로 유일무이한 도시 형태로서 깊이 연구해 볼 가치가 있는 도시 형태이다.

한 도시, 두 개의 중심지는 홍콩과 선전 도시 발전 필연적 추세이다. 홍콩은 건축 용지가 협소하여 680만 명의 인구가 200km²가 안 되는 지역에 몰려 있어 환경 및 생활의 질에 심각한 영향을 받고 있다. 오르는 땅값과 집값은 이미 홍콩의 경영 비용을 높여 홍콩의 경쟁력을 약화시키고 있다. 홍콩의 도시 기능은 여전히 발전하고 있고, 도시 인구 역시 계속 팽창하고 있다. 홍콩 관련 당국에 의하면 2010년 홍콩의 인구는 1000만 명을 넘을 것으로 추산되는데, 이것은 홍콩 최고 법원의 '홍콩 거류권 재결'에 따라 홍콩 거류권을 가지고 있는 대륙인 167만 명이 포함되지 않은 숫자이다.[31] 용지 모순을 완화시키는 유일한 출구는 홍콩-선전 협력을 강화하여 선전의 광활한 공간을 충분히 이용하는 것뿐이다. 현재 선전에는 이미 닦아놓은 상태지만 이용되지 않고 있는 토지가 230km²로 홍콩의 전체 건축 용지보다도 훨씬 크다.

한 도시, 두 개의 중심지는 현대 경제 발전의 필연적 추세이다. 현 국제 경제의 조류는 집단화와 일체화이다. 홍콩과 선전의 경제적 연계와 도시 일체화는 세계 경제의 대조류에 부합되는 것이다. 양 지역이 인문 및 인적 관계 등 밀접하게 연결되어 있는 것은 이런 추세를 촉진시켜 준다. 선전에 경제 특구가 건립된 이래 양 지역의 산업 연계와 도시 일체화 추세는 초반에 이미 실마리가 보였다. 홍콩이 내륙에 두고 있는 가공업의 40%가 선전에 있고, 선전이 끌어오는 외자의 70%가 홍콩에서 오는 것이다. 또한 선전 수출 무역의 80%, 수입 무역의 70%가 홍콩을 거치고 있다. 홍콩 반환 후에 한 도시, 두 개의 중심지의 과정은 확실히 빨라지고 있다.

산업 연계와 한 도시, 두 개의 중심지는 새로운 정책 보장을 필요로 한다.

▶ (1) 항구 통과 능력을 높이고, 항구 처리 절차를 간소화하여, 앞으로 상품 검사, 위생 검사, 동식물 검사의 세 가지 검사를 하나로 합치고, 24시간 통관을 시행하고, 직행 고속 도로를 열어 두 지역을 연결한다.

▶ (2) 항구 관리, 전력망 설치 확충, 부동산 사업 등 홍콩의 관리 모델을 전면적으로 들여온다. 선전에서 집을 사면 홍콩에서 밝히지 않아도 되며, 선전의 홍콩 초등학교는 홍콩의 교과서를 채택하고 홍콩의 교사를 채용할 수 있도록 한다.

▶ (3) 첨단 기술 산업의 벤처 캐피탈 시장을 공동으로 육성해 통일된 벤처 투자 메커니즘을 만들고 선전-홍콩 화폐의 자유 태환 제도를 수립한다.

▶ (4) 관광업의 전체적인 이미지를 수립하고 전체적으로 계획을 진행하여 교통, 숙박, 음식, 쇼핑, 오락을 하나의 서비스로 묶는다.

---

(31)　　　《中央社》(香港), 1995년 5월 1일.

[414]

▶ (5) 선전은 홍콩과 긴밀하게 연계하여 두 중심지 한 도시를 형성해야만 세계 도시 체계 중에서 확실한 자기 위치를 찾을 수 있으며 중국의 도시 체계에서의 위치를 찾을 수 있다.

특구 건설의 새로운 단계

종합하여 서술하자면, 특구를 둘러싼 3차 논쟁의 본질은 특구 건설의 새로운 단계에 대한 논쟁이라는 것이다.

특구불특이라는 명제에는 두 가지 한계가 있다.

▶ (1) 특구에 대한 오해를 불러일으킨다. 주창자들이 재삼 밝힌 것과 같이 앞의 特과 뒤의 特은 같은 것이 아니다. 첫 번째 特은 특구를 가리키는 것이고, 두 번째 特은 특수 우대 정책을 가리키는 것이다. 그러나 네 글자의 간단한 명제로 되면서 이 두 완전히 같은 글자들은 오해를 야기한다.

▶ (2) 적지 않은 우대 정책들이 폐기된 것이 우대 정책 모두가 폐기된 것과 같을 수 없으며, 더욱이 특수 정책이 폐기된 것과 같을 수 없다. 기업 소득세는 여전히 홍콩과 마카오의 기준을 지켜 15%를 유지하고 있고, 전국의 통일적 세율인 33%보다 낮다. 이전의 우대 정책은 폐기되었지만, 새로운 우대 정책들이 출현할 수 있다. 이 외에 '특구불특'이라는 입장을 밝힐 때 사용한 "경제적 지대 추구와 정치적 지대 추구를 통해 독점권과 특권을 추구하고 있다."라는 논단은 주도면밀하지 못한 것이다.[32] 모든 사람들이 알다시피 특구의 우대 정책은 지대 추구의 산물이 아니라 시대적 요구이다.

동시에 '특구불특' 명제에 포함되어 있는 특구 발전의 단계성에 대한 깊은 인식을 반드시 살펴 특구 건설을 향한 제도 혁신 과도기의 새

---

(32)　　　胡鞍鋼, 《聯合早報》(新加坡), 1994년 10월 7일.

로운 시기를 반영해야 한다.

'특구경특'이라는 명제 역시 같은 오해를 만들어내기 쉽다. 첫 번째 特은 특구의 特이고 두 번째 特은 특수 정책의 特이다. 본래의 취지는 새롭고도 훨씬 개방적인 특수 정책을 채택하자는 것으로, 총체적으로 말해서 특구는 여전히 특구이며 그 본질은 변하지 않는다는 것이다.

이 때문에 비교적 적절한 명제는 '특구 건설의 새로운 단계'로 이것은 간단한 명제가 불러일으키는 불필요한 오해를 피하게 해준다.

이론적으로 말하자면, 중국과 홍콩이 경제적으로 명확한 차이가 존재해야만 항구 부근이 강대한 위치 에너지를 갖게 되어서 선전 경제 특구를 계속 이어갈 객관적 기초를 가지게 된다. 중국이 계속해서 세계의 선진 수준을 따라가는 과정에서 선전 경제 특구는 영광스런 사명을 담당하고 있다. 선전 경제 특구의 발전사는 곧 전체 중국이 세계를 추월하는 역사인 것이다.

9장. 인구 이전, 도시 발전의 새로운 동력

nine 인구 이전, 도시 발전의 새로운 동력

인구 이전에는 경제적 요인뿐만 아니라 정치, 군사, 종교, 문화 등 비경제적 요인도 존재한다. 개혁 개방 이래 인구 이전에서 경제적 요인의 작용은 명확하게 증가하고 있다.

1. 인구 이전의 법칙성 ✻

인구 이전은 법칙을 가진 사회 현상이다. 인구 이전의 법칙성은 주로 다음과 같다. 인구 이전의 경제적 메커니즘, 인구의 도시 이전 법칙, 인구 구조 법칙, 이전 거리 법칙, 권역 보충 법칙, 쌍방향 이전 법칙, 거주 밀집의 이런 법칙성들은 서로 다른 방면에서 이민의 본질을 반영하며, 상호 보충적인 것들이다.

이전의 경제적 메커니즘 : 인구 이전의 주요 동력은 생활 개선 요구

인구 이전에는 경제적 요인뿐만 아니라 정치 · 군사 · 종교 · 문화 등 비경제적 요인도 존재한다. 때로 경제적 요인과 비경제적 요인이 함께 맞물리기도 하고, 비경제적 이전에 경제적 요인이 포함되기도 한다. 변경 지역에 주둔하여 개간을 하는 것은 군사적 목적뿐 아니라 변경 지역을 개발하고자 하는 경제적 목적도 있는 것이다. 1960년대에 진행된 크고 작은 '3선' 건설은 수백만 명의 인구 이전을 불러일으켰는데, 이것 역시 정치 · 군사적 목적 외에 배치를 고려한 경제적 요인을 가지고 있었다.

= 헤이룽장성 지식 청년 귀환율(%)

전출지	전입 수(1만 명)	귀환 수(1만 명)	귀환 율(%)
상해	17.0	15.9	93.5
베이징	10.4	9.8	94.2
톈진	6.7	6.2	92.5
쓰촨성	0.4	0.1	25.0
소계	34.5	32.0	92.8

자료 출처 : 沈益民, 童乘珠, 『中國人口遷移』, 187~190쪽.

비경제적 요인과 비교해 볼 때 경제적 요인이 인구 이전에 미치는 영향력은 훨씬 크다. 비경제적 요인으로 인한 인구 이전은 경제 메커니즘과 일치할 때만 비로소 공고화될 수 있다. 1949년 전후에 남하한 간부와 그 가족의 수는 60만 명으로, 이들은 남쪽에 정착해 직업을 가졌으며, 본래 거주지로 돌아가는 비율이 낮았다. 1967년부터 1976년까지 전국에서 1500만 명의 지식 청년들이 고향으로 돌아갔다. 이들은 대부분 농업 활동에 적응하지 못했고, 정치 환경이 나아진 이후 대부분 고향으로 돌아갔으며, 특히 대도시에 내려온 170만 명 지식 청년들의 귀환율이 높았다. 헤이룽장성으로 갔던 베이징, 톈진, 상하이 지식 청년들의 귀환율은 92% 이상이었다.

개혁 개방 이래, 인구 이전에서 경제적 요인의 작용은 명확하게 증가하고 있다. 동부 연안은 경제 발전이 빠르고, 임금 수준이 높아 농민들이 도시로 일자리를 찾아 나서는 첫 번째 장소이다. 1997년에 전국 3400만 명의 농민들이 도시에 나가 돈을 벌었고, 이들이 벌어들인 돈은 모두 2000억 위안으로 이것은 그 해 쓰촨성과 구이저우성 두 성의 국내총생산 절반에 해당한다. 이들 중 57%가 동부 지역의 도시로 갔으며, 이들의 수입은 전국 노동자 총수입의 67%나 된다.

= 농민들의 진입 지역 분포(1997)

지역	인구수(%)	1인당 평균 연수입(원)	총 수입률(%)
동부	57	6633	67.0
중부	25	4454	19.4
서부	18	4158	13.6
합계	100	5882	100.0

자료 출처 : 《中國信息報》, 1998년 7월 22일.

인구의 도시 이전 법칙 : 도시화 과정에서 많은 향촌 인구가 도시로 전입

인구 이전의 본질은 지역 간의 노동력과 생산 자원이 다시 새롭게 결합되는 것이다. 공업화 과정 중에 토지로부터 자유로워진 대량의 노동력이 기계와 결합하여 공장 및 광산 소재지로 몰려든다. 이 때문에 인구 이전의 주요 방향은 농촌에서 도시기 되는 것이다.

관리 체제에 비추어 보면, 중국의 인구 전이는 두 부분으로 나뉜다.

▶ (1) 호적을 바꿔 이전하는 인구로, 1985년 7월부터 1990년 6월까지 전국적으로 3413만 명의 인구가 여기에 해당하며, 이 중 62.4%가 농촌에서 온 인구이다.

▶ (2) 원적을 유지한 채 임시로 거주하는 인구이다. 이런 유형의 이전은 정확한 통계가 부족하기는 하지만, 분명히 존재한다. 이들도 주로 농촌에서 온 사람들로 경제가 고속으로 성장하는 지구와 대형 도시 또는 '3북 지방(화북 지방, 동북 지방, 서북 지방)'의 자원 개발 지역으로 이주해 간다.

인류 역사의 기나긴 여정에서 도시화 과정은 매우 짧은 부분이며, 도시와 농촌 이전 법칙의 작용은 바로 이 짧은 과정 중에 발휘되는 것이다. 그러나 도시화가 불러일으키는 이전의 물결은 매우 엄청나며 그 사회적 영향 역시 심각하다.

젤린스키(W. Zelinsky)는 인구 성장과 인구의 도시와 농촌 이전 간의 관계에 대해 다음의 5단계를 제시하고 있다.

(1) 높은 출생률, 높은 사망률, 낮은 성장률 : 낮은 이전률
(1) 높은 출생률, 낮은 사망률, 높은 성장률 : 농촌에서 도시로의 높은 이전률
(3) 낮은 출생률, 낮은 사망률, 낮은 성장률 : 농촌에서 도시로의 이전률 하락, 도시 간 이전율 증가
(4) 자연 증가율 0의 추세 : 도시 간 이전율 한층 증가
(5) 수명 연장, 인구의 노령화 가속 : 도시 간 이전율 및 도시에서 농촌으로의 이전율 증가

젤린스키는 유럽과 미국의 발달한 국가를 근거로 하고 있다. 이곳에서는 높은 출생률, 낮은 사망률 그리고 도시화의 높은 물결이 동시에 출현했다. 보건 의료의 확산이 도시화보다 빨랐기 때문에 중국은 높은 출생률, 낮은 사망률 단계로 접어들게 되었고, 도시화는 상대적으로 정체되어 향촌 인구의 높은 성장 압력이 비교적 크다. 선진국들의 경험에 비추어 보면, 도시화의 속도가 가속화되고 인구 증가를 통제하는 것이 모순을 해결하는 주요한 경로이다.

인구 구조 법칙 : 성별 구조로는 남성이 많고, 연령 구조로는 청년층이 많음

큰 범위를 놓고 분석해 보면, 이전 인구 중 남성의 비중이 높고, 여성은 낮다. 1985년 7월부터 1990년 6월까지 중국의 성 단위 인구 이전에서 남성은 58.1%를 차지하고 있으며, 성 안에서의 이전 중에서는 53.7%를 차지한다. 경공업 발전이 비교적 빠른 지역에서의 상황은 이와 반대로, 여성의 이전이 훨씬 많다. 광둥성 전입 인구 중 여성의 비중은 53.4%이며, 광시성의 전출 인구 중에서는 60.9%를 차지한다.[1]

인구 이전의 성별 차이가 명확하기 때문에, 전입 인구가 비교적 많은 지역의 성비는 불평형을 이루게 된다.

이전은 경비와 정착비 등 큰 대가를 치러야 하는 일이다. 베커(G. Becker)가 제시한 '비용-효과'에 따르면, 이전 결정은 전입지의 수입이 전출지의 수입과 이전에 드는 투자 비용을 합한 것보다 많은가에 달려 있다. 양쪽 지역의 수입 차액과 근무 시간은 상관 관계가 있는데, 청년들은 근무 시간이 길어서 쉽게 이전에 드는 투자 비용을 보충할 수 있다. 이 때문에 청년들이 이전의 주체가 된다. 1997년 11월 1일 베이징의 조사 결과를 보면 외래 인구는 229만 9000명이며, 그 중 남성이 66.1%이며, 15~39세 청년 인구는 80.3%를 차지한다.[2] 이것은 인구 구조 법칙과 완전히 일치하는 결과이다.

인구 이전은 적지 않은 지역에서 인구 노령화의 주요 원인이 되고 있다. 인구 이전으로 인한 노령화 지역에는 두 가지 유형이 있다.

▶ (1) 전출형 노령화 지역 : 대량의 청년들이 외지로 나간 후에 나타나는 현상으로서 주로 농촌 지역이 이에 해당된다. 일본에서는 이런 지역을 '할아버지, 할머니 농업 지역'이라 부르며, 중국의 농촌 역시 심각한 상황이다.

▶ (2) 전입형 노령화 지역 : 이것은 공업화 후기 단계에 나타나는 현상이다. 즉, 퇴직한 노인들이 대규모로 경치 좋고 공기 맑은 지역으로 몰려드는 것이다. 미국인들은 플로리다로, 영국인들은 뉴질랜드로 옮겨가고 있어 이 지역들의 노년 인구 비중은 빠르게 상승하고 있다. 사회·경제적 발전에 따라 중국에서도 머지않아 전입형 노령화 지역이 나타나게 될 것이다.

---

(1)　　　『中國1990年人口普查資料』, 제4권.
(2)　　　『本市外來人口普査公報』, 《北京日報》, 1998년 4월 10일.

이전 거리 법칙 : 이전 수량과 거리의 반비례 관계

다른 조건이 동일한 경우 인구 이전의 수량과 거리 간에는 반비례 관계가 성립된다. 즉, 양쪽 지역 간의 거리가 가까울수록 인구 이전은 더욱 활발해진다. 1937년과 1947년의 통계에 따르면, 톈진 외지 인구 중 3/4이 허베이와 베이징에서 전입한 사람들이다. 상하이 주민들의 본적도 장쑤성과 저장성 위주이다.

인구 이전은 사회 현상으로, 거리 체감의 법칙이 작용하는 동시에 사회 현상 특유의 복잡성의 영향을 받기도 한다. 이것은 주로 아래의 세 가지 방면에 나타난다.

▶ (1) 유인력과 퇴출력의 영향 : 거리가 같은 조건에서, 두 지역의 생활 수준 차이가 클수록, 인구 이전율은 높아진다. 1997년 홍콩에는 15만 명의 필리핀 여성 고용인이 있었다. 타이완과 필리핀에서 홍콩까지의 거리는 비슷하지만, 필리핀 사람들은 타이완으로 가지 않았다. 그 이유는 두 지역의 경제 수준이 비슷하기 때문에, 유인력과 퇴출력이 없었기 때문이다.

= 톈진 외지 본적 주민의 전입지(%)

전입지	1937년	1947년
합계	100.1	100.0
허베이성	71.7	78.5
베이징	3.8	
산둥성	17.3	14.0
하이난성	2.1	1.0
산시성	0.9	0.8
장쑤성	0.7	1.5
기타	3.5	4.2

자료 출처 : 天津市公安局檔案, 『天津市警察警務圖表回覽』, 4 宗 15目錄 103호.

▶ (2) 중개 장애의 영향 : 이전 거리 법칙의 전제는 이전에 장애가 없어야 한다는 것이다. 만약 정치, 문화 및 자연적인 장애가 있다면, 이전 거리 법칙은 반전된다. 이전 장애란 바로 엄격한 이민법과 비자 수속을 말한다. 대다수 국가의 이민법은 모두 지역과 민족에 대한 편향성을 가지고 있다. 인구 이전은 장기적으로 정치와 사회에 영향을 미치는 것이기 때문에, 인구 이전의 장애를 없애는 것은 상품 무역을 막는 장애를 없애는 것보다 훨씬 실현되기 어렵다.

▶ (3) 인구 소질의 영향 : 이전 능력과 이전 거리는 사람의 소질(자질)과 정비례한다. 소양이 높을수록 이전 능력이 커지며 이전 거리 역시 멀어지게 된다. 베이징 전체 전입 인구 중, 허베이성 인구가 차지하는 비중은 40%나 되지만, 베이징 전입 인구 중 교수의 비율에서는 9.5% 밖에 되지 않는다. 1990년 7월 1일 전국에 23만 8000명의 인구가 외국에 취업이나 유학 등의 이유로 잠시 호적이 없는 상태였다. 그 중 인구 소양이 비교적 높은 상하이와 베이징 두 시가 차지하는 비중은 각각 25%와 20%로 단연 선두였다.

권역 보충 법칙 : 인구 이전의 잇따른 보충 현상

인구 이전은 그 지역에 권역성을 갖는다. 농촌 마을, 소읍, 소도시, 중등 도시 등에서부터 대도시까지 서로 구분되는 권역이 있으며, 지역 간에도 미발달 지역, 중간 발달 지역, 발달 지역 등이 다른 종류의 권역이 있다.

서로 다른 권역 간의 인구 이전에는 연속적 보충 현상이 있는데, 하나의 권역이 다른 하나의 권역으로 이전하게 된다. 예를 들어, 농촌은 진으로, 진은 도시로 이전하는 것이다.

장쑤성은 인구 이전의 보충성이 대단히 강하다. 1985년 7월부터 1990년 6월까지의 외지 전입 인구 중 본적이 안후이성인 인구가 가장 많았으며, 전출 인구 중에서는 상하이로 나간 인구가 가장 많았다.[3] 안후이성에서 상하이로 가는 전체 이전 방향에서 장쑤성은 권역의 중간적 작용을 하고 있는 것이다.

보충 현상은 결혼으로 인한 이전에서 비교적 명확하게 나타난다. 베이징 지역의 결혼 이전 추세는 허베이성에서 원거리 교외 지역이나 현, 원거리 교외 지역이나 현에서 근거리 교외 지역과 시 지역으로 나타난다. 역방향으로의 이전은 비교적 적다.

인구 이전에는 권역 보충 방식 외에도 도약 방식이 있는데, 이것은 아래 권역에서 바로 가장 높은 권역으로 진입하는 방식이다. 권역 보충 방식에 의한 이전이 구간 열차라고 한다면, 도약 방식 이전은 직행 열차라 할 수 있다.

경제력과 생활의 질이 변화되면서 권역 이전의 방향은 역전될 수도 있다. 후기 공업화 국가들의 도시 중심 지역 주민들은 교외로 이전하고, 교외 주민들은 부근의 소도시나 향촌으로 이전하여 역방향 이전을 만들어내고 있다. 경제적 각도에서 분석해 보면, 정방향 이전과 역방향 이전은 같은 현상으로서 모두 더 나은 삶의 질을 추구하는 현상이다.

쌍방향 이전 법칙 : 정방향 이전과 역방향 이전의 병존

인구 이전은 한쪽 방향으로만 이루어지는 것은 아니다. 엄청난 이전의 물결이 휘몰아칠 때도 약한 역방향의 조류가 필연적으로 있는 법이다. 1990년부터 1914년까지 유럽에서 약 1300만 명의 사람들이 미국으로 건너갔고, 같은 시기에 400만 명의 사람들이 역으로 미국에서 유럽으로 이주해 갔다. 이런 역류는 경제 활동, 문화, 관광, 뿌리 찾기 등의 단기적인 목적도 있고, 장기적인 귀환도 있었다.

---

(3)　　　國家統計局人口統計司,『中國人口統計年鑑』, 1993, 158쪽.

두 지역의 경제적 상황이 변함에 따라 쌍방향 이전의 형식에는 다음과 같은 차이가 난다.

▶ (1) 엘리트들의 전입이 늘어난다. 전입 지역이 비교적 높은 경제적 실력을 갖추고 있을 때, '전입 인구 대부분은 자금, 기술, 정보, 경영 등의 방면에서 엘리트들이다. 고향으로의 금의환향과 홍콩, 마카오, 타이완 주민들과 해외 중국인들의 고향에 대한 투자는 엘리트 전입의 전형이다. 청년들이 고향으로 돌아와 기업을 창업하는 것도 역시 엘리트 전입이다. 1993년에 장시성 용신(永新)현에는 100여 명이나 되는 청년들이 연해 지역의 연인들과 함께 고향으로 돌아와 기업을 경영한 것이 일대 뉴스가 되기도 했다.

▶ (2) 경제력 차이가 줄어들면, 전입의 속도는 빨라진다. 전출 지역의 경제 발전과 전입 지역의 경제 발전이 비슷해지면, 취직 전입 비율이 상승한다.

▶ (3) 경제력이 역전되면 전입이 늘어난다. 전출지의 경제력이 전입지의 수입을 넘어서게 되면, 전입 규모는 전출 규모를 초과하게 된다. 역사적으로 산둥성 사람들은 대규모로 헤이룽장성으로 이주했고, 1949년 이후에도 계속해서 대량의 이주가 있었다. 개혁 개방 후, 산둥성은 연해 지역이 가지는 위치적 우수성을 발휘하여 빠른 경제 성장을 이룩했다. 1978년 헤이룽장성의 1인당 국내총생산은 산둥성의 1.74배였으나, 1997년 산둥성은 헤이룽장성의 수준을 넘어섰다. 상황이 역전되어 산둥성이 본적인 헤이룽장성 사람들이 대규모로 회류하기 시작했다. 홍콩에서 외지로 나간 전출 인구의 회류 역시 경제력이 역전된 결과이다.

거주 밀집의 법칙 : 이주민의 거주 밀집성과 문화적 차이는 정비례 관계

전입지로 이주한 뒤의 거주 형식에는 두 가지 경향이 있다.

[426]

▶ (1) 현지의 거주민과 융합되어 점차 일체화되어 간다.

▶ (2) 상대적으로 밀집된 형태를 유지한다.

중국의 국제 이민 과정에서 만들어진 차이나 타운은 상대적 밀집의 표현이며, 중국 국내 이민 과정에서 나타난 저장촌(浙江村), 신장촌 (新疆村) 역시 상대적 밀집의 표현 양식이다.

전입지와 전출지의 문화적 차이가 클수록, 이주해 온 주민들이 모여 사는 경향은 강해진다. 문화 차이가 클 경우 이주민들이 모여 사는 것이 생산이나 생활 면에서 편리하다. 생산 면에서 거주가 밀집되어 있으면, 상호 협력할 수 있고 규모의 효과를 만들어낼 수 있어 위력을 떨치게 된다.

베이징의 저장촌은 협력적으로 분업하고 있는 커다란 공장으로, 수천만 개의 가게들이 작업장이 된다. 의류업을 예로 들면, 자재 구매, 설계, 생산에서 판매까지 일괄 시스템을 이루고 있다. 생활 면에서도 언어와 풍습 등이 서로 같아 친근감을 갖게 된다. 베이징의 저장촌에서는 원저우(溫州)풍의 식품을 살 수 있을 뿐 아니라, 원저우에서 온 유아원 교사와 의사, 원저우까지 가는 직행 장거리 버스도 있다.

2. 베이징의 저장촌

베이징에 있는 저장촌은 공업이나 상업 활동을 하기 위해 베이징에 온 원저우 사람들이 모여 살면서 만들어졌다. 저장촌의 출현은 농촌의 도시화와 농민의 도시 진입 같은 보편적 법칙을 반영하고 있을 뿐 아니라 중국 농촌의 도시화, 농민의 도시 진입의 특수한 법칙을 반영하고 있다. 특히 원저우 농민의 도시 진입은 더욱 특수한 법칙을 반영하고 있다.

원저우 모델의 공헌

중국의 개혁 개방 후 추진된 농촌 경제 발전의 기본적 모델 중, 원저우 모델은 유일하게 아래에서 위로, 농민에 의해 자발적으로 추진된 것이다. 장쑤성 남부 모델은 중국의 최대 상공업 도시인 상하이가 확산되면서 도움을 받았고, 주장강 삼각주 모델은 대규모로 유입된 홍콩 등지의 외자의 도움이 컸다. 유일하게 원저우 모델만이 대도시에 의존하지 않았을 뿐 아니라 대규모 외자 도입도 없었다. 원저우 모델의 추동력은 어제까지 농촌 인민공사에 속박되어 있던 농민들이다. 이 농민들은 필사적으로 속박에서 벗어나 시장으로 나아갔고, 수공업, 공업, 상업, 운수업 및 금융업을 경영했다. 이제까지 중국 혁명 운동은 모두 농민의 생활을 개선하는 것을 목적으로 이루어졌다. 그러나 최종적으로 농민들이 받는 실제 이익은 한계가 있었다. 협소한 토지에서 육체 노동으로 자물을 경작해 부유해지기린 어려운 일이다. 원저우 모델에서 맨 처음 토지에서 해방되어 나온 대규모 농민들은 2차 산업과 3차 산업으로 전향했고, 도시로 모여들었고, 이것은 중류층의 생활 수준을 향해 나아가는 농민들에게 부에 이르는 길이 되었다. 1980년대 후기에 원저우 지역에는 10만 가구의 가내 공업이 생겨나 40만 명의 노동력을 고용했다. 14만 명의 판촉 인력이 전국으로 퍼졌고, 28만 명의 서비스 인력이 가내 공업과 하나의 세트가 되었다. 이런 의미에서 본다면, 원저우 모델은 중국 농촌의 역사 이래 가장 위대한 혁명이다.

원저우 모델이 순수하게 아래로부터의 모델이고 농민 자신들의 활력에서 나온 경제 모델이기 때문에 중국에서는 매우 강력한 전형적 의미를 지닌 것이다. 무엇이 원저우 모델만큼 아래에서부터 상업과 공업을 발전시켜 농촌의 경제·사회를 변혁시킬 수 있겠는가. 전국 수위를 달리는 저장성 이냐오(義鳥)의 소상품 시장과 사오싱(紹興)의 허치아오 방직물 시장 그리고 허베이성 바이거우(白溝)의 포장재 시장 등도 메커니즘을 놓고 말하자면 모두 1980년대 원저우 모델의 복사판이다. 1990년대로 들어서면서 원저우 모델은 이미 중국의 중서부로 확대 발전하기 시작해서 수억 명을 헤아리는 중국 농민들이 새로운 생활로 나아가도록 이끌었다.[4]

원저우 모델이 순수하게 아래에서부터 성장한 것이기 때문에 국가는 거의 아무런 투자도 하지 않은 채 앉아서 세금을 걷는 이익을 취했다. 낮은 수입, 높은 산출, 이것이 또 다른 면에서 원저우 모델의 강력한 생명력을 설명할 수 있다.

원저우 모델을 이끈 사람들은 유통업에 종사하는 구입 운반 인원으로 특히 장거리 구입 운반상들이다. 원저우 모델에서 공업은 운수 판매 수요에 따라 조직되었고, 그 핵심은 시장이다. 1980년대 중엽 원저우에는 10대 전문 시장이 생겨났다. 샹차오터우(像橋頭)의 단추 시장, 류슈(柳市)의 저압 전자 기계 시장, 링시(靈溪)의 인삼과 녹용 시장들은 이제 중국 대부분 지역에 영향력을 미치고 있다. 시장의 번영은 필연적으로 도시의 발전을 촉진하고 도시화 과정을 가속화시킨다. 중국의 도시화 과정에서 원저우 모델의 공적은 역사에 기록될 만하다.

지역 범위에서 말하자면 원저우 모델이 촉진한 도시화는 두 가지 유형이 있다.

첫 번째 유형은 원저우 지역 내에서 이루어지는 현지 도시화이다. 본래 있던 작은 지역이 확대 발전된 것 이외에도 원저우 지역에는 평지에 세워진 샹롱강(像龍港) 같은 새로운 도시들이 있다. 15년의 노력을 거쳐, 롱강(龍港)은 이미 이름 없는 작은 마을에서 인구 15만 명의 도시로 발전했다.

---

(4)   胡兆量,「溫州模式的特征與地理背景」,《經濟地理》, 1987년 14기, 19~24쪽 ; 婁式番, 楊秀珠, 胡兆量,「龍崗鎭的啓示」,《中國市容報》, 1987년 12월 15일.

또 하나는 다른 지역으로의 이주이다. 원저우는 중국의 주요 시장과 멀리 떨어져 있다. 원저우 사람들이 전국의 광활한 시장을 점령하려면 고향을 떠나 먼 지방으로 가야만 한다. 고향을 쉽사리 떠나지 않는 전통적인 관념이 원저우에는 희박해서, 전국 구석구석에서 원저우 사람들의 흔적을 발견할 수 있다. 1990년 초에 보도된 대로 라싸(拉薩) 거리의 2000개 점포 중에 1/3이 원저우에서 온 사람들이다. 그뿐만 아니라 원저우 사람들은 갖가지 방법으로 출국하여 유럽이나 미주 등으로 나아가 국제 시장을 개척하고 있다.

롱강이 원저우 모델의 첫 번째 도시화 유형이 전형이라면, 원저우 모델의 두 번째 유형이 가장 대표적으로 나타나고 있는 곳이 베이징의 저장촌이다. 베이징 저장촌은 원저우 모델이 옮겨진 표본이다.

저장촌의 경영 특색

개혁 개방 이래 많은 원저우 사람들이 베이징으로 몰려들기 시작하여 1990년대 초에 절정을 이루었다. 베이징으로 들어온 원저우인들은 하이뎬취(海淀區)의 다쫑쓰(大鍾寺), 우다오커우(五道口)나 차오양커우(朝陽口)의 다자오팅(大郊亭)과 진쑹둥커우(勁松東口) 등지에 흩어져 살았지만, 가장 집중되어 있던 지역이 펑타이취(豊台區)의 난웬샹(南苑鄉) 다훙먼(大紅門) 일대였다. 통상적으로 저장촌이라고 불리는 곳이 바로 이 일대로, 남북으로는 무시위엔에서 다훙먼까지이고 동서로는 마자바오(馬家堡)에서 쇼우쓰(壽寺)까지로 24개의 자연촌이 두루 퍼져 있다. 이 곳은 5개 행정촌(다훙먼, 궈웬(果園), 스류쫭(石榴庄), 동뤄위안(東羅園), 슈춘(時村))과 8개의 관리 위원회 사무실이 교차하는 곳이다. 이곳은 도시에 가장 가까이 붙어 있는 도시-농촌 결합 지역으로 첸먼(前門)까지는 불과 5km로 저렴한 가격의 농가를 빌릴 수 있을 뿐 아니라 교통도 편리하다. 저장촌의 인구는 아직 정확한 통계는 없지만, 대략적인 계산을 해보면 7~8만 명 정도가 된다.

저장촌 사람 대부분이 독립적인 사업자로서 주장강 삼각주 일대의 임시 노동자들과 구별되며, 건설, 청소, 가정부 등의 업종에 종사하는 일반 도시의 임시직 노동자와도 구별된다. 저장촌 사람들은 주로 서비스업, 다음으로 신발·전자·기기 등의 업종에 종사하고 있다. 저장촌이 생겨날 수 있었던 전제 조건은 도시 경제 체제의 개혁이다. 1980년 전후로 베이징에는 농산품 시장이 생겨나 농민 사업자들에게 시내로 진입할 수 있는 합법적인 경로를 제공했다. 1984년 소형 국영 상업 기업들은 '개조, 신축, 임대' 세 가지 형식의 개혁을 실시했고 이어서 왕푸징 백화점, 시단샹창(西單商場), 롱푸다샤 등의 대형 상업 기업들이 연합 경영을 받아들여 개인 사업자가 경영하는 사업장이나 잡화 시장 등의 규모가 비교적 큰 상가가 개발되었다. 1988년 말 베이징 전체의 임대 경영 소형 기업은 4469개에 달했다. 시쓰 길거리에 원저우 사람이 경영하는 전자 기기 점포는 30개나 된다. 1990년대에 들어서면서 원저우 사람들이 주체가 된 무시위엔 경공업 도매 시장, 베이징-원저우 경공업 도매 시장 빌딩 등이 연달아 준공되면서 원저우 사람들이 베이징의 상공업계에서 차지하는 지위는 갈수록 견고해졌다.

생산 경영에서도 저장촌은 원저우 모델을 베이징으로 옮겨 왔다. 전체 촌이 하나의 분업 협력하는 커다란 공장으로 짜여져 있으며, 수천 개의 가게들은 작은 작업장이 된다. 간편한 시설, 전통 기술, 모조품 위주의 상품, 저렴한 비용, 박리다매 등의 특징을 가지고 있다. 생산 작업장을 갖추었을 뿐 아니라, 부재료, 옷감 등을 공급하는 협력 업체, 재봉틀 수리점, 중개상, 운수 회사, 전문 매장도 있다. 원료는 원산지에서 직접 들여오고, 모피류는 허베이성에서, 옷감은 광저우, 쑤저우, 항저우 등지에서 구입한다. 부분적인 원료는 베이징 경공업 도매 시장 및 공장에서 들여온다. 화물은 주로 징진탕(京津塘), 허베이성,

동북 지방 등 국내 시장 및 구 소련, 동유럽 등의 국제 시장으로 운반
된다.

저장촌의 특색

베이징에 들어와 공업에 종사하고 상업을 경영하는 원저우 사람들
이 모여 형성된 저장촌은 일정한 자기 조절과 자기 서비스 능력을 지
닌 준지역 사회이다. 저장촌에는 자기들만의 야채 시장, 음식점, 이발
소, 진료소, 유아원 같은 생활 서비스 시설들이 있다. 뿐만 아니라 운
수 조직과 공급-판매망 같은 생산 서비스 체계를 갖추고 있다. 원저우
로 가는 장거리 버스 노선을 개통했으며, 더욱 중요한 것은 서로 다른
차원의 혈연과 지연으로 짜여진 사회적 연결망을 갖추고 있다는 것이
다. 이런 특징들은 저장촌이 지역 사회의 원형을 갖추고 있다는 것을
설명하고 있다. 그러나 저장촌은 아직 완전한 관리 제도와 계획 체계
를 갖추지 못해 아직 불완전하다. 사람들 역시 계절과 정치적 사건의
영향을 받아 변동이 비교적 크다. 설 기간에 대부분의 사람들이 원저
우로 돌아가 설을 지내며, 많은 저장촌 주민들이 베이징을 임시 거주
지로 여겨 돈을 벌어 고향으로 돌아가 집을 새로 짓고 가정을 이루려
하는 등 귀속감이나 소속감 등이 부족하다. 현재의 호적 제도와 도시
관리 체제는 저장촌과 정식 도시 관리 위원회의 경계선을 없애기 어렵
다. 저장촌은 성장 과정에서 끊임없이 시 정부의 간섭을 받아왔다. 이
때문에 저장촌은 아직 완전한 지역 사회가 아니다.

저장촌에 들어서면 마치 원저우에 살고 있는 것 같다. 채소 가게,
음식점, 진료소, 약국, 운수 회사에서부터 미용실, 공중 전화, 가전 제
품 수리까지 모두 원저우인들이 하고 있기 때문이다. 미용실은 원저우
분위기로 꾸며져 있고, 상가에는 원저우인들이 좋아하는 해파리, 마른
새우, 맛조개, 용안, 여지 등이 가득하며, 밀가루, 곡식 가루도 모두 원

저우에서 가져온다. 수정떡은 원저우인들이 호우춘(后村) 일대에서 직접 만든다. 해산물의 대부분은 칭다오와 친황다오에서 들여오지만, 새우, 청게 같은 고급 식품들은 모두 원저우에서 운송되어 온다. 저장촌 내에는 또한 원저우 사람들이 스스로 만든 10여 개의 유아원이 있다. 다른 지역에 흩어져 사는 원저우인들 역시 언제나 이곳에 와서 고향의 물건을 구입한다. 1992년 저장촌에는 원저우까지 가는 장거리 버스가 개통되었다.

혈연과 지연은 저장촌 사회 구조의 가장 중요한 특징이다. 이른바 원저우 사람이란 주로 위에칭(樂淸)과 용시(永嘉) 두 현에서 온 사람들을 지칭하며 위에칭 사람이 70%, 용시 사람이 25%를 차지한다. 기타 다른 현에서 온 사람들은 그리 많지 않다. 61.7%가 농촌에서 곧바로 온 사람들이고 33.5%는 개혁 이래 농촌에서 현지 소도시로 들어갔다가 다시 저장촌으로 들어온 사람들이며 단지 5%만이 원저우 지역에서 태어났다. 저장촌 사람들의 문화 수준은 높지 않아, 중·고등 졸업자가 5%, 초·중등 이상이 13.5%, 그리고 10% 전후의 사람들이 문맹이다. 위에칭 사람들이 저장촌 내의 중심 지역에 거주하고, 용시 사람들은 주변 지역에 거주한다. 중심지인 마춘(馬村)에는 모두 300여 가구의 원저우 사람들이 있으며, 모두 위에칭에서 온 사람들이다. 주변 지역인 마자바오의 200가구 중 한 가구의 위에칭 사람을 제외하면 모두 용시 사람들이다. 같은 고향에서 온 사람들은 주로 함께 모여 산다. 예를 들어, 위에칭 사람들의 푸롱, 칭장 사람들은 호우춘에 살고, 마자바오의 냐오니우(鳥牛) 사람들은 슈춘에, 차오터우 사람은 씨쥐에, 샹탕 사람은 마자바오, 가오좡, 양차오 등에 모여 산다.

저장촌 사람들은 혈연과 지연, 교분 관계 등의 관계에 따라, 멀고 가까운 친밀감의 정도에 따라 내부 사회 연결망을 구성하고 있다. 이사, 취업, 정보 교류, 기술 전수, 생산 합작, 자금 융통, 노동력 고용 등이 기본적으로 이 연결망 위에서 이루어진다. 많은 원저우인들이 친척, 친구, 배우자를 따라 베이징에 들어왔다. 자금원을 예로 들면, 사람들 간의 대출이 38.5%, 아는 이가 도와주는 경우가 29.5%로, 두 가지를 합쳐 69%가 된다. 사람들 간의 대출은 주로 잘 아는 사람들 간에 이루어지며, 중개인 역할을 하는 사람이 있어 아무나 돈을 빌릴 수 있는 것이 아니다. 스스로 자금을 모은 경우는 19.8%고 은행 대출은 12.2%이다. 여기서 볼 수 있듯이, 친척이나 동향인이 주요 자금원이다. 고용을 다시 예로 들어보면, 고용인의 70%가 원저우인이다. 친구나 친척의 소개 이외에도 위에칭 현지에는 직업 소개소가 있다. 외지인을 고용하는 경우는 30% 안팎에 불과하다. 게다가 이 둘의 고용 방식에도 차이가 있다. 원저우인은 1년 단위로 고용하며 바쁠 때는 다 함께 일하고 한가할 때는 다 함께 쉰다. 외지 고용인은 계절성이 강해, 달이나 주, 심지어 하루 단위로도 계약한다. 건수에 따라 임금을 받는 사람의 경우에는 고용 기간이 훨씬 짧다.

저장촌의 형성 원인과 전망

저장촌의 출현은 이론적으로 농촌 도시화와 농민의 도시 진입에 대한 풍부한 함의를 가진다.

▶ (1) 농촌 도시화의 보편 법칙으로서, 경제 이익 추동 법칙에 부합된다. 베이징의 도시 기능은 종합적이다. 시장이 크고 재능을 펼쳐 보일 수 있고 돈벌이를 할 수 있는 곳이다. 원저우는 땅이 협소하고 사람들이 많으며, 농민들의 상품 의식이 강해서 베이징으로 들어가려는 강렬한 욕구를 가지고 있다. 즉, 인구 유인력뿐만 아니라 퇴출력도 있었던 것이다. 현지 정책이 느슨하여 원저우 농민들은 마치 고기떼처럼 몰려들어 줄줄이 들어왔다. 저장촌이 출현한 이후, 시 정부는 여러 차례 철거를 실시했다. 그 중, 1989년과 1990년 두 차례의 철거 규모가 가장

컸다. 그러나 저장촌 사람들은 쫓아낼수록 더 많아졌다. 철거 때가 되면 저장촌 사람들은 슈징산, 장신뎬 같은 먼 지역으로 숨어든다. 집주인들은 이들에게 '방을 그대로 둘 테니 잠잠해지면 다시 돌아와 살라'고 말한다. 이처럼 경제 이익에 따라 움직이는 향촌 인구의 도시화란 사람들의 주관적인 의지로 움직이기 어렵다.

▶ (2) 중국의 특수한 사회 체제는 농민이 도시로 들어오는 데 제약을 가한다. 호적 제도, 주택 제도, 취업 제도, 교육 제도, 의료 보험, 사회 복지 등의 제한을 받아 원저우 농민들이 일반 사회와 섞이기가 어렵다. 취학이나 의료의 방면에서 특히 어려움에 부딪히게 된다. 저장촌과 현지 지역 사회가 혼합되는 것은 주로 다음의 경로를 통해서이다.

상대적으로 폐쇄된 체제는 원저우 사람들로 하여금 자신들의 공동체를 만들도록 했다. 이런 점에서 이야기하자면 저장촌은 중국 특색이 농후한 이민 사회인 셈이다.

(1) 작업대나 작업장 임대

(2) 건물(장소) 임대

(3) 자녀의 현지 학교 전입

▶ (3) 저장촌은 원저우인들의 문화 및 경제 활동의 결정체이다. 베이징의 300만 명에 가까이 되는 임시 거주 인구 중 원저우 사람들만이 모여 살면서, 독립성이 강하고 규모가 큰 공동체를 만들었는데, 이것은 특수한 문화 배경과 경영 방식에 기인한 것이다. 원저우인은 한인 전통의 고향 관념과 종족 구조가 각인되어 있을 뿐 아니라 독특한 문화 습속과 지방 언어를 가지고 있다. 원저우 방언은 한족 방언 중에서 가장 개성적이면서도 분포 지역이 가장 협소한 방언으로, 내부적으로

도 지역적인 차이가 있다. 독립적인 경영 방식과 상호 분업적인 생산 경영 방식은 모여 살아야 비로소 돌아가는 것이다.

완전한 상품 매장 시장 체제가 미약한데다가 엄격한 호적 관리이기 때문에 저장촌은 계획과 건설에서 정체되었고, 공동체 관리에서의 어려움도 크다.

자발적으로 생겨난 저장촌은 도시와 농촌이 공존하여 정부 계획 관리가 비교적 느슨한 지역을 선택할 수밖에 없었다. 이 지역의 주택은 누추하고 협소하며, 길거리도 좁고 혼란스럽고 상하수도 시설도 취약하다. 저장촌 대부분 지역은 마치 빈민굴 같아 도시 지역에 비해 뒤떨어질 뿐 아니라 일반적인 향촌만도 못하다.

공동체 관리에서도, 치안 유지 병력은 호적 등록 인구에 비례해 배치되기 때문에, 저장촌처럼 유동 인구가 집중된 지역의 경우 치안 병력 부족 현상이 심각하여 법죄율이 상대적으로 높은 편이다.

더욱 중요한 것은 도시가 확대됨에 따라, 저장촌은 점점 땅값이 높은 지역이 되어가고 있고, 도시 계획에서 중요한 개발 구역이 되고 있다는 것이다.

수도 주변의 치안 상황을 개선하기 위해 그리고 땅값의 잠재력을 충분히 발휘하기 위해, 베이징은 1995년부터 단호한 조치를 취하여 대규모의 저장촌 재건축을 진행하고 있다. 이는 10여 년에 걸쳐 형성된 지역 사회의 근본적인 재조직을 의미하는 것이다.

자발적으로 만들어진 결함을 개선하고 재건축시의 어려움을 피하기 위해서는 종합적인 수단을 취해 근본적으로 해결할 필요가 있다.

> **(1) 계획 수단** : 도시 계획의 한계선을 확대하여 도시-농촌 결합 지역을 계획 범위에 포함시킨다

(2) **호적 개혁** : 호적 관리 제도를 융통성 있게 하여, 경제력이 있고 오랫동안 고정적인 경제 활동에 종사한 사람에 대해서는 호적에 넣어주고, 거주, 입학, 의료 등의 시민 대우를 받을 수 있게 하여 원주민과의 융합을 가속화시킨다.

(3) **주택 개혁** : 신속히 부동산 시장을 정비하여, 경제력을 갖춘 전입 인구도 시민들과 마찬가지로 사무실을 구입하고 시내에 거주지를 마련할 수 있도록 한다.

(4) **의식 문제** : 전입 인구에 대한 인식을 근본적으로 바꿔, 전입 인구를 도시 건설을 이끄는 중요한 역량으로 바라볼 필요가 있다. 원저우 거리, 신장 거리 등은 수도에 풍광과 색채를 더하여 관광지를 늘리고 있다. 어째서 해외에는 특색 있는 차이나 타운이 흔한데, 베이징에는 항구적인 원저우 거리, 신장 거리를 세울 수 없는가?

3. 베이징의 신장촌

신장촌의 특색

베이징의 '신장촌(新疆村)'은 일반적인 농촌이 아니라 위구르족의 음식 문화 거리이다. 시청취(西城區) 간자커우(甘家口) 시장 북쪽의 쩡광루(增光路)에서부터 서쪽으로 가다보면 일반적인 채소, 고기 등을 파는 부식 가게와 한족 식당들이 시작된다. 계속 걷다보면, 갑자기 경관이 크게 바뀐다. 큰길의 남북으로 위구르족 식당들이 줄지어 늘어서 있고, 가게 안에서는 신장 자치구의 민요와 위구르어 만담 소리가 흘러나온다. 거리에는 꽃모자를 쓴 위구르족 청년들과 아름다운 천을 두른 위구르족 처녀, 흑색 두건을 쓴 위구르족 부녀자들, 흰 수염의 위구르족 노인들이 걸어다녀, 짙은 신장 모습을 만들어내고 있다. 동서

200m의 거리와 근처 작은 골목에 있는 식당은 모두 27개이며, 유목민이 먹는 빵을 파는 식당은 5~6개이다. 간자커우 파출소에 의하면, 이 지역에 거주하는 신장 사람은 500~580명이다. 그러나 신장촌의 구리(古麗) 촌장에 의하면, 이 지역에 상주하면서 경영 활동을 하는 사람은 1000명이 넘는다.

위구르족은 옛 실크로드 등의 요충지에 살아, 예부터 상업 전통이 있다. 개혁 개방 후, 많은 위구르족들이 고향을 떠나 전국 각지에서 음식점을 경영하고 신장의 특산물을 판매했다. 구 소련이 해체되어 중앙아시아의 각 공화국들이 독립하면서 시장 상품이 몹시 부족하여 공통의 언어와 문화적 배경을 지닌 위구르족들은 광활한 활동 공간을 제공받게 되었다. 베이징은 위구르족들의 일차적인 선택지였다. 많은 위구르족들이 광저우, 선전, 상하이, 톈진, 하얼빈, 시안 등지에서부터 베이징으로 옮겨와 뿌리를 내렸다. 초기에 베이징으로 온 위구르족들은 대부분 양꼬치를 팔았다. 일순간에 베이징에는 양꼬치가 유행했고, 그들은 일정 정도의 자금을 모은 후에 요식업으로 업종을 전환했다.

현재, 베이징에는 100여 개 가까운 위구르족 식당이 있고, 원교 지역인 핑구현에도 있다. 신장촌 외의 또 다른 밀집 지역으로는 중앙 민족 대학 북쪽에 있는 다민족 음식 거리이다. 이곳에는 위구르족 음식점 외에도 조선족, 후이족, 다이족, 한족 등의 민속 식당이 있다. 위구르족 식당의 최대 밀집 지역을 이루고 있는 신장촌은 우월한 위치로 인해 이득을 보고 있다. 1984년 이곳에는 단 한 개의 위구르족 훈툰(작은 만두국의 일종 : 역주) 가게가 있었는데, 1987년에는 15개로 늘어났다. 식당 장식을 계속해서 새로 하면서 식당의 조건이 점차 개선되어 갔고, 1992년 1월 1일 하이뎬취(海淀區)는 이곳을 정식으로 '신장촌'이라 명명했다.

이곳의 위치는 다음의 세 가지 점에서 우월하다.

[438]

▸ (1) 베이징 위구르족 활동 중심과 가깝다. 이곳에서 북쪽으로 위치한 베이징 주재 신장 사무실까지는 1km도 되지 않는다.

▸ (2) 간자커우 상가는 이곳에서 동쪽으로 300m밖에 떨어져 있지 않다. 간자커우 상가는 시청취의 상업 중심 중 하나로, 많은 버스 노선이 교차하여 교통이 편리하다.

▸ (3) 집을 임대하기 편리하다. 신장촌의 소재지는 본래 베이샤고우(北沙溝)의 도시-농촌 접경 지역으로, 도시 주민과 농민이 섞여 있고, 건축 관리가 비교적 느슨하고 개인 주택이 비교적 많다.

음식점은 대부분 신장의 산수 명칭을 따서 이름을 지었는데, 예를 들어 톈츠(天池), 톈산(天山), 쿤룬(昆崙), 잉제샤(英吉沙), 커션커얼(喀什喀爾)처럼 지방의 정취가 풍부하다. 가게 이름에는 일률적으로 무슬림 3자가 들어 있는데, 이것은 청결함을 표시하여, 이슬람 교도들이 안심할 수 있게 된다. 영업 시간은 오전 10시부터 오후 2시, 오후 5시에서 심야까지이다. 위구르족의 요리는 위엔투주(原土著)에 거주하는 사람들의 음식에 기초해서 이슬람교의 습관을 받아들여 형성되었는데, 쇠고기, 양고기, 국수를 주식으로 하여 한족의 요리와 크게 다르다. 공급되는 향토 음식으로는 라면, 볶음면, 피가 얇은 만두, 양꼬치, 양고기 통 바비큐 등이다. 신선한 양고기를 공급하기 이해, 바오딩과 쉬수이(徐水) 등지에 고정적인 판매 통로를 만들어두었다. 공급상은 정시에 수요량에 따라 도축한 신선한 양고기와 살아 있는 양을 신장촌으로 운반한다.

신장촌의 손님은 세 부류로 나뉜다. 첫째, 위구르족 위주의 이슬람 교도, 둘째, 한족 동포, 여행객과 신선한 고기를 원하는 손님, 셋째, 외국 유학생, 교사 및 대사관 직원, 상사원. 특별히 민족대학과 수도사범대학의 외국 유학생과 외국인 교사를 비롯한 많은 사람들이 직접 차를 몰고 이곳에 온다.

1996년 10월, 텐츠 식당은 무대 시설을 갖추었다. 매일 밤 막이 내려갈 때면, 휘황한 등불을 내걸고, 한편으로는 식사를 하고 한편으로는 율동적이고 명쾌한 신장 자치구의 가무를 감상할 수 있어 민족 특색이 분명한 오락 명소가 되고 있다.

신장촌에는 아직 여관, 목욕탕, 이발소 등의 부대 서비스 시설이 없다. 이곳에서 부분적으로 상업 활동에 종사하는 위구르족 역시 이곳으로 이주하고 있다. 그들은 대규모로 의복, 포목, 일용품 등을 사들여 신장 자치구로 가져가고, 신장의 하미과, 건포도, 마른은행 등의 특산물을 베이징으로 가져와 판매하여, 요식업 종사자들에게 서로 도와 서로의 능력을 잘 드러나 보이게 하는 작용을 하게 된다.

사회 구조

위구르족 식당의 경영 규모는 비교적 작아서 모든 식당의 평균 영업 면적은 48.6m²로 가족을 중심으로 운영된다. 3명의 여성을 제외하면, 사장은 모두 남성이다. 평균 연령은 38세고, 최고령자는 72세, 최연소자는 22세이다. 학력 정도는 높지 않아서, 24%가 중학교에 해당하는 수준이고, 63%는 초등학교에 해당하는 수준이며, 문맹도 있다. 일반적으로 나이가 많을수록 교육 정도가 낮다. 다수의 사장들이 초급 수준의 한어를 구사하며, 읽고 쓰지는 못한다. 80%의 사람들이 우루무치, 카심 등에서 왔으며, 농촌에서 온 경우는 20%에 불과하다. 성진(城鎮)에서 온 사장들의 절반은 국가 직원으로 도로를 닦거나 운송 등의 업무에 종사한 경험이 있고, 나머지 절반은 식당 주방장이었다. 예를 들어, 구리 촌장은 본래 중국 공산주의 청년단의 농장 직원이었는데, 베이징이 본적인 직원을 따라 베이징에 관광을 왔다가 이후 베이징에 남아 포목을 운반하는 일을 했고, 최근에 요식업으로 전환했다.

식당 사장의 경우 베이징에 거주한 햇수는 가장 길게는 13년, 짧게

[440]

는 1년이며, 평균적으로 결혼한 상태이다. 배우자의 절대 다수는 위구르족으로 65%가 함께 살고 있고, 35%는 신장 자치구에 거주한다. 자녀의 68%가 부모와 함께 살고 있으며, 20%는 신장 자치구에, 나머지 12%는 부정기적으로 베이징과 신장 자치구를 오가고 있다. 베이징에 있는 취학 적령기의 자녀나 현재 입학 수속을 하고 있는 자녀, 아직 학교를 찾지 못한 자녀의 경우가 각각 1/3을 차지한다. 양쪽을 오가는 자녀의 40%가 취학하지 않고 있다. 자녀들의 미취학 상태는 신장촌의 가장 심각한 사회 문제 중 하나로, 자녀에게만 영향을 미칠 뿐 아니라 가족의 장래에도 영향을 미친다. 또한 민족의 소양을 높이는 데도 불리하며, 사회 안정에도 불리한 요소가 된다. 신장촌의 위구르족은 날마다 CCTV에서 몇 시간씩 방송하는 위구르어 프로그램을 들을 수 있는데, 근본적으로 기타 민족 언어로 된 방송은 볼 수 없다. 이 때문에 신장 자치구에서부터 위구르어로 된 가요, 만담, 화극, 가극, 영화 등의 녹음 테이프와 비디오 테이프가 대량으로 들어온다.

모든 식당은 평균 7.5명의 종업원을 두고 있다. 종업원이 가장 많은 곳은 황톈 무슬림 식당으로 17명의 종업원이 있으며, 가장 작은 곳은 허톈(和田) 식당으로 종업원이 3명이다. 종업원과 사장이 친족 관계인 경우는 매우 적으며, 농촌 출신 사장들은 대부분 동향 사람을 고용한다. 도시 출신 사장들은 직원을 쓸 때 지역적 한계나 민족적 한계를 두지 않는다. 위구르족은 서로 돕는 것을 기쁨으로 여기는 전통이 있어서 가능한 조건하에 도움을 구하는 사람에게 일을 처리해 준다. 이것이 같은 규모에서도 상대적으로 많은 직원을 두고 있는 원인일 것이다. 점원들에게는 숙식이 제공되고, 월급은 일의 종류와 성질, 그리고 기술에 따라 결정되는데, 대체로 매월 250위안에서 900위안 정도이다. 명절 때는 상여금이 지급된다.

종업원의 80%는 위구르족으로 주로 신장의 자치구 남쪽의 농촌에서 왔으며, 몇몇은 신장 도시에서 온 사람도 있다. 종업원 중 후이족과 한족은 20%이다. 후이족들은 신장, 간쑤성, 산시(陝西)성 등에서 온 사람들이며, 한족은 안후이성, 허난성, 허베이성, 쓰촨성 등의 농촌에서 온 사람들이다. 위구르족 점원들은 주로 기술 정도가 비교적 높은 일을 맡고 있으며, 후이족과 한족 점원들은 손님을 끌거나 차를 내오는 일, 설거지나 청소 등의 일을 한다.

종업원은 남자 청년 위주로, 연령은 최대 28세, 최소 13세이며 80%가 미혼이다. 여성 종업원은 10%로, 주로 후이족과 한족이다. 종업원들의 학력 수준은 비교적 낮아서 보통 소학교 정도 수준이며 중학교에 진학했던 경우는 매우 적다. 베이징에 온 지 가장 오래 된 경우는 5년이며, 가장 짧은 경우는 불과 두 달이다. 위구르족 종업원 중 많은 경우가 경제 및 언어 장애로 인해 임시 고용 상태에 있으며, 경제력이 커지고, 언어의 장벽을 넘어선 후에야 또 다른 발전을 모색할 수 있다. 소수의 위구르족 청년들은 절기 휴가 기간에 베이징으로 여행 와 일을 하여 숙식 문제를 해결하고, 경제적 결핍을 보충한다. 후이족과 한족 종업원 대부분은 가족이 농촌에 거주하고 있고 베이징에서 일을 하여 돈을 벌어 가족에 보태고 있다.

신장촌에는 두 명의 촌장이 있다. 한 명은 파출소에서 지명한 구리로, 그는 한어를 유창하게 할 수 있어 전체 신장촌과 개방적인 대사회를 연결하는 다리 역할을 하며 상부에 문제를 전달하여 해결 방법을 모색하게 하며, 아래로는 임무를 할당하는 일을 한다. 또 다른 한 명은 촌민들이 선출한 장로로 촌 내부의 일을 담당하여 각 식당 간의 관계를 조율하고 일상 생활 중의 모순을 처리한다.

신장촌의 중요한 기능 중 하나는 베이징에 있는 위구르족들의 활동 중심으로, 신장 자치구와 쌍방향적인 정보 전달의 창구 기능을 한다는 것이다. 베이징의 경제와 정치 소식은 이곳에서 신장 자치구로 전달된

[442]

다. 신장 자치구에 어떤 일이 생기면, 이곳에 빠르게 반영된다. 1994
년 6월, 민족 대학은 위구르족 문화 연구소 건립을 계획했는데, (이곳
의) 사장들이 추진 자금으로 30만 위안을 제공했다. 베이징에 올라와
곤란에 처한 위구르족들에게는 사장들이 무료로 숙식을 제공하고, 돈
을 모아 왕복 차표를 사주기도 했다. 대충 계산해 보면, 근년에 이미
150명의 위구르족이 이런 보조금을 받았다. 어떤 사장은 정기적으로
돌아가면서 고향의 빈곤한 청년들을 받아들이고 있다.

건설 관리

건설과 관리 방면에서 신장촌의 특징은 임시성과 비정규성이다.

▶ (1) 주민들은 모두 임시적으로 거주하고 있다. 자녀를 학교에 보내
려면 많은 비용을 지불해야 하는데, 소학생은 평균 1년에 4000 위안이
며, 중학생은 1만 위안이 필요하여 이 외에도 다양한 잡비가 들어간
다. 이 때문에 몇몇 사장들은 자녀를 신장 자치구에 남겨 둔다. 어떤
사장은 한동안 산하이관(山海關)에서 지낸 적이 있는데, 현재 그의 세
명의 자녀는 모두 산하이관에서 학교를 다니고 있다.

▶ (2) 건설의 임시성도 문제가 되고 있다. 신장촌 길거리는 자연 발생
적으로 형성된 것으로 정식적인 계획 인준 수속을 밟지 않았다. 개별
점주가 점포를 사들인 것을 제외하고 대부분 개인의 집을 빌려 사용한
다. 서면으로 된 임대 계약서도 없으며, 임대료는 계속해서 올라가고
있다. 모든 사장들은 점포 내부 장식을 한 이후에는 바로 임대료를 올
리고 있다. 파미얼 식당은 1992년에 개업했는데, 30m²의 영업 면적에
대한 매월 임대료는 300위안에서 1997년에는 3000위안으로 올랐다.
적지 않은 사장들이 번 돈의 절반을 임대주에게 주고 있다. 거주용 주
택도 이와 마찬가지로, 20m² 주택의 매월 임대료는 1200~1500위안이
다. 이런 종류의 비정규적인 임대 제도는 사업 발전에 불리하다.

▶ (3) 관리 역시 임시적이다. 신장촌의 호적 관리, 상업 활동 관리, 부동산 관리, 치안 관리는 모두 취약하다. 신장촌에서 받게 되는 인상은 위생 조건이 좋지 않다는 것으로, 특별히 여름철에는 파리가 많고 냄새가 고약하다. 다음으로는 치안 상태가 나빠, 강도 강간, 폭력, 마약 사건 등이 수시로 발생한다. 한동안 부녀자들은 금으로 된 장신구를 하고 다닐 수 없었으며, 대낮에도 금목걸이를 강탈당했다. 상당수의 점포들이 영업 허가증이 없으며, 영업 허가증이 없으면 정상적인 납세가 불가능하다. 실제로 임대주의 탈세 상황은 상당히 심각한 편이다.

신장촌의 건설과 관리 수준을 높이는 근본적인 방법은 정규화이다. 많은 사장들이 우루무치에서 왔고, 이곳의 시장 건설에 미련을 두고 있다. 우루무치는 통일 시장, 통일 관리, 통일 위생 시설, 통일 전력 및 수도 공급을 갖추고 경영 활동에 질서를 갖추고 있다. 베이징은 외지 행상 관리 면에서 이미 대형 도매 시장을 갖고 있다. 도시 계획 체계 안에 편입되어, 통일적으로 관리되는 비교적 높은 수준의 음식 문화 시장을 건립하는 것이 위구르족 촌민들이 꿈에도 그리는 목표이다.

논리적 탐색

신장촌 건설의 전제는 신장촌을 인식하고, 신장촌 탄생의 법칙성과 필연성을 인식하는 것이다. 신장촌의 탄생은 인구 전이의 보편적 법칙에 부합하며 또한 중국의 상황과 베이징의 상황, 그리고 민족 특성의 구체적 배경에도 부합된다. 보편적 법칙과 국가와 시 당국의 정황, 민족 특성이 상호 결합되어야만 그 필연성에 대해 제대로 이해할 수 있다.

위구르족은 신장에서 베이징으로 이주해 왔는데, 이것은 인구 이전의 세 가지 가장 기본적인 법칙과 부합한다.

▶ (1) 경제 메커니즘 법칙으로 생활을 개선하고자 하는 것이 이주의 주요 동력이 된다. 만약 베이징에서 더 많은 수입을 얻지 못한다면, 그

먼길을 옮겨 오지 않았을 것이다.

▶ (2) 도시-농촌 이전 법칙으로, 도시화 과정 중에 향촌 인구는 더 큰 소도시로, 소도시 인구는 비교적 큰 도시로 이주하는 것이 도시화 과정 중 인구 이주의 주요한 특징이다.

▶ (3) 인구 구조 법칙으로, 이주 인구의 성별로 볼 때 남자가 많고 여자가 적으며, 연령상으로는 청년이 중·노년 인구보다 많다. 기본 법칙을 바탕으로 하여, 신장촌과 전국에서 일자리를 찾아 이주하는 물결이 일고 있다는 점에서는 일치하는 점이 있으며, 세계적 범위의 이민 물결과도 서로 통하는 바가 있다.

그러나 신장촌은 확실히 특수한 임시 노동 조류이며 특수한 이민 조류이다. 광저우의 산웬리와 상하이 민주 호텔 일대에도 위구르족의 식당이 밀집해 있지만, 규모는 베이징에 못 미친다. 신장촌의 출현은 세 가지의 구체적 원인이 있다.

(1) 중국은 다민족 국가이다.

(2) 베이징은 다민족 대국의 수도이다.

(3) 위구르족은 소수 민족 중 특색을 갖춘 민족으로 인구가 비교적 많다.

베이징은 전국의 정치 중심 문화 중심으로 각 민족을 위해 서비스한다. 베이징 주재 신장 사무소, 민족 대학, 병원 등은 베이징이 정치 중심, 문화 중심이 되기 위해 반드시 설치해야 할 요소들이다. 각 소수 민족들은 베이징에서 일을 처리하고, 회의를 열며, 진학, 연수, 의료, 관광 등을 필요로 한다. 촌장의 계산에 따르면, 매년 베이징에 와서 비자를 만들어 이슬람의 성지인 메카로 가는 사람의 수가 3000여 명이나 된다. 민족 대중의 애국 의식을 높이기 위해, 정부는 이들이 베이징을 관광하도록 북돋워야 한다.

신장촌의 주요 기능은 정치 중심, 문화 중심을 위해 서비스를 하는 것이며, 정치 중심, 문화 중심과 어울리는 것이다. 라마단 절기마다 식당들은 번갈아 가며 새벽 3시부터 교우들을 위해 아침 식사를 제공하고, 저녁 식사 역시 전문 식당에서 무료로 제공된다. 마이마이티 식당의 사장은 원래 우루무치 정부 기관 식당의 주방장이었는데, 둘째아들이 소아마비를 앓아 베이징으로 치료하러 왔다. 오고 가는 길에 비용이 너무 많이 들고, 먹고 자는 일 역시 불편해, 가게를 열게 되었다. 파미얼 식당의 사장은 문맹으로 외동딸이 많이 배우고, 장차 대학에도 진학하길 희망해 베이징으로 이주했다. 이런 이주 동기는 모두 베이징이 정치, 문화 중심이라는 것과 관련이 있다. 다민족의 수도인 베이징은 비단 위구르족만의 밀집지가 아니라, 다양한 소수 민족의 밀집 지역이기도 하다.

베이징에는 20만 명의 후이족, 10만여 명의 만주족, 1만 명의 몽골족, 그리고 수천을 헤아리는 조선족, 좡(壯)족, 짱족이 있다. 베이징이 위구르족의 밀집지가 된 역사는 원나라 때가지 거슬러 올라간다. 하이뎬취 웨이공춘(魏公村)은 원나라 때의 위구르족 밀집지이다. 어떤 기록에는 "웨이얼춘(지금의 웨이공춘)은 베이징 시즈먼 밖의 마을 이름으로, 본래는 씨청 웨이얼 부락이었는데 원나라 태조 때 귀속되어 지금처럼 부르게 되었다."고 기록되어 있다. 베이징에 많은 민족들이 모여드는 거대한 밀집력은 기타 대도시에 비교할 바가 아니다.

신장촌의 출현과 위구르족의 인종, 언어, 종교, 풍속, 음식, 문화 등과는 강한 관계가 있다. 새로운 거주지로의 이주에는 두 가지 종류의 선택이 있다.

▶ (1) 현지 주민과의 융합을 선택하는 것으로, 점차 하나의 전체를 형성하게 된다.

[446]

▶ (2) 상대적으로 밀집된 주거 형식을 유지하는 선택이다. 전입지와 전출지의 문화 차이가 상대적 밀집의 필요성을 강화시킨다.

종합적으로 기술해 보면, 베이징의 신장촌은 개혁 개방 후에 주·객관적인 조건이 서로 결합되어 만들어진 것으로, 민족 단결, 사회 진보, 경제 번영 등의 상징이며, 수도의 도시 기능 발전의 지표에 부합되는 것이다. 이런 이성적 인식에서 출발해서 신장촌에 대한 계획과 건설, 관리를 강화하는 것은 대단히 필요한 일이다. 계획 건설을 거치고 나면, 신장 음식 문화 거리는 외부 관광객을 끌어들이는 관광 명소가 될 것이며, 각 민족의 상호 이해와 우호감을 증가시키는 데 시공을 초월한 공헌을 하게 될 것이다.

10장. 지속 가능한 발전의 문제

ten

지속 가능한 발전의 문제

중국의 지속 가능한 발전에서 정치와 문화가 차지하는 비중은 갈수록 커지고 있다. 또한 환경 보호와 외환 관리 역시 중요한 문제가 되고 있다. 경제의 새로운 쾌속 발전과 완전한 경제 체제를 건립하기 위해 내부의 정치, 문화, 환경 보호, 외부의 영향 모두가 함께 고려되어야 한다.

1. 지속 가능한 발전의 개념 ❀

지속 가능한 발전이라는 개념의 역사적 연원은 길지만, 명확하게 거론되기 시작한 것은 그리 오래 된 일이 아니다. 하나의 발전 과정을 가지고 있는 지속 가능한 발전의 개념은 세 가지로 나누어 볼 수 있다.

▶ (1) 생태학자들이 제기한 지속 가능한 발전의 개념은 생태학 이론을 기초로 자연 자원과 개발 이용 간의 평형 관계를 설명하는 것이다. 지속 가능한 발전의 전형적인 정의는 '환경 시스템을 보호, 강화하는 생산과 새로운 에너지원[1] 개발을 강화하는 것'이다.

> (1) 경제 영역을 포괄하여, 지속 가능한 발전의 전형적인 정의는 '환경의 질을 떨어뜨리지 않고 세계의 자연 자원을 훼손하지 않는 기초 위에서의 경제 발전'이다.
>
> (2) 사회 영역을 포괄하여, 지속 가능한 발전의 전형적인 정의는 '생태 시스템을 유지할 수 있는 능력을 넘지 않는 상황에서의 인류 생활의 질 개선'[2]이다.
>
> (3) 정치 영역을 포함하여, 지속 가능한 발전의 전형적인 정의는 '현재의 수요를 만족시키면서 동시에 후손들의 필요를 저해하지 않는 능력의 발전, 뿐만 아니라 국가 주권주의를 절대 불가침'[3]이다.

▶ (2) 지속 가능한 발전의 개념이 포함하는 영역은 끊임없이 확대되고 있다. 인간과 자연의 관계에서부터 인간과 인간의 관계까지, 생산 영역에서 경제, 사회, 정치 영역으로까지 확대되고 있다.

전체적인 것과 부분적인 것에서부터 출발하여 비교적 광범위한 내용을 포괄하는 지속 가능한 발전의 개념은 실용성이 강하다. 한 지역의 지속 가능한 발전은 반드시 환경과 생태의 기초 위에서 경제, 사회, 정치 등의 내포를 포함해야 한다.

▶ (3) 지속 가능한 발전의 기본 원칙은 내포된 개념을 따라 끊임없이 확대, 확장된다. 지속 가능성의 원칙에서부터 공평성 원칙, 공공성 원칙으로까지 확장되며, 다시 공동성 원칙으로까지 연장된다.

(1) 지속 가능성의 원칙 : 생태학 범위의 원칙에 포함된다. 이것의 요점은 인류 생존의 물적 기초인 자연 자원, 자연 환경 등을 보호하는 것이다.

(2) 공평성 원칙과 공공성 원칙 : 사회학의 범위에 적용된다. 공평성 원칙은 당대 인간 간의 공평, 세대 간의 공평을 강조하여 인류의 빈곤 현상을 없애고자 하는 것이다. 공공성 원칙은 인류의 생산 및 생활 방식과 지구의 적재 능력이 평형을 유지해야 하며, 지구의 생명력과 생물 다양성을 유지하여, 평등하고 자유로운 인권을 향유할 수 있는 환경을 만들어 사람들의 건강 수준을 높이고 생활의 질을 개선하고자 하는 것이다.

(3) 공동성 원칙 : 정치학의 범위에 상응하는 것으로, 지구의 전체성과 상호 의존성을 강조하며, 지구의 연합 행동을 강조한다. 공동성 원칙은 전국 범위의 전면적인 협조와 국제적인 범위의 전면적인 협조를 요구하고, 개발 도상 국가의 발전 계획의 경중 완급에 따라 개발 도상 국가에 원조를 제공한다.

---

(1)　　　1991년 1월 국제생태연합회와 국제생물학연합회의 문건.

(2)　　　1991년 세계자연보호동맹, 국제연합 환경계획, 세계야생생물기금회 공동발표 『지구 보호 – 지속 가능한 생존 전략』.

(3)　　　1985년 5월 제15차 국제연합 환경이사회 문건.

2. 지속 가능한 발전의 전제 : 정치 안정과 공명 정치

경제와 정치, 문화는 서로 밀접한 관계에 있으며 상호 의존적이다. 중국의 지속 가능한 발전에서 정치와 문화가 차지하는 비중은 갈수록 커지고 있다. 개혁 개방 20년의 모색 과정에서 경제 건설에 대해서는 이미 경험이 쌓였다. 이후 20년은 계속하여 발전하고, 옛 것을 이어받아 미래를 개척하는 중요한 시기이다. 경제의 새로운 쾌속 발전과 비교적 완전한 경제 체제를 건립하는 일에 직면해서 정치의 안정과 공명 및 교육과 문화의 번성에 대해 훨씬 강한 요구가 제기되고 있다.

노자는 "큰 나라를 다스리는 것은 작은 물고기를 찌는 것과 같다."고 했다. 국가를 다스리는 것이 마치 작은 물고기 한 마리를 찌는 것과 같은 것이다. 정국은 항상 뒤집이지는 것이 아니다. 사주 뒤집다 보면, 작은 물고기는 곧 부스러져서 뼈만 남게 된다. 국제적인 평화 환경, 공명정대하고 안정적인 국내 정국은 지속 가능한 발전의 전제이다. 세계를 둘러보면, 정국이 요동치고 내전이 빈발하는 모든 지역에서는 사회 · 경제가 발전하기 어렵고, 환경과 생태가 파괴되고 있다.

세계은행이 블랙 아프리카(사하라 사막 이남)와 동아시아의 경제 발전을 대비해 본 결과, 정치 안정과 투명한 정책이 두 지역의 서로 다른 발전 속도에 결정적인 영향을 미쳤다. 1964년에 두 지역의 차이는 크지 않았으며, 1인당 평균 수입은 250달러 정도의 차이였다. 1992년 두 지역의 1인당 평균 수입의 차이는 2250달러로 그 차이는 9배나 된다. 두 지역의 1인당 평균 수입이 벌어진 원인의 75%가 정부와 정책 관련 요인이며, 25%는 비정치적 요인이다. 이렇듯 정치적 요인이 개발 도상 국가에 미치는 영향은 지대하다.

1920~1930년대 중국의 군벌 내전기에는 생명이 짓밟히고, 도처에

= 블랙 아프리카와 동아시아 경제 발전 대비(달러)

항목	1964년	1992년
동아시아인의 연평균 수입	850	3000
아프리카인의 연평균 수입	600	750
동아시아의 아프리카 초과	250	2250
1964년의 원래 차이		250
정치와 정책 요소		1500
기타 요소		500

자료 출처 : 世界銀行, 『1997年世界發展報告』, 中國財政經濟出版社, 1997, 32쪽.

애통하는 소리가 넘치고, 외적들이 영토를 넘보며, 중국 민족이 존망 위기에 처하고, 국민경제는 도처에서 마이너스 성장 상태였다.

근 반세기 동안 중국은 두 번의 마이너스 성장을 경험했는데, 이것은 모두 정치적 원인에 의해 만들어진 것이다. 1958년부터 1961년까지의 대약진 기간에는 인민공사를 만들고 공동 생활을 하게 했으며, 대련철강운동과 농업 쇠퇴, 인구의 대량적인 비정상적 사망이 있었다. 1966년부터 1976년까지의 문화대혁명 기간에는 계파 투쟁과 무정부주의가 범람했다. 대약진과 문화대혁명의 약탈을 거쳐 국민 경제는 붕괴 직전까지 갔고 환경 오염과 생태 파괴는 심각한 상황에 이르렀다. 훼손된 삼림, 유실된 토양은 1950년대 초의 116만 km²에서 153km²로 늘어났다. 44개 도시의 지하수 자원에 대해 조사한 결과 41개 도시의 지하수가 오염되었고, 그 중 9개 도시는 오염도가 심각한 수준이었다.[4] 반세기의 역사가 증명하듯이 정국의 안전은 사회 발전과 생태 환경 보호의 전제 조건이다.

---

(4)　　　陳輝邦, 『可持續發展戰略讀本』, 中國計劃出版社, 1996, 26쪽.

지금의 세계는 전 지구화, 국제화의 시대로 접어들어, 국가의 지속 가능한 발전은 국제 환경과 분리될 수 없다. 중국은 15개 국가와 육지를 접하고 있고, 6개 국가와는 바다를 경계로 하고 있다. 새로운 국제 질서를 추진하고, 선린 우호, 신뢰와 평등, 상호 협조, 공동 발전 등의 새로운 국가 관계를 추진하는 것이 중국이 분투 노력해야 할 목표 중 하나이다.

중국은 국토가 광활하고, 지역 차이가 큰 나라이다. 55개의 소수 민족이 전체 인구의 8%를 차지하고 있으며, 이들의 주요 분포지는 서남, 서북 지역의 광활한 토지로 지역별로 민족이 섞여 살거나, 소규모로 밀집해 있는 형태이다.

3. 지속 가능한 발전을 위한 기초 : 문화 · 교육의 진흥

인간은 사회의 주체이다. 경제적 번영, 사회 발전 등은 궁극적으로 인간에게, 즉 인간의 과학 · 문화 소양 및 인재의 양과 질에 달린 일이다. 전진의 시대는 정신적인 지지가 필요하며, 발전 중인 사회에는 주도적인 힘이 필요하다. 교육을 강화하고, 이상과 도덕, 문화 의식, 규율을 갖춘 시민을 길러내고, 전체 민족의 사상 · 도덕 소양과 과학 · 문화 수준을 높이는 것이 정신 문명 건설의 근본이다.

제2차 세계 대전 이후, 일본, 한국, 싱가포르 등의 경제 번영의 역사를 회고해 보면, 사람들의 소양과 근면 · 성실함이 결정적인 작용을 하고 있다. 일본, 한국, 싱가포르는 모두 국토 면적이 작고, 자연 자원이 풍부하지 않은 나라들이다. 국제 시장의 격렬한 경쟁에서 이들이 주로 의존하고 있는 것은 우수하고 소질 높은 인적 자원이다.

중국은 비록 960만 km²나 되는 토지를 가지고 있지만, 인구가 많고 각종 자연 자원의 1인당 점유량이 많지 않다. 1인당 평균 토지와 평균 경작 면적은 세계 수준의 1/3에 해당한다. 그러나 한편으로 1인당 평균 하천 유실량은 세계 수준의 1/4, 1인당 평균 삼림 축적량은 세계 수준의 3/5에 해당한다. 중국은 일본, 한국, 싱가포르와 마찬가지로 1인당 평균 자연 자원이 부족한 국가에 속한다.

인구 팽창과 낮은 인구 소양은 중국의 지속적인 발전을 가로막는 중요한 장애물이다. 1950~1957년과 1962~1973년, 두 차례에 걸쳐 인구 증가는 고조되었는데, 이 기간의 자연 증가율은 모두 20% 이상으로, 중국 인구 역사상 가장 심각한 팽창이었을 뿐 아니라, 1986년 이후의 인구 출생률을 고조시켜 환경, 자원, 생태계 등에 심각한 압력을 가중시키게 되었다. 오랫동안 높은 출산율을 유지해 온 관성이 이후 40년간 인구의 계속적인 증가를 결정짓고 있다. 인구 증가의 엄격한 통제, 문화와 교육을 발전시키려는 노력, 인구의 소질을 제고하는 것 등에 지속 가능한 발전의 희망이 있다.

인구의 소질을 제고하는 것과 인구 증가를 억제하는 것은 내재적으로 밀접한 연관이 있다. 인구 증가와 인구의 문화 수준은 상호 대립 관계에 있다는 것이 인구학의 법칙 중 하나이다. 이 둘의 관계는 두 개의 서로 다른 모델을 만들어낸다.

(1) 높은 출생률-낮은 문화 소양-낮은 노동 생산성-높은 출산율

(2) 낮은 출산율-높은 문화 소양-높은 노동 생산성-낮은 출산율

중국은 현재 첫 번째 모델에서 두 번째 모델로 전환하는 단계에 있으며, 경제와 문화가 발달한 몇몇 지역은 이미 두 번째 모델 단계로 들어섰다. 이 두 개의 모델에서 설명할 수 있는 것은 인구 소질을 높이는

것이 경제 발전과 인구의 양성 순환의 기초가 되며, 사회를 지속 가능하게 발전시키는 관건이 된다는 것이다.

중국은 자원이 부족하고 생태 환경과 사회 발전의 모순이 첨예한 나라이다. 이런 모순을 해결하는 기초는 문화·교육과 과학 기술이다. 유한한 경작지에서 막대한 인구가 필요로 하는 풍부한 식량을 산출하려면 과학 기술과 생명 공학에 의지해야 한다. 유한한 자연 자원을 이용하여 엄청난 생산 가치를 만들어내려면 과학 기술에 의지해야만 한다. 생태 균형과 환경 보호가 바로 과학 기술인 것이다. 일정한 과학 기초가 없다면, 어떻게 생태 균형을 검증해 낼 것이며, 환경 보호를 실현할 수 있겠는가?

덩샤오핑(鄧小平)은 이렇게 말했다.

"현대화 실현의 관건은 과학 기술이다. 교육을 다스리지 못하고서는 과학 기술의 발전은 불가능하다. 탁상공론으로는 현대화를 이룰 수 없으며, 반드시 지식과 인재가 있어야 한다."[5]

이것은 역사의 결론이며, 지속 가능한 발전에 대한 강한 논증이다.

4. 지속 가능한 발전의 핵심 : 자원과 환경의 보호

어떤 의미에서 보면, 모든 인류의 역사는 모두 자연 자원 이용의 역사이다. 인류의 생산력 수준을 높인 주요 원동력은 자연 자원 이용 수준의 제고와 자연 자원 이용 수단의 제고이다. 그러나 인류가 자연 자원을 이용하는 과정이 모두 순탄했던 것은 아니다. 인류가 자연의 법칙에 따라 일을 진행했던 경우에만 비교적 완전한 결과를 얻을 수 있

---

(5)　　　　『鄧小平文選』, 第2卷, 人民出版社, 1994, 40쪽.

[456]

었다. 만약 자연의 법칙을 위반한다면, 곧 자연의 징벌을 받게 된다.

자연 법칙에 따르는 것이 인류의 행복을 만들어준다

현재 인류는 대기 순환을 통제할 능력이 없다. 한 차례의 태풍이 휘몰아치는 힘은 200만 메가톤급의 원자탄과 맞먹는다. 사람들은 태풍의 진행 경로를 예측하여 태풍이 가져올 재해를 줄일 수는 있지만, 태풍의 강도를 약화시킬 수는 없다. 소기후에 대한 인류 활동의 영향은 비교적 명확한 편이다. 샤모옌저우(沙漠綠洲)와 주변 지역을 비교해 보면, 습도는 비교적 높고, 기온은 낮으며, 고온기는 비교적 짧다. 1970년대의 관찰에 따르면, 미국 서부에 관개 지구를 건설한 이후 강수량은 20% 이상 증가했다. 도시에 만들어진 대단위의 시멘트 건축물은 태양 복사열의 분배와 지표면 열량의 평형을 바꾸어, 비가 온 후 물이 빠지는 속도가 빨라지고, 공중의 기류에 영향을 미쳐, 도시 '열도' 효과를 가져왔다. 관찰에 따르면, 파리 중심의 연평균 기온은 12.3°C로, 교외 지역보다 1.6°C 높다. 뉴욕 중심에 있는 공원의 풍속은 교외에 있는 공항보다 23% 약하다.

인간 활동이 대기권에 미치는 중요한 영향 중 하나는 대기의 구조를 바꾸어 대기 중의 이산화탄소 함량을 증가시킨다는 것이다. 대기 중에 이산화탄소의 함량이 증가하게 되면 온실 효과를 가져오게 된다. 동시에, 대량의 연료가 연소되면서 만들어내는 오염 물질의 영향으로 해양 부유 식물들이 줄어들게 되어 대기 중의 산소 함량이 줄어들게 된다.

암석권에 대한 인간의 활동은 훨씬 명확하다. 산에 도로를 내고, 황무지를 개간하고, 도시를 건설하는 것 모두 대륙의 모습을 바꿔놓고 있다. 대륙에서 바다로 흘러가는 진흙의 총량 중, 인간의 활동으로 만들어진 것이 70%이고, 지질 작용으로 인한 것이 30%이다. 이 때문에 현재 확대되고 있는 하천 삼각주의 70%는 인간의 활동에 기인하는 것이다.

육지의 물의 각종 변화와 운동 활동에 인류가 미치는 영향은 지대하다. 운하를 만들고, 댐을 건설하고, 관개 시설을 발전시키는 것은 근본적으로 육지 물의 순환의 모습을 바꾸는 일이다. 화북 평원의 인공 하수로의 총량은 이미 천연 수계를 넘어섰다.

인류 활동의 영향을 가장 크게 받는 것은 생물권이다. 인류가 생겨난 이래 지구의 삼림 면적은 이미 절반 이상이 줄어들었을 뿐 아니라 그 속도도 갈수록 빨라지고 있다. 19세기 중엽만 해도 삼림 면적은 육지 면적의 절반을 차지했으나 1980년대 초에는 겨우 지구 면적의 1/3이다. 현재, 삼림 면적은 매년 1800만 ha의 속도로 감소하고 있다. 마르크스가 지적한 대로 "동물과 식물은 항상 자연의 산물인 것처럼 보이지만, 실제로 그것들은 인간 노동의 산물일 뿐 아니라, 현재의 존재 형식도 오랜 세대를 거쳐온 것이며, 사람의 통제와 노동으로 끊임없이 변화되어 온 산물이다."[6]

인류가 자연 자원을 이용하는 방식에 따라 뚜렷이 다른 두 가지 결과가 나타난다. 자연의 법칙에 따라 일을 처리하면, 자연을 개조하고 자연을 이용하여 사회에 복을 가져올 수 있다. 자연의 법칙을 위반하고 자연의 법칙을 따르지 않고 일을 처리하면, 인류는 자연의 징벌을 받게 되고 맹목적인 필연성에 얽매이거나 자연의 노예가 되게 된다. 중국에는 "사람의 노력은 자연을 이긴다(人定勝天)", "대자연을 정복한다(改天換地)", "만사는 사람 하기에 달렸다(事在人爲)." 등의 호언장담이 광범위하게 유행하는데, 이것은 모두 자연의 법칙에 따라야 한다는 전제를 갖추어야만 한다.

---

(6)　　　『마르크스 엥겔스 전집』, 제23권, 人民出版社, 1972, 206쪽.

인류의 생산력 발전의 역사는 어떤 의미에서 말하자면, 자연 법칙을 이용하여 자연의 역사를 바꾼 것이다. 생산력의 발전과 자연 법칙에 대한 인식의 심화에 따라 인류가 자연을 이용하는 규모와 정도는 끊임없이 깊어졌다.

중국의 각 민족은 오랜 기간의 생산 과정을 거치면서 끊임없이 자연을 개조하고 자연을 이용하여 풍부한 경험을 축적했다. 대우가 물을 다스리고, 여와가 하늘을 보양한다는 것은 고대인들이 자연 환경을 개조하고자 했던 바람을 나타낸 것이다. 리빙(李冰) 부자가 사람들을 이끌고 두장옌(都江堰)을 수축한 것은 자연을 이용하는 중국 사람들의 지혜를 증명하는 것이다. 타이는 거대한 용수로를 수축해, 물을 끌어와 웨이허강 북쪽 기슭 100만 ac의 토지에 물을 대, '경작 불가능한 지역을' '뿌리는 대로 거두는' 옥토로 바꾸었다. 사람들 간에 전해지기를, "망치를 들어 구름을 만들고, 길을 내어 비를 만든다." 신장 자치구의 투르판 일대는 관개용 우물을 파고 지하수를 끌어와 증발로 인한 손실을 감소시키고 있다. 아직까지도 투르판 지역에는 1100여 개의 관개용 우물이 있으며, 길이는 3000km로 해마다 20억 m^2의 면적에 물을 대고 있다. 광둥성 주장강 삼각주의 상치위탕(桑基漁塘)은 양어장보다는 낮고, 양잠장보다는 높은 곳에 있어, 누에의 배설물을 물고기에게 먹이고, 물고기의 배설물은 뽕나무에 거름으로 주어, 토지가 갈수록 비옥해지고 있는 곳으로 자연 법칙에 따른 농업 발전의 하나의 모범이 되고 있다.[7]

자연을 이용하고 개조하는 면에서 세계 각 민족들은 모두 풍부한 경험을 가지고 있다. 예를 들어, 네덜란드의 면적은 겨우 4만 km^2로 1인당 평균 경작지는 0.9ac에 지나지 않지만, 세계의 주요 농산품 수출

---

(7)　　　鍾功甫,「珠江三角洲桑基漁塘」,《地理學報》, 1980년 9월.

국 중 하나이다. 독일 연방과 벨기에의 채소 그리고 미국의 꽃은 모두 네덜란드에서 공급된 것이다. 기후가 건조한 이스라엘은 노즐과 물 대는 관 기술을 이용해 사막에 과수, 화훼, 약재 등의 고부가 가치 작물을 심어서 농업 노동력별 평균 수입이 미국의 평균 수준에 이르고 있다.

생산력의 발전에 따라 사람들은 계획적이고 훨씬 규모가 큰 자연 개조를 시작했다. 날씨 개조를 예로 들면, 인간들은 다방면의 노력을 통해 요오드화은을 분사하는 방법을 통해 강수량을 늘리기 시작했다. 미국은 콜로라도 서남쪽의 산후안(San Juan) 산맥에서의 실험에서 이 방법을 사용하여 강설량을 16% 증가시켰다.

자연 법칙을 거스르는 일은 반드시 자연의 징벌을 초래한다

사람들은 자연 법칙을 이용해 사회에 복을 가져오는 동시에 자연 법칙을 거스르는 어리석은 짓을 허다하게 저지르고 있다. 과학 기술이 발달하지 못한 시기에는 인식의 한계로 인해 자연 이용의 단기적인 효과를 추구하고, 장기적인 효과를 보지 못하게 된다. 게다가 장기적인 효과는 종종 최초 효과와 상반되는 경우가 있다. 과학 기술이 발달한 이후에도 이윤 추구와 관리 체제의 모순으로 인해 장기적인 효과는 한편으로 미뤄두고, 단기적인 효과만을 평면적으로 추구하게 되어 자연 법칙의 징벌을 받기도 한다.

우선, 불합리한 토지 개간과 삼림 벌목은 토양과 수질 자원의 악화를 가져오게 된다. 농업 활동이 출현한 이후 토양과 수질 자원의 파괴 상황은 이미 심각한 상태이다. 엥겔스가 이렇게 지적한 바와 같다.

"고대 메소포타미아, 그리스, 소아시아 및 기타 각지의 주민들은 경작지를 얻기 위해서 삼림을 모두 베어버렸다. 그러나 그들이 생각지도 못했던 것은, 이것 때문에 이 지방들은 지금 풀 한 포기 자라지 않는 황무지가 되었다. 이것은 그들이 이 지역의 삼림을 베어버렸기 때문에, 또한 모여 있거나 저장해 두었던 수원을 없애 버렸기 때문이다. 알프스 산맥의 이탈리아 사람들은 북쪽의 나무들은 세심하게 보호했으나 산의 남쪽에 있는 나무들을 모두 베어버렸다. 그들이 예상치 못했던 것은, 이렇게 하게 되면 자신들의 지역에 있는 고산 목축업의 기초가 훼손된다는 것이다. 그들이 더더욱 생각지 못했던 것은 이렇게 하면 산의 샘이 거의 일년 내내 마르게 되고, 또한 우기에는 홍수가 극심해져 평원으로 범람한다는 사실이다."8)

세계의 많은 지역에서 토양과 수질 자원에 대한 파손이 생산 발전에 영향을 미치는 주요한 요인 중 하나가 되고 있다. 중국의 몇몇 지역은 자연 환경이 크게 변했는데, 대도시와 토양, 수질 자원의 악화 간에는 상관 관계가 있다. 한나라 때 냐오란푸허 사막은 농업이 번창했던 지방이다. 700년 전 징기스 칸이 이곳의 물과 풀이 풍부하고 풍광이 수려한 것을 보고, 손수 노후의 안장지로 선택했는데, 오늘날 능 부근은 황량하게 반사막화되고 있다.

현재 중국의 토양과 수질 자원의 악화 현상은 상당히 심각하며, 특별히 다음의 세 가지 방면에서 나타나고 있다.

▶ (1) 삼림 벌목, 녹지 퇴화 : 1995년 중국의 삼림 회복률은 13.92%로 세계 평균치의 44%에 불과하다. 해마다 벌목되는 목재의 양은 목재 생산량을 초과하고 있다. 전국에서 1억 가구 이상의 농가에서 장작과 나무 줄기를 이용해 밥을 짓고 난방을 한다. 매년 소비되는 장작은 1억 700만 톤이며, 나무 줄기는 3억 톤이나 된다.9) 전국의 1/3이나 되는 초원이 퇴화되었고, 토양의 영양분이 감소해 가축을 칠 능력이 떨어졌다. 1/5의 동식물들이 위협받고 있으며, 야생말, 고비영양 같은

---

(8)　　　『마르크스 · 엥겔스 전집』, 제20권, 人民出版社, 1971, 519쪽.

(9)　　　世界銀行, 『壁水藍天－展望21世紀的中國環境』, 中國財政經濟出版社, 1997, 42쪽.

10여 종의 야생 동물은 멸종되었다.

▶ (2) 수자원 고갈 : 호수 고갈, 지하수 수위 하강, 하류 단절은 농공업 생산과 사람들의 생활을 위협한다. 반 세기 동안, 양쯔강 유역을 통과하던 강의 호수 면적은 1억 7000만 km^2에서 6700km^2로 줄어들었고, 총 용적량도 1200억 m^3에서 633억 m^3로 줄어들어 각각 60%와 47% 감소되었다. 호수 면적의 감소는 홍수를 유발하는 중요한 원인이 된다. 신장 자치구의 뤄푸보(羅布泊), 마나쓰(瑪納斯) 등의 호수는 이미 지도에서 사라졌다.

▶ (3) 물과 토지 유실, 토지의 사막화와 알칼리화 : 중국의 물과 토지 유실 면적은 130만 km^2로, 매년 유실되는 토양은 50억 톤이며, 함유된 비료의 양은 4000만 톤 안팎으로, 전국에서 매년 사용하는 화학 비료량과 맞먹는다. 황허강이 매년 운반하는 모래의 양은 16억 톤으로 세계 제일이다. 동시에 중국의 북방에 위치한 200여 개의 현의 토지가 사막화되어 매년 사막 면적은 2000km^2 가까이 늘어나고 있다. 북방의 적지 않은 관개 지역들이 관개 수도가 닿지 않거나, 수도가 있어도 물이 없어 토지의 알칼리화 현상은 상당히 흔하다.

또 다른 심각한 문제는 도시, 공업용 광산, 교통 수단들이 대량의 유해 가스와 폐물질 등을 배출해 대규모의 환경 오염을 만들어내고 있고, 이것이 인류의 건강과 농공업 생산에 중대한 위협이 되고 있다는 것이다. 중국의 몇몇 도시들의 유해 물질과 이산화탄소 농도는 세계보건기구(WHO) 표준의 2~5배를 넘어서 선두를 달리고 있다. 폐렴, 기관지염 등 호흡기 질병은 중국 인구의 중요한 사망 원인으로 그 중요한 근원 중 하나가 대기 오염이다. 션양, 상하이 등의 도시 아동들의 혈액 중 납 함량은 기준치의 80%를 넘어서 아동의 지능 발달에 해를 끼치고 있다.

근 몇 년 간 중국의 자동차 수는 크게 증가해 배기 가스가 일으키는 도시 오염은 날로 심각해지고 있다. 베이징의 자동차 대수는 로스앤젤레스의 1/10에 불과하지만 배기 가스 배출량은 같은 수준이다. 주요 원인은 중국 도시의 도로가 혼잡하여 차량의 속도가 느리고, 차량의 상태가 낙후하며, 기름 중의 납 함량이 높기 때문이다. 중국의 서남부와 남부에서는 대량으로 석탄을 소비하고 산성비 빈도율이 비교적 높아, 전국 경작 면적의 1/10을 차지하는 지역이 산성비의 영향을 받아 농작물과 임업 생산율이 3%나 떨어졌다.

중국의 수질 환경 오염은 유기물 위주로 이루어진다. 전국 1200여 개의 검측 하류 중 850개가 오염되었다. 전국 7대 수계의 수질은 보편적으로 악화되었고, 근 86%의 도시 하천의 수질이 오염 기준을 넘어섰다. 그 중, 북방 하류의 오염이 특히 심각하다. 북방 하류의 수질은 겨우 7.6%의 하천만이 인체에 직접 닿아도 무방한 3급수 수준이며, 51.5%는 5급수에도 못 미쳐, 농업 관개용으로도 이용할 수 없다.[10] 호수, 하구, 해안 및 근해의 부영양화가 가속화되고 있다.

중국에서 매년 만들어지는 고체 폐기물은 6억 톤 이상으로, 그 중 유해 폐기물이 3000~4000만 톤이며, 도시의 쓰레기가 약 1억 톤이다. 고체 폐기물의 종합적 이용률과 처리율은 낮아서 2/3가 그대로 쓰레기로 버려져 지표수와 지하수의 오염이 심각하다.

세계은행의 예측 계산에 따르면, 중국의 오염으로 인한 손실은 조기 사망, 질병 발생, 자원 파괴, 기초 시설의 손실 등을 포함해 매년 540억 달러로 환산되는데, 이것은 1995년 국내총생산의 18%에 해당하는 액수이다.[11]

---

(10)　　　위의 책, 83쪽.
(11)　　　위의 책.

재난 방지의 긴박성

예부터 중국에는 재난이 많았다. 재난 방지는 언제나 중국 발전의 전략적 임무이다. 1998년 여름, 전국 29개 성(區, 市)이 정도의 차이는 있지만 홍수 재해를 만났다. 3억 1800만 ac의 홍수 피해 면적 중 재해를 입은 면적은 1억 9600만 ac였고, 재해 인구는 2억 2300만 명이었다.[12) 이 때의 재난은 전체 중국인들의 재난 방지 의식을 높여주었다.

중국에 재난이 잦은 원인은 복합적인 것인데, 자연적인 배경으로 생긴 원인도 있고, 사람들의 활동으로 빚어진 원인도 있다. 그 중, 가장 중요한 것은 다음의 세 가지 조건이다.

(1) 변화무쌍한 동아시아 계절풍 기후,

(2) 산이 많아서 비교적 높은 생태 환경 적응 지수[13)

(3) 거대한 인구 압력으로 인한 사람과 환경, 자원 간의 긴박한 모순

중국 청나라 초기의 인구는 1억 명이었고, 건륭제 때 3억 명으로 늘었으며, 중국 내전 기간(1930년대) 무렵에 4억 5000만 명이 되었다. 지금은 양쯔강 유역의 인구만도 4억 명이 넘는다. 인구의 급격한 증가는 환경과 자원에 커다란 압력을 만들어내고 있다.

중국은 동아시아 계절풍 지역의 중심에 위치해 있다. 여름철 계절풍은 비와 높은 온도를 가져오는 동시에 농작물의 성장에 유리하다. 전 지구를 둘러보면, 북위 30도 일대의 모든 나라들이 건조하고 비가 적어 사막화나 반사막화된 지역이다. 유일하게 중국만이 푸르고 아름

---

(12)　　　溫家寶, 「關于當前全國抗洪搶險情況的報告」, 《人民日報》, 1998년 8월 27일.

(13)　　　牛文元, 「中國的生態環境及可指續發展」, 『區城環境與持續發展』, 西北大學出版社, 1997, 2쪽.

답다. 그러나 여름 계절풍의 결점은 해마다 변화가 크다는 것이다. 강할 때는 북쪽을 향해 빠르게 움직여, 북쪽에는 특별히 비가 많이 내리고, 남쪽에는 비가 적게 내리게 된다. 약할 때는, 북쪽을 향해 천천히 움직여, 북쪽의 강우량이 지나치게 적어지고, 남쪽의 강우량이 지나치게 많아진다. 계절풍이 이상한 해를 만나면 가뭄과 홍수의 재해가 발생할 수 있다. 북서 태평양 열대 지역은 태풍이 많이 발생하는 지역이다. 태풍은 항상 중국의 동남 해안에 상륙하며, 중심 풍력은 12급에 달하며, 폭우를 동반한다. 늦가을에서 초여름까지는 시베리아에서부터 강한 찬 공기가 중국으로 유입된다. 이 찬 공기의 세력이 비교적 강할 때는 중국 동부 지역의 기온이 15°C에서 20°C까지 내려가, 생활과 생산에 해를 가져온다.

중국의 황투 고원은 세계에서 가장 큰 황토 분포 구역이다. 황토의 토질은 푸석푸석하고, 폭우가 한번 쏟아지면, 진흙과 빗물이 함께 황허강으로 흘러들어간다. 옛 사람들은 황허강을 일컬어 '1섬의 물, 6말의 진흙'이라 했다. 황허는 1m³당 35kg의 모래를 담고 있고, 홍수가 고조에 달할 때는 570kg에 달해 세계에서 모래 함량이 가장 많은 하류이다. 황허가 매년 흘려 보내는 진흙은 16억 톤으로 전세계 하류의 총 모래 운반량의 1/6을 차지한다. 대량의 진흙이 하천 바닥에 침전되어, 하웬커우(花園口) 이하의 하천 바닥을 높여 놓아 일반 강물의 수위가가 양쪽 육지의 4~5m까지 높아졌고, 가장 높은 곳은 10m나 높아져, 땅 위에 매달린 하류를 만들었다. 관측에 따르면, 황허강의 바닥은 매년 10cm씩 높아지고 있어, 1800km의 대제방도 부담을 견뎌내지 못하고 있다.

폭우로 인한 홍수는 제방을 쉽게 무너뜨려 재해를 초래할 수 있다. 기원전 602년에서 1938년까지, 황허강은 1590차례 제방이 무너졌고, 26차례의 대규모 이전이 있었다. 1938년에는 황허강의 길을 바꿔,

1250만 명의 수재민이 발생했고, 89만 명이 사망했다. 1949년 이후에도 황허강은 여러 차례 최고 수위에 달해, 황허강 범람 지역을 과수원으로 개조했다. 그러나 황허강의 심각한 재해의 근본 원인은 여전히 남아 있다. 황투 고원의 물과 토지의 유지를 강화하고, 진흙 배출을 감소시키는 것이 황허강을 다스리는 근본이다.

중국에서 가장 긴 강인 양쯔강으로 인한 위협 역시 상당히 심각하다. 기원전 185년부터 1998년까지 양쯔강에서 발생한 비교적 큰 홍수는 200여 차례나 된다.

중국은 환태평양 지진대의 서쪽 가장자리에 위치한 지진 다발 국가 중 하나이다. 『죽서기년(竹書紀年)』에는 3800년 전 하나라 때 발생한 지진에 대한 기록이 있는데, 이것은 세계에 기록된 지진 중 가장 빠른 것이다. 1976년 7월 28일 밤중에, 허베이성 탕산(唐山)에는 강도 7.8도의 지진이 발생해 24만 명이 사망했고, 전체 도시가 폐허로 변했나.

이 외에도 가파르고 깊은 산악 지역에서는 폭우 계절이 되면 진흙과 바위가 자주 흘러내리기도 한다. 칭짱(青藏) 고원 가장자리의 산악 지역은 진흙과 바위의 유실이 많이 발생하는 지역이다. 동부의 낮은 산악 구릉 지대와 평원이 교차하는 곳도 역시 진흙과 바위의 유실로 인한 재해가 발생하고 있다.

결론적으로, 중국은 자연 재해가 심각한 나라 중 하나이다. 해마다 기상, 해양, 지진, 지질 등으로 발생하는 재해의 직접적인 손실은 전국 국민총생산의 약 3~5%를 차지하며, 해마다 평균 수만 명의 사람들이 사망한다. 70% 이상의 대도시와 반수 이상의 인구가 재해가 비교적 심각한 지역에 분포해 있다.[14]

---

(14)　　　陳耀邦, 『可持續發展戰略讀本』, 中國計劃出版社, 1996, 105~106쪽.

환경과 자원 보호의 전략적 의의

인류는 대지와 떨어질 수 없다. 사람과 땅의 모순은 환경과 생태에 집중적으로 반영된다. 아름답고 쾌적한 환경과 생태는 사회가 지속적으로 발전할 수 있도록 하는 중요한 보장이 된다.

환경과 생태의 문제는 전 지구성을 띠고 있다. 오존층 파괴, 기후 온난화, 유독성 폐기물의 경계를 넘나드는 전이, 생물종의 멸종 등은 모두 전 지구의 지속적인 발전을 위협하고 있다.

1992년 환경과 개발에 관한 유엔 회의(UNCED)는 전 지구의 「21세기 의정서(Agenda)」를 통과시켰다. 중국 역시 환경과 생태 방면에서 중대한 국제적 의무를 지고 있는 것이다. 환경과 생태 보호는 이제 중국의 국제적 이미지와 관계된 것이다.

중국 정부는 전 지구 「21세기 의정서」 정신과 중국의 현실을 근거로 「중국 21세기 의정서」를 제정했는데, 여기에는 다음의 네 가지 부문이 포함된다.

---

(1) 지속 가능한 발전의 총체적 전략

(2) 사회의 지속 가능한 발전

(3) 경제의 지속 가능한 발전

(4) 자원의 합리적 이용과 환경 보호

「중국 21세기 의정서」 조치를 실행할 때, 이 문건은 다음의 다섯 가지 점을 강조하고 있다.

---

(1) 경제 체제 개혁을 추진하여 경제 성장 방식의 근본적인 전환을 실시한다.

(2) 국민 경제 계획과 사회 발전 계획을 시행한다.

(3) 전체 국민의 지속 가능한 발전 의식을 제고하고, 지속 가능한 발전 능력을

갖춘다.

(4) 광범위한 국제 협력을 확대한다.

(5) 각 부문과 지방에 21세기 의정서 부서를 설치한다. 예를 들어 '중국 환경
    행동 계획', '8·7 빈곤 부양 정책 돌격계획', '중국 생물 다양성 보호 행동
    계획', '환경 보호 21세기 의정서', '중국 해양 21세기 의정서' 등이다.

「중국 21세기 의정서」의 핵심은 환경과 생태 보호를 실현하고자 하
는 것이고, 궁극적으로 환경, 생태, 사회, 경제가 지속 가능한 발전의
양성적 순환의 길로 들어서도록 하는 것이다.

5. 지속 가능한 발전의 동력 : 외자 유입

외자는 직접 투자와 간접 투자 두 가지 종류로 나뉜다. 일반적인 외
자 연구의 주안점은 직접 투자 부문에 있다. 직접 투자는 한 나라의 투
자자가 자본을 타국의 생산과 경영에 이용하여, 일정 정도의 경영 통
제권을 장악하는 투자 행위이다. 중국의 직접 투자는 외국인 단독 투
자 기업, 중국과 외국 합자 경영 기업, 합작 경영 기업, 그리고 자원 개
발 합작을 위한 투자 등이 있다. 직접 투자는 또한 외국인 직접 투자라
고 불리기도 하는데, 여기에는 화교, 홍콩과 타이완 주민 및 외국에 등
록된 중국 기업의 중국 내 투자, 외국인 투자자들의 수익 재투자도 모
두 포함된다.

간접 투자에는 국제 증권 투자와 차관이 포함된다. 국제 증권 투자
는 외국 기업이 발행한 주식과 외국 기업 또는 정부가 발행한 채권 등
의 유가 증권을 구입하거나 그로 인해 발생한 수익 투자 행위이다. 차
관은 외국 정부 차관, 국제 금융 조직의 차관, 외국 상업 은행 차관, 수

출 신용 등이 포함된다.[15)

외자의 형성과 규모

세계 경제의 일체화로 인해 점점 더 많은 국제 자본이 전세계를 범위로 가장 훌륭한 투자 지역을 찾고 있으며, 직접 투자의 규모도 급격히 증가하고 있다. 1975년부터 1994년까지 국제 직접 투자는 매년 평균 12%씩 늘어났는데 이것은 국제 무역 성장 속도의 2배, 세계 경제 성장 속도의 4배와 맞먹는 것이다. 동아시아에 금융 위기가 발생하고, 세계 경제의 성장 속도가 둔화되었을 때도 국제 직접 투자는 여전히 기록적인 수준을 만들어냈다. 1997년 전세계의 국제 직접 투자는 전년에 비해 19% 성장한 4000억 달러에 달했으며, 1998년에는 4300에서 4400달러에 이를 것으로 추산된다.[16) 국제 직접 투자는 장기적인

= 1994년 세계 국제 직접 투자 금액

국가	총액(1억 달러)	비중
세계	24122	100.0
미국	6101	25.3
일본	2843	11.8
영국	2812	11.7
독일	1997	8.3
프랑스	1833	7.6
네덜란드	1462	6.1
캐나다	1056	4.4
스위스	996	4.1
이탈리아	835	3.5

(15)　　　李崗淸, 『中國利用外資基礎知識』, 中共中央堂校出版社, 1995, 13~14쪽.

(16)　　　「聯合國貿易和發展會議報告」, 《法新社日》, 1998년 11월 10일.

자본 투입이기 때문에 빠르게 들어왔다 사라지는 단기 투기 자금의 영
향을 받지 않는다.

선진국들은 국제 직접 투자에서 주요한 지위를 차지하고 있다.
1994년에 전체 국제 직접 투자에서 미국, 일본, 영구, 독일, 프랑스, 이
다섯 개의 공업국이 투자한 비중은 64.7%를 차지하고 있다. 여기에
네덜란드, 캐나다, 스위스, 이탈리아 등을 합치면 국제 직접 투자의
82.8%가 된다.

1990년대 이후 중국의 투자 환경은 점점 개선되고 있고, 외자 유치
정책도 조금씩 나아지고 있다. 1992년부터 중국의 직접 투자 이용 규
모는 신속하게 상승해서 국제적으로 미국의 제2대 외자 수입국이 되
었다. 1997년 중국이 받아들인 외국인 직접 투자는 453억 달러였다.
국제 직접 투자의 순수(net) 유입 수준에 비추어 보면, 중국은 세계 1
위를 차지한다. 미국은 외국으로부터 910억 달러의 직접 투자를 받은
동시에 해외에 1150억 달러를 투자하고 있어 순수 유입에 따른 계산
은 마이너스가 된다.[17]

1979년부터 1997년까지 중국의 외국인 직접 투자는 2201억 달러로
같은 기간 실제로 이용된 외자 총액의 63.2%를 차지한다. 1994년 이
후 외국인 직접 투자의 비율은 계속 증가하여 1994년부터 1997년까지
평균 75%에 이르고 있다.[18]

어떤 국가나 지역이 외자를 끌어올 수 있는 주요한 원천은 하드웨
어 환경과 소프트웨어 환경의 우수성이다. 하드웨어 환경이란 지역의
전체적인 자원과 기초 시설이며, 소프트웨어 환경이란 주로 정치 행
정, 법률 정책, 시장 환경 등이다. 외자의 직접 투자를 얻어내기 위한

---

(17)　　　위의 책.

(18)　　　『中國統計摘要 1998』, 中國統計出版社, 1998, 138쪽.

[470]

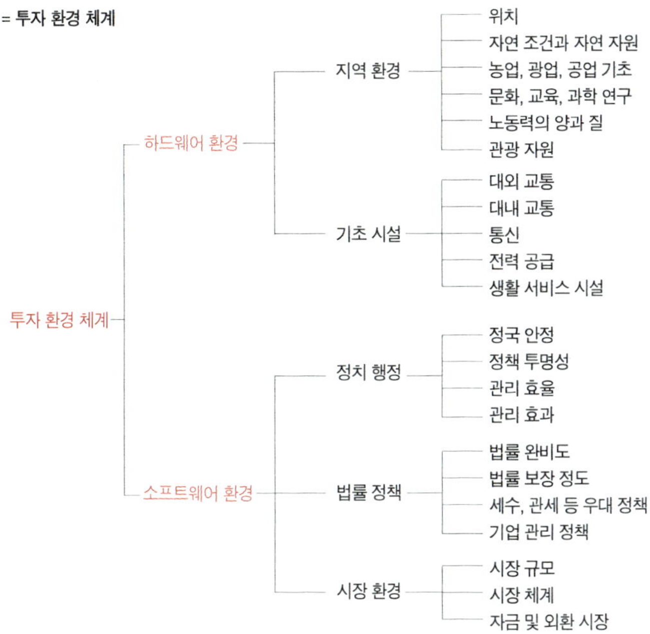

근본적인 대책은 투자를 위한 하드웨어 환경과 소프트웨어 환경을 개선하는 것이다.

외국인 직접 투자의 근본적인 목적은 높은 이윤을 얻기 위해서이다. 비교적 높은 이윤율에 도달하기 위해서는 일련의 구체적인 목표가 있어야 한다. 일본 학자들은 대외 투자의 구체적인 목표를 14가지 항목으로 나누었는데, 예측 계산을 거쳐 발표한 결과에 의하면, 국제적인 유통망을 구축하여 중국 시장을 점유하는 것이 가장 중요한 목표이다. 국제 시장의 격렬한 경쟁 과정에서 시장 매출액 부분을 점유한다면 이윤을 얻을 수 있다. 중국(시장)으로의 진입은 염가의 노동력 보장이라는 중요한 의의를 가지고 있다.

중국이 외자를 끌어오는 데 유리한 조건 중의 하나는 역사와 문화,

번호	투자 목적	세계	중국
1	자원, 원자재의 보증과 이용	2.8	4.5
2	노동력의 보증과 이용	8.2	15.6
3	상대국의 특혜	3.5	3.2
4	국제 생산 유통망 구축	18.6	24.6
5	상대국 시장 점유	30.3	23.2
6	제3국으로의 수출	4.6	4.3
7	일본의 내수 판매	4.7	11.7
8	관련 기업 진출	2.5	1.9
9	자금 조절과 환율 위험에 대한 대책	2.1	0.6
10	특허와 정보의 수집	12.0	4.3
11	상품 기획과 개발 연구	3.7	2.5
12	새로운 경영 활로의 확산	2.1	2.2
13	지역의 총괄적 관리 기능 강화	1.6	0.6
14	무역 마찰에 대한 대책	0.9	0.1
	총계	97.6	99.3

자료 출처 : 『海外輸出口企業總覽』(會社別篇), 東洋經濟周刊, 1998.

혈연 등과 광범위하게 연결되어 있다. 중국 외자의 70% 이상이 홍콩, 마카오, 타이완, 동남아 일대에서 온 것으로 국제적으로는 화인권(華人圈)이라 불린다. 특별히 1992년 이전에 대다수의 선진국들은 대중국 투자에 대해 관망적인 자세를 취했는데, 이 때 주로 화인권이 일정한 외자 규모를 유지해 주었던 것이다.

홍콩에서 대륙으로 들어온 투자의 위치 선택을 요인 분석(factor analysis)의 결과, 교통 위치, 소프트웨어 환경과 염가의 노동력, 세 가지 항목이 결정 인자였다. 그 중 교통 위치가 수위를 차지한다. 홍콩에 근접해 있는 것이 홍콩 자본의 대규모 유입을 결정짓는 요인이었다.

순서	국가와 지역	비중(%)
1	홍콩	41.1
2	일본	8.4
3	미국	6.6
4	타이완	6.4
5	싱가포르	5.0
6	한국	4.3
7	영국	3.5
8	독일	1.9
9	마카오	0.8
10	기타	22.0
	합계	100.0

자료 출처 : 『中國統計年鑑, 1998』.

= 투자 요인 분석 결과

요인	요인의 비중(%)
1. 교통 위치	48.7
1) 홍콩과 인접	21.2
2) 교통 시설	17.1
3) 지리적 위치	10.4
2. 소프트웨어 환경	32.1
1) 적절한 정책	12.9
2) 개인적 교류	10.1
3) 문화적 관습	9.1
3. 저렴한 노동력	17.9
4. 기타	1.3
합계	100.0

자료 출처 : 『李小建 間卷調査結果』에 근거.

외자가 경제 발전에 미치는 영향

개혁 개방 이후 중국으로 들어오는 외자는 증가 추세에 있다. 1989
년과 1990년에는 정치적 환경의 영향으로 외자 증가가 약간 주춤했지
만, 1992년부터는 수직 상승하고 있다. 1997년의 전국 외국인 직접 투
자를 인민폐로 환산해 보면 3734억 위안이 되는데, 이것은 전체 고정
자산 투자량의 14.8%에 해당한다. 즉, 고정 자산 투자액 7위안당 1위
안이 외자라는 이야기이다.

실제로, 외자의 공헌은 1/7이라는 비중으로 표시되는 것보다 더 중
요하다.

▶ (1) 외자는 국내 자본을 끌어모은다. 1997년에 외자 기업의 등록 자
금 중, 외자와 중국 내 자본의 비율은 1.9:1이었다. 이 비율로 따진다
면, 1997년 외국인 직접 투자는 중국 내 자본인 1965억 위안의 인민폐
와 짝을 이루고 있다는 것이다.

▶ (2) 외자는 상위 산업과 하위 산업을 움직이게 한다. 독일 학자가
1958년부터 1987년까지의 자료를 토대로 계산한 것에 따르면, 1위안
의 외자는 1.84위안의 상관 투자를 이끌어낸다. 이 계수에 따르자면
1996년 외국인 직접 투자는 6871억 위안의 인민폐 상관 투자를 이끌
어낸 것이다.[19]

해러드-도마 모델은 경제 성장의 속도와 고정 자산 투자 간에 정비
례 관계가 있다고 보고 있다.

$$R = \frac{C}{E}$$

R : 연평균 경제 성장 속도(%)

C : 투자율(국민 수입에서 투자가 차지하는 비중, %)

E : 투자 수익(1위안의 국민 수입을 늘리는 데 필요한 투자액)

= 외국인 직접 투자

연도	금액(1억 달러)
1979~1982	11.66
1983	6.36
1984	12.58
1985	16.51
1986	18.74
1987	23.14
1988	31.94
1989	33.92
1990	34.87
1991	43.66
1992	110.07
1993	275.15
1994	337.67
1995	375.21
1996	417.26
1997	452.57
1979~1997	2201.41

자료 출처 : 『中國統計摘要, 1998』, 中國統計出版社, 138쪽.

이 모델에 따르면, 1997년 중국 국내총생산은 8.8% 증가했고, 그 중 1.3%는 외자에 의한 것이고, 2.4%는 외자로 인해 발생한 것이다.

외자의 영향을 살펴보면, 비단 외자의 양만 중요한 것이 아니라 외자의 질도 중요하다. 중국의 외국인 직접 투자 중, 독일 자본은 9위를 차지하고 있지만, 소형차, 가전 제품, 전자 산업 등에서 큰 영향을 미치고 있다. 벨기에가 투자한 외자의 양은 훨씬 더 적지만, 통신 설비,

---

(19)   Eric D. Ramstetter, *Direct Foreign Investment in Asia's Developing Economics and Structural Change in Asia-Pacific Regions*, Westview Press, 1991.

제약, 마이크로 전자 등의 방면에서 큰 공헌을 하고 있다. 상하이 벨 전화 설비 제조 회사는 수년 간 계속해서 중국 10대 최우수 합자 기업으로 선정되었으며, 812대의 디지털 전화 교환기를 양도하고, 대규모의 집적 회로 제조 기술을 대량으로 생산에 투입했다.

1997년 외자 기업의 수출액은 749억 달러로 전국 수출 총액의 41%를 차지한다. 중국이 수출 대국이 되기 위해서 외자 기업의 공헌이 없으면 안 되는 것이다. 전국을 놓고 살펴보면, 어느 곳은 외자 기업이 많고, 또 어떤 지역은 경제의 외향성이 강하다.

이 외에, 취업, 인재 육성, 과학 기술 발전 등의 방면에서 외자 기업은 커다란 공헌을 하고 있다.

결론적으로 말해, 외자를 적극적으로 유치하는 것이 후진국이 선진국을 따라잡을 수 있는 지름길이며, 후진국이 보편적으로 채용하고 있는 방식이다. 미국의 공업화 과정에서도 영국을 위주로 한 유럽의 대규모 외자가 유입되었고, 일본 역시 제2차 세계 대전 후 적극적으로 미국 자금을 끌어왔다. '네 마리 용'의 경제 도약 역시 대규모의 외자를 이용하여 좋은 효과를 본 경우이다. 외자를 이용하는 것이 중국에게도 추격 발전 과정에서 좋은 약이 될 것이다.

외자 발전의 단계성

개혁 개방 20년 동안 외자는 규모나 성질, 출처, 분포 등의 방면에서 모두 뚜렷한 변화가 있었다.

외자의 규모는 점차 증가하는 추세에 있다. 개혁 개방 초기에는 모두 '3래1보(三來一補)' 투자였는데, 이것은 원료 가공(來料加工), 견본 가공(來樣加工), 부속품 가공(來件加工), 보상무역(補償貿易)을 일컫는 것이다. 이것은 규모가 작았을 뿐 아니라 엄격한 의미에서 외국인 직접 투자라고 할 수도 없다. 설령 외국인 직접 투자라고 하더라도 그것은 주로 홍콩의 소형 공업이 내륙으로 옮겨온 것이었다. 이 단계에서 투자는 주로 주장강 삼각주를 중심으로 한 화남 지역에 집중되었다.

1990년대 이르러 외자의 규모는 점차 증가하였는데, 미국, 일본, 서독을 위주로 하여 국제적인 주요 다국적 기업들이 줄지어 들어왔고, 외자의 출처도 다양해졌다. 또한 분포도 화남 연해 지역에서 점차 화동과 화북 연해 지역으로 옮겨 가기 시작했다.

중국의 외자 발전의 단계에는 여러 방면의 제약 요소가 있다.

우선, 기업 발전의 단계로 인한 영향이 있다. 외자 기업이나 일반 기업은 모두 똑같이 노동 집약형, 자금 집약형, 기술 집약형, 지식 집약형으로 구별할 수 있다. 일본 학자들은 외자 기업을 다음 다섯 가지로 구분하고 있다.

(1) **노동 집약형** : 방직, 의류, 완구, 가전, 기계 조립 등을 포함하고 있으며 1960년대에 출현

(2) **소형 산업 밀집형** : 소형 전자 부품, 기계 부품, 반도체 후기 공정을 포함하고 있으며, 1970년대에 출현

(3) **중형 산업 밀집형** : 가전, 반도체 전기 공정 등을 포함하며, 1980년대에 출현

(4) **대형 산업 밀집형** : 자동차 및 그 부품, 항공 우주 산업 등을 포함하며, 1990년대에 출현

(5) **연구 개발 및 관리 중심** : 1990년대에 출현

각 지역의 환경적인 변화로 인해 이 다섯 가지 서로 다른 단계의 외국인 투자 기업들은 뚜렷한 지역 변화를 보여주고 있다. 변화의 궤적과 '기러기 행렬 효과'의 원칙은 완벽하게 일치하고 있다.

다음으로 외자는 정책과 지역적 위치, 그리고 인문적 요소의 영향을 받는다. 지역적 위치와 문화적 근접성으로 인해 홍콩과 마카오의 자금

= 일본의 아시아 지역 직접 투자 기업 변화표

	1960년대	1970년대	1980년	1990년대
노동 집약형	홍콩, 타이완, 한국	홍콩, 한국, 타이완	중국 화남, 타이, 인도네시아	중국 대륙, 베트남, 인도네시아
소형 산업 밀집형		홍콩, 한국, 타이완	타이, 말레이시아 서아시아	타이, 인도네시아, 중국 화남
중형 산업 밀집형			한국, 타이완	말레이시아, 중국 화남
대형 산업 밀집형				한국, 타이완
연구 개발 및 관리 중심				홍콩, 싱가포르

자료 출처 : 鈴木惠一, 「亞洲企業開發與日本地域産業政策」, 《地域開發》, 1996년 4기.

은 주로 광둥성에 분포되어 있다. 일본 자본은 랴오닝성과 장쑤성, 타이완 자본은 타이완과 장쑤성, 한국 자본은 산둥성과 랴오닝성, 그리고 미국 자본은 장쑤성, 산둥성, 상하이를 위주로 분포되어 있다. 홍콩과 마카오 자금을 제외한 기타의 외자는 지역적인 분산도가 비교적 큰 편이다. 푸둥(甫東) 개발과 양쯔강 삼각주의 기초 설비와 소프트웨어 환경의 개선에 따라 상하이, 장쑤성, 저장성 등이 화남 지역에 이어 2위의 외자 밀집 지역이 되었다. 1991년부터 1996년까지 상하이, 장쑤성, 저장성, 이 세 지역이 전국 외자 기업 총 투자액에서 차지하는 비중은 8.2% 상승했으며, 동시에 화남 지역의 비중은 10.7% 하락했다.

외자의 서로 다른 출처와 현지의 기초 시설 결합은 서로 다른 유형의 기업군을 형성하게 된다. 광둥성의 외자 기업은 홍콩과 마카오의 공업과 광둥성 현지의 기초 시설의 제약으로 인해 중소형 기업과 경공업 기업 위주로 특별히 수출입 비중이 크고 강한 외향성을 지니고 있다. 상하이와 랴오닝성, 산둥성 등지의 현지 기초 시설이 두터워서 오래 된 기업의 개조를 중심으로 자본을 끌어들이고 있으며, 외자의 질도 높아 본래 가지고 있던 생산 요소의 잠재력을 발휘케 하는 데 도움이 된다. 1995년 랴오닝성의 새로운 접목형 합자 기업 368개 중, 대중형 접목 기업은 103개였다. 상하이의 외자 출처는 다양한데, 유럽, 미국, 일본 등의 선진국의 초국적 기업의 투자가 비교적 많은 편이고 외자의 규모도 커서 민생 안정에 미치는 영향이 비교적 큰 편이다. 상하이의 다쫑 자동차 회사의 총자산과 판매액은 전국 외자 기업 중 으뜸을 차지한다. 상하이 벨 전화설비제조회사의 이윤액 역시 전국 외자기업의 으뜸을 차지한다. 광둥성과 비교해 보면 상하이 외자 기업의 수입 대체성은 비교적 강하고, 수출 유도성(導向性)은 약하며, 상품의 내수 비중은 비교적 큰 편이다.

전체적으로 보면, 중국의 외자 유치는 아직 초기 단계이며, 주로 다음의 다섯 가지 특징으로 표현된다.

▶ (1) 규모가 상대적으로 크지 않다. 중국이 외자를 대규모로 유치한 것은 1992년 이후의 일이다. 1997년 말까지 중국이 유치한 외국의 직접 투자는 전세계의 6%에 불과하다. 중국 인구가 전세계의 1/5 이상을 차지하는 것과 비교하면 극히 미미한 수치이며, 싱가포르, 말레이시아 등의 인구 평균과 비교해 보아도 한참 떨어진다.

▶ (2) 외자의 출처가 비교적 집중되어 있다. 홍콩과 동남 아시아 화교권이 여전히 외자의 주요 출처가 되고 있다. 세계적 각도에서 보면, 유럽, 미국, 일본 등의 선진국이 외자의 주요한 수출국이다. 이곳은 다국적 기업이 밀집되어 있는 곳이고 외자의 규모와 기술 수준 역시 비교적 높다. 이들은 전 지구화 전략에서 출발하여 전 지구적 생산 및 판매망을 만들고 있는데, 일반적으로는 비교적 긴 탐색 과정을 거친다. 예를 들어, IBM은 1979년에 중국에서 상품 판매를 시작했고, 1980년에 업무 처리 기구를 설립했으며, 1992년에 가서야 중국 IBM 유한 회사

= 1997년 외자 기업의 자금 분포(%)

지역	총 투자액	등기 자금(중외 자금)
1. 광둥성	28.8	32.2
2. 상하이	11.5	10.3
3. 장쑤성	9.2	8.4
4. 푸젠성	6.3	8.1
5. 산둥성	5.7	4.9
6. 랴오닝성	5.0	4.4
7. 베이징	4.2	3.5
8. 저장성	3.6	3.1
9. 하이난성	3.0	3.5
10. 톈진	2.9	3.3
11. 후베이성	2.3	2.1
12. 허베이성	2.2	1.7
13. 허난성	1.7	1.5
14. 광시성	1.6	1.4
15. 충칭	1.3	1.2
전국 합계	100.0	100.0
동부 연안 지역	84.0	84.8
그 중 화남 지역	39.7	45.2

자료 출처 : 『中國統計年鑑, 1998』, 644쪽.

를 설립했다.

▶ (3) 기술 구조가 저급하다. 대부분의 외자 기업이 노동 집약형 기업이고, 자본 집약형 기업과 기술 집약형 기업은 이제 막 시작한 단계이다. 지식 집약형 기업과 경영 관리 중심형 기업은 아직 대기 중이다.

▶ (4) 산업 범위에 한계가 있다. 반 이상의 외자가 제조업에 집중되어 있고, 1/3 안팎은 부동산업에 집중되어 있으며, 기타 산업에 투자한 외자는 매우 적은 형편이다. 세계 여러 나라들의 외자가 3차 산업에 비교적 많이 투자되어 있는 것과 비교하면, 차이가 나지만, 잠재력도

[480]

있다고 할 수 있다.

▶ (5) 지역적으로 주로 동부 연안에 집중되어 있다. 1980년대의 외자는 주로 화남 지역에 집중되었고, 1990년대에는 양쯔강 삼각주와 환발해 일대로 옮겨졌다. 1997년까지 연안 지역에 투자된 외자는 전국 투자의 84%에 이르며, 그 중 광둥성 한 곳에만 28.8%나 된다. 광대한 중서부 지역에 대한 외자는 겨우 16%에 불과하다. 외자 분포의 불균형은 개혁 개방 후 중국 지역 불균형 발전의 중요한 원인이 되고 있다.

중국은 다음 네 가지 방면에서 외자의 이용을 전환·제고 있다.

(1) **구조 전환**: 국제적으로 유명한 다국적 기업의 투자 유치에 주력한다. 다국적 기업의 투자는 기술 수준이 높고, 규모가 크다는 특징을 갖는다. 현재 전세계 80%의 기술 이전비는 다국적 기업 내부에서 거래되고 있다.

(2) **산업 전환**: 금융, 부동산, 항공 운송, 철도, 도로, 항공, 전신, 자문 등 3차 산업의 외자 유치 비중을 확대한다. 현재, 국제적 집적 투자는 주로 3차 산업 영역에서 이루어지고 있다.

(3) **방법 전환**: BOT(Build-Operate-Transper, 건설-경영-전이) 등 국제적으로 통용되는 기초 설비 투자 방식을 채택한다. BOT는 정부가 같은 프로젝트의 회사와 계약을 맺고, 그 회사로 하여금 건설을 담당하게 하며, 협의 기간 중에 경영 및 설비 건설을 보호해 주고, 건설이 끝나면 사용비나 서비스비를 지불하고 사들이거나 하는 방식으로 합리적인 이윤을 취하는 것을 말한다. 협의 기간이 끝난 후에 이 프로젝트의 설비에 대한 소유권은 무상으로 정부에 귀속된다.

(4) **지역 전환**: 연안 지역 위주에서 점차 내륙 쪽으로 이전한다. 외자 이용에서 내륙이 가지고 있는 우수한 점은 풍부한 노동력과 저렴한 인건비, 광활한 토지로 인한 저렴한 부동산 가격, 풍부한 자연 자원, 원료 가공업과 기초 시설에 치중한 국가 산업 정책이다. 내륙의 기본 건설은 그 규모가 커서 경제 발전 속도를 끌어올릴 수 있다.

6. 동아시아 금융 위기와 중국

엄청난 재해

    1997년 7월 이후 동아시아는 금융 폭풍의 약탈에 휩싸여 거의 모든 국가와 지역이—그 정도는 다르지만—손실을 입었다. 1년이 지난 후 1998년 7월에 인도네시아 화폐는 83% 평가 절하되었고, 타이의 바트화, 한국의 원화, 말레이시아의 링깃, 필리핀의 페소화는 2/5 가까이 떨어졌다. 경제 기초가 비교적 양호했던 싱가포르와 타이완도 달러 대비 환율이 1/7 이상 하락했다. 주식 시장도 화폐 환율 하락에 따라 1/2에서 1/3까지 떨어졌다. 동아시아 최강국인 일본도 마찬가지로 풍랑에 휩싸여, 홋카이도 척식 은행과 야마이치 증권 같은 유명한 금융 기관들이 줄줄이 파산했으며, 일본 엔화의 환율도 급락하여, 전세계 금융계에 파동을 가져왔다.

= 동아시아 화폐의 평가 절하

화폐	1997년 7월 1일	1998년 7월 2일	평가 절하(%)
인도네시아 굴덴화	2432	14650	83.10
말레이시아 링깃화	2.5247	4.1550	39.21
타이 바트화	25.880	42.070	38.48
필리핀 페소화	26.373	41.310	36.15
한국 원화	887.80	1366	35.00
신타이완 달러화	27.812	34.342	19.01
일본 엔화	114.91	139.18	17.44
싱가포르 원화	1.4300	1.6857	15.17

자연 재해와 비교해 봐도 금융 폭풍의 파괴력은 훨씬 큰 것이었다. 태풍의 습격을 가장 빈번하게 받는 필리핀이 본격적인 태풍의 계절에 받는 피해도 전국 국민 재산의 1%를 넘지 않는다. 금융 위기 이후 국가가 당한 손실을 달러로 환산해 본 결과 국민 재산의 절반 이상의 손실을 가져왔다.

타이, 인도네시아, 한국 등은 이 폭풍을 감당할 힘이 없어 국제통화기금(IMF)에 도움을 요청할 수밖에 없었다. IMF의 원조 조건은 상당히 가혹한 것이었다. 한국과 IMF가 협정서에 조인한 1997년 12월 3일을 한국의 야당은 국치일이라 부르고 있다. 이 폭풍의 와중에 홍콩 화폐의 환율은 변하지 않았지만, 홍콩 증시의 지표는 1/3까지 떨어져 국제적으로 제5위에서 제9위로 하락하게 되었다. 이는 홍콩 주민에게 일대 심각한 타격이었다.

동아시아 경제는 언제 회복될 것인가? 최초의 의견은 이 폭풍이 V자 형을 그렸다가 일정 정도의 조정 기간을 거친 후 다시 일어서는 U자 형을 그릴 것이라고 했다. 그리고 최근에는 다시, 저점을 오래도록 배회하는 L자 형을 그릴 것이라고 여기고 있다.[20]

투기 자본이 만들어낸 풍랑

동아시아 금융 폭풍은 이처럼 거세었고, 국제 금융 시장의 일체화 배경에서 국제 투기 자본이 만들어낸 풍랑은 중요한 외적 원인이 되었다. 국제 금융 시장의 일체화에 따라 7조 5000억 달러의 자금이 전세계에 흘러다니게 되었다. 국제 외환 시장의 하루 평균 거래액은 1조 달러에 달했고, 금융 파생 상품의 하루 거래액은 8000억 달러로 거래 총량은 상품 무역액의 50배 이상에 맞먹는 것이었다.[21] 대부분의 자금

---

(20)   南方朔, 「美國搭着第2次金融浪潮重新占領亞洲」, 《新聞報》(台灣), 1998년 6월 14일.

이 실질적인 경제 활동과는 동떨어진 단기적인 이윤 획득이나 투기를 목적으로 하는 것으로 버추얼 캐피탈(virtual capital)이라 불리는 것이다. 버추얼 캐피탈의 활약은 금융 폭풍의 위험성을 크게 만들었다.

미국 퀀텀 펀드 소로스를 대표로 하는 국제 투기 자본가는 풍랑을 일으키는 선수이다. 이들은 1992년 영국과 이탈리아에서, 1995년 멕시코에서 계속해서 손을 썼으며, 1996년 말에는 목표를 동남 아시아의 타이로 돌렸다. 타이는 몇 년 간의 경제적 번영 이후 계속해서 거액의 대출 자금을 부동산과 주식 시장에 투자하여, 외채가 1000억 달러에 달하게 되었다. 또한 이 외채의 절반은 단기 외채였고 무역 수입의 초과로 무역 적자가 항상 국내총생산의 8%나 되는 위험 수준에 이르러 금융업을 전면적으로 개방하게 되었다. 홍콩, 싱가포르 등의 역외 금융 중심에 있는 투기 자본가들은 금융 파생 상품인 타이 바트화 선물 거래를 이용하여 대량으로 바드화를 사들였다.[22] 3개월 동안 타이 은행은 선물 계약으로 150억 달러 상당의 바트화를 발행했다. 투기 자본가들은 이후 이 바트화를 시장에 내다 팔았다. 소액 투자가들의 '양떼 현상' 이 더해지면서, 이 파란은 가속화되었다. 7월 2일에 타이는 몇 년 간 저축한 390억 달러의 외환 보유액이 28억 달러밖에 남지 않게 되었으며, 타이 바트화와 미국 달러의 비율은 최종적으로 25대 1의 연동 환율로 무너지게 되었다. 이 한 번으로 투기 자본가들은 약 30억 달러의 이익을 얻게 되었다. 연이어 인도네시아와 필리핀, 말레이시아

---

(21)　금융 파생 상품은 1970년대 초 금융 거래의 기초 위에서 파생된 금융합약으로 선물 화폐, 선물 채권, 선물 주식 지수, 화폐 스톡옵션, 채권 스톡옵션, 주식 스톡옵션 등의 내용을 포함한다.

(22)　국외에 거주하는 사람이 국내에서 금융거래업에 종사하는 것이다. 이것은 영국 런던에서 처음 시작되었는데, 영국이 섬나라이기 때문에 역외(off-shore) 금융이라 불리게 되었다.

등지에서도 같은 방법으로 일을 꾸며 도시를 공략하였다. 홍콩 화폐에 대한 공격이 성공을 거두지 못한 것을 제외하고 투기 자본가들은 항상 승승장구했다.

말레이시아 총리 마하티르는 여러 차례에 걸쳐 격렬하게 국제 투기 자본가를 '국제 범죄'로 비난했으며 국가 안전법을 이용하여 '부도덕 하고 받아들일 수 없는 화폐 투기자들의 행위'를 기소하고자 했다.

그러나 몇몇 경제학자들은 "투기 자본가는 자유 시장의 규칙에 따른 것으로 정부를 지도하고 이끈다."고 평가하고 있다.[23] 금융 폭풍을 불러일으킨 한 투기 자본가는 솔직하게 다음과 같이 말하고 있다.

"우리는 산꼭대기에서 사슴 떼를 내려다보고 있는 승냥이다."

"우리는 사슴 떼 중에서 병약한 놈을 사냥한다."[24]

1992년 소로스 등이 파운드화를 공략하여 10억 달러의 이윤을 얻었을 때, 파운드는 1/4까지 평가 절하되었다. 당시 소로스는 영국 여론의 통렬한 비난을 받았다. 그러나 이 위기를 넘긴 영국은 산업 구조와 정책을 재조정하여 수출 경쟁력을 강화하여 경제 형세를 호전시켰다. 이는 투기 자본가들의 말이 일리 있음을 증명하는 것이다.

거품 경제의 파멸

금융 폭풍은 경제 현상이며, 이는 경제 생활이 경제 법칙을 위반했을 때 나타나는 현상으로서, '보이지 않는 손'의 조정 능력이 실패로 주어지는 벌이다. 금융 폭풍의 근본 원인은 거품 경제이다. 이는 한 국가의 실질 경제에 상응하는 발전 없이 전매 투기 활동이 성행하여 거품과 같은 허위의 번영과 가상 자본이 출현하는 것이다. 거품 경제가

---

(23)　　　大前硏一 (美), 「아시아 금융 위기 평가 분석」, 《뉴욕타임스》, 1997년 12월 29일.

(24)　　　「亞洲金融風暴揭秘」, 《大公報》, 1997년 12월 8일.

형성될 때, 사람들은 돈을 빌려 부동산이나 주식 등에 투자하여 돈을 벌게 된다. 거품 경제는 가치 법칙을 위반하는 것이며 정상적인 수요-공급 법칙을 위반하는 것이다. 일단 파멸하게 되면, 증시, 환율, 부동산 가격 등이 미친 듯이 무너져 내려 은행의 대출 손해가 증가하고 기업이 파산하며, 건설이 중단되고 실업률이 상승하고, 도시 전체가 불경기를 맞아 사회와 정국의 동요를 가져오게 된다. 홍콩의 한 증권 거래소의 직원은 다음과 같이 말한다.

"우리 집의 가사일을 돌보는 아주머니가 나에게 어떤 주식을 사면 돈을 벌 수 있다고 말했을 때, 증권 분석가로서 나는 직감적으로 시장에 문제가 발생할 것을 느꼈다."[25]

동아시아 금융 폭풍의 전주는 일본 거품 경제의 파탄이었다. 1990년은 일본의 거품 경제가 최고조에 달했던 시기로, 일본 전체 토지 가격은 미국 전체 토지 가격의 5배 이상이나 되었다. 일본의 국토 면적은 미국의 1/25에 불과한데, 이는 일본의 당시 단위당 평균 토지 가격이 미국보다 125배 비싸다는 것을 말해 준다.

시장 경제는 본래 위험을 안고 있고 투기의 가능성을 내포하고 있다. 도박 심리의 지배를 받아 일단 비이성적인 투기의 물결에 휩싸이면 산산이 부서져야만 끝나게 된다. 거품 경제는 자본주의 시장 경제와 거의 동시에 출현한 것이다. 일찍이 1720년에 영국은 '거품 기업 법안'을 반포했는데, 이로써 거품 경제 개념이 출현하기 시작했다. 근 300년의 자본주의의 역사를 돌이켜 보면, 거품 경제는 출현과 소멸을 반복하면서 나타났다. 1929년 미국에서 시작된 폭풍의 물결은 전세계에까지 미쳐, 전 인류에 엄청난 재난을 가져왔다.

이에서 보듯이 실질 경제를 강화하고 경쟁력을 높이는 것이 거품

---

(25)   陳文鴻 等, 『東亞經濟向何處去』, 經濟管理出版社, 1998, 99쪽.

[486]

경제가 번식하는 것을 방지하는 길이며, 금융 위기의 근본을 방지하는 길이다. 이번 금융 폭풍에서 재난을 덜 받은 지역은 모두 실질 경제가 비교적 탄탄한 지역이었다.

아시아 모델에 대한 성찰

이번 동아시아 금융 폭풍이 이렇듯 맹렬하고 오래 지속되었던 원인은 다방면적인 것이다.

▶ (1) 파급 범위가 넓어, 동남 아시아에서부터 동북 아시아까지 여러 차례 몰아쳤고, 서로의 방해로 인한 악성 순환이 있었다.

▶ (2) 적체되었던 시간이 길었는데, 대부분 20~30년 동안 지속되었던 성장 이후에 갑자기 발생한 것으로, 이는 바로 "3척 얼음도 하루 한파만 못하다(冰凍三尺非一日之寒)."는 의미이다.

▶ (3) 정치와 체제의 문제로 개혁의 어려움이 컸다. 이로써 사회 구조의 특수한 유형, 즉 아시아 모델에 대한 분석이 필요하게 되었다.

아시아 모델의 특징은 정치와 경제의 밀접한 결합으로, 경제에 대한 정치의 과도한 간섭이다. 미국의 《뉴스위크》는 동아시아 금융 폭풍의 '원흉은 바로 상명하달식의 아시아 모델 자신'이라고 여기고 있다.

"대중의 감시와 제약 없이 정부, 기업, 은행이 막강한 삼각 구도를 형성하여 오랫동안 누적된 밀월 관계를 만들어냈으며, 사적인 거래로 정책을 결정하는 지경에까지 이르게 되었다. 이런 국면은 효율성의 저하를 가져오고, 부패로까지 이어진다."

날카로운 평론이기는 하지만, 핵심을 간파하지는 못하고 있다. 시장 경제라는 무대에서 정부의 역할은 재판관으로 경쟁의 규칙을 지키도록 하여 공정한 경쟁을 보장하는 것이다. (그러나) 아시아 모델에서는 정부가 참여자가 되어 경쟁이 투명하게 이루어지지 않고, 법칙이 집행될 방법이 없으며, 혼란한 질서를 바로잡을 방법이 없게 된다. 그 결과 인정에 의한 대출과 유대 대출 등이 범람하여 자원 낭비와 적자, 마이너스 성장 등이 증가하게 된다.

동아시아의 사회 경제는 차이성과 다양성의 정도가 크다. 일본에서 나타나는 아시아 모델의 특징 중의 하나가 '선단 호위식' 금융 제도로서, 은행은 정부의 고도 관리와 보호를 받고 있다. 한국은 정부와 재벌이 밀접한 관계를 형성하여 정경 일치의 사회 구조를 이루고 있다. 정부는 재벌에 대량의 자금을 투입하고, 재벌은 정당에 활동 경비를 제공한다. 한국 4대 재벌의 총생산은 전체의 47%로 독점적 지위를 차지하고 있다. 규벌 풍토가 성행하고 있는 인도네시아에서 수하르토 가족은 이른바 '20% 가족'이라 불리는데, 이는 수하르토 가족이 전국의 중요 사업의 20% 주식을 소유하고 있다는 말이다. 그들의 재산은 모두 400억 달러이며, 전세계에서 가장 부유한 가족 중의 하나로 꼽히고 있다. 이런 국가들에게 금융 위기의 본질은 정치 위기로시 금융 체제 개혁의 관건은 정치 체제 개혁에 있다.

아시아 모델에서 다음의 두 가지 점을 명확히 할 필요가 있다.

▶ (1) 동아시아 각국, 각 지구의 정치 구조는 상당히 다르며 동아시아 모델의 표현 역시 커다란 차이를 보이고 있다. 예를 들어 홍콩은 시장 경제 체제의 전형적인 예로, 동아시아 모델의 흔적이 기본적으로 존재하지 않는다. 『세계 경쟁력 보고』는 경쟁 장려 정도에 따라 홍콩 정부를 세계 2위로 평가하고 있어, 대부분의 선진국을 앞서고 있다.

▶ (2) 경제가 막 부흥하는 초기에는 아시아 모델이 정도는 다르지만 적극적인 작용을 발휘했다는 점이다. 자원과 금융에 대한 정부의 통제는 취약한 중국 경제를 보호해 주었고, 주로 본국의 자원과 자금에 의존하고 있는 중국 경제 부분의 빠른 성장을 보장해 주었다. 경제가 성숙되고 국제 시장과 접촉하면서, 아시아 모델은 점차 저효율, 낮은 경쟁력, 낮은 모험 정신 등의 약점을 드러내게 되었다.

[488]

중국이 재난을 면하게 된 원인

동아시아 금융 폭풍에서 중국은 재난을 면했는데, 이는 마치 고요한 태풍의 눈 같았다. 주요 원인은 실질 경제가 비교적 견고하고 외환 제도가 비교적 안정되었던 데 있다.

환율에 영향을 미치는 주요 변수는 대외 무역 수지, 외자 유입, 통화 팽창, 채무 잔액, 화폐 공급 등이다. 1994년에 중국 경제의 거시적 조정이 효과를 거둔 이후 중국은 기본적으로 통화 팽창이 억제되었고, 경상 수지 흑자(favorable balance)가 매년 상승하고 있다. 1997년에 경상 수지 흑자는 400억 달러를 넘어섰으며, 외환 보유율은 1400억 달러에 달해 일본에 이어 세계 2위를 차지했다. 개방 이후 중국이 끌어들인 외자는 총 3400억 달러였는데, 그 중 2200억 달러는 직접 투자로 주로 제조업에 투입되었다. 채무 잔액은 1200억 달러로 이 중 단기 채무는 12%에 불과하다. 환율에 영향을 미치는 주요 변수를 놓고 분석해 보면, 중국의 인민폐 가치에는 고평가의 문제가 존재하지 않았다. 만약 이번의 금융 폭풍이 없었다면 인민폐의 환율은 3~4년 내에 홍콩 달러와 미국 달러의 연동 환율인 7.8 : 1 수준까지 올라갔을 것이다.

중국은 금융 관리 수준에 맞춰 금융업을 점차적으로 개방하고 있다. 현재, 인민폐는 아직 자유 태환 화폐가 아니며, 증권 시장 역시 완전히 개방되지 않았다. (따라서) 국제 투기 자본가들이 대규모로 중국의 금융 시장을 교란시킬 방법이 없다.

동아시아는 중국 외자의 주요한 원천지이며, 중요한 무역 대상 지역이고 동시에 수출의 경쟁 상대이기도 하다. (따라서) 동아시아 금융 폭풍이 중국에 미친 간접적인 영향은 적게 평가될 수 없다. 동아시아의 적지 않은 국가와 지역의 화폐가 평가 절하되어 수출품의 가격이 싸졌는데, 이는 일정 정도 중국의 수출 경쟁력을 양화시키는 일이다. 그러나 이런 영향력은 일정한 한계를 가진다.

▶ (1) 중국의 수출 구조는 특수해서 완성품(finished product)의 비중이 85%에 이르며, 외자 기업과 가공 수출이 외자에서 차지하는 비중이 큰 편이다.

▶ (2) 가장 중요한 수출품인 방직품은 가격 요소의 영향을 받지 않는 것으로 수입 배당액에 따라 비관세형 무역 상품으로 결정된다.

▶ (3) 중국은 노동력 자원이 풍부하다. 동아시아의 화폐가 평가 절하된 후에도 중국의 노동 비용은 여전히 우세하여 대체적으로 동아시아 노동력 가격이 비교적 낮은 인도네시아와 동일한 수준이다.

▶ (4) 화폐 평가 절하는 양날의 검과 같다. 평가 절하 후 수입되는 원료, 설비, 부속품의 가격이 상승하여 수출품의 비용이 높아지고 상환해야 할 채무의 비용도 상승하여 경제적으로 압력이 증가하게 된다.

인민폐 환율을 안정적으로 유지하는 것은 중대한 의의를 지닌다.

▶ (1) 경쟁적으로 평가 절하하는 악성 경쟁을 방지할 수 있으며, 동아시아 경제를 이용할 수 있다. 만약 중국도 평가 절하의 대열에 끼었다면, 이번 금융 폭풍의 강도는 더욱 거세었을 것이다.

▶ (2) 안정적인 금융 기초와 양호한 투자 환경을 만들어내 외자의 지속적인 유입을 이루어낼 수 있다.

▶ (3) 상환이 누적된 국제 채무에 대해서도 적지 않은 도움이 된다.

▶ (4) 정치적으로 인민폐 환율의 안정은 중국의 국제적인 면모를 개선시킬 수 있고, 국제적인 신망을 높일 수 있게 한다.

새옹지마와 전차지감

필리핀 대통령 라모스는 이번 금융 폭풍을 새옹지마에 비유하였다.

"이것은 우리에게 울리는 한 번의 경종으로 우리가 신속히 반응하여 구제 방법을 시행할 수 있게 해주었다."[26]

제2차 세계 대전 후에 동아시아 지역의 경제는 고속 성장을 하여 주목을 받았다. 많은 나라와 지역들의 국민총생산이 몇십 달러에서 몇천 달러, 몇만 달러로 상승하였으며, 몇몇 탁월한 국가들은 선진국의 평균 수준을 넘어서기도 했다. 동아시아 사람들의 근면, 성실, 근검 절약, 향학열, 그리고 상업과 집단을 중요하게 여기는 정신은 경쟁 중에서도 유지되어 온 우위점이다. 폭풍이 지난 후에 날이 맑아지듯이 세계 시장 경제 체제는 여러 차례의 폭풍에 의해 씻겨져 장대하게 성장한 것이다. 거품은 빠르고 늦은 차이가 있을 뿐 소멸되게 마련이다. 이번의 폭풍을 치르면서 동아시아인들의 전통 정신과 시장 경제의 보편적 원칙이 상호 융합하여 동아시아 경제는 다시 한 번 떨치고 일어설 것이다.

중국의 경우 이번 폭풍은 전차지감의 경우에 해당한다. 중국과 동아시아의 많은 나라들은 유사한 역사·문화적 배경을 가지고 있고, 경제 생활에 정부가 미치는 작용 역시 크다. 현재 중국 은행들은 대출 손실과 악성 부채 비율이 높고, 건물과 일반 상품의 판매 부진이 심각한 상태이다. 동아시아 금융 폭풍의 으뜸 가는 교훈은 시장 경제 체제에서 정부는 시장을 관리 단속해서는 안 되지만, 시장은 정부를 관리할 수 있고 정부는 반드시 시장 법칙에 따라야만 '보이지 않는 손'의 형벌을 면할 수 있다는 것이다. 시장 경제 체제는 정부와 기업의 명확한 분리 원칙에 따를 것을 요구하며, 정부 기능 전환, 기구 개혁, 금융 체제 개혁 등을 요구한다. 시장 경제 체제는 법률 제도의 건설 강화와 작은 정부 등을 요구하고 있다. 동아시아 금융 폭풍의 교훈을 자각하고 받아들인다면, 중국의 경제는 훨씬 더 건강한 길을 걸을 수 있다.

---

(26)　　　《亞洲新聞》(香港), 1997년 10월 24일.

7. 타이완 경제 발전의 시사점

타이완의 면적은 3만 6000km²이며 산지가 2/3를 점하고 있다. 산세는 높고 험해 최고 높은 위산(玉山)의 경우 해발 3997m로 중국 동남부 지역에서 가장 높은 봉우리이다. 1997년의 인구는 2153만 명으로 평원 지역 인구의 평균 밀도는 1km²당 1500명을 넘어서 세계에서 가장 조밀한 지역 중의 하나이다.

제2차 세계 대전 이후 타이완의 경제 발전 속도는 매우 빨라, 1950년대 초에 1인당 국민총생산이 135달러였던 것이 1996년에 1만 2396달러를 이룩했다. 반 세기 만에 타이완은 낙후한 농업 경제 구조에서 발전한 후기 공업화 경제 구조에 도달해, 사회 구조, 인구 구조, 경제 구조 등이 모두 근본적인 변화를 맞았다. 타이완 경제 발전은 국제적인 관심을 모으고 있다.

타이완 경제 발전은 특수한 역사적 배경으로 출현한 것이다. 우선, 타이완은 지나치게 많은 군비를 지출하고 있는데, 이는 경제 발전에 불리한 요인이다. 다음으로 1950~1960년대의 냉전 시기에 타이완은 무수한 미국의 원조를 받아들였다. 1953년부터 1957년까지 고정 자산 투자액에서 미국의 원조가 차지하는 부분은 29%였고, 그 중 전력이 70.6%였다. 1950년대 미국의 원조를 이용하여 해외에 나가 훈련을 받은 기술 인원은 3000명에 달했고, 타이완으로 돌아온 후 그들은 건설의 핵심 간부들이 되었다.

타이완의 경제 발전은 적지 않은 보편적 경험을 갖고 있는데, 이는 다음과 같다.

(1) 시의 적절한 산업 정책 조정, 외향형 경제로의 확산

(2) 기업화와 민영화, 공공 기업의 귀속

(3) 인재와 교육을 사회 발전의 근본으로 중시

(4) 외자 도입 노력, 작지만 완벽한 수출 가공구 건설

시의 적절한 산업 구조 조정 : 외향형 경제로의 확산

반 세기 이래로 타이완의 경제 구조에는 근본적인 변화가 생겼다. 저소득, 저저축, 저투자, 저성장의 사회에서 고소득, 고저축, 고투자, 고성장의 사회로 건너간 것이다. 1996년 국민총생산에서 3차 산업이 차지하는 비중은 61.2%였다.

현대 경제 생활에서 정책은 대단히 중요한 성장 메커니즘이다. 타이완의 경제 발전은 무엇보다 시의 적절한 산업 조정 정책 덕분이다.

▶ (1) 경제 발전의 방향 조정 : "농업은 공업을 지원하고, 공업은 다시 농업을 이끈다." 타이완의 기초는 농업이다. 국제 시장에서의 타이완 경제의 발전은 무엇보다 우선 값싼 노동력을 이용한 노동 집약형 산업의 발전 덕택이다.

▶ (2) 산업 구조 조정 : 국제 경쟁에서 1950년대의 타이완의 주요 우위점은 염가의 노동력이었다. 타이완은 국제 시장에 진입하면서, 염가의 노동력을 우선적으로 이용하여 노동 집약형 산업을 발전시켰다. 그러

= 타이완 경제 구조(1996)

산업	노동력 점유율(%)	국민 총생산 점유율(%)
1차 산업	10.1	3.3
2차 산업	37.5	35.5
3차 산업	52.4	61.2

나 타이완의 노동력 공급에는 한계가 있기 때문에 노동 집약형 산업의 발전이 일정 정도에 이르고 자금과 기술이 축적된 후에는 자본 집약형 산업과 기술 집약형 산업으로 전환해야만 한다.

▶ (3) 산업 발전 전략의 조정, 수입 대체 전략과 수출 주도 전략으로의 전환 : 1962년 전에 타이완은 수입 대체 전략을 실시하여 관세 보호 정책을 시행했다. 수출 주도 전략의 특징은 무엇을 생산하고 무엇을 수출할 것인지를 결정하여 내수를 충족시키고 수입을 감소시키는 것이었다. 타이완의 시장 규모는 한계가 있기 때문에 수입 주도형 산업은 심각한 제약을 받게 된다.

1963년 후 수출 주도형으로 전략을 바꾼 후, 외환 체계에 대한 개혁을 진행하여 단일 환율제를 채택하였으며, 수출 가공구를 설치하여 관대한 수출 관리 제도를 시행하고, 채권 시장을 만들게 되었다. 수출 주도형의 특징은 국제 시장의 수요에 따라 생산한다는 점이다. 수출 주도형 전략은 타이완 경제와 국제 시장의 연계를 강화시키고, 국제 시장 의존도를 높이게 되었다. 대외 무역이 국민총생산에서 차지하는 비중은 날로 상승했으며, 수입 초과 현상이 점차로 수출 초과 현상으로 변해 갔으며, 외환 보유율 역시 해마다 늘어났다.

타이완 경제와 교육의 기초에 맞춰 1981년에는 과학 기술 주도를 고안하여 과학 기술 발전 계획을 추진하면서, 기술 수준이 낮고 상품 부가 가치가 적으며 에너지 소비가 큰 산업에 대해, 기술 수준을 높이고 부가 가치를 늘리고 에너지 소비가 적은 산업으로 바꾸어 나갔다. 동시에, 신주(新竹) 과학 산업 단지를 조성했다. 신주 과학 산업 단지는 타이베이에서 서남쪽으로 80km 떨어져 있으며, 면적은 20만 km²로 대학교와 연구원이 입주해 있다. 이 시기에 계속해서 관세를 낮추어 나갔으며 외환 관리제와 달러 중심의 환율제 시행을 중지했다. 1990년대 말에 이르러 타이완은 이미 세계적인 과학 기술 산업의 중요 기

[494]

타이완 경제 발전 전략

지로 자리잡았다. 컴퓨터를 대표로 하는 첨단 기술 상품들은 국제적으로 막강한 경쟁력을 갖추고 있다.

타이완이 지나온 길을 돌아보면 다음과 같은 몇 가지 교훈을 얻을 수 있다.

▶ (1) 타이완은 중상주의의 영향을 받아 외환을 상당히 중시했다. 1990년대 초 타이완의 외환 보유율은 세계 1위였다. 외환 보유가 적은 것은 이점도 있고 폐단도 있다. 지나친 수출 초과는 돈을 들여 귀한 재료를 외국인이 사용하도록 제공하는 일이며, 또한 국제적 압력을 받는 일이다. 설비가 낙후되고 과학 기술, 교육 같은 기초 설비가 부족하고 생활 수준도 높지 않았다. 일정 정도의 외환량을 보유한 이후에는 반드시 기술과 설비의 수입을 확대하여 산업을 고도화하고 국민들의 생활의 질을 높이고, 국제 경쟁력을 한층 강화시켜 전체 사회적으로 나은 분위기로 나아가야 한다.

▶ (2) 또한 규모의 경제를 소홀히 여겼다. 경제 규모가 비교적 큰 몇몇 산업에 대해 오랫동안 수입 대체 보호 정책을 실시하는 것은 발전에

제한을 가하는 일로, 자동차 산업은 그 전형적인 예이다. 40년의 보호 정책으로는 수입 대체 임무를 이루어낼 수 없다. 후발 주자인 한국은 세계 시장을 목표로 생산을 하면서 자동차 생산 대국이 되었는데, 이는 애초부터 협소한 내수 시장을 목표로 할 수 없었기 때문이다.

▶ (3) 환경 보호에 대해 관심이 부족했다. 인구밀도가 높은 타이완에서 환경 보호 산업에 대한 관심과 투자는 아직 사회 생활의 질을 따라가지 못하고 있다.

기업화와 민영화 : 공기업의 귀속

타이완 경제에서 공기업은 중요한 지위를 차지하고 있다. 타이완 공기업은 다음 네 가지로 구분된다.

---

(1) **일본 정부와 일본인이 남겨두고 간 산업** : 타이완 전력공사, 중국 석유공사, 타이완 철도관리국

(2) **국민당 정권이 대륙에서 타이완으로 옮긴 산업** : 중화 기계 엔지니어 공사, 중국어유공사, 신주(新竹) 석탄국 등

(3) **정부가 투자하는 산업** : 중국철강회사

(4) **정부가 접수한 파산 기업** : 타이완 기계공사, 탕잉테(唐營鐵)공사 등

1950년대 타이완 국민총생산에서 공기업이 차지하는 비중은 16.6%였고, 제조업 부분에서는 33.4%를 차지했다.[27)]

공기업의 효율은 민영 기업보다 떨어진다. 1977년 공기업의 고정 자산 투자 수익률은 30.5%였던 반면, 민영 기업은 85.5%로 공기업에

---

(27)　趙耀東, 「公營事業」, 「台灣經濟四十年」, 台灣天下文化出版公司, 1991, 304쪽.

비해 두 배 이상이나 높다.

공기업의 수익 저하 현상은 타이완 경제 발전의 중요한 장애였는데, 한 가지 측면은 공기업이 정부의 보살핌을 받으면서 저리의 대출을 받는 문제이다. 반면 민영 기업은 높은 이자율을 감당해야만 한다. 만약 동등한 경쟁 상황이라면, 민영 기업은 훨씬 높은 수익을 낼 수 있었을 것이다.

또 다른 측면은 공기업의 대부분이 상위 상품들을 제공하면서 상위 상품의 가격이 비싸지고, 하위 상품들을 생산하는 민영 기업들의 비용을 높이고 있다는 점이다.

공기업의 수익이 높지 않은 이유는 다음의 네 가지이다.

(1) 유연하지 못한 기구 배치로 인해 변화가 생길 때 단계마다 보고와 인준을 거쳐야 한다.

(2) 인사 제도의 법률적 제약으로 인센티브 시스템이 작동하기 쉽지 않다.

(3) 예산 편성에 주관 부문의 심사가 따르기 때문에, 1년 이상의 시간이 소요되고, 새로운 투자 계획도 1년 반 이상의 시간이 걸려 기회를 놓치기 쉽다.

(4) 국내에서 일정액 이상의 물품을 구매하는 경우 따라야 할 절차가 복잡하고, 국외에서 역시 일정액 이상의 물품을 조달하는 경우 신탁국에서 맡아 처리하여 시간이 지연되고, 실수가 생기기 쉽다.

공기업의 저수익 문제를 해결하는 길이 바로 민영화와 기업화이다. 타이완의 공기업 민영화는 1970년대의 세계적인 민영화 물결의 한 부분을 이루고 있다. 타이완 공기업 민영화는 다음 세 가지 사항을 통해 시행되었다.

> (1) **주식 상장** : 우선 공중 주식을 발행하고, 다시 증권 거래소에 공개 상장을
>   신청한다.
>
> (2) **자산이나 주식의 가치 평가 후 직접 매수** : 기업의 자산이나 부채, 수익
>   능력 등에 대해 평가를 실시한 후, 평가 가치에 따라 직접 대외에 매각하
>   는 방식으로 투자를 원하는 자가 구매하도록 한다.
>
> (3) **특혜 사업에 대한 개방** : 본래 독점적 지위를 지니고 있던 사업을 더 이상
>   특권적인 경영을 허락하지 않고 민간의 참여와 경쟁 기회를 허락한다.

기업화란 기업의 책임자에게 자주 경영의 권리와 책임을 부여하는 방식이다. 이사, 감사, 이사장, 사장을 제외하고 기타 인원의 채용은 계약 초빙 형식을 채택한다. 기업에서 정부가 차지하는 지위는 민영 기업의 주주와 같은 지위로, 일반적인 주주의 권한을 행사한다.

공기업 민영화는 대단히 복잡한 과정으로, 두 가지 방면에 대한 권익 문제를 잘 처리해야 한다. 직원들은 해직을 걱정하고 권리를 상실할 것을 두려워한다. 또한 기득권자들은 기존의 권리를 상실할까 봐 걱정하기도 한다. 몇몇 공기업의 민영화 과정은 10년이나 걸려 복잡한 권리 관계를 해결했다. 이 때문에 공기업의 민영화는 세세한 계획을 가지고 진행되어야 하며 권리에 손실을 입는 자들에 대해 적당한 보상을 실시해야 한다.

인재와 교육 : 사회 경제 발전의 근본

타이완은 면적이 협소하고 자연 자원이 부족하며 경제적 기초가 빈약해서, 인재가 사회·경제 발전의 중요한 자원이다. 인재의 배양은 교육을 통해 이루어진다.

제2차 세계 대전 후 중국 대륙에서 타이완으로 옮겨 간 300만 명에 가까운 주민들이 사회·경제 발전의 중요한 활력소였다. 이들은 대부분 비교적 높은 문화적 소양을 갖춘 사람들로, 그 중 풍부한 경험을 갖춘 전문가들이 타이완 각 산업 부문 건설의 중추 역할을 담당했다. 세계은행 총재인 마이클 나마레는 발전 중인 국가와 지역 중 유독 타이완만이 이런 조건을 갖췄다고 여긴다.[28]

타이완의 초등 교육 사업은 1940년대에 이미 그 기초를 마련해 1960년에 초등 교육을 보급했다. 1968년에는 9년 무상 의무 교육제를 실시했으며, 1995년에는 12년 무상 의무 교육제를 실시해 무상 교육으로는 세계에서 가장 높은 수준에 들어갔다. 교사의 자질을 높이기 위해 1971년 타이완은 사범대학을 개혁해 사범전문과학대학으로 바꾸었고, 1990년대에 또다시 사범학원으로 바꾸었다.

타이완의 학계는 교육과 경제의 관련성에 대해 다음 세 가지 법칙을 인정하고 있다.

▶ (1) 교육은 취업 인구의 소질을 높이는 근본이다.

▶ (2) 교육은 반드시 선행되어야 한다. 교육과 취업 인구의 소질 향상은 10년의 시간차가 있기 때문에, 1960년대 타이완의 교육이 발전한다면, 1975년부터 취업 인구의 소질이 높아지기 시작할 것이기 때문이다.

▶ (3) 교육 발전과 취업 인구의 소질 향상은 모두 단계적이다. 시작 단계에서는 교육을 받은 사람이 점차로 교육을 받지 못한 사람을 대체하게 된다. 이후에는 고등 교육을 받은 사람이 초등 교육을 받은 사람을 점차로 대체하게 된다.

---

(28)　　　李國鼎, 『台灣的對外技術合作與外資利用』, 國鼎叢書之七, (台灣)東南大學出版社, 1994, 6쪽.

타이완의 교육 사업 발전은 다음 두 가지 방면으로부터 힘을 받고 있다.

▶ (1) 학문을 숭상하는 유학 사상 : 교사를 존중하고 교육을 중시하는 풍조가 타이완에 성행한다. 타이완에서 교사는 비교적 높은 사회적 지위를 갖고 있으며, 보수도 좋은 편이다. 각 직업별 사회적 지위도 조사에 따르면, 대학 교수가 2위이고, 중·고등학교 교사가 12위, 초등학교 교사는 16위를 차지해, 초·중등학교 교사의 사회적 지위가 중간 정도인 것으로 나타나고 있다.[29]

▶ (2) 교육 투자에 대한 효율이 비교적 높다. 타이완 노동 시장은 비교적 건전한 편으로, 자유로운 직업 선택과 충분한 경쟁이 존재하며, 교육 정도의 차이에 따라 임금의 차이가 결정된다. 즉, 높은 교육 정도—높은 생산성—높은 보수의 양성 순환 과정을 형성하고 있는 것이다. 계신에 따르면, 1972년 타이완의 중등 교육 투자 보상률은 12.7%이며, 고등 교육의 투자 보상률은 12.1%, 사립 대학은 10.5%이다. 교육에 대한 투자는 명확한 경제적 효과를 갖고 있는 것이다.

타이완 인재의 중요한 출처는 해외 유학을 다녀온 유학파들이다. 1960년대 초 타이완 유학생들의 귀국률은 5% 정도로, 1963~1965년 사이 타이완에는 6978명이 유학을 떠났고, 이 중 311명만이 귀국했다.[30] 연구 단지를 만들고, 교수 기금을 설립하고, 귀국 인원에 대한 보수를 높이는 등의 조치를 통해 타이완으로 돌아오는 유학생의 비율이 점차 증가했다. 타이완으로 돌아온 유학 인재들은 타이완 경제 발전, 특히 첨단 기술 발전의 중요한 기초가 되고 있다.

외자 도입을 위한 노력, 작지만 훌륭한 수출 가공구 건설

타이완은 1950년대 초부터 외자 도입을 위해 노력해 왔다. 외자 도입을 위해, 일련의 우대 정책도 제정했는데, 중요한 것은 다음과 같다.

[500]

⑴ 신설 기업의 소득세를 5년간 면제

⑵ 소득세 및 부가 가치세의 최고액을 18%로 조정

⑶ 수출 물품에 대한 면세 조치

⑷ 수입 기계의 관세 분할 납부

⑸ 수출 상품에 사용되는 원료, 부품, 부자재 등에 대한 세액 공제

국내 자본과 비교해 보면, 외자는 훨씬 유동성이 크고 민감하고 불안정하여 이익이 있으면 몰려들었다가 불리하면 일순간에 빠져버린다. 위험은 이익의 전제인 것이다. 정치적 불안정은 외자의 유입에 영향을 미친다. 동시에, 외자의 도입을 위해 우수한 환경을 만들어내야만 한다. 수출 가공구의 건설은 외자 도입을 위한 중요한 노력 중 하나였다.

타이완 수출 가공구의 면적은 작지만 효율은 높아서 세계적으로 대단한 명성을 얻고 있다. 1966년 12월 가오슝에 첫 번째 수출 가공 단지가 만들어졌고, 1969년 1월과 8월에 난싱과 타이중에 각각 하나씩 가공구가 세워졌다. 이 세 가공구의 총면적은 192ha로 1996년의 고용 인원수는 5만 5000명, 영업액은 69억 달러, 1ha당 평균 토지 산출액은 3600만 달러였다.

수출 가공구의 본질은 수출을 위해 만들어진 가공 산업의 면세구로서 자유 무역 지구와 가공 산업 지구의 종합이다. 수출 가공구는 다음 네 가지 특징을 갖고 있다.

---

(29) 文崇一, 張曉春, 「職業聲望與職業對社會的實用性」, 『人力資源論文集』, 台灣經濟研究所, 1979, 623~626쪽.

(30) 李國鼎, 『台灣經濟高速發展的經驗, 國鼎叢書之一』, 東南大學出版社, 1993, 140쪽.

▸(1) 수출 가공구는 다음과 같은 면세 혜택을 받고 있다.

> (1) 가공구의 기업이 사용할 목적으로 수입한 설비, 원료, 반제품에 대한 수입
> 세 면제
> (1) 가공구의 기업이 사용할 목적으로 수입한 설비, 원료, 반제품에 대한 수입
> 세 면제
> (2) 가공구 내에서 만들어진 상품에 대해 물품세 면제, 투자가 활발한 기업에
> 대해서는 영업액의 0.15~0.25%만을 관리비로 납부토록 한다
> (3) 과세 지역에서 사온 기계 설비, 원자재, 반제품 등은 외부 판매 물자와 동일
> 하게 여겨 외부 판매 가격으로 공급한다. 수출 가공구에서 과세 지역으로
> 판매되는 물품은 세금을 징수한다.

▸(2) 고도로 집중된 관리 체제를 갖추고 있다. 수출 가공구는 하나의 독립된 나라와 같아서, 구역 내의 투자 허가, 공상 등록, 토지 조사 및 할당, 건축 허가, 공장 심사, 물자 수출입 인증, 생산지 증명 등의 권한을 갖고 있다. 구역 내에는 관리처를 두고 운송 관련 업무를 담당해, 선박이나 화물선의 대리 수속을 담당한다. 구역 내에는 또한 세관과 전신국, 세무서, 은행, 전력 회사, 자가 발전 수도 회사 등 행정 및 서비스 부문이 있고, 직원 숙소, 식당, 진료소 등의 설비도 갖추고 있다.

▸(3) 구역 외부에서 가공을 위탁받을 수 있다. 관리처는 구역 내의 기업이 구역 외부의 기업과 '위성 가공 지점'을 설립하도록 도와, 구역 내의 노동력 부족 현상을 보충한다.

▸(4) 구역 내의 토지는 구매할 필요 없이 임대료만 지불하면 된다. 공장은 분기별로 납입하거나 대출을 받아 설립할 수 있고, 기계와 원료에 대해서는 대출 신청을 할 수 있다.

[502]

1960년대 타이완의 임금 수준은 미국의 겨우 1/10 수준이었으나, 직원들의 소양은 비교적 높아서 노동 집약형 산업 발전에 유리했다. 이는 수출 가공구가 크게 발달할 수 있는 기초가 되었다.

모든 수출 가공구는 모두 세밀한 계획을 갖추고 있다. 예를 들어 가오슝 가공구는 서쪽 교외 하이빙에 위치하고 있는데, 진흙으로 바다를 메운 지역으로 면적은 68ha이다. 이 중 공장이 75.4%를 차지하고 있고 공공 시설은 18.2%, 우체국, 세관, 은행, 세무서 등 보조 시설이 5.3%, 관리 기관이 1.6%의 면적을 차지하고 있다. 사면에 2.5m의 높은 담을 두르고 여기에 1m 높이의 철망을 더 둘렀으며, 10개의 전망대가 있다. 전체 구역에는 단 한 군데의 차량 출입구가 있어 검문에 편리하게 되어 있다.

타이완 경제 발전의 추세에 따라 수출 가공구는 계속해서 경영 전략을 조정해 왔다. 1960년대에는 의류, 피혁, 공예품, 완구, 일반 전자 제품 등 노동 집약형 산업이 위주였으나 1980년대에는 집적 회로, 액정 모니터, 컴퓨터 등 첨단 기술 상품으로 전환했다. 1995년에는 첨단 기술 상품이 수출 가공구 총 영업액의 48%를 차지하고 있다. 타이중 수출 가공구는 광학 산업을 위주로 하고 있다. 자능, 커다, 야조우 광학 등 유명 회사의 공장이 이곳에서 생산하는 각종 카메라는 세계 총 생산량의 1/3에 달한다. 천체 및 의료용 광학 렌즈, 카메라 렌즈 등의 상품 역시 세계적으로 높은 비중을 차지하고 있다. 타이완의 수출 가공구는 이미 첨단 기술 상품 위주의 가공구로 전환한 것이다. 관리 측면에서도 국제적 표준을 향해 한 걸음 더 나아갔는데, 과거에는 자금의 수입, 수출은 반드시 관리처의 비준을 거쳐야 했는데, 지금은 자유롭게 거래할 수 있게 되었다. 또한 과거에는 중국 대륙으로 물품을 수출하는 것이 허락되지 않았으나 이제는 신청을 거쳐 수출하는 것이 가능하다.

수출 가공구가 타이완 경제 발전에 공헌한 바는 다음의 다섯 가지 방면이다.

▶ (1) 국제 수지 상황 개선 : 수출 가공구의 설립 초기에 외자를 끌어와 국제 수지의 균형을 맞추는 데 중대한 공헌을 했다. 1970년대 중반에 들어서면서 타이완의 대외 무역은 수출 초과 국면으로 접어들기 시작했고, 가공구가 이 수출 초과의 중요한 근원이었다. 1996년 말까지 가공구의 수출 흑자는 387억 달러였다. 타이완이 보유한 엄청난 외화 중 1/3이 2km²도 채 안 되는 세 곳의 수출 가공구로부터 나오는 것이다.

▶ (2) 대외 무역 확산 : 수출 가공구의 상품은 6대주 140여 개 국가와 지역으로 수출된다. 1996년 말까지 수출 가공구의 수출 총액 누적액은 611억 달러이다.

▶ (3) 취업 기회 제공 : 1987년 수출 가공구의 취업은 최고조에 달해서, 고용 인원인 9만 2000명에 이르렀다. 인구 2000만 명의 타이완에서 이것은 작은 수가 아니다. 수출 가공구에 취업한 인구 중 여성의 비율이 비교적 높은데 이는 전체 타이완 취업 구조의 성비 구조가 평형을 이루도록 해주고 있다. 1996년 가공구에는 5만 5000명의 취업 인구가 있었는데, 이 중 외지인은 6700명이었다.

▶ (4) 기술 도입 : 수출 가공구는 대규모의 국제 선진 설비를 들여오고 직원을 외국으로 연수시키고 있다. 1980년대에는 매년 평균 120명이 외국으로 연수를 떠났다. 이런 직원들이 타이완으로 돌아와 선진 기술을 전파하는 역할을 하고 있는 것이다.

▶ (5) 전후방 연쇄 효과 : 수출 가공구의 기업과 바깥의 기업이 광범위한 협조를 통해 전후방 연쇄 효과를 만들어내고 있다. 전방 연쇄 효과

---

(31)　　　侯家駒,「加工出口區」,『台灣經驗四十年』, 台灣天下出版公司, 1991, 380~409쪽 ; 王樹芝,「台灣加工出口區現場」,《經濟日報》, 1998년 2월 22일.

[504]

란 과세 지역에 반제품을 내다 파는 것이고, 후방 연쇄 효과란 과세 지역에서 원재료와 반제품을 구매하는 것이다. 최고 시기에는 수출 가공구의 전후방 연쇄 효과가 제공하는 취업 기회가 10만 건 이상이나 되었다.[31]

추천사
'약대국'에서 '강대국'으로 치닫는 13억 중국의 속살을 본다

I

21세기 벽두를 맞아 때마침 학교에서 연구년이 겹치게 되면서 1년 짜리 중국 나들이를 다녀올 기회를 누렸다. 2001년 9월 5일 베이징 슈두(首都) 공항에 내려 2002년 7월 15일 배편으로 칭다오(靑島) 항을 떠났으니 1년에서 달포 가량이 빠지는 기간을 중국에서 보낸 셈이다. 물론 중국으로 떠나기에 앞서 '야심찬 물건'을 하나 뽑아 가지고 돌아와야겠다는 궁리와 도모가 없지 않았으나, 거개가 수포로 돌아가고 말았으니……. 중국의 변화상이라는 것이, 그야말로 도끼눈을 뜨고 보느라고 보았지만, 제대로 짚기는커녕 눈에 집어넣기에도 급급한 그런 것이었기 때문이다.

중국살이 1년 동안 허송세월을 했다고 아쉬워하면서 그래도 자위를 하는 것은 뭐니뭐니해도 중국 땅을 이리저리 아홉 차례나 돌아다녔다는 데서 찾아야 할 듯하다. 황허강 유역을 세 차례, 거기다가 내몽고 한 차례, 동북 지방 두 차례, 상하이 일대 한 차례 등. 물론 상하이 밑으로는 곁눈질 한 번 못 했으니 중국 땅이라고 해도 그저 그 일부를,

그것도 주마간산하듯이 인상에 담아넣은 정도였지만 말이다.

그런 여행의 여러 길목에서 나는 내내 중국이라는 나라를 열 마디 이내로 어떻게 압축할 수 있을까 하는 생각을 하고 있었다. 그러다가 하나의 글자가 떠오른 것은 시안(西安) 근처 병마용에서였다. 그것은 다름 아닌 '대(大)'라는 글자였다. 병마용에서 땅 밑에 도열해 있는 흙으로 빚은 병사들, 그리고 말과 수레들을 둘러보면서 나는 최초로 황제를 자칭한 진시황이라는 인물이야말로 크다, 곧 '대'라는 말의 의미를 머리가 아니라 온몸으로 알아차려 그 실상을 구현하고자 했던 군주가 아니었던가 하는 물음을 던질 수 있었다. 만리장성을 쌓고, 문자와 도량형과 수레바퀴의 폭을 하나로 통일한 진시황으로부터 이름하여 천하의 대일통(大一統)이라는 발상이 중국 역사 속에 긴 궤적으로 자취를 남기게 되었으니까.

'대'라는 말은 대관절 어떤 뜻을 지니는가? 예전에 우리는 왜 중국을 '대국(大國)'이라 불렀는가? 대국이라는 그 말은 어떻게 우리 말 사전에 중국을 지칭하는 고유 명사 비슷하게 쓰이게 되었던가? 그렇다면 다른 한편으로 대국이라는 말의 뒤편에 붙어다닌 비칭으로 이른바 '되국' 또는 '되놈'이라는 말로 굴절된 데는 어떤 사정이 자리잡고 있는가? 아울러 그 대국 중국이라는 나라가 약대국(弱大國), 곧 허우대는 멀쩡하지만 실속은 빈 나라로 된 역사가 바로 근대사라는 사실도 부인할 수 없는 사실이다.

하지만 그건 그야말로 옛날 이야기이다. 최근 중국의 변모, 예컨대 중국공산당 80주년을 맞아 자본가를 품안에 받아들이겠다는 조치로 이해하면 그리 틀리지 않은 이른바 '싼거다이뱌오(三個代表)'론으로부터, '신(新)'을 표방하여 따낸 2008년의 베이징 올림픽, 비록 16강에 오르지는 못했지만 처음으로 이룬 '스지에베이(世界杯, 곧 월드컵)' 진출 등의 사건들은 어제의 '약(弱)'을 뒤로 물리고 '강(强)'으로 매진하고 있는 일련의 퍼레이드 장면이 아닌가? 21세기를 맞으면서 중국은 이제 약대국이라는 이미지를 뒤로 하고 강대국으로 부상하고 있음은 세계인들이 이미 주목하고 있는 사실이다. 그런데, 그런 건 다 좋은데, 우리는 어떤가, 한반도는 대관절 어디로 가고 있는가?

'대'라는 글자와 더불어 내가 떠올린 또 하나의 글자는 '소(小)'라는 글자였다. 그리고 그 소라는 글자는 어쩌면 우리네 사정을 압축한 글자인지도 모른다. 남북한을 통틀어도 인구로 치자면 어림잡아 중국의 20분의 1이요, 국토 면적으로는 40분의 1이니 말이다. 이런 나라의 크기의 대소로 '주제 파악'을 해들어 가노라면 사대(事大)라는 말과 그리 어렵지 않게 마주치게 된다. 작으니까 큰 것을 섬긴다는, 어찌 보면 대단히 상식적이고 또 이치에도 들어맞는 발상의 입구에 당도하게 되는 것이다. 그리고 이 사대라는 말을 역사의 장으로 옮겨 와 구체화시키자면, 조선이 나라를 세웠을 때 공공연하게 표방했던 두 글자가 바로 그 사대였음을 부정한다면 허망한 국수주의로 떨어지고 말지 않겠는가?

이런 일련의 물음을 떠올리며 중국 살이를 접고 칭다오 항을 떠나던 것이 작년이었다면, 올해는 사정이 달라도 한참 다르다. 우리가 사는 작고 비좁은 남한 땅에도 서기가 어리고 있기 때문이다. 작년 한 해 동안의 연이은 '쾌거'로 우리는 이제 한마디로 '이민을 가지 않아도 되는 나라'에서 살게 된 것이다. 이제까지의 모든 새로움이 거짓 새로움이었다면 진정한 의미의 새로움이 움트고 싹트기 시작한 나라에서 살게 되었다는 의미이다. 우리가 목청을 돋워 소리를 지르고, 네거리에서 운동장에서 그리고 무엇보다도 사이버라는 전대미문의 공간에서 온몸으로 확인하면서 되찾은 자신과 자존이라는 것이, 단군 이래 그 어느 시절을 작년에 견줄손가. 이제 우리는 소국은 소국이되 예전의 그 약소국, 남의 눈치를 보고 남의 간섭을 받지 않아도 되는 나라로 첫 걸음마를 떼고 있다고 해도 되지 않겠는가? '아름답고 단단한 곶감씨' 같은 나라를 만드는 길이 이제 열리고 있는 것이 아닌가? 이런 때는, 예전까지 그리 탐탁하게 여겨지지 않았던 한 재벌 총수의 발언, 곧 '강소국(强小國)'이라는 표현이 어쩐지 살갑게 다가오기도 하는 것이다.

2

작년 중국에 머물면서 골똘했던 것은 스스로에 대한 돌아봄 또는 몇 가지 자성이다. 첫째는, 그간의 내 '공부'라는 것이 대체로 문학 중심의, 그것도 이른바 텍스트에 매몰된 것이었구나 하는 반성이다. 이 말은 곧, 문학이라는 것이 경전적 저작으로 응어리진 사정에 대한 외경을 일거에 포기하자는 이야기와는 물론 거리가 멀지만, 그런데도 문학을 둘러싸고 있는 외연의 실체를 외면한다면 그 문학이라는 것이, 바둑판에 비유하자면, 외통수가 되거나 뭉친 돌로 될 수밖에 없겠다는 만시지탄이라고 할까. 여행이라는 것을 통해서 발로 직접 밟아보거나 손으로 만져보면서, 눈으로 확인하거나 입으로 맛을 보면서 새삼 깨달은 것은 문학 작품이 지니는 내밀함의 범위를 밖으로부터 싸안아 주면서 안으로 그 맛을 더욱 풍부히 감득케 해주는 나라가 바로 중국이라는 점이다. 물론 중국이라는 나라의 제일 가운데 자리에 터 잡고 있는 것이 바로 문(文)이라는 깃발이라는 점이야 기왕에 알고 있었던 바이지만, 그 큰 나라의 가장 먼 테두리 바깥에서 안쪽으로 싸안아 주고 있는 것이 바로 문화라는 것을 작년 1년 중국살이를 통해 겨우 알아차렸다고 할까. 예전에 배운 유물론을 버리지 않고 말한다면 이런 식이 될 것이다. 곧 경제가 아래에서 받치고 정치나 법률 따위가 위에 자리잡고 있다면, 그런 토대와 상부 구조로 이루어진 건물의 한가운데를 관

통하는 빈 자리, 곧 엘리베이터가 오르내리는 빈 공간쯤이 바로 문
(文)이라는 허허실실한 기둥이라는 이야기고, 또 그 건물 전체가 앉혀
져 있는 터전에 서린 기운이 바로 문화라는 깨달음이 그것이다.

두 번째 반성이라면, 그 동안 인문학 '타령'을 늘어놓으면서 그것
이 저도 모르는 사이에 허학(虛學)을 지나 현학에 빠져들어 있었고,
인문학의 '본령'을 잡는답시고 도학(道學)을 지나 심학(心學)에 그야
말로 취생몽사하고 있었다는 점이다. 실사구시와 경세치용을 외면한
중국 논의의 허장성세에 스스로 동참해 온 셈이다. 물론 이런 자체 진
단은 이름하여 '동북아 시대'라는 흐름에 동참하면서 경우에 따라서
는 그런 흐름을 주도하는 몸짓도 감당하지 않을 수 없겠다는 앞으로의
책무감이랄까 각오와도 무관하지 않다. 책상머리에서의 추상적인 단
어로 요약되는 중국이 아니라, 디지털로 가시화된 중국의 상이 그 어
느 때보다도 절실한 것이며, 이는 책상물림의 공염불이 아니라 중국이
라는 나라를 현장과 실무에서 접촉하고 있는 이들과의 제휴도 마다할
까닭이 없음을 뜻한다. 부연하자면, 중국이라는 나라가 미국을 제치고
우리 남한의 최대 교역국이 되었다는 사실은 인문학도라고 해서 그야
말로 소 닭 보듯이 할 노릇은 아니라는 이야기다.

3

후자오량(胡兆量) 교수가 쓴 이 책과 만난 것은 대체로 이런 맥락
에서이다. 처음 길거리 서점에서 우연히 눈에 띈 이 책을 뒤적이면서
대번에 빨려 들어간 것은 아마 인문학도들이 경시하기 십상인 책에 담
긴 '디지털'의 풍부한 구체성이 아니었던가 싶다. 예를 들자면 1990년
일본의 거품 경제가 절정에 이르던 그 무렵, 일본 땅값의 총액이 미국
땅값의 다섯 배였다고 적힌 그 대목에서 그 5라는 숫자가 얼마나 허무

맹랑한 숫자이며 아울러 우리 경제가 겪은 IMF라는 ‘국치’도 실은 그런 거품으로 말미암은 소치임을 확인한 셈이고, 이어서 1997년 중국의 1인당 국민총생산이 미화 860달러이지만, 그 수치를 중국 땅 안에서의 구매력으로 환산할 경우 3570달러가 된다는 수치를 통해 중국의 물가가 국제 시장의 약 4분의 1쯤 되는구나 하는 어림 계산도 할 줄 알게 되면서는 우리네 ‘청요리’ 값이 대략 중국의 네 배 가량으로 치면 되는구나 하는 감도 어렴풋이 잡을 줄 안 것 역시 망외의 소득이다.

나아가 쓰촨(四川)성의 중심 도시 청두(成都)에서 윈난(雲南)성의 도읍인 쿤밍(昆明)까지를 잇는 청쿤(成昆) 철도는 총연장 1085km인데, 그 철길에 놓인 다리가 자그마치 991개, 터널이 427개이며, 교량과 터널의 총연장이 400km라고 하니, 그 ‘디지털’로부터 서부 일대의 철로가 얼마나 험한 길인가를 당장에 알고도 남음이 있다. 뿐만 아니라, 그 대목에서 후 교수가 덧붙이고 있는 다른 수치, 곧 중국에서 2km 이상의 터널의 3분의 2가 이 일대인 서남 지역에 퍼져 있다는 사실로부터 우리는, 서부 지역이 상하이(上海)니 또는 난징이니 하는 동부 지역에 비해 어째서 낙후되었는지를 그 자연 조건을 통해서 미루어 짐작할 수도 있다. 험난한 지세가 인간과 문명의 접촉을 가로막아왔던 게다.

서부 일대의 굽이굽이 계곡과 물길은 일찍이 이태백의 「험난한 촉나라 길(蜀道難)」이라는 시 가운데 “촉으로 난 길은 푸른 하늘로 오르는 길보다 험하구나(蜀道難難于上靑天).”라는 탄식어린 구절을 낳게 했거니와, 거기서 한 걸음 더 나아간다면, 근자에 중국 대륙을 달구고 있는 서부 대개발의 주요 사업 가운데 역점을 두는 분야가 바로 관광 자원의 개발이라는 점도 약간의 연상 작용을 거치면 이해하기가 쉬워진다. 청쿤 철도에 놓인 무수한 다리와 터널이 바로 인간들이 즐겨볼 거리가 아니고 무엇이겠는가 말이다. 여행객들이 그 다리와 터널을 통과하면서 자연스럽게 떠올릴 수 있는 구절이 바로 이태백의 '촉나라 길은 험하기도 하더라.' 임은 췌언에 속하리라. 물론 거기서 또다시 한 걸음 더 나아가면, 1980년대 초입부터 간쑤(甘肅)성과 구이저우(貴州)성 그리고 시짱(西藏) 자치구, 곧 중국의 서부 일대 여러 성에서 당 서기와 행정의 최고 책임자를 두루 맡아오면서 그쪽 사정을 꿰었을 후진타오(胡錦濤) 중국 공산당 총서기의 등장이 바로 서부 개발 사업과 맞물려 있으리라는 어림짐작도 보탤 수도 있고 말이다.

단언컨대, 이제 중국에 관심을 가지는 독자들은 이 책의 겉장을 펼치고 안으로 들어가면서 실제 답사를 방불케 하는 중국 여행길에 나서게 될 것이다. 중국의 고와 금, 동과 서 그리고 남과 북을 종횡무진 두루두루 여행하면서 자연풍토와 그 자연의 어김없는 반영인 중국의 인문과 역사 그리고 거기에 덧붙여 그것들이 중국 각 구역에 퍼져 살고 있는 사람들의 살림살이 곧 경제라는 것과 맞물려 빚어내는 장관을 감상하는 즐거움을 만끽하리라. 나아가 그 시공의 질서가 하나로 합쳐지면서 중국이라는 나라의 방위가 동서남북이라는 이분법적 대치의 코드로 구성된 것이 아니라 동남서북중 또는 중동남서북으로 선색(線索)이 그려지는 나선형의 수레바퀴 코드, 다른 말로 하면 사상(四象)과 오행(五行)의 코드가 다스려온 나라라는 것을 알아차릴 수 있다면, 지중(知中)이라는 첫 걸음마를 떼어 친중(親中)이라는 길목에 들어서게 될 것이고, 그러다가 보면 언젠가는 통중(通中)할 수도 있고 말이다. 물론 그러는 과정에서 우리네 좁은 땅에서 아직도 아웅다웅하면서 기승을 부리는 지방색이라는 것이 비록 가소롭고 가당치 않은 것이지만, 보기와 쓰기에 따라서는 바로 하이젠베르크가 말하는 '부분과 전체' 또는 화엄에서 말하는 '일자(一者)'와 '다자(多者)'의 회통(會通)을 이루는 첫 대목이요 첫 걸음이 된다는 점마저 깨우친다면 타산지석이 바로 이것을 두고 말함이요 금상첨화가 따로 없을 터이다.

4

이제 끝으로 늘 내가 하는 식으로 내기를 하나 거는 것으로 '추천사'를 마감하기로 하자. 동북아 시대라는 이름에 걸맞는 내기이어야 할 것이다. 그 내기란 이런 것이다. 이제 곧 초등학교 4학년이 되는 우리 막내가 고등학교 2학년이 되면 백두산으로 수학 여행을 가게 될 것이라는 데 내기를 걸 만하지 않은가. 그 전에라도, 막내놈이 중학교 3학년이 되어 2008년 베이징 올림픽을 구경가게 되면 서울에서 평양을 거쳐 신의주를 지나 단둥(丹東)과 선양(沈陽)을 경유해서 베이징으로 TCR 기차편을 이용해서 타고 갈지도 모르고, 아니 그보다 전에, 자판을 두들기고 있는, 지금까지는 당선자로 부르고 있지만 며칠 뒤면 대통령이 되어 있을, 이마에 한일자 주름이 깊게 잡힌 노무현이 북조선의 김정일 위원장 그리고 중국의 후진타오 주석을 부르고 거기다가 러시아의 푸틴 대통령도 불러서, 열전이든 냉전이든 막론하고 전쟁이란 전쟁은 죄다 20세기의 지난 달력으로 넘긴 다음 21세기를 화평의 세기로 기약하면서, 보름달이 둥두렷이 떠오르는 날을 길일로 잡아 서해 바다 위에 배 한 척 띄우고는, 동북 아시아의 새 지도를 그려 짚어가며, 천시(天時)와 지리(地利)와 인화(人和)가 어우러진 새 시대의 술잔을 나눌 날이 올 수도 있겠고…….

유중하
2003년 농력 정월 대보름 하루 전날
경주 독견옥에서

Human
knowledge

차이나 프로젝트

지은이 | 후자오량
옮긴이 | 윤영도 · 최은영

1판 1쇄 발행일 2003년 3월 3일
1판 4쇄 발행일 2005년 5월 23일

발행인 | 김학원
편집인 | 한필훈 선완규
경영인 | 이상용
기획 | 최세정 홍승호 황서현 유소영 유은경 박태근
마케팅 | 하석진 김창규
디자인 | 송법성
서자 · 독자 서비스 | 조다영(humanist@humanistbooks.com)
조판 | SL기획
표지 · 본문 출력 | 이희수 com.
용지 | 화인페이퍼
인쇄 | 청아문화사
제본 | 정민제본

발행처 | (주)휴머니스트 출판그룹
출판등록 | 제313-2007-000007호(2007년 1월 5일)
주소 | (121-869) 서울시 마포구 연남동 564-40
전화 | 02-335-4422 팩스 | 02-334-3427
홈페이지 | www.humanistbooks.com

ⓒ 윤영도 · 최은영 · Humanist 2003

ISBN 89-5862-050-1 03900

만든 사람들

책임 기획 | 이재민
책임 편집 | 신현경
책임 디자인 | 이준용
책임 그래픽 | 김준희